孔祥毅文集

（四）

区域金融

经济管理出版社

ECONOMY & MANAGEMENT PUBLISHING HOUSE

图书在版编目（CIP）数据

孔祥毅文集/孔祥毅著 . —北京：经济管理出版社，2016.10
ISBN 978 – 7 – 5096 – 4344 – 0

Ⅰ.①孔…　　Ⅱ.①孔…　　Ⅲ.①金融学—文集　　Ⅳ.①F830—53

中国版本图书馆 CIP 数据核字（2016）第 074940 号

组稿编辑：杜　菲
责任编辑：杜　菲
责任印制：司东翔

出版发行：经济管理出版社
　　　　　（北京市海淀区北蜂窝 8 号中雅大厦 A 座 11 层　100038）
网　　址：www. E – mp. com. cn
电　　话：(010) 51915602
印　　刷：北京九州迅驰传媒文化有限公司
经　　销：新华书店
开　　本：787mm × 1092mm/16
印　　张：233.75（全九卷）
字　　数：3916 千字（全九卷）
版　　次：2016 年 10 月第 1 版　　2016 年 10 月第 1 次印刷
书　　号：ISBN 978 – 7 – 5096 – 4344 – 0
定　　价：1280.00 元

本书承瀚华金控股份有限公司资助出版

区域金融中心

晋商之都

专　访

区域经济发展

山西经济发展的历史背景

背景说明

本文是为《三晋经济论衡》一书写的第一章"山西经济发展的历史背景",中国商业出版社1993年出版。中国人民大学卫兴华教授为本书写的书评中讲道:"这是一部融历史、自然、经济、现状和未来于一体的综合性区域经济著作,也是迄今为止从理论到实践系统地研究山西区域经济的较大型著作,是山西第一部富有理论性的综合性区域经济专著,它为山西广大干部、经济工作者和青年学者了解省情,认识省情提供了学习的精本,同时也为山西各级领导指导经济建设提供了科学依据。它标志着山西的区域经济研究已达到了新的水平。"

山西,因其位居太行山之西而得名。在山西这块土地上,我们的祖先已经生息繁衍了100多万年。他们由采集、狩猎、刀耕火种到使用今天的拖拉机、收割机,饱经了历史的沧桑,一代传一代,一代强于一代,创造了今日山西之文明;他们不断地吸收外来文化,不断地改造自己的生产生活方式,创造并发展了山西社会经济。当时代进入20世纪最后一个10年之际,当我们手擎山西先人留下的生命之火炬,肩负历史重任,寻求建设山西、发展山西现代经济方略之时,回顾一下山西经济发展的历史背景,或许会使我们得到一些有益的启示,悟出道理。

一、中华民族的发祥地

山西是中华民族的发祥地之一，这已是中国人的共识。山西人当引以为骄傲。

早在100多万年前，山西这块土地上已经有了原始人类，山西芮城县西侯度遗址，就是众所周知的旧石器时代的文化遗迹。它与迄今发现的最早的元谋猿人同属于一个时代。10万年以前的山西人，已经有了比较集中聚居的村落，考古学家已经确定的山西襄汾的丁村文化和阳高县的许家窑人类化石及其遗址表明，那时的汾河两岸和雁北高原，曾是他们生息繁衍的地方。到28万年以前，原始公有经济的氏族公社就已在山西确立，在朔州出土的峙峪文化为此提供了佐证。至于新石器时代的遗址，可以说遍布全省，垣曲县下马村的陶盆、陶瓶，繁峙沙河的鱼骨文，太原光社的三足瓮等，都可以证明。

除地下出土文物之外，还有大量的古代传说以及我国最早的史籍记载可以说明，传说中的原始部落领袖尧、舜、禹都曾在山西建都。尧都平阳，即今临汾市；舜都蒲坂，即今永济市；禹都安邑，即今夏县。夏代存在于公元前21世纪到公元前16世纪。"夏传子，家天下"，是原始公社的解体，奴隶社会的确立。传说后稷教稼穑于稷山，嫘祖养蚕于夏县，推动了中国早期原始农业的发展。据《易·系辞》记载，"日中为市，致天下之民，聚天下之货"反映的就是当时山西晋南地区发生的商品交易活动。到晋文公称霸年代，山西的榆次、安邑已是有名的商业集镇，对内使"工商食官"，对外使"轻关易道通商"。晋国的卿大夫代表了新兴地主势力，致力于封建改革，实行"作爰田"，废除土地三年分一次的旧制度，让耕者获得土地，使农业得到了发展。公元前453年，晋阳之战，赵、魏、韩三分晋国，赵都晋阳，韩都平阳，魏都安邑。魏文侯先后任用李悝、吴起、西门豹等实行政治经济制度的改革，废除世袭禄位，不许无功受禄，分配国有土地给农民，抽取"什一税"，制定严格的刑法，建立封建秩序，促进了山西封建经济的发展，推动了生产力和生产关系的进步。尤其是晋、魏的政治经济制度改革，使山西在相当长的时间内一直保持着全国经济、政治和文化中心的地位，在中国古代史上占有重要的篇章。

二、民族边界和农牧业的兴衰

古代山西，是个民族杂处的区域。如羯族居今武乡一带，鲜卑族的拓跋部居今代县、大同一带，最主要的少数民族还有匈奴族、契丹族等。以农业为主的汉民族最先进入封建社会，而游牧为主的匈奴、鲜卑、契丹等族部还处于相对落后的部落制度。各民族之间时有矛盾、冲突以至战争，但大部分时间里都是友好互市、互通有无，进行着经济文化的交流，共同开发了山西，撰写了民族融合的友好史诗。

　　在山西的匈奴族，故地在雁门关以北，常常在长城内外与汉人发生矛盾。公元前 200 年，汉高祖刘邦被匈奴族围困在白登山（今大同）7 天，迫使西汉王朝不得不做出让步，遂逐步南下，牧马于吕梁山和汾河上中游地区。据《汉书》记载："匈奴自单于以下皆亲汉，往来长城下，汉使马邑人（今朔州）聂翁壹，间阑出物，与匈奴交易。"① 三国时，山西境内的匈奴人分别以兹氏（今汾阳）、祁（今祁县）、蒲子（今隰县）、新兴（今忻州）、太陵（今文水）为中心，形成五部，达数十万人。"鲜卑酋长曾至魏贡献，并求通市。曹操表之为王。鲜卑之人尝诣并州互市。"② 公元 386 年，鲜卑族拓跋珪在乎城（今大同）建立北魏，提倡分工定居，发展农桑，任用汉人知识分子，推动拓跋部学习汉人，向封建制度转化。至魏孝帝时，国力更盛，首都由平城迁往洛阳，改鲜卑姓为汉姓，改革其风俗、服饰、语言，鼓励本族与汉人通婚，制定官制，进行了一系列改革，不仅促进了民族融合，而且也大大促进了经济的发展和文化的进步。今日驰名于国内外的旅游胜地大同云冈石窟和五台山的许多寺庙就是这个时期的文化遗物。

　　到了宋代，北宋政权与辽贵族（契丹）的关系虽然很紧张，但贸易往来并未中断。当时，不仅在并州（今太原）有交易市场，沿边一带仍有榷场，辽对宋在山西境内有朔州榷场、唐隆镇（今偏关东）马市；宋对辽在代州等地也设有榷场。北宋政府曾与辽贸易，"并州西边合河（今兴县）、保德北临（黄）河；夏人西来，辽兵南下，聚于麟（州）、府（谷）二州界上，对渡之合河、保德当中受敌，征调玉、毡毯、甘草；以香药、瓷漆器、姜、桂等物易蜜蜡、麝脐、毛褐、羚角、硇砂、柴胡、苁蓉、红花、翎毛。非官市者，听其与民交易"③。有时也管理很严。而在此同时，私市也很多，政府官员、投机商人和冒禁边民多设法避开巡检，

---

① 《匈奴传》，《汉书》卷九四。
② 陈灿：《中国商业史》，商务印书馆 1946 年版。
③ 康基田：《晋乘蒐略》卷二〇。

从事走私贸易。

明初，汉蒙关系曾一度紧张。边界交易中断，明政府构筑长城，驻重兵防御蒙古人南下，蒙古人民不能长期忍受"爨无釜"的艰难生活，经多次谈判，达成边界定期开市的协议。驻大同边镇的明王朝将领徐谓参与谈判后赋诗道："千里赤兔匿宛城，一只黄羊奉老营。自古着棋嫌尽杀，大家和气免输赢。"在山西边境上的开关互市地点有得胜堡、杀虎口、新平堡、水泉营堡等。明代中后期，不少汉族农民前往内蒙古土默特、河套一带垦种。蒙汉两族人民共同开发了长城内外的大片耕田。明后期国内阶级矛盾上升，晋陕地区白莲教起义，影响到守边部队，山西起义者有农民、手工业者、贫民和戍边兵士，他们在举事失败后，就投奔内蒙古地区阿拉坦汗，而阿拉坦汗与明互市困难，就于丰州（今丰镇）一带，在汉人帮助下开发农耕，变丰州为半农半牧地区，1551～1570年，这里南来的汉人达5万多人，其中白莲教教徒1万人，有的还给子女起蒙古名。这些汉人从蒙古封建主那里领到土地，进行耕种，在黄河之东，黑河、灰河之间的大片土地上开辟了万顷良田。后来，又动员汉人工匠修城筑堡，发展成了后来的呼和浩特城（青色的城）。

三、山西古代的国际商道和山西商人

（一）进入丝绸之路

山西人从事国际贸易有悠久的历史，唐代时已进入丝绸之路。当时销往中亚一带的丝绸多数是山西潞安府的产品，其次是河南鲁山、山东潍县等地的绸子。当时高平、阳城、沁水的丝绸不仅进贡皇家，而且出口西域各国。除丝绸外，出口品有临汾的麻纸、太原铜制品等。这些商品沿太原—长安西去的丝绸之路，销往波斯、印度和阿拉伯国家。途中经过的山西灵石县有个"胡贾堡"，传说该村得名是由于其为西域商人往来旅居之处。

《通典·边防》中《经行记》说：杜环在天宝十年（751年）随镇西节度使高仙芝西征，被俘十载，他在食（今阿拉伯）的都城亚俱罗（即关德，今伊拉克境内），看见河东人乐、品礼两人正在织绫绢[1]。著名的威尼斯商人马可·波罗曾游历山西，他在《马可·波罗游记》中留下了

---

[1] 庞义才、梁绍淼：《唐代山西出口商品小考》，《山西日报》1982年10月31日。

这样的回忆："这里（太原一带）的商业相当发达，各种各样的物品都能制造，尤其是武器和其他军需品更加出名。这些军械，专供皇家的军队使用，十分便利……离开太原府，再西（南）行七天，经过一个美丽的区域（指晋中盆地），这里有许多城市和要塞。商业、制造业兴旺发达。这一带的商人遍及全国各地，获得巨额利润。过了这个区域，到达一个很重要的大城市，叫平阳城，城内同样有许多商人和手工艺品，这里盛产生丝……"

（二）开创茶马之路

上述史实说明，山西人早在7世纪前已经介入了国际贸易，并在山西这块土地上形成了国际商路。然而，更重要的是另两条交叉于山西南北和东西的国际商路——茶马之路，尚不为更多的人所了解。

自古以来，中原汉民族生产和生活使用的耕牛、皮毛，特别是战争中使用的军马，主要取之于蒙古草原。而蒙古人需要的布匹、食品、铁器、日用品，则主要依靠内地汉民族的农业和手工业。山西自然就成为这种南北物资交流的要冲。不论蒙汉民族间关系在矛盾冲突时，还是在和平友好时，这种非官方的民间往来，始终不断。到清初康熙皇帝统一内外蒙古以后，这种商品交易获得了进一步的发展，山西人不仅从事蒙汉商品交易，而且通过蒙古地区与欧洲商人，特别是俄国商人建立了贸易往来，在康熙二十八年（1689年）《中俄尼布楚条约》签订以后，凡两国人民持有护照，俱得过界往来，并许其互市。从此山西商人就北进俄罗斯，以至欧洲其他大部，直达彼得堡经商。到1917年在俄经商的山西人总数达3万多人，大部分是汾阳、徐沟等晋中商人，并且开拓形成了明清时代的山西南北、东西两条交会的国际大商道。

纵贯山西省境的南北商路大路是：福建、江苏、浙江和两广特产分别经水路运抵周口、汉口、樊城，然后用骆驼、骡马装载经河南、清化至泽州（今晋城）、潞安、子洪口运抵晋中的太谷、祁县、平遥，经必要的加工、分装后继续北上，沿着旧日的军事通道，经忻州、崞县，出雁门关，至山阴县黄花梁分作两路：一路去东口（今张家口），一路去西门（先是杀虎口，后为归化城），东西两口是南北物资交流的大市场，两口以北是辽阔的牧区。出东口的物资，再经多伦淖尔、齐齐哈尔，到达呼伦贝尔草原；或北上库伦（今蒙古国乌兰巴托）至恰克图。出西口的物资，一路北上库伦、恰克图，出俄国，经伊尔库茨克、新西伯利亚、莫斯科、彼得堡，进入欧洲市场；一路到库伦后西行乌里雅苏台、科布多、哈密、乌鲁木齐、塔尔巴哈台进入哈萨克地区。

横穿山西北部的东西商路基本上沿长城内侧行进，形成于明代。即由北京、张家口、天成卫（今天镇）、阳和卫（今阳高）、大同、杀虎口、榆林卫、包头、宁夏、凉州、甘州、肃州、敦煌、和田、叶尔羌、喀什噶尔，连接古丝绸之路，越葱岭，进入阿拉伯地区。

清末时，蒙古地区每年需要从内地输入砖茶 24 万箱（每箱 27 块），小米和大米 2482.1 万公斤，面粉 2778 万公斤，烟草 117.6 万公斤，糖20.9 万公斤，酒 98.8 万公斤，还有各种布匹、绸缎、杂货、家具，如铁壶、小刀、鞍镫、提桶，寺院喇嘛用品如神像、僧帽、经书以及各种装饰品。每年又要从蒙古地区向外输出肉类 60 万担，羊毛 12 万担，驼毛 1.3万担，马毛 1.13 万担，羊皮 50 万张，羔皮 70 万张，牛皮 8.4 万张，马皮 7 万张[①]。输入输出蒙古地区的商品，绝大部分假山西商人之手，如山西榆次的常家大德玉、大美玉，汾阳牛家壁光发，太谷曹家锦泰亨，祁县王、史两家合作的大盛魁，乔家恒隆光，平遥蔚盛长等，由他们垄断了内外蒙古的贸易。

对俄国及欧洲其他地区的贸易，大宗的在恰克图进行。开始时年交易额约 1 万卢布。乾隆四十二年（1777 年）输入 148471 卢布，输出1383621 卢布。在 1845～1847 年以前，平均每年从蒙俄边界的恰克图输往俄国茶叶 4 万箱，1852 年达到 17.5 万箱。此外，还有"少量的糖、棉花、生丝及丝织品……俄国人则付出数量大致相等的棉织品，再加少量的俄国皮革、精致的金属制品、毛皮以及鸦片。买卖货物的总价值（按照所公布的账目来看，货物定价都不高）达 1500 美元以上的巨额"。"由于这种贸易的增长，位于俄国境内的恰克图就由一个普通的要塞和集市地点发展成一个相当大的城市了。"[②]山西人在俄活动的地区主要有莫斯科、多木斯克、耶尔克特斯克、克拉斯诺亚茨斯克、新西伯利亚、巴尔纳乌、巴尔古今、比西克、上乌金斯克、聂尔庆斯克、彼得堡。

（三）海上贸易

山西商人对外贸易的重点在陆路，但也没有放弃对海上贸易的竞争。清代山西介休皇商范家曾垄断中国对日本的生铜贸易 70 多年。介休张原

[①] 克拉米西夫：《中国西北部之经济状况》，商务印书馆 1935 年版。
[②] 《马克思恩格斯全集》，人民出版社 1973 年版。

村范家，在明代时已是"市易边城"的有名商贾，因其在清入关前就与满贵族贸易往来，清入关后，赐其为"皇商"，隶内务府籍，被清廷特许采办日本生铜，解决国家铸造铜钱用料的困难。1699 年（康熙三十八年），采购日本生铜由沿海商人承办，后范氏提出减价交售日铜的竞争条件，被清政府允准，每年从长江口出海，乘季风开往日本长崎，运中国生丝及丝织品、药材及土产等，换日本生铜，运回国内。参与这一活动的还有山西洪洞商人刘光晟等数家，年购铜约 190 多万斤，最多时达 600 万斤。在这一贸易中，山西的潞安党参，左权麝香和无名异，泽州芽香，大同香皮和石绿、花斑石、黄芪，汾州甘草，沁州石菖蒲，平阳龙骨，太原瓷器、天花粉等输往日本。

除对日贸易外，山西人还将金融机构设往日本。祁县合盛元票号将其分支机构设往日本横滨、大阪、东京和朝鲜的仁川，从事国际汇兑和融资业务。

（四）晋商精神

山西商人从事国内外贸易，被列为国内三大商帮（晋商、徽商、潮商）之首，世界经济史学界将其列于意大利商人之侧，称雄商界数百年。从客观上看，有其地理历史因素，如山西土地贫瘠，生计困难，不得不远走他乡，谋取什一之利；地处边塞，位居北方游牧民族和中原汉民族农业地区之间，成为南北物资交流的要冲；地下资源丰富，手工业发达，铁器受到消费者欢迎，晋城缝衣针远销北亚诸国；明代实行"食盐开中法"，为北方边镇 80 万驻军筹措粮草，允许商人运粮食到边镇驻军之地，领取卖食盐的执照——盐引，到指定盐场支取食盐，这一政策一经实施，山西人便捷足先登；宋、元、明时代山西几次大移民，诚如《诗经》所说，"氓之蚩蚩，抱布贸丝"，离开家乡的流民有不少人走了商途。从主观上看，山西人不畏艰辛、敢冒风险的开拓创业精神，被西方学者称为山西精神。严格地讲，这是晋商精神。晋商精神可以概括为四点：

1. 重商立业的人生观

在中国封建社会中，重农抑商是历代政府的政策。"朝廷贵农，而不乐于种，朝廷贱商，而人日趋入市，则以商贾之利胜于农也。"[①] 当然，经商在外，"必远父母，别妻子，离乡井，淹日月，归来无时"，"幸获多

---

① 《怡青堂诗文集》卷一。

资，走马牵车捆载而归，不幸则困死于外者往往也"。① 经商在外是有很大风险的，然而人心思富，富商大贾"走运方，积金钱，夸耀闾里，外出车骑，入则广厦，交接缙绅"，谁人不羡？故亲朋提携，乡友引进，络绎不绝，走上商途，逐渐在民间形成一种重商观念，即"以商致财，用财守本"的立业思想。这种与传统观念相悖的人生观，是山西商业发达的思想基础。

2. 诚信义利的价值观

山西人与全国人民一样，历史上受孔孟之道影响，崇尚信义。在其重商立业思想指导下，对义和利有其独特的理解和行为规范。主张"君子爱财，取之有道"，十分重视信义，又因乡亲关系，尊关云长为财神，以其信义教育同行，以其武功保佑自己的商业利润。在省内外建立的各类商业行会，均供奉关云长，全国各地的关帝庙大部分是山西商人捐资修建的。并且在商业行规内规定，"重信义，除虚伪"，"贵忠诚，鄙利己，奉博爱，薄嫉恨"，反对采用各种卑劣手段骗取钱财，不惜折本亏赔，也要保证企业信誉。故各地百姓，对山西人经营的商品，只认商标，不还价格。

3. 艰苦奋斗的创业精神

山西人多能不畏艰难，万里行贾，勤俭经营。清人纪晓岚《阅微草堂笔记》说："山西人多商于外，十余岁辄从人学贸易，俟蓄积有资，始归纳妇。"清人何秋涛《朔方备乘》说："所有恰克图贸易商民，皆晋省人，商民俗尚勤俭，故多获利。"尤其是往来于茶马之路的商人，贩茶于福建、湖南、安徽、江西，销售于大漠之北，千山万水，穿沙漠瀚海，夏则头顶烈日，冬则餐冰饮雪，"饥渴劳病，寇贼虫狼，日与为伴"，年复一年，奔波于商途。经商于蒙俄、西亚和日本、朝鲜的山西人，更要克服语言和生活习惯的障碍，没有艰苦奋斗的创业精神是不可能称雄于商界的。

4. 同舟共济的协调思想

山西人笃信"和气生财"，重视社会各方面的和谐相处。在同业往来中，既要保持平等竞争，又要相互关照和支持。他们称友好的同行为"相与"，凡是"相与"必须善始善终，同舟共济。建立"相与"关系，

---

① 《怡青堂诗文集》卷一。

须经过了解，认为可以共事，才与之银钱往来，否则婉言谢绝。榆次常家天亨玉掌柜王盛林在东家发生破产还债抽走资本时，向其相与大盛魁借银三四千两，天亨玉在毫无资本的情况下全赖"相与"借款维持，以致渡过了关门停业的危机，后来大盛魁危机，王掌柜派人送去银元2万，同事坚决反对，认为绝无归还的可能，王掌柜说："假如没有二十年前大盛魁的维持，哪有我们的今天？"票号经理李宏龄著书《同舟忠告》说："区区商号如一叶扁舟，浮沉于惊涛骇浪之中，稍一不慎倾覆随之……必须同心以共济。"

（五）商务衰微与商路的冷落

山西人在国际商路上的衰落是同山西商务的衰败同时发生的，开始于19世纪中期，完全彻底的冷落是在20世纪三四十年代。其衰败的原因有以下几方面：

1. 外商入侵，洋货泛滥，失去了旧有的市场

1840年鸦片战争，外国资本主义势力用鸦片和大炮打开了清政府紧闭的国门，清政府被迫开放五口通商，外商得寸进尺，扩大通商口岸，洋货大量涌入，中国旧有土货失去了原有的市场，山西人经营的商业格局遇到洋人洋货的挑战，在腐败的清王朝统治下，自然不是洋人的对手。

2. 交通改变，商路转移，失去了地理优势

山西人经商的重心一向在蒙古和俄国，以陆路贸易为主。19世纪末，铁路轮船引入，海上贸易扩大，沿江、沿海商路活跃，原经山西的陆上贸易因成本高、利润小而无法继续维持。

3. 财东腐败，不理号事，管理混乱

清末，山西商人渐渐失去创始人的精神风貌，只知坐家享受，不知业务艰辛，嫖娼纳妾，赌博吸毒，不理号事，而各地商号管理人员见财东腐败，也乘机捣鬼，亏赔扩大。

4. 清廷退位，贷款荒废，存款逼提

1911年随着清政府的垮台，官吏四散，山西票号对清政府的放款收不回来，而官吏存款逼提，挤兑骤急，债权债务无法平衡，只得关门停业。

5. "十月革命"，俄国解放，晋商资产被没收

1917年俄国发生"十月革命"，继而外蒙古独立，实行社会主义革命，没收私人资本，驻俄驻外蒙古的山西商人资本也在没收之列，失去了

一个巨大的北方市场。

6. 股东无限责任制，破产后失去老本

山西的商务习惯，是采取股东无限责任制，在商号破产倒闭时，对商号所负债务有无限责任，用商号全部财产抵债后仍不能付清时，需向财东追索，财东就得以自己的家产作抵偿，在辛亥革命后，平遥、祁县、太谷等商号财东倾家荡产，土地房产全部赔光，有的竟落得沿街乞讨。

7. 拒绝改革，固守旧制，失去发展机会

清末，随着外商入侵，西方现代企业管理制度和银行制度也传入中国，江浙商人逐渐摆脱封建企业的组织管理形式，与外商联系，日趋买办化，使其业务获得了一定的发展，在山西省外的山西有识之士，一致呼吁改革，倡议改革票号制度，联合成立三晋汇业银行，与大清银行、外商银行、洋行相抗衡，以保晋商之利，而当时的票号在全国和世界各地近百个城镇设有400多个分支机构，本应适应现代交通电讯发展，改革职员驻班制度，开办电报汇兑，创办现代学校，学习外语，扩大国外业务，与洋人交易，派经理出洋考察，了解外情，接受新潮，但却遭到总号财东和掌柜的责骂，以致坐失良机，终被历史淘汰。

纵观山西商务的衰落过程，鸦片战争，外强入侵，这是对山西商人的第一次打击；1911年辛亥革命，所拥有的政府资产丧失，这是第二次打击；1917年俄国社会主义革命和外蒙古独立，这是对山西商人资本的第三次打击；1931年东北沦陷和1937年九一八事变，日寇入侵，这是第四次打击。经此四次沉重打击，到抗战时期，勉强支持下来的山西商人资本已无多少，且处于苟延残喘之中。

四、阎锡山的经济"畅想曲"

辛亥革命以后，由封建帝王统治的时代结束了，但半殖民地半封建的经济并没有结束。在山西，取代封建时期巡抚的是军阀阎锡山。1911～1949年，"中华民国"经历了北洋政府时期和国民党南京政府时期，而阎锡山却始终统治着山西长达38年之久。其间在1930年曾联络各派军阀，以"中华民国"国家主席和陆海空三军司令员的名义，发动了倒蒋战争，然而战争却以失败而告终，丢失了在北平（今北京）、天津、河北、绥远、察哈尔和山西二市四省的统治权，蒋介石通令全国捉拿阎锡山，阎锡山不得不避居大连日本租界而行韬晦战略。1932年蒋阎达成妥协，阎锡山二次上台。不过，就在阎锡山下野期间，山西的实际权力也仍然掌握在阎锡山的手中，仅是由台前转到了台后而已。统治38年的阎氏政权，也曾经为山西经济设计过发展方案，其中许多设计不失为一曲悦耳动人的经济"畅想曲"。

（一）"用民政治"和"六政三事"

1917年以后，阎锡山不仅掌握着山西军权，而且兼任了省长，又掌握了政权。当时全国军阀混战，而阎锡山却在"保境安民"的口号下提出了"用民政治"的思想，他主张"适时的政治作用与人生发展的企图相顺"，"人人不亏负自己其才智"，将人的聪明才智全部发挥出来。为此他编定村制，加强村政建设，为实施"用民政治"提供组织保证。

"用民政治"的基本内容：一是民德，做到"四要"，即信、实、进取和爱群，以此作为社会道德标准；二是民智，即进行国民教育、职业教育、人才教育和社会教育；三是民财，即着眼于农业、工业、商业、矿业，在农业方面，提出尤其要抓好经济作物的生产。为了这些基本内容的实现，在政治、思想、文化、教育、行政、经济、司法等各方面都作了具体要求，以保证"用民政治"的实现。

"用民政治"的中心是"六政三事"。"六政"是指水利、种树、蚕桑、禁烟、天足（禁女人缠足）、剪发（禁男人蓄辫子）。"三事"是指种棉、造林、牧畜。为此，设立了相应机构，委派大批专门人员，指导督促实施。同时还设置了"六政考核处"，作为专管机构。建立"政治实察所"，委派实察员，分赴各县调查了解，防止地方官吏谎报情况。为了使"六政三事"家喻户晓，编印了歌曲人人学唱："无山不树林，无田不水利，无村不工厂，无人不入校。"为了推广植棉，制定试验规划，设立试验场，改良品种，设立种棉奖金。为了"造林"，划定大小林区，设立林业传习所、林业促进会。为了"牧畜"，订立计划章程，组织研究会，"劝谕绅商投资经营"，对于"能改良种类或饲养数目蕃息多的，还有奖励"。

阎锡山的"用民政治"和"六政三事"的一整套政策主张，在具体内容及其公开宣称的宗旨中，表面上看不到什么谬误之处，在当时省外各派军阀你攻我打，争城夺地，中国人民处于水深火热之中，多少无辜百姓成为军阀混战下的冤魂屈鬼的背景下，阎锡山能提出这样的政策口号，不能不说是一件难能可贵的事，并且在实践中也做出了一定成绩。如在雁北应县、浑源、大同、山阴一带开发桑干河水利，改良沙坂田为胶泥土，改旱田为水田等，使雁北地区农业获得了发展；他用股份公司的组织形式，建立水利公司，吸引北京官绅投资，组织银行贷款，发展水利、农业和养殖业，收到较好的效果。"天足"、"剪发"、"禁烟"对解放妇女，解放生产力也是具有积极意义的。至于植树造林、养蚕植桑，确实扩大了山西的棉花种植面积，扩大了林木覆盖率，为山西农林牧业的发展做出了积极的贡献。

但是必须指出，阎锡山及其官吏的上述一系列政策措施，只不过是要通过"用民政治"和"六政三事"，树立威信，丰满自己，以便在军阀混战中能够立于不败之地，并进而扩大地盘，实现夺取中国政权的野心罢了。"六政三事"的实施仅仅过了几年，他的发展重点就转向了军火工业和银行，1920年成立军人工艺实习厂，下辖电气厂、机械厂、铜元广、熔炼厂、翻砂厂，又陆续增设炸弹厂、酸厂、无烟药厂、炸药厂、枪弹厂、炮弹厂、炮厂、枪厂、铜壳厂、双用引信厂、铁工厂等，1924年还设立了飞机厂（只装过几架教练机，因经费太紧而停办）。他集中财政投资，发展军火生产，生产步枪、手榴弹、机关枪、山炮、野炮、迫击炮等，不仅出售给省外军阀赚钱，而且用以武装自己的力量，扩充军队，积极准备介入军阀战争。直到1930年联冯（玉祥）倒蒋（介石）之前，阎锡山虽然也曾在1917年出兵北京讨伐张勋，出兵湖南反对"护法运动"，1923年和1924年出兵河北，加入直奉战争等，但是相比其他军阀，阎投入兵力是不太多的，然而他的根本目标是在军阀混战中扩大地盘，自然"六政三事"也就成为一曲有头无尾的变奏曲了。

（二）阎锡山经济"畅想曲"的理论基础

1929年的资本主义世界经济大危机，震动了整个资本主义世界，中国经济也不能不受到影响。同时由于世界货币战袭击，银行波动，使实行银本位制的中国货币制度受到不利影响。在世界各国金本位制先后崩溃之后，中国金属币也面临必须改革之势，国内理论界议论纷纷。第一种意见主张实行能力本位，依据人民劳动能力发展货币，即个人依据能力取本村甲长担保，以自己的产业向货币发行当局抵领纸币作为生产资本；第二种意见主张实行虚粮本位，即以正常年份中等土地产量为发行货币的标准，按全国平均产量、平均价格作为发行标准发行纸币；第三种意见是物本位，即"物产证券"，政府用法令规定一定价值的法定货币，收购商品，"收物发券"、"凭物兑现"。这第三种意见就是山西阎锡山的货币主张。

在阎冯倒蒋失败之后，他下台避居大连期间，聘邀中外学者，有资产阶级学者，也有马列主义学者，还有维护孔孟之道的老先生，集各方之大成，编著了《物产证券与按劳分配》一书。按照这本书的经济社会思想，中心是四点：①资本主义经济社会制度有两个病症：一是分配病，病根是"资私有"；二是交换病，病根是"金代值"。②"金代值"是货币问题，由于黄金数量少，限制生产，因而产生了生产过剩、工人失业、经济危机和帝国主义国家之间的战争四种弊端。"资私有"使分配不公，产生了贫富悬殊、违反劳动人情、不能使生产发展等弊端。③废除"金代值"，实行"物产证券"，有多少物，发多少券，做到"券物相等"，可以消除交换病的四大弊害；实行"按劳分配"，废除按资分配，可以消除分配病造成的四大弊害。④"物产证券"是阎锡山的经济革命论，"按劳分配"是阎锡山的社会革命论。阎氏的这一套经济社会革命论则建立在他的"中的哲学"思想之上，以"世界大同"和孙中山先生的人类社会发展目标相标榜。自1932年二次上台以后到1949年4月逃离山西，他就是以这样的一套经济社会理论在山西实施他的政治统治的。也就是在这样的理论基础上，又谱写了一曲经济社会革命的"畅想曲"。

（三）《山西省政十年建设计划案》

阎锡山以他的经济社会革命论为理论，以造产救国相标榜，于1932年二次上台后，立即着手编制《山西省政十年建设计划案》（简称《十年建设计划案》）。1932年4月正式成立了山西省政设计委员会，自任委员会会长。设计委员多达200余人，分组起草。草案拟出，又分两个审查委员会进行讨论修改，于1933年1月送交山西省政府审定。

《十年建设计划案》规定，建设计划案分政治部分和经济部分。10年期间，前3年以政治建设为中心，后7年则以经济建设为中心。政治经济建设的总体目标是：改善现行政治，完成地方自治，以树立民主基础；在经济上增加人民生产，发展公营事业，使10年后全省人民每年至少增加20元价值（银元）。其内容：①政治建设方面：规定了警政、财政、教育、卫生、文化等方面十项期成和必成的具体要求。强化其在20世纪20年代提出的"用民政治"和"村本政治"主张，加强村政建设，严密警政系统。②经济建设方面：阎锡山提出的产业序列为：农业、矿业、工业、商业、交通业。要求农业：第一改良农事，包括农具、肥料、种子、耕作方法、病虫害治理等，10年内农业生产增长期成量30%，必成量

20%；第二兴修水利，包括凿井、开渠、修蓄水池、引黄入晋，要求增加水浇地的期成量为800万亩，必成量为400万亩；第三种棉，包括推广良种区，改良棉花品种，要求增加棉花种植面积期成量为100万亩，必成量60万亩；第四种烟叶，要求种植面积期成量10万亩，必成量6万亩；第五发展林业，护林造林，每年播种240万亩，成活率期成量七成，必成量五成；第六植树，包括木材树、生产树、苗圃，要求每户每年期成量2株，必成量1株，逐年生产树期成量750万株，必成量500万株；第七畜产，养牛、羊、鸡，优良品种羊期成量785500只，必成量525000只，增加本地羊期成量300万只，必成量200万只，优良品种牛期成量2000头，必成量1000头，养鸡期成量3900万只，必成2600万只。对山西煤矿生产，认为当时"销售不及产量之丰，刻下无扩充开采必要，应提倡分采合销，以免各厂之间竞争"。对工业规定，设立工业实验所、女子工业传习所，奖励特种工业及新的发明创造，提倡县、村办工厂和开办家庭工业。在商业方面：实行商标法和商品检验制度，成立商品陈列馆和公营百货市场。对交通运输规定，修理公路，修筑铁路，实行兵工筑路，期成2750公里，必成2/3。同时，还提出了发展毛、棉、麻纺织工业、酿造工业、化妆品工业、制纸工业等十九种实业。大力整顿和发展"公营事业"，整顿已建立的山西省银行、壬申制造厂、育才机器厂、硫黄厂。创办而必成的公营事业有炼钢、肥料、毛织、纺纱织布、卷烟、苏打、水泥、印刷8个工厂。创办而期成的公营事业是电气机械、电解食盐、制糖、染料、汽车、飞机、人造丝等工厂及两个银行，并且各种产业和工厂间有具体计划，列为专案。

《十年建设计划案》在实施措施方面，针对当时关税不能自主、外货倾销和山西经济死滞、建设资金不知如何筹措的具体情况，提出了在省、县、村三级设立经济统制机构，在市场发生变化、产品不易销售、影响企业生产时进行补助，以调节市场。增加纸币发行，借以调剂城乡金融，他认为先决事项是建设经费问题，其经费来源规定通过三种途径解决：一是借外债；二是发行地方公债；三是由省集资。三者同时并举，各占1/3。所谓由省集资，要求太原绥靖公署在10年内筹集2300万~3900万元，作为生产保证费，由省政府财政厅等机关在10年内筹集6000万~10000万元。《十年建设计划案》还规定了设立省政建设研究院，划阳曲、太原和榆次为建设研究实验区。先研究，再试验，然后推广。

对于县、村两级的建设，分别由县、村编制县政十年建设计划案和村政十年建设计划案。县有县的建设目标和具体要求，村有村的目标和要求。

总之，《十年建设计划案》对山西经济在20世纪30年代的发展方向和目标，描绘出了一幅宏伟美妙的图画。这一幅图画，是以阎锡山的"物产证券"、"按劳分配"和"世界大同"的构想为基础设计出来的。什么"造产救国"、"公营经济"、"按劳分配"、"土地公有"等招人艳羡的美妙词语，用了很多，对山西农业、工业、商业、外贸、科研都有令人向往的远景规划。至于是不是真的能将这一幅图画在山西变成现实，使山西人进入"大同世界"，当时人们是不得而知的。因为20世纪20年代的"用民政治"和"六政三事"的结果虽然给山西经济带来了一定的发展，但是1930年的中原大战却造成了晋钞毛荒，纸币贬值，农村凋敝，工商业破产，山西经济陷于严重的危机。所以对30年代初期的"大同"和"发展"畅想曲，当时人们只能拭目以待。

（四）《山西省政十年建设计划案》的实施

《山西省政十年建设计划案》是1933年实施的，从1933年起到1937年8月日本侵略军侵占太原为止，建立了一个比较庞大的囊括工业、商业、交通运输、银行业和科研机构在内的名为"山西人民公营事业"的网络体系。

山西人民公营事业管理机构的最高层是督理委员会。督理委员会设有委员3人，首席督理委员由阎锡山自任。下设董事会，划全省7区，每区设1人，由督理委员会推荐提名选举产生，负责全部公营事业的管理。又设监察委员会，设监察5人；设监进委员会，成员7人，负责纠察监察委员会的工作。

公营事业董事会下属企业机构，可以划分成四大类：

1. 制造业

制造业为西北实业公司。该公司1932年1月开始筹备，1933年8月正式成立，阎锡山自任总经理。公司经营分为两部分：一为集中经营，二为独立经营。集中经营的制造业有：西北洋炭厂、西北发电厂（分兰村分厂、太原总厂、古城分厂）、西北窑厂、西北毛织厂、西北皮革厂、西北印刷厂、西北制纸厂、西北火柴厂、西北木材厂、西北电化厂、西北煤矿第一厂、西北煤矿第二厂、晋华卷烟厂、西北机器制造厂、天镇特产经营场。独立经营部分有：西北制造厂，下设化学工厂、汽车制造厂、铁工厂、水压机厂、农工器具厂、机车厂、机械厂、育才炼钢机器厂、铸造厂、熔化厂，与西北制造厂平等的还有西北炼钢厂、兴农酒精厂。

表1　西北实业公司各厂资本和生产能力

厂名	资本（万元）	产品产量	销售地
西北毛织厂	45	日产哔叽 800 码，毛呢 400 码，毛毯 20 条，针织品 200 镑	天津、宁沪、开封、济南
西北火柴厂	13	日产火柴 60 大箱（每箱 14400 盒）	本省、绥远、宁夏、陕西、甘肃
西北印刷厂	30	产印钞票 10 万张，商标对开纸 8 万张，书报杂志 18 万张（对开），油墨	
西北洋灰厂	50	日产高级洋灰 500 桶	本省、平绥沿线、西安、河南
西北皮革厂	20	日产各色皮 70 张，机器皮带 200 尺，皮鞋、皮包等	本省、绥远
西北窑厂	33	年产砂砖 4400 吨，耐火材料 160 万吨	本省、浦口、南京、西安等
西北第一煤厂	110	日产煤 1000 吨	
西北第二煤厂	20	日产煤 800 吨	
西北制纸厂	45	生产道林、新闻、模造、公文、包装、卷烟等纸张	
西北炼钢厂	600		
兴农酒精厂	15	日产酒精及代汽油农油 50～60 桶	北平、天津、察哈尔、绥远
西北电化厂	40	日产烧碱 2 吨，漂白粉 2 吨，盐酸 2 吨	
晋华卷烟厂		日产 300～400 箱（每箱 25 万支）	本省、察哈尔、绥远、陕西
西北木材厂		供给火柴厂用材	
西北发电厂		发电 10500 千瓦	
机车厂		生产机车、客车	
农工器具厂		生产炮弹炸药，后生产播种机、脱粒机等	
铁工厂		生产钻头、锉、水龙头、油印机等	
熔化厂		枪弹厂，后生产铜材	
铸造厂		机关枪厂，后生产厂房桥梁设备、水泵、缝纫机等	
机械厂		冲锋机关枪厂，后生产煤油炉、煤气灯、订书机等	
水压机厂		压制炮弹壳，后生产电动机、水泵、电扇、电钻、电铃等	
化学工厂		火药厂，后生产硫酸、硝酸、酒精等	
汽车修理厂		修理汽车，安装暖气、自来水管道等	
育才炼钢机器厂		生产织布机、磨粉机、车床等	

西北实业公司及其下属各厂矿，到 1937 年抗战爆发前资本总额达到了法币 2166.4 万元。

为了发展这些工业企业，阎锡山大力引进国外先进技术，聘请外国专家，购进外国先进机器设备，用了一批洋人和洋设备。德国的杜尔华、查楚士、余赖德和瑞典的雅克布森等都是阎锡山的座上客，分别引进了克鲁伯钢厂、蔡斯光学仪器厂、德国火药机械制造厂等的先进设备和技术，发展山西的军火工业和民用工业。

2. 交通运输业

交通运输主要为同蒲铁路，以晋绥兵工修窄轨铁路，全长 850 公里，1933 年 5 月 1 日动工，1934 年末太原至霍县段 214 公里通车营业，1936 年元旦通达风陵渡，至 1937 年 7 月南起风陵渡，北达大同的同蒲路，除怀仁至大同间 15 公里外全线通车。全部耗资 1650 万元，每公里平均约 2 万元。

除同蒲铁路干线之外，其支线有：①忻窑支线——忻州到五台县甲子湾 51 公里；②平汾支线——平遥到汾阳 34 公里；③太兰支线——太原到上兰村 24 公里；④西山专线——太原至西铭水泥厂和煤矿 30 公里。到 1937 年抗战爆发前，同蒲铁路局资本达到法币 3768.6 万元。

3. 金融业

阎锡山二次上台以后，立即整顿了山西省银行，用 1∶25 的兑换比例，以新省钞收兑旧省钞，接着又成立了晋绥地方铁路银号、绥西垦业银号、晋北盐业银号，由山西省政府财政投资，各行资产情况如表 2 所示。

表 2　各行资产情况　　　　　　　　　　单位：万元（法币）

银行名称	资本
山西省银行	2000
铁路银号	1000
垦业银号	200
盐业银号	100

省、铁、垦、盐四银行号都有纸币发行权，除发行纸币，从事存款、放款、汇兑、结算等业务外，还从事证券投资、土地抵押、经营地庄，成为阎锡山经济"畅想曲"中的强高音。

4. 商业

公营事业董事会下属的商业，有斌记五金行，物产商行和榆次、原平、太原、太谷四粮店。斌记五金行主要从事进出口贸易，与国外数十家洋行保持联系，并在一些口岸如上海、天津设有办事机构，开始时是以私人商行名义做生意，后归公营事业董事会管理。

物产商行，也叫"山西省省、铁、垦、盐四银行号实物十足准备库"，即阎锡山物产证券理论实验的产物。四银行号发行纸币，以实物产品作准备，废止金银本位制，发行纸币。"实物准备库"就是四银行号发行纸币，收购工矿农副产品的商业企业。该商行没有资本，全赖四银行号发行的纸币收购商品，从事商业活动。实物准备库总库设在太原，重要城镇设有分库，如大同、原平、忻州、榆次、寿阳、平定、太谷、平遥、文水、汾阳、洪洞、临汾、侯马、运城、风陵渡等均有分库。在省外的分库，不叫实物准备库，而称物产商行，设在包头、绥远、潼关、西安、石家庄、张家口、汉口、上海、天津、北京等地，以后又在汉中、宝鸡、兰州、平凉、成都、重庆设立物产商行。实物准备库（物产商行）与铁路局、银行订立合同，享受运输、汇兑的优惠，相互合作，在价格上实行"省内低价，省外高价；省内少赚，省外多赚"政策，大搞商业活动，为20世纪30年代山西经济的发展积累了一定数量的资金。

阎锡山的地方官僚资本的发展，除了上述庞大的山西人民公营事业董事会体系以外，还有营业公社和直属企业两大类。

营业公社，分为省、县、村三级，其仍然打着"物产证券与按劳分配"理论的旗号。他认为资产生息的流弊，在于私人资本集中，私人资本愈集中，社会经济愈不平，必须用和平调剂的办法来解决，这就是举办营业公社。省、县、村可以向有钱的人借钱作为资本，兴办企业，但出资者既不得利息也不分红，30年后按原资本归还本人。省营业公社借资本40万元，阎锡山本人担负20万元，又向全省大户强借20万元，出资者作为营业公社董事会董事，阎锡山任董事长。先后举办的企业有：晋丰面粉公司、大同煤业公司、晋同银号、晋裕银号、晋通花店，以及在大同、忻州、平遥、洪洞办的晋益、晋忻、晋原、晋平、晋洪等7个当辅。到抗日战争爆发，省营业公社资本增长到340万元，至于县、村营业公社则发展较慢，五台、定襄两县发展较好，抗战爆发后均陷瘫痪。

直属企业有晋北矿务局、太原土货商场和阳泉煤业公司，发挥山西资源优势，开发煤矿，鼓励山西土货的生产和消费。土货商场发行土货券，规定用土货券购买山西产品，每0.99元顶1元法币或省钞。大力鼓励和发展地方产品，以刺激山西地方工业和农产品的生产和销售。

（五）建设资金的筹措

《山西省政十年建设计划案》的实施，最大的难题在于建设资金。当时，阎锡山筹措建设资金确实想了许多办法，除通过税收扩大地方财政收入，用于部分工业投资外，还采用了以下几种办法筹措建设资金：

1. 发行纸币

为了筹措建设经费，阎锡山十分重视银行业，他的山西省银行、晋绥地方铁路银号、绥西垦业银号、晋北盐业银号都发行纸币，以支持《十年建设计划案》的实施。1935 年 11 月 2 日国民党政府实行法币政策，停止银元流通，规定纸币发行由国家垄断，授权中央银行、交通银行和中国银行发行的纸币为唯一合法的货币（法币），其他一切银行号都不得发行纸币。但阎锡山的四银行号仍继续发行，直到 1942 年方才停止。

表3　1936 年 12 月省、铁、垦、盐四银行号纸币发行情况　　单位：元

银行	代发银行券	本行业务发行	核准发行	实物库代发行	旧钞	合计
省银行	144000	8618623	4815192	4696734	138590	18274549
铁路银号		1676481	7318902	3272169		12267552
垦业银号		587240	40000			627240
盐业银号		285000	240000			525000
合计	144000					

注：① "代发银行券"，指省银行的代理店代理发行数。

② "核准发行"，指省政府印好的公债券交给银行作为准备而领走纸币。

③ "实物库代发行"，指实物十足准备库，将实物准备券交省银行，领走省钞。

④ "旧钞"，指 1930 年以前发行的、尚未回收的晋钞。

表3 中核准发行的内容，如铁路银号 1936 年的核准发行数内有省防借款券、第五次建设借款券、公路建设库券以及太原经济建设委员会的借券、兵工筑路指挥部的借券等，都是经阎锡山审核批准发行的。据山西人民公营事业董事会 1936 年报告，仅 1935 年 9 月到 1936 年，奉发山西省人民公营事业借款券、第一次借款券、统一建设借款券共 7042 万元。

2. 利用外资

据斌记五金行对资本主义国家商人的负债记录，1936 年 12 月末为2484493 元，分别是向德国、美国、日本等国的礼和洋行、新民洋行、华德隆洋行、禅臣洋行、孔士洋行、白禄洋行、西门子洋行、德义洋行、克罗克纳洋行、安利洋行、填昌洋行、德盛关行、大仓洋行、公兴洋行、三井洋行、祥昌洋行、协兴洋行、恒昌洋行等融资。同期向各洋行订购货物

亦达 385 万元之巨。并且大量运用了商业信用，如延期支付、分期付款等，获得了西方工业国家的信用支持。

3. 省钞发酵

为了启动农村经济，阎锡山提出了所谓"酵面"理论，要求县县办县银号，村村办村信用合作社，县里还要办县总信用合作社。均以山西省银行钞票为"酵面"，即县银号以借省钞为准备，发行县银号纸币，每县5 万～10 万元不等。村信用社向县银号借其纸币为准备，发行村合作券。他认为，省银行号好比是总"酵面"，发行一二百万元，分借各县，作为县银号之基金一部分，连同县银号另筹基金，再起发酵作用，以兑现票（总现纸币）借给各村，作为村汇兑基金。如此发酵后，辗转流行，社会金融就可以马上活跃起来，这种发酵理论在部分县已经进行了实践，部分县尚未行动起来，即爆发了抗日战争，只好告终。

4. 发行债券股票

为了筹措建设资金，以山西省政府或公营事业、企业名义，多次发行建设债券或库券，吸纳社会资金，投向工业企业，有时为了完成债券发行任务，还常常对公务政教人员在发放工资时，搭发几成债券或库券，实际是强制发行地方公债。同时公营事业虽为地方政府公有，也发行了股票，在一部分企业中，事实上公股（地方政府股）与私股（私人股份）并存，而企业的经营管理权实操政府官员手中。

5. 强制性无息借款

在反对私人资本集中的旗号下，阎锡山命令以省、县、村营业公社名义向有钱人强制性借钱，以充实其资本，但不作为股份。名义上是限制"资私有"的发展，在事实上却是有钱人出钱、有钱人从事经营管理，并没有损伤富有阶级的经济利益。但是，这一办法也确实使山西地方官僚资本企业获得了发展的资金。

20 世纪 30 年代的经济"畅想曲"，随着抗战爆发，太原失守，也就停止了演奏。

阎锡山的经济理论与实践，例如反对"资私有"和"金代值"在理论上是成立的，听起来也确实是动人的，"按劳分配"的口号也是堂而皇之的，在这些理论下，30 年代的山西地方经济，尤其是资本主义工业生产和农村经济确实有了较大的发展。并且对后来抗日战争的胜利起过一定的积极作用。然而阎锡山的"按劳分配"和反对"资私有"只不过是发展官僚资本主义的旗子,其真实的结果是使一大批官僚获得了聚敛财富的机会。除日寇抢夺一部分外,从1939年12月政变以后直到解放战争,这些地方工业尤其是军事工业和官僚资本事实上成了以阎锡山为首的官僚资本的经济实力,直到1949年4月24日太原解放。

五、生产力的解放

抗日战争爆发以后,中国共产党领导的革命力量深入敌后,建立抗日根据地,进行抗日斗争。到1938年冬季,先后在山西建立了晋冀鲁豫边区的太行区、太岳区,晋察冀边区的北岳区,晋绥边区的晋西区、吕梁区等抗日根据地,面积达9万多平方公里,人口达700多万人。各抗日根据地政府在党的领导下,发动群众,实行减租减息、合理负担,动员一切力量,发展生产,支援前线,团结抗战。为了保证军队的武器弹药和军需物资供应,组织了兵工厂、服装厂等生产事业。为了对敌斗争的需要,在根据地实行了"对外贸易管制,对内自由贸易"政策,建立公营经济和合作社经济。同时还在根据地建立了自己的银行,如晋冀鲁豫边区的冀南银行,晋察冀边区的晋察冀边区银行,晋绥地区的西北农民银行等,发行自己的货币,组织存款,发放生产贷款,支持工农业生产的发展,有力地保证了抗日战争的胜利。抗战胜利以后,各根据地(解放区)不断扩大,党领导各解放区政府及时调整"管制贸易"为"自由交易",扩大公营经济——工业、手工业和商业组织,继而开展土地改革运动,实行"耕者有其田"政策,使贫苦农民分得了土地和农具,生产积极性和参军参战的热情更加高涨,这一切有力地促进了解放区经济的发展。

1949年4月28日太原解放。中国人民解放军太原军事管制委员会进城以后,迅速接管了阎锡山的官僚资本企业,军管会下属的金融接管组、贸易接管组和工业接管组等,分别接收了山西省银行、垦业银号、铁路银号、太原市银行、晋丰银号、晋裕银号、会元银号、仁发公银号、德兴昌银号以及中央银行太原支行、中国银行太原支行和同记公司、西北实业公司等,除山西解放前夕阎锡山将部分官僚资本企业的黄金、美钞等资产转移至中国台湾和国外一部分以外,其余全部被收作山西人民的公产,成为山西人民后来建设社会主义山西的经济基础。自此,山西人民不仅摆脱了几千年的被压迫、被剥削的枷锁,而且掌握了生产资料,由此,山西的生产力获得了新生。

山西轻工业发展战略的几个问题

背景说明

本文是 1989 年 12 月在"山西省轻工发展战略研讨会"上的发言稿，被省轻工业厅收入《山西轻工业发展战略研究》(1989 年内部印证) 一书。山西作为国家能源重化工基地，要有区域的整体与均衡。如果能源工业是飞机的机身，农业和轻工业就是它的两翼，农业、轻工业和能源重化工业，是一机两翼的关系。经济改革要变高度集中的计划经济为市场经济，山西煤炭应当再纳入商品范畴，建设山西能源重化工基地应改为商品能源基地。

一、关于山西轻工业发展的历史估计

（一）山西是不是一向闭关自守

一提起山西经济发展的历史，很多人就说"山西一向闭关自守"，"阎锡山的小火车"等。我认为这不符合山西近 400 年的历史。自明清一直到民国初期，著名的山西商人不仅在国内著称，而且为外国人所重视。日本有很多专门研究山西商人和山西票号的专家。清代，山西商人的足迹遍布亚洲，以至把触角伸向欧洲市场，在北起西伯利亚、伊尔库茨克、莫斯科、彼得堡，南到加尔各答，东至大阪、东京、横滨、仁川，西到阿富汗，都有山西人。贵州茅台酒是山西人发明酿造的，呼伦贝尔草原的醋是山西人酿造加工的。清代垄断对日本铜贸易的也是山西人，它解决了清铜铸币的不足，缓和了中国货币供应的矛盾。近代史上，供应整个北亚地区缝衣针的，一直是山西晋城人。当时，不仅山西人把山西手工业制品和土特产品运销全国，以至日本、俄国，而且把中国南方的茶叶、丝绸、工艺品等大批大批地运往欧洲，开辟并主宰了广州—汉口—周口—开封—清化—晋城—子洪—平（遥）、祁（县）、太（谷）—忻州—雁门—黄花梁—张家口—归化—库伦—恰克图—伊尔库茨克—莫斯科的商路。这些内容我已在《近代的山西》① 一书中做过专题阐述。

到阎锡山统治山西时期，仍然重视对外经济联系，请了不少外国专家，又派人到国外学习，高薪聘请国内专家来晋工作，发展了山西的军火、炼钢及机械制造工业。直到新中国成立前，山西的工业基础在全国各省之中都不是落后的，而且企业管理也是比较先进的。因此，我们不能因"阎锡山的小火车"而得出山西一向闭关自守的结论。

我们知道，20 世纪 30 年代末期，在山西的各革命老根据地，实行战时军事共产主义供给制，一直到 1949 年。以后，商品经济未来得及发展，就遇上了 50 年代初期的"一化三改"，学习苏联模式，实行高度集中的计划经济。由军事共产主义到高度集中的计划经济，使商品经济未得到发展的机会，人们的商品观念、利润观念、金融观念、开放思想自然无法形成。特别是伴随供给制和高度计划经济而产生、发展的政治意识、官本位思想得到了发展。这才是闭关自守、排斥商品经济的根源之一。

（二）产业发展的畸形

一般而论，产业发展是有轨迹的，多依农业、轻工业、重工业、技术密集行业的道路前进。山西现代工业的发展是在民国初期，在 1936 年前，虽然军阀混战激烈，但阎锡山没有急于卷入军事纷争，而是办银行，以银行发钞票，办军火工业，出售军火，积累资金，发展官僚资本。因此，山西轻工业的基础是非常薄弱的。新中国成立以后，在斯大林的优先发展重工业的理论指导下，山西重工业又大大发展了，轻工业仍然未予以重视。进入 80 年代，在经济发展的大好形势下，由于中国的能源问题而把山西推到了能源基地的地位，产业投资结构进一步向能源和重化工倾斜。这样，山西轻工业始终未遇到一个大发展的机会，致使山西工业产品以"粗、大、黑"著称，重工业偏重，轻工业偏轻，轻重严重失衡。

---

① 孔祥毅：《近代的山西》，山西人民出版社 1988 年版。

二、关于山西轻工业发展的战略思想

（一）一机两翼

国家把山西作为能源重化工基地，但山西作为一个行政、经济区，也要有自己的整体和均衡。如果能源工业在山西是个飞机的机身，农业和轻工业就是它的两翼，农业、轻工业和能源重化工业，是一机两翼的关系。

经济体制的改革，是变高度集中的计划经济为商品市场经济，山西的煤炭再不能是产品了，应当纳入商品范畴，建设山西能源重化工基地，应改为商品能源重化工基地。否则山西不可避免地将永远处于不等价交换、不平等竞争的地位。

（二）倾斜政策

发展山西轻工业，必须实行倾斜政策：

1. 投资结构倾斜

把重工业投资比重适当降一点，把轻工业投资比重适当提高一点，以改变山西重工偏重、轻工偏轻的状况。

2. 筹资结构倾斜

改变单一依靠银行信用借款的间接融资，适当扩大直接向社会融资。不这样做，只依靠国家财政和银行的做法，无法适应新的情况。不改变筹集资金的思路和方式，就不可能有足够的资金去解决轻工业的发展问题。

3. 经济成分结构倾斜

山西轻工业既要重视全民所有制经济的发展，也要重视集体经济、合作经济、私人经济和股份经济的发展。社会主义初级阶段应多种经济成分并存，私人经济、股份经济是社会主义经济必要的和有益的补充。为了轻工业尽快发展，要重视支持发展规模小、投产快、掉头易的私人经济、股份经济和合作经济。

4. 观念倾斜

随着高度集中的计划经济向商品市场经济体制的转变，要把眼睛盯着上级，向上级要政策、要投资、要材料的观念转为眼睛盯住市场，在市场上找出路。当然向上级要政策还是必要的，但必须向市场倾斜。

（三）战略思想

根据以上分析，山西轻工业发展的战略思想应当是：坚持改革开放，充分发挥能源、资源、军工、集体、市场五大优势，发展优势产品，内联外引，上质量，上档次，上品种，提效益，振兴轻工业，兴晋富民。

三、关于山西轻工业发展的战略措施和战略重点

（一）战略措施

发展山西轻工业的战略思想、战略方针定好了，就会形成一个好的经济环境，那么解决资金、原料、人才、技术等生产要素问题，就显得十分重要。

解决生产要素问题，是否可以这样考虑：资金，金融市场找出路；原料，期货市场求稳定；技术，内联外引求提高；人才，加大教育投资求效益；速度，多种经济成分求发展。

1. 资金问题

按照《山西轻工业发展战略》（讨论稿）的设想，今后每年至少要投入4亿元。这些资金从哪里来？只依靠财政拨款是不可能的，要充分利用一切可以运用的融资方式，如信用交换、商业票据、票据贴现、抵押借款、买方信贷、卖方信贷、补偿贸易、合作生产、合资经营、发行股票、发行债券、国际金融机构借款、国外发行证券、外国银行借款等，都是可以运用的。尤其要重视股票和债券的发行和流通，它会源源不断地为轻工业注入新的不断增加的资金。在通货膨胀的情况下，人们持币待购，需要有一个能保值并增值的证券形式，这样就会吸引有多余资金的单位或个人来投资。

2. 原料问题

轻工业原料有60%来自农业，而农业基本上已受市场调节，同时受自然条件的制约，生产很不稳定，引导生产的信息又不灵，严重影响了轻工业原料供应的数量和价格。所以，发展商品期货交易就成为较好的形式。

3. 期货市场

它是买卖远期商品及其交货合同的市场。它是一种新的产需衔接的方式，主要服务于生产资料市场的原料市场。这是商品经济发展到一定阶段的产物。现货市场、远期商品交易市场、期货市场是商品交易方式发展的必然历程。其基本功能有：转移风险的功能，稳定价格的功能，提供信息、引导生产的功能，保护公平竞争的功能。同时还可以培养商业专门人才，有利于介入国际市场，也有利于带动交通、通信、仓储、生活服务设

施的发展。据说，日本农民下种以后，就整天带着收音机下地，边干活边听期货市场价格，一听有合适的价格，就到市场去出售自己未收获的农产品。为了保值，避免风险，还常进行套卖，因为期货市场可能使商品交易的双方在已知的价格下进行正常的生产经营，从而减轻以至避免价格激烈波动可能给企业造成的风险损失。

4. 人才问题

《山西轻工业发展战略》（讨论稿）提出要办几所大学、中专、技术学科干部培训学校，以解决人才问题。我认为学校也是工厂，是培养人才的工厂，也有投入产出的问题，也要讲求投资教育的效益，也有规模效益的问题。建议山西轻工业厅办一个多学科、多层次的综合性的山西轻工业学院，囊括大学、中专、社会招生和成人教育，集中投资、集中师资要比分散办几所学校投资少、质量高。

（二）战略重点

大集中，小分散，发展铁路沿线，开发东西两翼。集中在铁路沿线建一批轻工生产基地，分别在长治和晋城、临汾和运城、晋中和阳泉、吕梁、雁北及大同、忻州、太原建立各具特点的轻工生产基地，对东、西两山区则要因地制宜发展各种短、平、快的轻工项目，以促进山西地区脱贫致富。

根据山西资源和历史优势，重点发展十个行业，食品饮料、洗涤用品、玻璃陶瓷、洗衣机等拳头产品，稳定质量。重点抓好铁锅、啤酒、保健食品、老陈醋系列产品等传统优质产品和大宗必需产品。

建立原料基地，包括轧薄板原料基地、轧制铝板原料基地、日化原料基地、陶瓷原料基地、塑料树脂原料基地、制革原皮原料基地、甜菜基地、造纸原料基地。

关于平衡山西财政收支、摆脱
赤字困扰的思考

背景说明

本文是 1994 年 10 月 18～20 日由山西省财政厅召开的"山西财政改革与发展研讨会"上的发言提纲，被山西省财政厅收入《山西财政改革与发展》一书，山西人民出版社 1995 年 7 月出版。

近年来，国家财政收入随着经济的发展逐年增长，但赶不上支出的增长，造成赤字逐年增加，债台高筑。山西地方财政 1993 年比 1980 年，收入增长 2.45 倍，支出增长 2.86 倍，赤字县达到 70 多个，50 多个县欠发工资。如何摆脱财政赤字的困境，平衡财政收支，是山西也是全国的大事。

一、树立什么样的理财思想

新中国成立以来，我国财政收支的基本原则是"量入为出"，坚持"收支平衡，略有结余"。进入 20 世纪 80 年代以来，讲的仍然是收支平衡，但实际上已无法平衡。山西财政比国家财政困难晚来一点，1988 年才"吃"完了历史的结余。1989 年以后几乎年年赤字，并逐年上升。但是，在讲到财政收支原则时仍是说坚持"收支平衡"，要"量入为出"。不论中央还是地方，在收支不能平衡时，经常是用银行借款来解决的。而且，这些年来我们实际编制的就是赤字预算，其本身就不是量入为出，而是量出为入。

在封建社会，财政支出项目中没有生产建设项目，而现代财政支出中生产建设项目比重很大，生产发展的量出为入是国家经济管理职能产生以后的必然要求。只要生产建设项目的支出是投入少产出大，就不能量出为入，即一方面做出支出安排而同时想办法组织资金的来源。事实上改革开放以来的十几年，我们已经这么做了。因此，公开地承认财政收支的量出为入思想，是积极平衡财政收支的思想，只有这样，才能在理论上为财政信用的运用提供依据。

二、发展财政信用

财政信用是近年来财政理论界的新词，实际就是国家信用或政府信用。财政部门为动员筹措资金，平衡财政收支，发行了政府债券；为了更好地发挥财政资金的作用，将原来无偿支出的一些项目改为有借有还的支出，从而产生了所谓的财政信用。用有借有还的信用形式筹措财政资金，用有借有还的信用形式使用财政资金，不仅古代就有，近代也有。20世纪30年代的山西省政府就曾大量搞过财政信用，对山西工业的起步作出了贡献。90年代的山西财政也运用财政信用，不仅推动了山西证券交易市场的发展，而且也为提高资金使用效益，促进山西经济发展起到了积极的作用。

但是必须指出，用财政信用筹来的资金，还只能是用财政信用形式去作为生产建设性的财政支出，只有投入生产建设领域，才能收到效益，才能保证归还。即运用专款专用的办法，投资于某些有效的经济建设，绝对不能用于亏损企业发工资，进行无效益的财政投资，这就等于复制亏损。因此，运用财政信用投资新项目最有效的是投入新体制下建设起来的企业，不可投入旧体制的不规范企业，要极力避免复制低效、复制亏损的现象。

三、整顿财政收支

目前，国家机关中的不少部门，地方政府的不少部门，陆续开了不少自收自支的项目。各级政府部门的收支本应全部列入同级财政预算，统一同级政府各部门的财政收支。因为权力本身就是利益，自收自支越来越多，造成了财政预算只能管部门预算，而不是全部同级预算，使一些部门代替了财政的某些分配职能。山西财政部门以外的财政性收支已占到全部政府财力 30%~40%。这些部门显然成了第二、第三财政，自然不免忙于分钱分物，忘记了自己是种了别人的地、荒了自己的田，使有限的财力分散在各部门中，跑、冒、滴、漏严重，使财政更加困难。

对此，政府应该下决心整顿财政收支，建立中央、省、县政府财政资金的统收统支制度，分清政府下属各部门的职能，各司其职，不得抢财权，越位管理。这样不仅可以动员有限的财力集中用于生产建设和事业支出，支持经济建设，而且也可以消除各部门干部心态上的不平衡，减少腐败，做到勤政廉政。

四、整顿国有资产

目前，国有资产在流失、在淌血，财政也不停地在给国有资产掌管营运的部门输血。有相当一部分国有企业是输入多流走多。如此下去，财政何时可以好转？

我认为，现在急需把一部分长期亏损、扭亏无望的小型国有企业卖掉，以其收入来为国有企业职工和国家公职人员办理社会保险，为离退休的干部职工办理社会保险。以部分亏损国有企业的生产建立起社会保障体系，不仅阻止了这部分国有资产的流失，也为国有企业，尤其是亏损国有企业甩掉了沉重的包袱，以使它们轻装上阵，加入市场竞争。同时，再用这部分被处理的国有资产作为新建企业的资本金，为现有机关过多的行政人员调离机关、下海从业造一条船——把他们送下海，直接从事实业。不这样，精简政府机关和冗员仍是一句空话。我们不能把多年工作在各级机关的工作人员扫地出门，他们已经为国家付出了大量的劳动，必须进行必要的补偿。

这样，通过处理部分国有资产，可以解决现有企业人员的社会保障问题，可以解决离退休人员的安置问题，可以解决企业的包袱问题，可以解决机关职工精减的出路问题，可以解决冗员过多、干预企业问题，而且并不因此造成社会的不安定。这种选择，要比财政赤字、银行透支、通货膨胀和人浮于事或半失业要好得多。

这样做，形式上看来是在国有资产身上挖了两块肉，实际上是挖掉了国有资产身上的两个赘瘤。

辛勤耕耘，再创税制改革新业绩

背景说明

本文是为《财金贸易》杂志 1996 年第 1 期所写的"卷首语"。"九五"期间的税制改革和管理，要贯彻国家税务局提出的"法治、公平、文明、效率"治税思想，初步建立社会主义市场经济要求的税制体系，建立起相应的税收征管体系框架，实现传统征管向现代化征管的转变。

春回大地，万木争荣。伴随新的一年的到来，我国社会主义建设迎来了第九个五年计划。

"八五"期间，适应经济体制改革的需要，我国财税管理体制的改革不断深化，财税理论研究的水平不断提高。特别是 1994 年的财税体制配套改革，初步搭起了以分税制为基础的分级财政框架和基本适应社会主义市场经济体制需要的税制框架。新税制运行平稳，初战告捷。它一方面调动了中央和地方的积极性，保证了财政收入的稳步增长；另一方面基本上实现了统一税法、公平税负、简化税制、合理分权的税制改革目标。对宏观经济的运行起了积极的推动作用，对理顺规范国家和企业的分配关系、促进企业改革、支持农业发展以及促进我国经济与国际市场接轨都起了积极作用。它将是中国税收史上极辉煌的一页。

对于"九五"期间的税制改革和管理，国家税务局提出了新时期的治税思想，这就是"法治、公平、文明、效率"八字方针。法治，就是要依法治税，而不是以权代税，以言代税，自主章法；公平，就是要公平税负，公平执法，公开制度，公开办税；文明，就是要规范办税，优质服务，办税人员要有好的税容税风税纪；效率，就是要降低征税成本，提高办税效率。坚持八字方针，就要处理好依法治税与经济发展的关系；就要处理好完善税制与加强征管的关系；就要处理好中央征收与地方征收的关系；就要处理好组织收入和执行政策的关系；就要处理好税务专业管理和社会办税护税的关系；就要处理好治税与治队的关系。

"九五"期间，我国税收发展的目标是：初步建立社会主义市场经济要求的税制体系，建立起相应的税收征管体系框架，实现传统征管向现代化征管的转变，建立一支适应现代化税制征管的机构和干部队伍，实现工商税收年均增长10%。实现这个目标的具体任务，首先是制定税收基本法，完善税制改革，扩大税基，调整税率，逐步取消税收减免，巩固消费税，统一企业所得税，改革个人所得税，健全地方税制，并且要深化征管改革，转换征管模式，健全征管法规和税收保卫体系，优化税收环境。

一年之计在于春，1996年是"九五"第一年，现在是"九五"第一春，我们必须坚持以组织收入为中心，确保完成全年的税收任务，实现开门红；加强税收法制建设，继续改革、完善税收制度；推进以征管改革为核心的税务管理改革，集中力量加强和改进增值税、出口退税和个人所得税的管理；加大执法力度，优化税收环境，实现税收工作重心转移到征管和基层的战略部署，深入开展反腐败斗争，抓好领导班子和干部队伍的建设。

新的起点、新的机遇，广大税务实际和理论工作者肩负着历史赋予的新的使命，社会各界也承担了协税护税的光荣义务，让我们踏着新春的步伐，辛勤耕耘，去争取金秋的累累硕果。

用金融创新理念营造山西
经济发展的筹资环境

背景说明

　　本文是应新华社山西分社邀请所做讲座的提纲，原载《今日山西》2000 年第 1 期。

一、明清时期的中国金融中心正在觉醒，正在准备承接东部和西部两个经济热点地区间的双向服务

　　金融是经济的血脉，金融发达则百业兴旺，金融枯竭则百业萧条。明清时代，山西之所以能为朝廷提供较多财政贡献，得益于山西商人包括山西金融商人的商业利润。那时候，山西票号、钱庄、当铺的分支机构遍设长城内外、大江南北，并远及俄罗斯、日本、朝鲜等地。这些金融机构的总号或总庄与它们的出资者都在山西本土。所以，有人说"明清时期中国金融中心在山西"不是没有道理的。

　　然而，20 世纪的百年间，山西落后了，尤其是在 20 世纪末的 10 多年间。自己比自己年年有进步，自己比别人年年落几步。20 世纪 90 年代以来，中国能源市场发生了变化，面对煤炭积压，货款拖欠，拳头产品失去了拳头的分量，支柱产业无法支撑经济全局，相对东南沿海地区的蓬勃发展势头，山西各界忧心如焚。恰在此时，中央提出"西部大开发"的宏伟计划。中国经济将向西部地区倾斜，该地区将成为 21 世纪初中国经济投资热点。山西省不东不西，两个热点地区的快车都搭乘不上，如何是好？

东南经济热带和未来西部经济热带中间，正好夹着山西省，其地理位置决定，山西有必要也有可能了解东，也了解西，左手牵东，右手拉西，以双向服务，扩大贸易。山西有 15.6 万平方公里的土地，有 120 多种矿产资源，储量在全国前十位的多达 25 种，全省含煤面积 6.2 万平方公里；有高等植物资源 3000 多种，旅游资源丰富，特别是人文景观多得被称为"中国古代文化博物馆"。然而，这一切多数还在沉睡，亟待去开发。还有，自 20 世纪 20 年代开始的军事工业和机械制造工业在 50～70 年代得以迅速发展，现在潜力巨大。不仅有大片厂房、设备，还有一支很强的技术干部队伍，正在寻找新的潜力产品，亟待向现代化转变。一句话，合理的产业结构、现代化的企业结构和优良的产品结构，亟待重塑。百事待举，千头万绪，但不论干什么，没有钱不行，不会用钱更不行，严峻的历史重任摆在山西人面前。

二、山西政府欲以"五个创新"，调整经济结构，展开双臂欢迎八方商贾和金融"大侠"

中国经济正面对"入世"的挑战，对于开放不足的山西，面对"入世"后与国外资本的合作和碰撞，必须强化"入市"的理念和营造市场环境，这是专家与百姓们的共识。值得庆幸的是政府正在调整经济发展战略，拟以观念创新、金融创新、技术创新、企业家机制创新和经济运行环境创新，调整自己的产业结构。

观念创新，必须放眼世界，放眼经济全球化、经济金融化的世界经济大趋势，放眼中国加入世贸组织后的经济机遇与挑战；金融创新，即金融自由化，放松管制，开放货币市场、资本市场，创新融资形式和融资工具，实现利率市场化，大力引进外资，也向境外投资，欢迎省外、国外金融企业入驻山西，也将组织山西企业"上市"到国外金融市场融资；技术创新，不仅包括企业为主体的技术创新，也将包括积极推动科研院校与高校的改革，促进研究开发和经济发展的有效结合，建立技术创新激励机制和发展高新技术产业；企业家机制创新，包括开拓企业家来源渠道，发展企业家市场，建立企业家激励与约束机制；经济运行环境创新，包括市场环境、社会环境、法制环境、政府的服务与管理等。

观念创新是前提，生产要素供给机制创新和经济运行环境创新是必要条件，其中生产要素供给机制创新中的金融创新又是十分重要的问题。巧妇难为无米之炊，货币资金是生产发展的第一推动力和持续推动力，金融是生产的启动器，更是经济运行的润滑剂、观象台和调节器。

山西自古民风淳朴，山西人勤劳节俭，有攒钱的习惯。在实行计划经济体制的 1953 年以前，银行系统存款与贷款比较为存差，即存款大于贷款，如 1949 年存款 369 万元，贷款 141 万元；1950 年存款 710 万元，贷款 425 万元。自 1954 年起，山西工业化建设迅速发展，贷款需求增大。随之产业结构趋向重型化，需求始终保持旺盛。1954～1995 年的 42 年间，始终保持贷差，即贷款大于存款，而从中国经济"软着陆"的 1996 年开始，山西银行系统一改贷差为存差，银行信贷资金由不足而成多余。这一事实，一方面说明了社会需求不旺，市场疲软；另一方面也反映了山西产业结构存在问题，企业效益不好，没有前景，银行不敢放贷。从金融系统看，有钱放不出去；从企业看，缺钱借不来。这说明不进行产业结构调整，经济发展将成为问题。

合理的经济结构、产业结构、产品结构，应当建立在大批朝气蓬勃的富有实力和前途的企业上。国有企业的改革、非国有企业的发展、国有资产的重组、民间资本的投资，不仅需要宏观金融的调节，更需要企业金融的发展。固守原有山西金融的格局已经无法再使山西跟上中国经济以至世界经济发展的潮流。

三、山西金融界实施金融创新任重而道远，省外、国外金融友人入驻山西恰逢其时，这里有一片等待开发的土地

由于山西经济结构和发展水平低，山西金融处于浅度状态，表现为人均金融资产低于全国平均水平，1998 年末全国金融机构各项存款余额 95697.9 亿元，山西为 2081.1 亿元，仅占 2.17%；全国贷款余额 86524.1 亿元，山西为 1741.7 亿元，仅占 2.01%；国内上市公司全国 851 家，山西仅为 12 家；海外上市公司全国 43 家，山西仅 1 家；驻华外资银行分支行全国共 162 家，代理机构 284 家，分布在 24 个城市，山西没有 1 家。但山西人均手持现金量与全国持平，其他支付手段和电子货币使用很少。至于融资形式和融资工具也远远低于全国水平。这种浅度金融的现实与山西经济欲承接东南经济热带和西部经济热带的双向服务是极不相称的。出路只有一条，那就是积极地推进金融深化的过程。

金融的各种变量和金融制度，对经济增长和经济发展并不是中性的，

前者不仅是对后者的反映，更有积极的能动作用。既可能起促进作用，也可以起阻滞作用。是发挥正面作用还是负面作用，很大程度上取决于政府的政策和制度选择。一个地区金融资产稀缺、金融体系不健全、金融市场不发达，必然制约这个地区运用市场机制配置资源。因而金融深化在山西有着特殊意义。地方政府高层提出金融创新是切中要害的，如何实现这一过程却是十分重要的。

一是金融机构需要多元化。从所有制结构看，目前国有商业银行资产负债比重过大，国家银行信贷占金融机构信贷的比重达到79%，急需发展非国有金融机构；从金融机构的业务性质上看，银行业占主要的地位，金融公司、证券公司、租赁公司、各种基金、保险公司、财务公司等非银行金融机构品种不全，份额过小，力量太弱；从本币与外币业务看，外币业务量微弱，没有一家外资金融机构，政府极力想引入外资金融业，打开对外的窗口，取得利用外资的渠道，以使本地国内金融业在竞争中得到提高和发展。

二是融资形式和融资工具需要多样化。现有金融工具主要为部分传统工具，商业汇票的发行、背书转让与贴现运用不多，企业短期债券使用很少，没有共同投资基金，保险品种简单。加快保险市场和再保险市场的发展，推动金融租赁等是十分迫切的。

三是需要大力发展银行中间业务。适应世界银行业利润来源多样化的趋势，努力发展银行代收、代付、保管、委托、个人理财等中间业务，以良好的多种服务为客户服务是非常必要的。否则"入世"之后，将会在与外资银行的竞争中处于不利地位。

四是积极推进投资银行业务，为企业改组、兼并、重组服务。

五是积极发展证券市场，并使之规范化、国际化。目前，规范的股份企业不多，上市发展缓慢，直接融资比例较低。今后在大力发展上市公司的同时，也要发展"上柜"公司，组织柜台交易，通过公司"上柜"，培育上市公司尽快成熟。

市场是没有边界的。可以肯定地说，在山西彻底摒弃计划经济遗留下的一切不利于经济发展的制度办法和陋习之后，市场将会迅速发展。山西将坚定不移地推进改革开放，大力引进国外金融机构、金融业务和经营技术，并通过内部的金融创新，推动山西金融产业的运行环境越来越宽松，谋求整个经济的改革和发展。山西正展开双臂欢迎各国金融界有识之士来开创事业。

保险：一个待开发的市场

背景说明

本文是 2001 年 10 月 10 日在"创建山西省首家民营股份制保险公司发起大会"上的讲话稿。文章介绍了保险发展的历史与当时保险市场的供求，山西省保险是一个亟待开发的市场。

在中国，保险业是一个待开发的市场，在山西更是亟待开发的市场。为了说明这一点，下面先介绍一组数字：从保险率看，日本人均保险率为 486%，即一人 5 份保险单，美国为 289%，即一人 3 份保险单，中国为 7%，即百人 7 份保险单，山西太原为 0.02%，即万人 2 份保险单；从保险密度（人均保险费）看，世界 2236 元，中国 110 元，上海 870 元，山西 75 元；从保险深度（保险费收入在国民生产总值中所占的百分比）看，世界 7.44%，中国 1.67%，上海 2.8%，山西 1.47%。如果山西达到全国平均水平，年收入保费可增加 11.2 亿元；如果山西达到上海平均水平，年收入保费可增加 254.4 亿元。

这组数字表明，保险市场是个待开发的市场，山西保险市场更是一个亟待开发的市场。那么如何看待保险和保险市场？保险市场的现状如何？了解和参与保险市场能给企业带来什么好处？这就是本文想回答的问题。

一、保险市场及其发展历史

保险，是指保险人通过集中保险费建立风险基金，用以补偿被保险人可能受到的经济损失。保险也是一种金融产品，投保和承保实质上是保险产品的买和卖，从而构成了保险市场交易活动的基本内容。参与保险市场的当事人，有保险人、投保人（或被保险人）、保险代理人、保险经纪人和保险公证人等。

有人说保险是外国传入的，中国最早的保险公司是外国人在中国办的。其实，保险思想，世界公认中国最早，远在夏商时期，就有居安思危、积谷防饥、储粮备荒等提法，这是世界上最早的社会保险思想。以粮食这种实物形式创立后备，是中国的原始的保险组织形式。后来中国的镖局，也有民间保险机构的性质。

现代意义的保险始于14世纪的意大利，即随着海上贸易、防范风险而建立起来。

中国最早的现代意义的保险公司是1805年英商在广州设立的保险公司，主要经营与英商贸易有关的海上运输保险。英商从19世纪70年代起，陆续又在中国设立太阳保险公司、巴勒保险公司、中华保险公司、扬子保险公司、香港保险公司、保安保险公司等。英商怡和洋行、太古洋行也设立保险部。

中国人自己设立现代保险公司是在洋务运动中，洋务派于1876年和1878年设立了"仁和"、"济和"两家保险公司，1912年黎元洪等官僚又设立华安合群人寿保险公司，为第一个人寿保险公司。第一次世界大战时期，欧洲各国忙于欧战，美国趁机在中国设立十几家大的保险公司，经营国外保险业务。"一战"期间，国人自办的保险公司又有中国联保公司、永安公司等数家，初步形成了中国民营的保险公司阵容。1926年以后，银行资本相继向保险公司投资，据1937年《中国保险年鉴》记载，全国国营保险公司有3家，民营保险公司有37家，到新中国成立前全国有125家华商保险公司，但由于战争等原因，大多停业，奄奄一息。而外商保险公司却垄断和控制着中国的保险市场。如当时制定保险规章、条款、法定费率，甚至包括经纪人手续费等，都要由洋商保险同业公会制定。直到1949年新中国成立时，人民政府取缔了外商在华金融机构的特权，才开始了中国保险事业的新纪元。

1949年10月20日，中国人民保险公司经中央政府财经委批准成立，接收了旧中国的主要保险公司，将其改造成为人保公司之下的专业公司，当时登记在册的华商保险公司有63家，外商公司有41家。人保公司于1959年共收入保险费16亿元，支付保险款和给付人身保险金3.8亿元，上缴财政利润 5 亿元，积累准备金 4 亿元，有力地促进了生产和经济发展。但是，受"大跃进"和"一大二公"极"左"思想影响，1958 年 10 月除沿海城市保留对外保险外，国内保险业务全部停办。人保公司于 1959 年初并入中国人民银行国外业务局，对外保留牌子。"文革"中被称为"剥削公司"，提出"砸烂保险"等错误口号，保险事业受到严重破坏。

中共十一届三中全会以后，1979 年 4 月国务院做出规定，中国人民保险公司从 1980 年起正式恢复办理国内财产保险，各地陆续重建保险机构。1984 年人民保险公司从中国人民银行中独立出来，1986 年新疆建设兵团成立区域性、专业性的生产保险公司，1987 年交通银行开办保险业务，1991 年在交行保险业务基础上成立股份制的中国太平洋保险公司，1992 年将原于 1988 年成立的深圳平安保险公司升格为全国性公司，四川、沈阳、大连、长沙等地先后成立人寿保险公司。之后，美国友邦保险公司、日本东京海上火灾保险公司等先后进入中国。部分省市试办成立了保险经纪人、代理人公司和公估行，各地劳动部门也试办了社会保险公司，民政、铁路部门办了农村养老保险、铁路货物保险运输等业务。可以说，1986 年以前的中国人民保险公司一统天下的垄断局面已经不复存在了。1995 年 10 月国家又公布了《保险法》，保险监管能力不断增强。到 2000 年初，全国已有 28 家中外保险公司，初步形成了由国营保险公司和股份保险公司为主体的、中外保险公司并存的、有序竞争的保险市场。20 世纪最后 10 年，中国保险业务以年平均 26.7% 的速度迅速递增。

二、保险市场的供求状况

就中国保险市场的社会观念看，社会公众的风险意识比较高，但保险意识比较低，多数人已经知道市场化后，很多问题都要自己解决，包括医疗、养老、子女入学等，但寄希望于储蓄存款，投保意识不强；从保险需求结构看，企业投保主要是财产险、机动车险和货物运输保险，为职工投保就业险、医疗险很少；对个人来说，投保人身保险和家庭财产险者比较多，其他险投保者很少。从保险深度、密度看，都比较低，1998 年，世界平均密度为 27.1 美元，瑞士高达 4654.3 美元，保险深度发达国家均在 10% 以上，我国不到 2%，市场潜力很大。朱镕基总理说，中国保险业是未开垦的处女地，是未完全开发的市场，市场主体、经营主体偏少，中介的再保险市场严重滞后，资金严重不足，寿险的潜在风险较大等问题都比较突出，与国民经济发展和人民生活需要及对外开放形势都很不适应。这就是说，中国保险市场无论从需求方面看，还是从供给方面看，都存在很大的潜力。

（一）中国保险市场的需求

保险需求是保险市场发展的动力和源泉。中国能够吸引那么多外国保险机构进入中国保险市场，充分说明了中国市场的巨大潜力。

（二）保险市场需求影响因素

1. 生产力的提高和经济发展

因为生产力提高和经济发展会造成风险结构、消费结构、收入水平、保险意识的变化。从风险结构看，在经济增长时期，投资规模大，其投资风险也大，不仅风险量增大，而且由于高科技的运用，又增加了新的风险。比如建筑业扩大，建筑安装工程保险和责任保险需求扩大；汽车工业和交通运输发展，机动车保险需求增加；高新技术运用，如"千年虫"、"计算机犯罪"、"黑客入侵"等，也会要求扩大保险。从消费结构看，随着经济发展，人们在满足吃穿住用之后，就要考虑意外事故和安全健康，于是人寿保险、家财保险就会增加。从收入水平看，收入提高以后，除了上面所说的保险型保险之外，还会出现投资型、储蓄型保险需求，以利用保险产品回报率高、风险小的优点，满足个人理财需要，如平安公司的投资连带保险就很受社会欢迎。从保险意识看，据发达地区及沿海城市，如北京、上海、广州等12个城市调查，37%选购家财险，25%购买医疗保险，28%购买养老保险，52%购买人寿保险。内地保险市场也随着国民经济发展而迅速发展起来。

2. 经济体制变革

随着经济体制改革的深入，一是承担风险的主体变化了，计划体制时国有企业是政府承担风险，市场条件下是企业与个人承担风险，国家不再包揽劳动者的生老病死，这就迫使人们寻找新的市场保险；二是风险增多了，市场条件下企业是自主经营的主体，将面对市场上的很多风险，如社会信用风险、责任风险、市场风险、意外事故等，原先在计划经济下是不需要考虑这些问题的；三是隐性风险浮出了水面，如通货膨胀风险、下岗失业风险、利率变动风险等，在计划经济下是看不见的，全包在国家身上，现在需要个人来承担，从而对商业保险产生了巨大需求。

3. 人口老龄化和家庭结构小型化问题

人口老龄化已成为今后重要的社会问题，目前 60 岁以上的人口有 1.26 亿人，社会养老和医疗问题成了大事，人寿保险、健康保险可补充社会保险的不足，随着社会变化使家庭小型化，家庭自我支付生老病死、自然灾害和意外事故能力降低，也增加了对保险业的需求。

对于保险市场需求，还有一点需要指出，目前中国保险赔付率比较低，近 10 年平均赔付率为 50% 以上，而这 10 年内，英国保险业赔付率为 80% 以上，1985 年日本保险业赔付率为 85%，1988 年美国赔付率曾高达 105%。赔付率低、赔付不及时、理赔不合理等，也严重影响了投保人的积极性。如果保险公司加强管理，节约开支，适当提高赔付率，中国保险市场的需求会更大。

（三）中国保险市场的供给

保险的供给是保险市场繁荣和发展的重要因素。近 10 年来保险机构发展很快。1990 年中国保险市场只有四家企业：中国人保公司、深圳平安保险公司、中国太平洋保险公司和新疆建设兵团农牧业生产保险公司。到 2000 年 5 月，中国保险公司达到 28 家，其中具有法人资格的中资保险公司 13 家（4 家国有独资公司和 9 家股份公司），开设分公司、子公司、办事处、营业部等分支机构达 8000 多个，中外合资保险公司 4 家，外资保险公司的分公司 11 家，有 4 家中外合资保险公司和 1 家外资公司正在筹建。17 个国家和地区的 113 家外资保险公司在我国的 12 个开放城市设立了 2000 个代表处。

但是，保险公司的结构分布不合理，东南沿海和经济发达的大中城市的保险公司和分支机构多，开放程度高，中西部和经济落后地区机构极少，有的中小城市只有中国人保公司和中国人寿公司，保险业的地区发展不均衡，大城市竞争，小城市垄断。

从保险组织结构看，有中资、外资、合资三大类，但中国人保财险公司、中国人寿公司拥有的分支机构占到 80%。从业务份额看，1999 年两家国有保险公司市场份额仍在 70% 以上。从所有制结构看，中资公司有国有独资和股份制两类。中国人民保险公司、中国人寿保险公司、中国再保险公司为国有独资，历史悠久，市场份额大，占主要地位，但经营方式粗放，产权不明晰，资本金不足，偿付能力差；而且政企不分，行政色彩浓厚，负责人为政府任命。而股份制的 9 家保险公司，一是产权明晰，有明确的出资人，有股东大会、董事会、监事会等内部权力机构；二是机制较新，按《公司法》规定成立，机构健全，职能划分明确，内部约束机制好；三是没有行政级别，具有明显的商业性。山西省内，现有保险机构 6 家，均非法人，市场主要由中国人民保险、中国保险、太平洋保险垄断。全部保险营业机构 262 个，从业人员为 17933 人，代理人 5497 人，营销员 7165 人，专兼职代理机构 2211 个。

总之，无论山西还是全国，保险供给存在很大的发展空间。

三、未来中国保险市场发展预测

（一）中国保险市场将打破垄断，呈现公平竞争

现在国有商业保险公司 4 家，无论财险还是寿险，均占 80% 以上份额。下步改革国有独资保险公司为股份制公司，转换其经营机构，建立起股份制保险公司的法人治理结构，允许中外资本参股，支持上市，这必然打破垄断，形成保险公司平等竞争的局面。

（二）面临外资威胁

加入 WTO 后，外资保险公司要入驻中国，须按"中美世贸协议文本"（1999 年 11 月 16 日）关于保险部分的条款："中国现在只准外国保险公司在上海和广州营业，根据此协议：地域的限制——外国财产和人寿保险公司可立即在中国全国进行高风险项目的保险业务，并在 5 年内在未来的营业执照上取消所有的地域限制，在 2～3 年内允许进入美国有重要利益的主要城市。范围——中国将在 5 年内逐步扩大外国保险商的业务范围，使之包括保险费总额 85% 的集体、健康和退休金方面的保险业务。咨询原则——中国同意在咨询原则的基础上发放保险营业牌照，在发牌数量上没有经济审查必要或资格限制。投资——中国同意允许外商拥有 50% 的所有权，取消对外国人寿保险公司合资企业的繁琐要求，并逐步取消在国内设立分支机构的限制。外国人寿保险商可选择他们自己的合伙人。在非人寿保险方面，中国将在 2 年内允许外国保险商扩大业务或合资拥有 51% 的所有权和建立独资附属机构。再保险业务同意即可完全开放（100%，没有限制）。"这里我们可以看出，中国的国有独资商业保险公司要股份化，外资保险公司要进入中国保险市场，那么中国民间资本投资保险公司是必然的，未来的中国保险市场是多元化的。现在趁外国保险业还未能大举进入之前，积极谨慎地扶植中国民族保险业的发展是国家的需

要、人民群众的需要。当外国保险业大量进入之后，再来办中国民营保险业就更困难了。

（三）保险市场业务总量扩大，需求层次化

1990～1999 年全国城乡储蓄存款平均余额增长率为每年 26.97%，其中保费收入占全国城乡储蓄存款平均余额为 2.6%，据此中南财经政法大学保险专家测算，全国保费收入如表 1 所示。

表 1　1999～2003 年全国保费收入测算　　　　　　　　单位：亿元

年份	储蓄额	保费收入
1999	59622	1392
2000	66562	1558
2001	74309	1739
2002	82595	1942
2003	92615	2167

数据是按 2.6% 计算的，随着人们保险意识提高还会增加。

若按国内生产总值增长 8%，保险收入与国内生产总值的比为 1.7%，那么，保费收入与储蓄存款比，1990 年以来大约 2.6%，发展中国家为 7%，发达国家为 8%，以此估算如表 2 所示。

表 2　2001～2003 年保费收入测算　　　　　　　　单位：亿元

年份	国内生产总值	保费收入
2001	95708	1627
2002	103364	1757
2003	111634	1895

同时，保险市场需求会因各地经济发展水平、收入水平差异以及生产生活风险的多样化，呈现出一定的差异和多层次性。未来，东西部地区、城乡之间经济发展水平还不可能缩小，不同收入水平的人的不同保险需求，可能呈现出以下情况：一些人注重购买保险保障功能的保险产品；一些人注重购买具有投资功能的保险险种；一些人则注重周到、方便的服务，购买一揽子保险；一些人则购买特殊险种的保险。

（四）险种发展的前景

财产险方面，一是国企三年脱困后，财产险业务会发展；二是积极财政政策，会扩大土建工程保险、安装工程保险、国内货物运输保险；三是加入WTO，汽车使用、汽车保险、第三责任险扩大；四是随着《民法通则》出台，《产品质量法》、《消费者权益保护法》、《医疗事故处理条例》等有关损害赔偿的民事法规，为责任保险的发展提供了法律基础，由此，可以想见，公民责任保险、雇主责任保险以及医生、律师、会计师、建筑师、设计师、美容师、代理人、经理人等责任保险可能会有大的发展。寿险方面，寿险占总保险的比重一般在50%以上，除传统险种外，非传统险种、投资型保险、医疗、养老、少儿保险都在发展，尤其是投资型保险潜力很大。

（五）保险业务将会与银行业、证券业相互渗透，走向业务经营多元化

金融业中银行业、证券业和保险业三大业务板块，最初曾经是混合生长的。20世纪30年代经济大危机之后，部分国家走向了分业经营、分业监管，如美国；有的还坚持全功能的发展，如德国。到1999年11月，美国正式全部取消原来分业经营的法律，允许银行、证券、保险混业经营。我国在改革开放后曾允许银行业投资公司、信托公司，从事证券等业务，但在1993年以后，随着整顿金融秩序，把银行业与证券业、保险业严格分开，1995年公布的《中国人民银行法》、《商业银行法》和《保险法》，规定了分业经营、分业监管。国家分别委托人民银行、证监会、保监会对银行业、证券业、保险业进行监管。最近，随着加入WTO的临近，国内理论界与业务部门对分业经营提出了意见，建议实行混业经营。确实，我国金融业近20年发展很快，尤其是证券业、保险业更年轻，专业水平还不高，市场秩序较差，法制也不健全，允许业务交叉确实发生过一些交叉风险和交叉感染问题，如银行办证券公司，办"三产"等，出了很多问题，形成了不少不良资产。所以中央和国务院决定分业经营、分业监管是符合中国国情的。但是，随着经济全球化、一体化、网络化的发展，金融超市、金融购物中心已成为世界上一个大趋势。美、日、英、韩等已形成混合经营。面临加入WTO形势，我们不考虑综合经营，当混业经营的外国金融机构进来，我们就会很被动。所以，现在我们应该在不改变法律的前提下，允许银行、证券、保险公司通过业务创新，向多元化经营方向发展。事实上2000年以来，银行、证券公司、保险公司已经在这方面做了

大量的工作。

另外，在保险资金的运用上，1984 年以前，保险公司的保费收入只能存入银行，自己不能运用。从 1984 年起，规定保费收入扣除了赔偿准备金、费用开支、税款后，余下的可以自己运用。1995 年《保险法》规定，保险公司的资金可以在银行存款，用于买卖政府债券、金融债券及国务院规定的其他运用形式。1998 年保险公司获准进入银行同业拆借市场；1999 年 10 月又批准保险公司可以通过证券投资基金间接进入证券市场，可以在二级市场上买卖已上市的证券投资基金，也可以在一级市场上申购新发行的基金。

可以看出，保险公司的路子将越走越宽，前景诱人。

初论唐晋故地侯马经济社会的转型发展

——对侯马物流与文化产业发展的建议

背景说明

　　本文是应侯马市政府邀请于 2010 年 5 月 26 日在侯马市"古晋国文化与侯马经济社会发展战略研讨会"上的发言稿。侯马是古晋国的中心，曾因商而富，因商而强。地理位置决定其是山西南部的物流交汇枢纽，又有丰富的历史文化遗存。侯马将物流商贸和文化产业作为发展战略是必要的、可行的。

　　面对全球金融危机后的国际国内经济形势，中国经济发展方式，必须由出口导向和投资导向型转向扩大内需与消费导向型。2009 年 9 月国家制定了《文化产业振兴规划》，2010 年 4 月中宣部、人民银行、文化部等 9 部委制定了《金融支持文化产业振兴和发展繁荣的指导意见》。限于煤炭资源不可再生性与低碳经济国际承诺的现实，山西经济发展需要由地下转到地上，由黑色转为绿色，利用山西得天独厚的文化资源优势和区位优势，利用现代交通电讯，发展文化产业和流通产业。如果说不可持续性的能源重化工基地给山西带来了 30 年发展，那么文化商贸产业可能会给山西带来 50 年以至数百年的发展。

　　山西是华夏文明的源头，侯马是华夏文明源头的腹地，是古唐（晋）国的故都，地理区位优势与文化资源优势独特。改革开放 30 多年来，侯马工农商业全面发展，取得了巨大成就。面临经济社会发展转型的形势，未来向哪里发展？我建议开发一个文化产业，强化一个物流产业，以此为支柱，带动侯马经济全面发展和社会进步。

一、强化侯马物流产业

（一）古晋因商而强

河东是华夏商贸发展的起点，据《易·系辞下》："包牺氏没，神农氏作……日中为市，致天下之民，聚天下之货，交易而退，各得其所。"①《淮南子·齐俗训》记载："尧之治天下也……其导万民也，水处者渔，山处者木，谷处者牧，陆处者农，地宜其事，事宜其械，用宜其人，泽皋织网，陵阪耕田，得以所有，易其所无，以所工易其所拙。"②《史记·五帝本纪》记载："舜，冀州之人也。舜耕历山，渔雷泽，陶河滨，作什器于寿丘，就时于负夏。"③就是说神农氏时在晋南已经开始有了偶然的商品交易集市，尧帝时生产品通过交换，互通有无。舜做过农夫、渔夫、手工业者和小贩等，舜帝可谓华夏商祖。城市的发展，就是沿着集市—街市—城市逐步演进的。

（二）晋人经商

春秋战国时期，商品化程度提高，晋国经济富庶，手工业发展，很多农产品与手工业制品进入市场，加上汾河与黄河水上交通便利，商业繁荣。晋文公（公元前697～前628年）登基后，把百工和商贾纳入政府管理之列，使之成为官工和官商，即所谓"工商食官"，制定了"轻关易道，通商宽农"政策④，减轻商税，除盗安民，商旅沿途往来安全。后来随着领主封建制向地主封建制过渡，"工商食官"制度逐渐废弃，自由商人大批出现。在太原以北以西地区，农牧相杂或以牧为主，依靠游牧狩猎为生的戎狄民族，不仅用牲畜和畜产品与商人进行贸易，而且"贵货易土"，连他们赖以发展畜牧业的草地和宅圃，有时也用来同商人交易，换取其所需物资，所以商人们在那里也开辟了广阔的市场。晋南有"盐铁之饶"，凡经营盐铁的商人，都很快致富。《国语·晋语》中提到"夫晋之富商"，"能金玉其车，文错其服，能行诸侯之贿，而无寻尺之禄"。⑤司马迁说："昔唐人都河东，殷人都河内，周人都河南，夫三河在天下之

---

① 陈鼓应等：《周易今注今译》，商务印书馆2005年版。
② 《淮南子·齐俗训》，《传世藏书》第二卷，华艺出版社1997年版。
③ 《史记·五帝本纪》，《史记》三卷本上册，天津古籍出版社1993年版。
④ 《国语·晋语四》。
⑤ 黎风：《山西古代经济史》，山西经济出版社1997年版。

中，若鼎足，王者所更居也。建国各数百千岁，土地狭，民人众，都国诸侯所聚会。故其俗纤俭习事。杨（今洪洞）、平阳（今临汾）陈西贾秦、翟（今陕西和西北戎狄民族）、北贾种（今河北西北部）、代（今山西北部一带）。种、代，石北也（今石家庄西南），地边胡……故杨、平阳陈掾其间，得所欲。温（今温县）、轵（今济源）西贾上党，北贾赵、中山。"① 可见与北方游牧民族商品交换是以这里为中心的。随着商品交换的频繁和规模的扩大，以生产工具和其他实物作为媒介物越来越不方便，使商品交换的媒介物逐渐被青铜替代。

（三）晋人铸币

司马迁在《史记》中说得比较客观："农工商交易之路通，龟贝金钱刀布之币兴焉。"② 据说虞舜、夏到商朝，商品交换媒介是由金、布、刀、龟贝等多种物品扮演的，"及至秦"货币才得到统一。而夏、商、周之间将近1800余年的演变过程中，古晋国是走在最前面的。据侯马考古出土资料，"在侯马东周晋国遗址内出土空首布的地方，还清理出一处铸造青铜器的作坊遗址，于大量铸造青铜器的陶范中还同时出土相当数量的空首布陶范和布首銎（qiong）内的范芯，空首布陶范中以范芯尤多，如一个4米×4米的发掘方中，范芯的堆积厚达60厘米，多年来积累所得范芯有数10万件。有的布范内还留有尚未取出的空首布。这些现象足以说明当时铸造空首布的规模与数量是相当庞大的，从而折射出晋国政治、经济、文化的发达状况"。③ 这显然是一个规模宏大的造币厂，比欧洲出土的3世纪罗马铸币工场早700~1000年。在古晋国出土春秋战国空首布的地点有太原、榆次、寿阳、侯马、运城等很多地方，可知其对周围地区的商业辐射能力之大。

（四）计划储运

古唐（晋）故都新田乃今侯马市，地处太原、西安、郑州等省会城市经济辐射的交叉点和临汾、运城、晋城、韩城的中心，自古就有"燕赵秦蜀之通衢大道"和"千车百货旱码头"的美誉，交通便利，过往商品物流频繁、商贸繁荣，历史悠久。侯马是古代商贸中心，也是近现代商贸中心。新中国成立后的计划经济时期，因为侯马地处交通枢纽地，火车

---

① 《史记》三卷本下册，天津古籍出版社1995年版。
② 《史记》三卷本中册，天津古籍出版社1995年版。
③ 朱华：《三晋货币》，山西人民出版社1994年版。

运输便捷，国家商业部门在侯马设立了多种商品转运站、汽车运输队、大型商品仓库和采购供应站，连接周边各县的接运站，负责曲沃、新绛、稷山、河津、绛县、翼城、阳城、沁水等地的物质供应。

（五）新型商贸

改革开放以来，侯马商贸物流发展迅速，每天有 100 多列火车、2 万多辆汽车进出侯马，辐射河北、河南、陕西、内蒙古等 10 多个省市区，市场占地近 80 万平方米，营业交易面积 70 万平方米，经营商品 3 万余种，并且建有侯马陆港口岸保税物流中心、大运公路侯马枢纽货物中心、通盛医药配送物流中心、北方轻工城小商品批发制造中心、方略保税物流中心等。正在依托北方轻工城，构建以轻工纺织、医药食品、建材装饰、机动车辆市场集群为主流的商贸物流中心，形成了侯马特色的发展方式。

（六）强化物流产业

物流是生产到消费之间商品物质的供应与流通，包括商品物资供求的信息处理、商品保管、在库管理、流通加工、包装、搬运、运输配送的物流活动，也包括物流企业、运输业、消费者、社会资本（公路、铁道、机场等）、物流行政管理与物流制度等物流构成体。其功能，一是运输交易流通（商流）；二是物资的流通（物流）。前者是货币资财的转移，后者是货物的物理性流动。为物流服务的还有 IT 产业专业信息流和金融业的资金流。从企业角度看，物流有供应商与厂商间的采购物流、工厂与本厂流通中心间的生产物流、流通中心与顾客间的销售物流、顾客与工厂间的回收物流。从社会角度看，有国际物流、国内物流、区间物流与区内物流。从物流管理角度看，有物流企业、物流活动、物流管理等微观物流，有物流政策、物流结构等宏观物流。微观物流是物流企业的事，宏观物流是政府的事，城市结构调整、物流对空气污染、物流交通治理、物流托盘标准化以及城市规划布局调整等，都需要政府管理，物流企业配合，才能获得企业与社会共同的经济社会效益。

二、开发侯马文化产业

侯马古晋国遗址的发掘，侯马盟书的发现，与邻近的西侯度遗址、丁村遗址、陶寺遗址等，构成了华夏古文明的核心，是中华古文明的缩影，是华夏文化的源头和根脉。古晋都侯马周边，有降州古城、黄河龙门、后土古庙、李家大院、鸣条舜陵、运城死海、关公故里、黄河铁牛、永乐壁画、汤王祭天、舜耕历山、荀子故里、洪洞古槐、临汾尧庙、壶口瀑布等，形成了得天独厚的古文化群，涵盖了华夏文化源、唐晋文化流、民族融合歌，它展示了春秋战国盟誓制度、文字演进、青铜文化、冶铁技术、古代礼仪、农耕文明、女娲传说、绘画艺术、舞台戏曲等文化遗迹，其中心古晋国侯马，上起西周叔虞封唐，下至韩、赵、魏三家分晋，历 800 余年，其政治制度、经济发展和思想文化，可以说代表了春秋时期诸侯各国的最高水平。1965 年，在侯马秦村西北发现祭祀坑 400 余座，玉石盟书5000 多件，书写笔锋犀利、舒展而有韵律，毛笔朱色，杀牲盟誓，隆重盛大，唐叔虞、晋文公、赵简子等文治武功，历历在目。周成王的"启以夏政，疆以戎索"民族和谐战略，计然的"贾人旱则资舟，水则资车"的经营理念，猗顿的"欲速富，当畜五字"的经验，白圭"人弃我取，人取我予"的商业艺术，都是当今企业家取之不尽用之不竭的智慧源泉。而备受尊崇的关帝圣君更是"午夜何人能秉烛，九州无处不焚香"（明万历皇帝题联），忠义仁勇，是中国人的楷模。

侯马已经成功地举办了多届新田春秋古都文化节，成功地举起了古文化的大旗。但是，更为重要的是文化资源的开发与文化产业的振兴。从文化资源到文化产业、文化商品、文化教育与文化享受，其间需要有研究、开发、投资、服务、管理等多个环节。

为了使文化产业成为侯马的支柱产业，建议侯马市办五件事：

第一，制定一个文化产业发展规划，作为侯马经济社会发展的指导意见。

第二，组建一支精干的专业队伍，分两部分，一是研究队伍，二是开发队伍，前者研究侯马古文化历史，后者开发侯马新的文化产品。

第三，办一个文化职业技术学校，培养能够留在当地的文化产品开发的技术人才，诸如铜铸、陶瓷、雕塑、导游、园艺、古建、戏曲、歌舞、手工艺、收藏鉴定等专业方向，为侯马新建文化产业输送业务骨干。

第四，开办一个定期或者不定期的文化论坛，聘请本地或者外地研究古晋国文化的专家讲座，给侯马文化开发队伍和投资者、企业家讲授侯马文化历史，为文化产品开发提供信息和通道。

第五，办一个文化产业投资公司，解决文化产业投资的资金来源。

三、商贸与文化产业的金融支持

强化物流产业，开发文化产业，都需要投资，没有钱是办不成的。而钱的问题，迫切需要金融支持。金融支持商贸与文化产业的发展，不能仅仅局限于银行贷款，金融业包括商业银行、资本市场、保险公司三方面。向金融机构筹资，可以考虑以下几方面的思路：

第一，积极创造条件，吸引股份制商业银行和城市商业银行、保险公司在当地设立分支行。

第二，吸引金融机构和本地外地企业家的投资，需要把山西文化资源变成可见的文化产品（商品），而且能够让投资者看到对潜在商品投资的收益，才可能吸引金融业的跟进。

第三，投资文化产业需要短线、中线、长线结合，因为文化产业投资一般是长线，很少能够立竿见影，今日投资，明日见利。民营企业一般不可能等待太长期限的利润回报。

第四，成立投资公司和开发文化产业，都需要吸引区内外社会投资进入，其先决条件是有很好的经营班子。一定要用市场行为引进与市场行为运行。政府一定要一言九鼎，予以支持，无须过多干预内部事务。

第五，集中力量培育一个或者几个成功的文化产业上市，随后就会有大量投资跟进。

第六，文化产业发展不可能全面开花，同时铺开，因为规划、经验、资金等都会受到制约。起步时，可以考虑引进战略投资者，特别是引进成功的文化企业，用土地置换资金、换文化，也不是不可考虑的问题。

由于对侯马了解甚少，初次涉及，所谈未必妥当，仅供参考。

金融支持山西经济社会
发展的过去与现在

背景说明

　　本文是2010年8月4~5日按照山西省委组织部的安排为全省干部培训所做电视讲座的讲稿。山西在历史上货通天下、汇通天下，是金融大省、金融强省，曾引领了明清中国金融革命。但是从1996年以来山西资金外流加剧，由贷差省变成了存差省。金融是社会资源配置的杠杆，只要支点选择得正确，它可以撬动贫穷落后的大山。讲座不仅评价了山西金融的过去，更重点分析山西金融的现在，对山西金融经济的未来发展提出了施行金融先导战略的具体意见。

一、山西金融的过去：引领中国金融革命

　　明清时期中国与欧洲同时发生商业革命。晋商在很大程度上得益于商业资本与金融资本的混合生长。山西是中国银行业的发源地。

　　山西在中国金融史上有四个闪光点：一是先秦的货币铸造；二是明清的金融创新；三是民国的金融先导；四是解放战争中从山西走出了国家中央银行。

　　（一）先秦货币铸造

　　公元前3000~前1122年，在中国海贝成为支付手段。公元前1600~前1300年，海贝不足铸造铜贝。1971年山西保德商代墓葬出土109枚青

铜贝，是世界最早的金属货币。1958年以来侯马出土空首布铸币工厂，布范数十万件。

（二）明清时期的金融创新

中国十大商帮之首的晋商，商品经营资本与货币经营资本都很发达。但影响最大的是货币商人。外国人统称山西货币商人的企业为"山西银行"。1909年日本出版的《天津志》记载："汇票庄俗称票庄，总称是山西银行。据说在100多年以前业已成立。主要从事中国国内的汇兑交易，执行地方银行的事务。"德国学者李希霍芬（1833～1905年），清同治年间多次到山西考察，著《中国》三卷。"山西人具有卓越的商才和大企业精神，当时居于领导地位的金融机关——山西票号，掌握着全中国，支配着金融市场，可以说计算的智能劳动是该省的唯一输出的商品，这也是财富不断流入该省的原因。"

山西货币商人有几十项金融创新，略述如下：

1. 金融机构创新

当铺；钱庄；印局；账局；票号；行会。

2. 金融工具创新

凭帖；兑帖；上帖；上票；壶瓶帖；期帖；会券；兑条；旅行支票。

3. 金融制度创新

投资股份制度；两权分离制度；人力资本制度；信约公履制度；联号制度。

4. 金融业务创新

本平；顺汇与逆汇；贴现；代办；转账结算；银行清算。

5. 风险控制机制创新

资本金管理；薪酬社保激励；宗法与担保；银行密押；金融稽核；内控制度。

6. 经营战略创新

分支机构随盈利风险伸缩；资金随经济社会需要而松紧；资金调度"酌盈济虚，抽疲转快"（北存南放）；重人信用大于重物信用。

7. 对外金融活动创新

国外采购货币金属；对俄商信用贸易；国外设立金融机构（俄罗斯、朝鲜、日本）。

恰克图部分山西金融机构：账局——大升玉、大泉玉、大美玉、独慎玉、恒隆光、祥发永、大盛魁；票号——大德玉；钱庄——锦泉涌、锦泰亨；商号——大昌玉、保和玉、三德玉、顺德玉、大涌玉、泰和玉、三和源、福源德、天和兴、大成兴、永玉恒、天庆隆、永光发、壁光发、兴泰隆、公和盛、万庆泰、公和浚、万盛永、永玉亨、大成庆、广全泰、永和玉、大珍玉等。

8. 从事政府金融

汇兑军协饷银；借垫汇款；贷款；代办政府证券业务；代理地方金库；充当清政府的财政支柱。

（三）民国金融先导

20 世纪 20 年代有：①大汉银行。②山西官钱局与晋胜银行。③统一币制。④成立铜元兑换所。⑤成立山西省银行。⑥成立中华国家银行、中华国家银行学校。

20 世纪 30 年代：以 110 万元银元作为资本，5 年经营，建成铁路 960 公里，创建了采煤、冶金、电力、化工、机械制造、纺织、造纸等轻重工业，总资产达 2 亿银元。资金来源：①改组山西省银行；②成立铁路银号、垦业银号、盐业银号；③省、铁、垦、盐四银行号实物十足准备库；④山西省人民公营事业董事会；⑤省钞发酵；⑥向富户无息借款；⑦利用外资；⑧风险股票债券。

（四）从山西走出了人民银行

1938 年 8 月日寇侵占山西，共产党领导的军队开赴敌后，进行游击战争，建立抗日根据地。为了保证根据地人民生活和军队供给，必须发展根据地经济，急需金融支持。1938 年开始，在根据地创建自己的银行。按照"统一政策，多元发展"的原则，先后有上党银号、兴县农民银行、晋察冀边区银行等。后来发展为太行山、五台山、吕梁山的三大银行。

历史上，山西是中国金融发祥地，金融大省，金融强省。金融强省是明清晋商称雄商界的重要秘密，也是民国山西模范省的重要秘密。

二、山西金融的现在：问题与根源

（一）问题

近年，不少人在讲，东部在快跑，西部在提速，中部在塌陷。山西经济如何？人均国内生产总值与全国比较：1998 年人均 4708 元，低于全国 1600 元；2002 年人均 6146 元，低于全国 2068 元；2008 年人均 21594 元，低于全国 2053 元；2009 年人均 21544 元。

（二）根源

山西发展缓慢原因很多，金融原因不可忽视。近几年，山西金融在相对紧缩。

1. 货币供应低于发达地区

货币供应量 = 货币乘数 × 基础货币

（1）山西通货活期存款率高。根据货币乘数 =（1 + 通货活期存款率）÷（法定准备金比率 + 超额准备金比率 + 通货活期存款比率），山西货币乘数小。

（2）山西央行再贷款、再贴现规模小。因为它与基础货币成正比，所以基础货币增长低。

2. 山西资金外流越来越严重

新中国成立 61 年来，山西省存贷款比例变化为：1950 ~ 1952 年 3 年存大于贷；1953 ~ 1995 年 43 年贷大于存（贷差省）；1996 年至今 14 年存大于贷（存差省）。贷差，是重工业经济区域的金融特点。

山西省银行存贷款比如表 1 所示。

表1　山西省银行存贷款比

年份	存款（亿元）	贷款（亿元）	存贷比
1978	25.62	46.60	1.82
1980	43.18	59.20	1.37
1985	104.90	151.24	1.44
1990	314.13	356.90	1.14
1995	943.00	970.66	1.03
1996	1163.00	1130.91	0.97
2001	2256.71	1796.30	0.76
2005	4720.12	2617.58	0.55
2007	10111.9	5514.2	0.54
2008	12827.60	6041.89	0.517
2009	15759.8	7915.4	0.502

注：存贷比即存贷款余额的比例，为贷款余额除以存款余额。

2009 年底，四大国有控股银行和邮政储蓄银行，在山西各项存款 9064.46 亿元，各项贷款 3038.02 亿元，存贷比为 33.52%，存贷相差

6026.44 亿元。若按 2009 年 12 月国家法定存款准备率 16.0%，加上 5% 的现金备付，合计 1265.55 亿元。即 2009 年末全省有 4760.89 亿元资金外流。邮政储蓄银行外流资金 1000 亿元以上。按照约 5000 亿元的外流资金，占 2009 年全省生产总值的 68.88%，几乎与当年全社会固定资产投资 5033.5 亿元相当，是山西当年财政总收入 1537.5 亿元的 3.25 倍。若从货币的时间价值、资金周转率的角度来分析，山西每年外流的资金量，则当是 5000 亿元的数倍。

近年山西省银行存差逐年扩大：2000 年末存差 175.24 亿元；2005 年末存差 2859 亿元；2007 年末存差 4497.7 亿元；2008 年末存差 6785.7 亿元；2009 年末存差 7844.4 亿元。

资金外流表面看是资本逐利性导致的，其实还有深层次的原因：一是地方金融企业作用小。在山西国有控股商业银行与 10 余家股份制商业银行的资金，是由其总行在全国调度的。2009 年山西 6 家城商行的各项存贷款余额，仅占全省各金融机构的 4.76% 和 5.27%（不含农信社），机构网点占比很低，在外省没有一个网点。二是地方调节经济的"看得见的手"的作用弱。30 余年来地方重视抓实体经济，而对虚拟经济、金融企业没有找到抓手，未能理解地方金融机构是省委和政府领导山西经济不可或缺的重要资源和工具。

说明山西金融：①金融机构负债高，风险大，脆弱性强；②高储蓄率，低资源配置率，资金外流；③存贷款业务占主导，其他金融业发展缓慢。企业融资 90% 左右靠银行信贷，且国有银行的存贷款是储蓄—投资转化的基本渠道。

3. 金融保险业产值下降

表 2　金融业产值占第三产业和 GDP 比重　　　　　　　　单位:%

年份	山西	山西	全国
	占 GDP	占第三产业	占第三产业
1995	12.00	15.36	19.40
1996	7.12	15.41	19.70
2000	6.30	16.28	19.70
2001	6.18	15.92	19.60
2002	4.73	12.98	19.80
2003	3.62	10.42	19.90
2008	2.35		

4. 银行贷款效率下降

贷款每增加 1 元可推动 GDP 增加：

1978～1991 年为 0.99 元；1991～1999 年为 0.77 元；1999～2004 年为 0.688 元。

20 世纪 90 年代初，山西金融机构不良贷款率在 15%～18%，1997～2007 年在 30%～40% 的水平。

5. 信贷投放过于集中

一是集中于少数行业。2004 年末 10 地市集中于煤、焦、电、化四行业贷款余额占全部贷款的 99.88%。2010 年 1～5 月采矿、制造、交通等重点行业新增贷款 581 亿元，占全部新增贷款的 69.8%。二是集中于少数企业。2005 年上半年某市 4 个企业贷款占全市 65.23%，另 2 市分别约为 60% 和 40%。2010 年 6 月末，山西省金融机构对前十大客户贷款余额占全部贷款余额的 22% 左右，将近 1/4。三是集中于部分地区。2005 上半年新增贷款，3 个地市占一半。2010 年上半年，其中 1 个市新增贷款 445.1 亿元，占全省全部新增贷款的 44%。

6. 资本市场发展滞后

一是非银行金融机构少；二是上市公司数量少、规模小；三是债券市场发展太慢。2007 年山西证券市场融资额只有 35.09 亿元，仅占全国的 0.45%。截至 2009 年，山西省共有上市企业 27 户。

7. 外资利用率低

表3　山西省的外贸依存度　　　　　　　　　　　　单位：%

年份	山西	全国
1998	6.2	34.9
2002	9.5	49.4
2008	13.7	40.1

注：外贸依存度即进出口总额除以 GDP。

山西实际利用外资：1998 年 59205 万美元，占全国的 1%；2002 年 39352 万美元，占全国的 0.7%；2003 年 21400 万美元；2004 年 9021 万美元；2005 年 28000 万美元；2008 年 83372 万美元，占全国的 0.87%。

8. 山西信用担保业问题

山西信用担保业的问题主要有：①政策性担保机构发展相对缓慢；

②与产业集群和园区经济发展方向相适应的专门化担保机构发展滞后；③规模偏小，资质欠佳；④政策法规及其他配套体系建设滞后。

9. 受宏观调控影响大，恢复慢

山西经济结构失衡。经济上升期，比全国多用半年达到高点；然后与全国同步经历 8 个月上升期；经济下降期，多用 1.5 年完成调控。原因：①市场开放度低，国内紧缩时不能向国外延伸减压；②直接融资比重小，靠信贷与固定资产投资，正视调控对象。重型结构又使周期滞后 1 年，再加半年后才能与全国同步。所以，每一次宏观调控都会加大山西与全国的差距。

百年前德国李希霍芬预测到："对中国特有的尺度、数、度量观念以及基于这种观念的金融业倾向最发达的要数山西、陕西两地的人，作为最古老文化的保持者，他们获得了邻人或周围国家居民的精神上的优越感，保持了这种优越感的种族，即使在其后代丧失了政治势力以后也能通过发达的数量意识和金融才华显示出精神优越的成果来。"

金融如何支持山西经济发展？我主张：政府主导，金融先导。

2008～2009 年山西打了金融牌，逆势而上。2008 年 8 月，山西省政府批准成立晋商银行筹备领导组，2009 年 2 月 18 日，晋商银行正式挂牌运行。2008 年 7 月省政府批准成立资本市场发展办公室，2009 年 5 月出台《山西省人民政府关于加快资本市场发展的实施意见》和《山西省资本市场 2009～2015 年发展规划》。2009 年 4 月成立中德证券公司。

世界近百年来的大国博弈，美国以华尔街的资本运作击败了英国，超越了欧洲，以美元替代了英镑在国际贸易中的垄断地位，以纽约替代了伦敦的国际金融中心地位，资本市场决定着大国的命运。

猛然醒悟的山西经济决策者，狠抓地方金融，这是山西人的福音，还望持续下去。

三、金融支持山西经济转型发展的战略与政策

（一）战略

金融是社会资源配置的主要杠杆，只要支点选择正确，它可以撬动贫穷落后的大山。政府主导下的金融先导战略，在于使金融领先于实体经济发展，通过创新金融工具、机构、业务、服务、制度，改变原有的资源配置，启动闲置资源，促进产业结构优化升级，推动一个地区、一个民族或

国家的经济超常增长。政府主导下的金融先导战略，是后进地区追赶发达地区的战略，通过政府的制度和政策创新，改善当地投资环境，创建金融洼地，留住本地资金，引导流出去的资金回流，吸引外地外国资金流入，就可以推动本地经济资源的重新配置。

这里有两个问题：一是为什么金融先导有如此作用？二是为什么必须由政府主导？

第一个问题：为什么实行金融先导战略？原因是：①能够引导社会创造出新的信用工具，加快社会商品化货币化；②能够引导社会将闲散货币转化为资本；③能够引导社会创造出新的货币，拉动生产和流通；④能够引导以价值流拉动物流提速；⑤能够引导资源配置优化生产结构。

第二个问题：为什么要由政府主导？现代西方经济学有违其老祖宗的训导。"国富论"必须与"道德情操论"结合，才能保证效率与公平的经济社会发展的双目标。后者必须由"看得见的手"来调节。资金（资本）的运动规律是趋利性。金融机构的运作常常嫌贫爱富。只有政府主导，才可能用政策营造金融洼地，吸引资金内流；只有政府主导，才可能使产业政策与金融政策结合，引导资金流向新型产业，促进经济转型发展。另外，在市场发育不充分情况下，必要时政府需要扮演企业家的角色。

金融支持山西经济社会发展，首要任务是政府主导建设山西金融洼地。一是通过地方制度政策创新，使山西资源优势、劳动力优势，与合理的体制和国家政策扶持相结合，形成对外部资金有效吸纳机制。二是提高山西投资回报率，制定对东部资金产生强大吸引力的融资政策、渠道、工具和方法。商业银行操作的主要是货币市场，证券公司操作的主要是资本市场。二者相辅相成。

省政府的金融先导，主要是抓住地方金融机构建设。2008～2009年的晋商银行和中德证券很成功。但是，还需要有金融先导的政策措施。

（二）政策

1. 打造地方商业银行航母

山西银行业"外来强，本地弱"。应大力发展地区性金融机构，培养龙头性的区域性商业银行航空母舰。但是，目前山西城商行存在三个问题：一是规模过小、网点过少、职能与作用小。2009年底，存款较上年增加100余亿元，增长1.73%，但资产余额仅有300余亿元，市场份额仅占1.81%；贷款较上年增长94.47%，但余额仅100余亿元，市场份额仅占 2.28%，仅在太原市。二是有被边缘化的危险。2009 年底，全国城商行 145 家，其中资产规模 3000 亿~5000 亿元的 3 家，1000 亿~3000 亿元的 12 家，500 亿~1000 亿元的 6 家，300 亿~500 亿元的 8 家，晋商行列第 28 位，在省会中为末位。包商银行资产规模是晋商行的两倍多。三是有失去发展的机会的风险。目前城商行都可以在外地设立分支机构，估计不久将会区分全国性的、区域性的、社区性的和专业性的几类。有被大银行兼并的可能性。山西 5 家城商行有被一一吃掉的危险。

所以，山西急需打造地方商业银行航空母舰。2007 年 12 月，银监部门向省政府提交《山西省城商行联合重组晋商银行的实施方案》，政府也确立了晋商银行"扶持中小企业、参与重大项目，支持优势企业、服务城乡居民"的市场定位，明确了"积极完成省内网点布局，逐步向省外拓展辐射，择机在境内外资本市场公开上市"的"三步走"战略，打造"根植三晋、服务山西、面向全国、走向世界的民族品牌"的定位很好。以晋商银行为龙头整合全省 6 家城商行，改变"山药蛋"式局面，会大大提高抗风险能力。这样做，资产将达到 1000 亿元以上，会由 28 位进入前 16 位。

以晋商银行为龙头整合山西金融资源的好处：①晋商银行是省属银行，有利于地方经济建设方针政策贯彻；②有利于以财政信用强化银行信用；③商业银行有货币创造功能，需要政府控股，提高其稳健性；④总部设在太原，对全省辐射力强；⑤晋商银行是历史上晋商的银行的传承与发展，有品牌感召力。

所以，省委省政府应像抓全省煤炭资源整合那样，抓好地方金融资源整合，打造地方商业银行航母。

如何打造晋商银行？营业网点是社会资金流动的管道与节点，也是银行运用资金、服务社会的物质基础，没有一定规模网点就没有生命力和竞争力。只有尽快完成省内网点布局，才能走向省外，并规范晋商银行经营管理，加快上市步伐，重振老晋商的雄风。目前晋商行正在制定 5 年规划，招聘财务顾问，细分细化上市前期工作，望这一目标早日实现。百年前，当外资银行进入中国后，政府曾邀请晋商合作创办现代银行，票号驻外经理也一致呼吁总号大掌柜和东家，整合晋商金融资源，组建山西商业银行。但总号大掌柜们认为他们"自谋发财，不予理睬"，错过了机遇，造成票号后来被迫退市。城商行仍然存在发展机遇，须立即整合全省金融资源，打造城商行航母，否则将有被外来银行各个整合的可能。

晋商银行是山西唯一的总号设在山西省城的银行，是中国历史上最具悠久历史的民族品牌银行，是唯一的一家山西省政府可以指挥的银行，山西各城商行的股东、政府与银行监管部门一定要吸取当年票号大掌柜们的教训，借阳光普照的大好机遇，按照既定政策，加速打造地方商行航母。

2. 建立区域证券交易中心

沪深交易所上市条件严格，不达条件者急需建立次级产权交易中心，为处于成长期的高新企业和一般企业股权提供交易场所。建立并拓宽区域性债券市场。启动柜台市场，利用商业银行系统，借鉴基金管理模式，代理区域性证券发行与交易。成立有政府背景的担保机构和发行机构，为区域性债券市场创造条件。推出产业投资基金。

3. 建设区域政策性金融机构

区域政策性金融机构，能够将融资优势与政府组织协调优势相结合，解决经济发展中的瓶颈。政策性金融不进入成熟的商业化领域，运用财政性资金去开拓市场，当市场形成后，及时转让退出。

4. 发展多元地方金融机构

为解决山西资金被"虹吸"问题，成立与发展各类地方性金融机构，如投资基金、小额贷款公司、村镇银行、各类担保公司、保险公司、投资公司等。

5. 重构合作金融体系

农村信用合作社已经在"明晰产权关系"中整合为资本运作的金融企业，不再是合作金融。农村个体生产经营者仍然需要金融合作模式，重建农村金融体系，即合作金融、商业金融、政策性金融。

6. 强化保险业的深度和密度

发展与健全失业保险、养老保险、医疗保险等社会保障制度与办法，为保险产品与服务提供创新契机，引导保险公司停止非理性竞争。

7. 营造诚信金融环境

加强诚信社会的意识形态建设，加强诚信方面的立法和执法，建立对失信者的惩罚机制。加强社会信用体系建设，以行业为主线，纵向建立，横向联网，由政府统一监管，实现联合征集，权威评估和信用公示。

8. 建立地方政府金融监管体系

整合统一省金融办、省资本办，规范地市级金融办，建立地方金融监管体系，制定地方金融办的职责与工作规范，包括地方金融机构的人事干部聘任与管理、资产经营目标与考核、金融机构发展规划与实施等。

政府主导的金融先导有约束条件：①金融先导是诱致型制度变迁。诱导者是政府不是市场。需要谨慎而科学的决策与规划。②金融先导是金融经济发展的一种战略，需要政策措施和周密的研究与设计。③金融先导需要以新兴金融业促进新兴产业的发展，提升经济发展的水平。

政府驱动，金融先导，营造山西金融洼地，吸引流出资金的回流和外部资金的流入，使太原成为山西金融聚集与辐射中心，山西经济社会发展才能落到实处。

区域金融战略

重振山西金融业的雄风

——兼谈开拓山西金融市场

背景说明

本文原载《经济问题》1987年第2期。文章针对山西金融的辉煌历史，在改革开放背景下，首次发出重整山西金融业雄风的呼吁。当代商品经济是信用经济，除了银行信用，还需要商业信用、国家信用、国际信用、消费信用和民间自由借贷，不仅要有间接融资，也要有直接融资，因此必然要运用多种形式的金融工具，如钞票、支票、本票、商业汇票、股票、债券等。

明清时期，谁执中国金融之牛耳？近百年来商界一致公认：山西人。"山西人善于理财"也因而传遍天下，可谓"生意兴隆通四海，财源茂盛达三江"。进入20世纪，中国金融势力由汾河谷地南移江浙，山西金融业迅速衰败。然而在30年代末40年代初的抗日战争和解放战争时期，山西金融业又在中国共产党的领导下以革命的新姿出现在太行山、吕梁山和五台山上，并成为组建中国人民银行的基础。近30年来，我国实行高度集中的计划经济，人民银行大一统，信贷资金统收统支，纵向调拨，从而也就无竞争，无活力，当然也就无所谓金融中心和金融市场。中共十一届三中全会以来的经济体制改革，使人们的经济观念为之一变，中国金融的格局将随着商品经济的发展而重组。金融市场的出现、金融中心的形成、金融业间的竞争，将成为不可避免之势。在这样的形势下，能否重振山西金融业的雄风，不仅为山西3.5万多名金融职工所关心，也为山西3000

万人民群众所瞩目。

一、清代执中国金融之牛耳者乃山西银行业

明清之际，山西商人资本迅速发展。除泉师之外，大河上下，长江南北，已活跃着很多山西商人。明王朝垮台后，清王朝统一了北方游牧民族，山西商人势力发展到了内蒙古、新疆，进而推进到呼伦贝尔草原、蒙古科布多、唐努岛梁海、喀尔喀四大部等乌里雅苏台地区，并远涉俄国西伯利亚、莫斯科等地。在山西商人资本的发展中，随着商品经营资本的积累，分化出来了货币经营资本，山西当铺、山西账庄、山西票号、山西钱庄应运而生，与山西商品经营资本相辅相成，互相促进。早在乾隆三十年（1765 年）仅苏州一处就有山西钱商 81 家，并建有同行会馆。到清中期，山西货币商人不仅推动着商品经营资本的发展，而且逐渐步入了官场。鸦片战争以后，清政府财政日渐困难，山西票号又与清政府相联系，成为清王朝的财政支柱。此时，太谷曹家就有账庄 18 家，当铺 4 家，票号 1 家，其经营地域除山西外，还有北京、天津、济南、苏州、上海、杭州、广东、四川、兰州、新疆、沈阳、四平、库伦、莫斯科等地。这些被欧美人称为山西银行的账局、票号、钱庄，不仅为山西商人资本的发展和清政府的财政作出了贡献，而且在中国金融业的业务技术方面，创造了若干近代银行不废之规。我们不妨翻阅几页山西金融史：

（一）山西金融行会首创我国转账和清算中心

中国的转账结算制度始于何时？未见有早于山西钱行者。银钱行的同行业清算，又始于何时？号称世界特大城市的上海，始于 19 世纪 80 年代末 90 年代初的上海钱庄"大同行"，而山西金融业的拨兑、谱银、客钱、订卯等制度最少要比上海钱庄早一个世纪。按照山西内地钱行习惯而办起来的归化城宝丰社及其同业清算，就是乾隆嘉庆时期形成的。当时，归化城的钱庄全是山西钱商，数十家钱庄与各商号往来，使用"谱银"和"拨兑"。大额交易以银两计算，各商号经钱庄往来拨账，借资周转，这种谱银"类似货币，而无实质"，并要求与商品流通相联系，否则不予互相转账。小额交易用制钱，一吊以下现钱买卖，数至一吊即可拨兑，即在钱行过账。这种业务，就是现代的转账结算。各商号之间的债权债务经钱庄转账后，形成了各钱庄之间的债权债务关系，通过各钱庄组合的宝丰社进行清算。期限定为三日，每期下月第一日过拨钱项，第二日过拨银项，

第三日各银商齐集社内，会同总领，举行总核对，称为订卯，进行轧差过拨，如同现在的票据交换。如本钱庄无款过拨，可向别号拆进，这正是现在的同业拆借市场的雏形。

（二）山西票号首创民间汇兑并成为清王朝的财政支柱

首将汇兑推行于民间，为异地银钱调拨服务的是山西票号。汇兑产生之前，现银运送，全赖镖局武装押运。山西票号的创设，使款项"汇通天下"，安全方便，节省费用。商人叫好，政府称便。咸丰以后，清政府财政困难，大搞捐纳，票号交结官场，为清廷卖官鬻爵从事汇兑和提供信用，并为清政府借垫税款、汇兑军饷，汇兑清政府对外国侵略者的战争赔款，成为清王朝的财政支柱。

（三）山西金融业首创类似中央银行的同业公会

建立同业的联合体，管理协调钱行的业务活动早在乾嘉时期已经开始，如归化城的宝丰社，以及后来的包头裕丰社等。由各钱庄组合成社，社内执事称为总领，由各钱庄负责人轮流担任。这种钱商的联合机构，负责组织各钱商制定当地金融法规，负责组织钱庄的票据交换，规定"钱市"汇水价格，仲裁各钱商纠纷，为当时商业金融之总汇，操奇计赢，调剂各商。一切行商大贾，都与其有密切关系。平日银根松紧，宝丰社具有独霸行市之权，称为百中之首，具有今日中央银行之某些功能。

（四）山西银行业操纵全国金融市场

在我国封建社会里，伴随着商人资本的活跃，出现了一批中心城市，这些中心城市既是物资集散中心，又是资金调剂中心，在商品物资交流和货币资金流通当中最善于"游泳"的是山西商品经营商人和货币经营商人，北京、张家口、归化、上海、苏州、汉口、重庆等各大城市莫不如此。金融市场上，主沉浮者是山西票号，当地钱庄均以票号为后台，市场之银根操纵于票号之手。

山西金融业在清代之所以在中国金融业中居于垄断地位，究其原因，不仅是山西人勤劳节俭、笃诚敦厚，钱庄、票号信用卓著，更重要的是金融业是伴随山西商人贩运贸易的发展而发展起来的，当然也不可排除与政府和官吏的勾结，得官所助。山西钱庄、账庄和票号的发展，不仅使山西聚积了大量货币资财，白银滚滚流回乡里，而且促进了山西手工业的发展，促进了全国商品物资的交流，加快了中国自然经济解体和商品经济发展的进程，并造就了一代理财人物。

（五）山西金融机构最先打入国际金融市场

可以肯定，最迟在清光绪中期山西的金融业已经打入了国际金融市场。榆次常家的大德玉、独慎玉等在光绪末年因俄国对山西商人"突起重税"，被迫撤逃，仅在莫斯科赔款便达140万两。但这些金融机构何时设在俄国，尚无考证，祁县合盛元票号于1907年在日本神户设立合盛元银行神户支店，又设东京出张所、朝鲜仁川出张所，这些都有皇宫档案在存。至目前，我们能肯定地说，最早把中国金融业的分支机构设往国外从事国际汇兑和结算的，是山西金融业。同时，他们还向外国商人提供信用，甚至还重视国际汇价变化，从事外汇投机，如买卖羌帖（俄钞）等。

二、重振山西金融业雄风之良机

清代至民国初年发达的山西金融业，只不过是商人资本的组成部分，说到头，还只是从属于封建高利贷性质的生息资本，它与当代银行业是不可比的。20世纪30年代末到40年代共产党领导的晋冀鲁豫边区的冀南银行、晋绥区的西北农民银行和晋察冀边区的边区银行作为一种新民主主义的金融机构，后来合并演变为举世瞩目的中国人民银行，也是从山西这块土地上成长起来的，并造就了一代社会主义的理财家。可惜，由于我们对马克思列宁关于社会主义大银行的误解和受苏联模式的影响，银行的作用并没有真正得到发挥。但是，中共十一届三中全会以后开始的经济体制改革，要建立有计划的商品经济制度，以及近年产业政策的调整，建设山西能源重化工基地等，给了山西重振金融业雄风之良机。

（一）当代商品经济是信用经济

在简单商品经济条件下，商品交换以货币为媒介，一定数量的金属货币就可以满足商品流通的需要。商品生产者出售自己的产品换得货币，然后再用于购回自己所需要的商品，先卖后买。当代商品经济条件下的商品生产和交换，金属货币已不复存在，信用行为和信用工具成为须臾不可离的伴侣。从商品生产看，由于现代化大生产规模巨大，预先投入的货币资本（金），不可能再是商品生产者本身自有的资本（金），不是从银行借入，便是集股筹措，或者赊购另一些商品生产者的产品（机器设备和原材料）。没有信用行为，从事商品生产几乎是寸步难行。从商品流通看，现代技术的发展，商品数量增加，花色品种繁杂，消费者选择机会扩大，销售竞争加剧，滞销商品不得不求助于商业信用和消费信用，以便推销。

同时，当代产品不论生产资料和生活资料，都在向精密、高档、现代化发展，价值提高，现款交易困难颇多。从宏观调控看，当代商品经济发展中国家干预增加，既要保证物价稳定，又要保证生产发展和充分就业，实现总供给与总需求的平衡。但是对商品经济的宏观调控又不能单纯使用行政办法，需要运用多重经济手段，如中央银行的存款准备金率、再贴现政策、利率管理以及公开市场操作等。总而言之，没有信用，当代商品经济一步也不能前进，当代商品经济实际上是信用经济。我国的社会主义经济，既然是商品经济，当然也是信用经济。

(二) 信用经济必然要求金融市场

商品经济不可能离开市场。马克思在谈到货币、资本与市场时说道："现在每一个新资本最初仍然是作为货币出现在舞台上，也就是出现在市场上——商品市场、劳动市场或货币市场上，经过一定的过程，这个货币就转化为资本。[①]" 在这里，马克思是把货币、资本、商品生产和市场紧密地联系在一起的。他指出了资本主义市场包括商品市场、劳动市场、货币市场。当代商品经济，不仅消费品、生产资料、劳动力需要市场，而且技术、信息也是劳动产品，有价值和使用价值，也应当是商品，需要市场。社会主义市场应包括商品市场、劳务市场、金融市场、技术市场和信息市场。信用经济要求建立商品市场、劳务市场、金融市场、技术市场和信息市场。同时，信用经济也要求商品、劳务、信息、技术的流通是纵横交错的，这些就要借助于市场的交易。资金作为一种与其他几种有形商品和无形商品相对的特殊商品，也需纵横交错地流通，并通过金融市场的交易来实现。

而且，商品经济作为信用经济，不能只运用银行信用，还需要商业信用、国家信用、国际信用、消费信用和民间自由借贷；不仅要有间接融资形式，也要求有直接融资形式。那么多种融资形式，必然运用多种形式的金融工具，除了钞票、支票外，还要求商业票据、银行汇票、本票、可转让的定期存单、股票、企业债券、国库券等金融工具，这些金融资产的使用和流动，必须借助于金融市场，以便于投资人和筹资人根据自己对经济发展的需要和预测做出自己的选择，从而提高投资效益。

(三) 山西金融改革步履坚挺

适应经济体制改革，适应经济发展的要求，山西金融体制改革近几年

---

① 《马克思恩格斯全集》，人民出版社 1972 年版。

步履坚挺、成绩喜人：一是银行存款形式增加，贷款发放灵活择优；二是利用外资增加，国际信用发展；三是保险市场从无到有，由城到乡迅速发展；四是基本建设拨款已经改为有偿信贷；五是非银行金融机构不断增加，投资公司、信托公司业务发展很快；六是城市信用社迅速崛起；七是开始运用票据和证券等多种金融工具；八是中心城市的票据交换所已经建立；九是同业拆款市场已经出现；十是商业票据承兑贴现业务已在部分城市开展；十一是银团联合已有了良好的开端；十二是金融租赁业务从无到有，不断扩大；十三是证券发行市场已经出现；十四是民间借贷活跃；十五是人民银行摆脱了对企业的具体业务，专司宏观调控的形势已经形成；十六是电算技术在银行业务中开始应用；等等。尽管山西省金融领域的这些改革还存在不少问题，发展还不平衡，金融市场还很窄小，但是改革的方向已经明确，步子已经迈出。

（四）山西经济的起飞正呼唤着更大的金融市场

山西金融改革已经起步了，可是山西经济形势的发展要求金融改革不能迈方步，而是要求飞步快跑。概括地说，山西经济起飞正呼唤着更大的金融市场。

第一，全省企业流动资金普遍紧张，需要多形式、多渠道融通资金，显然银行信用解决不了企业对资金的需求。除了银行帮助企业加速资金周转，尽力吸收存款，提供信贷外，还需企业运用商业信用，使用商业期票、汇票，相互以商品形式进行融通；或发行股票、债券，补充自有资金和借入资金。此间银行不是无事可做，而是要为商业票据的流通负责承兑、贴现，要为股票债券的筹资代理发行。

第二，山西产业结构和产品结构的调整，需要扩大对固定资产的投资。中央已经决定建设山西为全国能源重化工基地，国家对山西的基本建设投资，需要经过山西银行职工之手用于基建形成生产能力。山西地方的建设项目，需要山西财政金融界同志们努力去筹集。至于能源重化工基地建设中配套的生活服务设施还需要集体经济、合作经济、股份经济来补充，也需要银行、保险、信用社、投资公司为之服务。

第三，山西的资源是丰富的，很多可用的资源在沉睡；山西还有不少待业劳动力。资源和劳动力是物质生产的要素，它们的闲置自然是一种浪费，如果有一定的货币资金将其启动，就可以形成生产能力，增加社会物质财富，扩大社会总供应。在总供应与总需求的平衡问题上，如果"尽钱吃面"，有多少供应，搞多大需求，并不是积极的办法。在宏观调控上，首先要考虑总供应的可能，控制总需求；但是在进行必要的可行性研究之后，创造适量的货币以推动闲置资源和闲置劳动力的结合，扩大总供应的规模，也是必要的。这也需要金融市场机制和人民银行的调控。

第四，生产、销售、资金的均衡，需要借助国际市场，介入国际商品市场和资金市场，对调节山西省资金供求将会产生重要影响。"无债一身轻"是我国古代的经世观念，山西钱庄、票号、账庄的经理们早已抛弃了这种传统思想，当代人们需树立"用别人的钱赚钱"的观念。那么积极创造山西良好的投资环境，就成为山西省利用外资、中外合资成败的关键，也是能否将山西省产品打向国际市场的重要条件。

第五，山西能源重化工基地建设和国民经济的正常运转，需要山西保险业有更大的发展，一方面补偿意外灾害的损失，保证正常生产，另一方面为经济发展提供积累，同时劳务市场的形成，用工制度的改革，也需要保险事业的相应发展。

第六，山西商品的输出（全国市场和国外市场）需要银行提供及时、准确的信息和高质量的咨询服务。

进入20世纪以来的80多年，山西经济是以煤炭起家，靠煤炭发展。现在，以煤为主，发展相应的能源重工业、化学工业和其他加工工业仍是山西经济发展战略的出发点。如果说清代山西金融业的发展是以商业起家，靠商业发展的话，那么现在重振山西金融业的雄风就得以煤炭能源重化工起家，靠煤炭能源重化工发展。因而尽快开拓完善银行同业拆借市场、商业票据贴现市场、证券发行和交易市场、外汇调剂市场和保险市场，继续搞好各专业银行的间接融资市场，乃是山西经济起飞的启动器。

三、开拓和完善山西金融市场的建议

开拓和完善山西金融市场，目前已经有了一定的条件，如1986年3月23日国务院关于进一步推动横向经济联合若干问题的规定，允许发展跨地区、跨专业的资金融通；企业资金来源，除财政、银行两个口子外，发行股票债券，利用外资等多渠道、多形式地筹集资金有了一定发展；太原、运城等城市票据交换所的成立，为减少专业银行超额储备，为各专业银行灵活拆借资金提供了必要的条件；商业信用多年来禁而不止，现在各企业贷款拖欠严重，周转不灵，运用商业票据承兑贴现，势在必行；企业

发行债券集股筹资规模事实上在一天天扩大；人民银行独家垄断金融的局面已经改变，专业性金融机构以及集体性、地方性的金融机构已经为数不少；国家信用需要长期利用，国库券贴现已开始，交易转让在所难免，一些地方出现的黑市贴现和折扣收兑说明了国库券交易需要有合法的交易市场；农村和城市出现了自由借贷，尤其是农村民间借贷更为活跃；预算外资金数量为数可观，并且在不断增加，这为金融商品的销售提供了市场。

但是，开拓和完善金融市场的条件，目前也有许多不足之处，比如价格体系改革尚未完成，发行股票不能引导资金的合理流向；企业还未真正成为独立的商品生产者，行政干预较大，银行信贷还缺乏必要的弹性，开放金融市场要注意信贷规模的控制；专业银行三级管理一级经营未有改变，基层行处还不是独立的金融企业；等等。

鉴于以上现状，我认为有步骤地开拓和完善金融市场的主要条件已基本具备，不足的条件需加快经济改革的步伐，积极创造条件，现在应当迈步，不能等待。因为，金融改革会推动整个经济改革的步伐，如果金融市场能先走一步，会尽快变单一计划经济下的"钱随物走"为商品经济条件下的"物随钱走"，促进横向经济联合。倘若金融改革放慢速度或徘徊犹豫，势必拖住整个经济改革的后腿，这是信用经济的客观要求。我认为当前我们需要做的工作是：

（一）扩大金融业投资是当务之急

开拓金融市场，重振山西金融业，首先需要人，需要一定数量的专门人才。早在元大德三年（1299年）山西盐商曾举办"河东陕西都转运盐便司学"，至明、清三代，培训商人子弟，补充商业专门人才。清道光年间山西商人在包头设义学四所。光绪三十四年（1908年）又有山西商专设立，内有银行会计、交通管理、商工管理和税务四个专业。就连阎锡山在联冯倒蒋前夕的1929年还专门设立山西银行学校，培训入京以后的金融人才。目前山西金融机构不足，人员过少，受过专门训练的职工也为数不多，这与山西经济的发展是极不相称的。

扩大金融业务，开拓金融市场，需要相应的投资。银行和其他企业一样，不可能无本经营。扩建营业用房，购置营业器具，增加营业人员，培训业务技术，是振兴山西金融业的当务之急。

（二）扩大票据交换所的功能，完善同业拆放市场

以山西省太原、大同、运城、长治等中心城市为依托，由人民银行负

责组织票据交换所，所在地区的各级各类金融机构参加，扩大同城当日票据交换，根据交通、电讯条件，可以一日交换两次，或一日一次，以减少在途资金占用和各行相互挤占信贷资金。在此基础上，再积极扩大交换所的功能。由于票据交换所掌握各银行逐日付出和收进款项的数额，了解其头寸变化，可以为拆借市场提供方便和及时的信息，借以调度各行头寸，促进拆款业务，减少各行超额储备，增加可贷资金，满足企业资金需要，同时也可以增加银行盈利。

（三）商业信用票据化，开拓贴现市场

在商品经济制度下，一切商品和劳务交易都使用现款支付是不可能的，赊销赊购是不可避免的。过去 30 多年中，对于经济活动中的商业信用，年年禁但是天天有。这种禁而不止的现象，正说明了其存在的客观性。由于过去禁止商业信用，自然不许商业票据存在，企业间货款拖欠成为挂账信用，长期不能解决，不得已时采取集中清欠，但清了又欠，使企业资金来源与运用成了形式上的有计划实际上的无计划。在当前干脆允许商业信用合法化，实行商业信用票据化，变挂账信用为票据信用，经银行办理承兑和贴现，通过贴现市场融通资金，反而会使银行投入少量信贷资金，就可以搞活更多的商品交易，加速商品流通，有利于企业经济核算，有利于提高资金使用效益，1 元能办几元的事。

（四）股票债券标准化，逐步开放证券市场

目前股票债券的发行市场实际已经出现，但是管理混乱。由于没有相应法规，股票有相当一部分是保本、保息、保退、高分红；有的债券还要参加分红，股票债券界限不清，甚至股票债券卖给本厂职工，再以分红名义，分配福利费和资金，逃避国家奖金税。同时由于没有合法的证券交易市场，出现了国库券、股票、企业债券折扣收兑的黑市。对此，第一步，制定一个社会集资或股票债券的管理办法，规定合法股票债券的标准和发行程序，经一定立法机关批准实施，实现股票债券标准化。第二步，由人民银行按规定审批企业股票债券的发行，由各专业银行的信托公司代为发行。或由各行共同出资，以股份形式建立证券公司，专司证券的发行和交易。第三步，在专业银行的信托公司或地方投资公司开办国库券、企业债券、股票的转让业务，债券以贴现方式办理转让，加收适当手续费。股票转让采取押款方式。证券转让一律一手交钱一手交券，现款交易、钱券两清，不搞期货交易。第四步，等价格体系基本合理，银行信贷有了一定弹性，再建立证券交易所，并按证券的股息和市场利率决定其价格，从而为投资人和筹资人提供投资和筹资的选择机会，以提高投资效益。

（五）利用买方信贷，将山西商品推向全国市场

商品经济，市场第一。目前山西出省的大宗商品主要是煤炭及部分重工产品，轻工产品和食品能打入全国市场者为数甚少，这对山西商品生产的发展无疑是个障碍。为了拓宽山西产品的市场，除狠抓产品质量，降低产品成本，注意产品更新换代以外，银行还可以通过资金融通助其出关。目前全国企业资金都很紧张，在今后一个时期也不会太松。山西各银行可以充分运用买方信贷，支持山西产品出山，即对需要山西产品的外省企业提供优惠信贷，其利息损失由企业主管单位或地方财政予以适当补贴。这样看起来扩大了地方财政支出，但是产品打向了全国市场，销路扩大，生产增加所带来的收入却是大头，这是利用间接融资市场，开拓山西商品市场可供选择的形式之一。

（六）面向世界，逐步开拓外汇市场

山西经济要起飞，山西产品要打入全国市场和国际市场，必须有先进的技术和设备。由国外引进的首要问题是外汇资金。因此，需要积极介入国际市场，利用外资。一是继续依靠中国银行提供咨询和业务服务；二是山西经济开发投资公司作为山西地方长期信用机构，可以在国际资金市场上选择时机，委托国外证券公司发行债券，筹集外汇资金（当然负债数量一定要限定在山西经济的承受能力内，考虑到期还本付息的能力），然后用于技术引进；三是省内可由中国银行太原分行和各专业行信托投资公司办理留成外汇的调剂业务，按照高于国家牌价的一定幅度，议价转让，银行和信托公司收取适当手续费。因为留成外汇数量有限，企业自用不足，卖给银行又不愿意，有外汇收入的单位都不能用于设备和技术进口，通过议价调剂可以集中使用，双方得益，到适当时候再挂牌买卖外汇，正式开放外汇市场，以使留成外汇充分得以利用。

（七）建立退休待业基金会，开拓保险市场

近年来，保险事业发展很快，尤其是财产保险已由城市深入乡村，人身保险也大有开拓，如集体企业职工退休保险等。但是保险业尚为独家经营，业务种类不多。除积极增加险种，拓展业务外，也应积极筹建商业性地方性的保险机构。建议筹建山西省退休基金会和山西省待业基金会。因为，随着工业化和城市化的发展，全民所有制企业和集体企业及其职工人

数不断增加，领取退休金的人数也在增加。现行退休金制度，使机关、企业、事业单位压力较大，不利于企业的经济增长，更不利于企业破产法的推行。当一个企业因经济效益不高需要关闭或彻底改组时，职工的安置将成为问题。设立退休基金会，由用人单位包括机关、团体、企事业单位向基金会按年缴纳一定费用，建立起退休基金，一是可以使支付退休金与企业财务分开；二是可以使领取退休金的人和正在从事工作的人都不会感到是一种负担，增强退休人员的独立感；三是基金会还可以将集中起来的这笔资金用于投资，如购买企业债券股票，或存入银行收取利息，或直接投资办企业，会使基金越滚越大，这对退休人员的好处是不言而喻的，而对于地方经济的发展也将是一个很好的资金来源。用同样的办法，还可以建立待业基金会，由就业人员和合同制工人（包括机关团体和企业单位）参加，由用人单位交付待业基金，以辅助破产企业职工，生产不景气的企业和机关、团体，企业精减、辞退、解聘的职工和解除劳动合同的职工，这不仅有利于企业生产管理，提高国家机关、团体和企业、事业单位的工作效率，也有利于社会安定，保障人民的生活。当然也可以将退休基金会和待业基金合并在一起，这在机构上可能有所节省，但管理上可能困难较多。

（八）开办房地产业务，开拓不动产债券市场

房地产业务是金融机构的传统业务。城市居民住宅和企业库房完全依靠国家投资在短期内是很难满足需要的，这不仅会成为国家的负担，而且也不利于尽快改变城市面貌。本来房屋应是商品，但在新中国成立后我们过早地使住宅退出了商品领域，国家建房，职工住房，所收取的低额租金不及房屋维修费的一半。为加快住宅商品化的进程，不仅建设银行，而且其他银行和金融机构（如信托投资公司）也可以经营房地产业务。通过发行债券，筹集资金，根据城市规划有计划地改造旧城区。所建商品房，建成出售，收回资金，再进行新房建筑。这部分资金属商品房建设的流动资金。为了顺利发行住房债券，可以给予购券者以购房优先权或优惠权。如遇债券销售困难，可用债券向银行抵押取得资金，保证房产建筑的正常周转。如果地方政府能配合以一定措施，如实行级差房租制，提高职工超规定标准住房的房租；按住宅所在地、建筑标准等收取不同房租；新建商品房出售实行分级补贴制，对不同工资收入水平和职业的购买者分别给予贴补出售、优价出售或全价出售；等等。那么住房商品化和旧城区的改造

会加快步伐。自然金融机构的房屋抵押贷款及证券买卖业务及贴现、押款业务也就随之得以开拓。另外，金融机构还可接受房地产开发建筑企业的委托，办理房产出租或出售，一次或分期收回房租或房款，银行向委托企业收取信托费，信托期间房产归金融机构所有。委托人如果资金紧张，金融机构可以提供贷款，按房产租金或价款收回情况，一次或分次归还，以支持房地产行业的发展。

（九）开办金融租赁，加速设备更新

目前，山西很多大型企业设备陈旧，更新改造资金困难。银行运用融资和融物相结合的金融租赁，可以解决这一难题。没有资金而需要添置设备的企业，可以由银行出资购进该设备，订立租约，交企业使用，银行根据设备价款、利息、手续费、设备耐用年限、租期长短，按月收取租赁费。一些大型设备生产单位产品无销路，银行可以与企业合办租赁，负责联系承租单位，三方订约，设备生产单位发生资金困难时银行可以适当支持。特别是山西省一些机械制造行业使用同种设备的企业较多，对于那些不经常使用的大型设备，可委托银行出租给需要该项设备的单位，银行收取手续费。这样既节省了企业的固定资产投资，扩大了设备利用率，也为设备生产单位推销了商品，银行又从中获得了经济收益。

（十）增加"金融百货商店"经营项目，活跃金融市场

信托公司号称"金融百货商店"，什么信用业务都可以经营。它可以接受委托存款、委托放款、办理公益基金信托、专项基金信托、耐用消费品信托、动产不动产信托、住房信托、个人特约信托、企业经营信托、企业破产管理信托、代发股票债券、清理债权债务、代管贵重物品和有价证券、代理房地产事项、代理会计事务、代管职工福利账户、代办投资、代收代付证券本息、代客执行遗嘱和处理财产、出租保险箱以及业务咨询等，形式多样、业务灵活。但目前山西省各级信托公司，业务都比较简单。为了适应横向经济联合，金融信托公司应当增加经营项目，扩大服务范围，搞活金融市场，更好地为商品生产和流通服务。

（十一）改革金融体系，保证金融业的竞争

山西省金融体系，已经改变了一家银行垄断的局面，出现了多家国家银行和地方国营的投资公司、信托公司，还有股份经济的投资公司和合作经济的信用合作社，正在酝酿中的山西煤炭银行，设想中的退休基金会和待业基金会，也不是不可行的。金融机构多样化，金融业务多样化的趋势

是经济发展的客观要求。除人民银行以外，各种金融机构一律企业化，并按商品经济的一般要求，允许它们在业务上相互交叉，相互竞争。这种趋势是否会搞乱正常的经济秩序，不利于宏观控制，是令人担心的。但是应当看到，只有一家银行，或者只允许几家专业银行存在，并把它们的业务和职责范围相互划清，不得交叉，很可能它们就会成为地方政府或部门的垄断性的"官商"，成为官僚性的工具。事实上，新中国成立后 30 多年的历史经验已经证明，高度集中的独家垄断的人民银行并不能保证宏观不失控。相反，多种金融机构并存于金融市场，使投资人和筹资人在金融中介作用下，以交易方式提供资金和决定投资，交易的价格（利率）会因资金供求而升降，当利率升至筹资人无利可收时，自然就会减少投资以便投资人和筹资人双方都有可能做出高效益的选择，更有利于通过金融市场机制，运用经济手段进行有效的宏观调节。

建设山西为全国能源重化工基地的战略决策，已经把山西推向了中国经济起飞的至关重要的地位。实现这一伟大决策需要资金，需要货币的第一推动力。重振山西金融业的雄风，既是时代的需要，又是难遇的良机，不可坐失良机。这就是撰写这篇文章的用意。

关于山西投资与筹资战略问题

背景说明

本文是《三晋经济论衡》一书第二十四章"经济发展战略概述"中的四节，中国商业出版社 1993 年 9 月出版。文章讨论山西经济发展中的投资与筹资问题，主张投资决策和投资风险挂钩，推行国有资产股份制，分散投资风险；投资方向与产业政策挂钩；资金筹措由国家负债向市场负债转变，通过金融市场引导社会储蓄转向生产建设事业。

山西经济战略目标的实现，需要大量的资金和高效的投资管理。我们认为，20 世纪 90 年代山西投资和筹资战略应当是：加快由单一国家投资决策向多元投资决策转变的步伐，确立投资决策和投资风险挂钩的体制，推行国有资产股份制，分散投资风险，投资方向与地方产业政策挂钩，资金筹措由国家负债转向市场负债，通过金融市场引导社会储蓄转向生产事业。

一、投资体制

投资体制最根本的问题是投资决策权。目前山西投资体制尽管在"六五"计划和"七五"计划期间已经作了若干调整和改革，如开辟多种资金渠道，实行投资资金有偿使用，简化项目审批手续，放宽审批权限，实行招标投资和承包责任制等。但是适应商品经济发展的多层次的投资体制仍未建立起来，领导批项目，投资靠国家，作为商品生产者的企业基本上没有投资决策权。在山西省表现为政府所属各委、厅、局权力过大，统得过死，重国有资产投资，轻企业、社会自筹投资，城乡集体和股份企业、合资企业、私营企业发展较慢，而国有企业投资大，掉头慢，在市场千变万化之中，碍于决策权的相对集中，而往往应变力不强，经济效益不佳。由于这部分企业所占比重大，因而全省经济效益及城市职工生活水平相对低于其他兄弟省市。

20 世纪 90 年代，要逐步实现投入产出挂钩的投资责任制，投资项目的选定、设计、设备供应、施工都要适应市场竞争机制，建立起新的有效的宏观调控体系。今后，中央在山西开办的重大煤炭、电力与相应的交通运输和黄河治理等骨干工程，需由国家投资；省内经济开发和建设需要开办的能源工业、原材料工业、冶金工业、机电工业、消费品工业、交通运输以及科研、文化、教育、卫生、城市公用设施、服务设施等归省、市、县分别投资或相互参股投资；国有企业的技术改造由企业投资；大力支持各类乡镇企业的发展，鼓励国营企业、城市集体企业到农村与乡镇企业合作联营开发；鼓励私人企业的发展和合法经营；大力提倡和支持国营企业、城乡集体企业和私人参股联合，建立股份制企业和企业集团。

凡属由省财政列支的建设资金，一律交由省属投资公司支配，实行有偿投资。省属投资公司分两类，凡属非营利性的项目，如基础设施和公共设施由社会发展投资公司负责；凡属营利性的生产和经营性投资项目，如采掘加工工业、农业和服务业、旅游业等，由经济技术开发投资公司和各专业投资公司负责。建设银行山西省分行负责管理基本建设资金并接受中央银行的监督。今后，任何一项投资项目，都不能由哪一级政府官员来决定，必须经过可行性研究和科学论证，谁投资谁承担风险，建立必要的地方投资法规。逐渐把更多的投资决策权交给独立自主的企业，而各级政府着重抓好非营利性的工业企业和基础设施的建设。这样做不仅有利于调动各方面投资主动性和积极性，有利于企业承担更多的投资责任，也有利于地方政府集中力量，改善基础设施，创造好的投资环境，吸引省外、国外投资者，有利于基础设施的投资和其他投资的总体平衡。

投资决策权的下放，只能逐步进行，因为它至少要受以下三个因素的制约：一是价格体制；二是财政金融体制和金融市场的发育状况；三是企业管理体制。所以，投资决策权的下放需与上述三个方面的改革同步进行，否则会造成投资分散，效益低下和比例失调。

二、资金筹集

实现 2000 年山西经济战略目标，需要巨额资金。山西和其他不发达区域一样，建设资金是经济发展的制约因素。在资金筹集战略上必须有所调整，以适应未来经济发展的需要。从 20 世纪 50 年代到 60 年代初，我们在工业化建设上迈出了巨大的步伐，迅速建立了现代化工业基础。那时的资金战略是依靠农业的积累来发展工业的，即通过工农业产品的"剪刀差"为国家积累了大量资金，用于发展工业生产。60 年代中期到 70 年代末期，我们筹措资金的战略主要是依靠"勒紧裤腰带"的办法，即靠多年不增加工资和福利待遇，压低人民群众消费水平，提高积累率实现的。80 年代的资金战略有了较大变化，采用了国家负债筹资的办法，国家财政发行国库券，国家银行发行金融债券，国营企业发行企业债券，从国外大量引入资金，同时国家金融机构的货币性负债也达到了相当大的规模。90 年代的资金战略是什么？五六十年代的农业积累办法不可再用了，这些年农业投入欠账太多，农村建设，农民生活水平的提高都是必须重视的问题。70 年代的压缩职工生活消费的办法也不可再用，因为改革开放已经使人们迅速提高消费水平的期望很高，再用这一办法是会影响生产率水平提高的。80 年代负债战略，实际上是国家负债，无论是财政发行国库券，还是国家银行负债或国营企业负债，包袱统统背在国家身上，还本付息的重担不是没有压力的。可见继续扩大国家负债不应当成为 90 年代的资金战略。所以，90 年代的资金战略应当是市场负债筹措资金，市场负债筹措资金的基本含义是：地方财政负责解决行政经营及基础设施、公用事业和文化教育；生产投资由企业通过社会筹措，利用市场机制，动员社会储蓄解决，包括利用外资在内。这样一是可以更广泛地动员社会闲置资金，减少居民的非生产性积累，提高社会储蓄率，从而扩大社会投资；二是可以减少国家负债的压力，分散投资风险，减少各级财政压力，实现财政收支平衡；三是有利于国家银行信贷收支平衡，减少货币发行，稳定通货和物价。

按上述战略思想，90 年代解决资金的出路至少有以下几条可供地方各级政府和企业选择：

（一）发行股票

股票是股份制企业筹集自有资金的办法，由发起人认股，也可以向社会发行。发行对象可以是法人，也可以是自然人。股票发行人可以是公有企业联合体，也可以是公有企业与集体企业、合资企业联合体，还可以是私人企业联合体。尤其是企业集团包括其核心层、紧密层、半紧密层都可以采用发行股票办法建立资产上的联系，解决该企业或企业集团的资金问题。由于股票集资是永不退还的，持股人要抽回认股资金可以到证券交易市场出售，那么发行股票就成为筹集资金的最佳方式。

（二）发行债券

债券种类较多，除了国家财政发行的国债外，金融机构可以发行金融债券，地方政府部门可以发行地方政府经济建设债券，企业可以发行企业债券。在期限上，可根据需要发行长期债券解决资产投资资金问题，或发行短期债券，解决生产周转需要的资金问题。具体发行可视市场利率变动和经济发展情况而做出不同选择。

（三）商业汇票背书、转让

商业汇票是建立在商业信用基础上的最简便经济实惠的融资工具，购货与销货两方在达成延期付款协议时，开出一张延期付款的票据，经购货人或购货单位开户银行签字盖章，保证到期如数向收款人兑付，那么销售单位就可用此商业汇票收款。收款人若在汇票到期之前急需用款，可以用两种办法解决这一矛盾：一是向银行办理商业汇票贴现，将这张汇票卖给银行，取得现款；二是在这张汇票背面签字盖章（即背书），然后直接用于购买商品等支付。那么这张汇票由其下手（下一个持票人）向收款人收款。商业汇票背书转让的具体办法于 1989 年 4 月 1 日起正式开始使用，目前业务量很小，广泛宣传和使用这种办法，没有货币资金照样可以做买卖。

（四）卖方信贷与买方信贷

卖方信贷与买方信贷是把银行信贷与输出商品相结合，促进本商品打入外地扩大销售，发展本地区经济的一种有效方式。卖方信贷，外地企业想购进本地商品或设备，但无现款，可以由本地企业的开户银行向本地区卖该商品或设备的企业提供相应贷款，帮助卖方以购销商品形式向外地提供商品，扩大当地商品输出；如果本地银行不是提供贷款给本地企业，而是贷款给外地买方，则凭买方信贷，帮助外地企业向本地以现款交易方式取得商品，也同样扩大本地商品输出。这样做，似乎本地银行把资金提供给了外地，有减少资金之嫌，但事实上扩大了本地商品输出，有利于促进当地生产发展，增加利润积累，从根本讲是搞活了当地的资金。

（五）金融租赁

有些企业急需某大型机器设备，但没有资金购买，金融租赁公司是专门解决这种资金困难的。需要设备的企业可以先行看货，然后向金融租赁公司提出租赁该设备的申请，经租赁公司审查同意，由租赁公司出资购进这台设备，然后出租给该企业使用。企业每年向租赁公司交付租赁费。至租赁期满，企业全部付清租赁费和产权转移费后，租赁公司可将其设备所有权转移给企业，这就是说企业无须筹资购买设备，就可以利用最现代化的设备进行生产或经营。

有些企业有闲置设备不用，也可以委托租赁公司转租给急需这种设备的企业，搞活资产存款，提高固定资产设备利用率。

（六）补偿贸易

对于有资源而无资金、技术或设备不足的地区或企业，为了扩大生产规模，可以运用补偿贸易方式引进资金，开发本地资源。即与有资金、设备和技术的地区或企业协商，达成一种协议，由有资金、设备、技术的地区或企业先向本地提供机器设备、资金、技术等，由本地提供场地、劳动力、资源进行建厂。当设备投入生产运行后，以该设备所生产的产品归还对方，称回购型补偿贸易，如果不是全部以该设备生产的产品而是用部分产品和其他本地商品归还叫混合型补偿贸易，也可以是完全不用该设备生产的产品，而是用别的产品归还，叫互购型补偿贸易。这种融资与融物相结合的资金融通方式对于不发达地区的开发是很适用的。

（七）合资经营

合资经营，可以是本地与外国资本的合资经营，也可以是本地与外地资金的合资经营，无论搞农业、工业、商业、旅游业、运输业都是很好的办法。一般由外地、外国合作者提供成套设备、专利技术、人员培训、资金，本地提供地皮、厂房、能源、辅助设施、原材料和劳力，其收入按双方投入的股份比例分配。这项办法的规模大小，很大程度上取决于我们的投资环境。

除上述几种筹资方式之外，还有我们最熟悉的银行信贷，这里不再叙述。也还有我们最不熟悉的国际金融机构信贷，如世界银行及其下属国际开发协会专门用于解决发展中国家经济开发需要的低息长期信贷。

三、理财观念与筹资措施

生财和聚财的关键在于理财之道，在观念上解决好理财问题，才能生财聚财。

（一）放水养鱼涵养财源

在财政收支紧张时，我们的同志往往为了平衡财政收入，"大抓收入"甚至"竭泽而渔"，不顾企业的实际困难，不问企业的发展和后劲，向多收倾斜，甚至还有人用银行贷款上交利税搞财政虚假收入。这样虽然对平衡财政收支有好处，但从长远看是不利地方财源发展的。我们主张对现有企业要引导它们用好、用活、用足现有政策，在法律政策允许的范围内，采取灵活的经营方式，扩大经营，降低成本，增加盈利，放水养鱼，藏富于民，藏富于企业，保证企业的良性循环，涵养财源。同时加强审计、监察，确保利税完整入库和罚没收入的正常解缴。

（二）量出为入，积极平衡

在财政收支平衡上是量出为入，还是量入为出，历来有很多争论。我们现在讲的量入为出的方针，是要突出支出要视收入而决定。但事实上我们的赤字预算，不是量入为出而是量出为入。量出为入是在量力而行的原则下根据需要积极想办法扩大收入以解决支出问题，这显然是一种负债筹资的思想。地方经济发展，搞点地方债券，用以发展地方经济是完全可以的。地方发行债券，由公民购买，只是货币收入使用的转移，不会影响国家财政信贷平衡。

（三）发展太原金融市场

金融市场的功能不仅是筹资和融资，更重要的是具有渗透、辐射、扩散功能。它利用中心城市的交通、物质、信息、技术、文化、教育等中心地位，以无孔不入的货币资金为手段，形成城乡联结的纽带。将太原建成国家级金融中心，将大同、长治、晋城、运城、临汾、阳泉、忻州等建成地区级金融中心，扩大目前已经出现但艰难发展的拆借市场、票据市场、存单市场、证券市场、外汇市场和保险市场，扩大市场融资数量，利用山西资源优势吸引各地资金进入山西。

（四）增加金融机构和金融工具

大凡金融深化，则经济增长；金融抑滞，则经济停滞或衰退。山西金融有光辉的历史，亟待再展雄风。办好各级各类投资公司和金融信托公司，以及地方银行，发展企业集团财务公司，发展待业基金会、退休基金会和公共投资基金等金融业务，允许保险公司投资，开办信用社联社业务，都有利于山西金融机构向多元化发展。在金融工具上用好已开办的长期债券、商业汇票，积极开办股票、商业本票（短期企业债券）、银行本票和支票背书转让，可转让大额定期存单、信用卡业务等，增加金融商品，活跃金融市场。

（五）扩大同城票据清算网

同城票据交换网的扩大，可以把中心城市周围乡镇的商品交易与城市联通起来，扩大支票流通范围，减少在途资金占压，是扩大资金来源的简单易行的措施，更是各地（市）所在城市的人民银行义不容辞地应该担当起的重任，提高银行资金和企业资金的利用率。各地市中心城市都可以以太原市票据交换所为榜样，办好自己的清算系统，扩大同城支票使用范围，加速商品流通，节约资金使用，使1元当作几元来使用。

山西经济发展战略研究

背景说明

本文是《三晋经济论衡》一书的第二十一章"山西经济发展战略研究"，中国商业出版社 1993 年 9 月出版。文章对山西省经济发展战略的发展变化过程做了历史回顾和分析，对发生的多次激烈争论，即是资源导向还是需求导向、是一元目标还是二元目标、是重型结构还是重轻型结构、是农业为基础还是能源为基础、是承东启西还是参与竞争等也做了评价，提出了见解。

"经济发展战略"是在第二次世界大战后提出来的概念。在这以前，由于社会生产力的发展还未达到很高的水平，大部分的国家或地区的经济实力还不是很强，各国各地区经济竞争的规模较小，受周围经济、社会、环境等因素的制约较少，因而还不需要或提不出来"经济社会发展战略"这个问题。"二战"以后，上述情况发生了很大的变化，经济发展的因素大大超越了国家和地区的界限，任何一个国家或地区的经济都不能再孤立地发展。因此，在经济发展中，必须充分估量各种条件和各种因素，制订较长期经济发展所要达到的基本战略目标及相应的重大措施。所以世界各国、各地区都在立足本国、本地区的利益，制订完整的经济社会发展战略。

一、经济发展战略的内容和特点

经济发展战略也称经济社会发展战略，因为经济问题不是一个孤立的问题，它涉及人口、劳动就业、科学教育以及生态环境等许多社会问题。经济、社会发展战略是指根据对经济社会现状的分析和未来发展的估量，并考虑到经济社会发展的各种关系问题，对未来较长时间社会经济发展的指导思想、发展目标、发展重点、发展阶段和发展措施的总体决策。简单地说，经济发展战略就是为实现经济社会发展目标而研究其整体关系和制订的长远谋划。

经济发展战略与经济计划是不同的。计划有短期计划、中期计划和长期计划，而战略只讲中长期问题。同时，计划是具体的行动方案，而战略却只限定于战略思想、战略目标、战略重点、战略步骤和战略对策等问题。

组成经济发展战略的基本要素，主要有五个方面：一是战略指导思想；二是战略目标；三是战略重点；四是战略阶段；五是战略对策。指导思想是战略的灵魂，也可以说是战略的总方针。其特征，一是一元性的，不能既这样又那样；二是纲领性的，是高度概括并全面指导的；三是稳定性的，在较长战略阶段稳定不变。战略目标是战略指导思想的具体化，也就是奋斗目标，它在整个战略阶段中处于核心地位，没有明确目标的战略就不成其为战略了。战略重点是指实现战略目标的关键问题，关键地区、部门或环节。战略阶段即实现战略目标的步骤。战略对策也是战略措施，是实现目标的手段和途径。山西经济发展战略，属于区域经济发展战略。区域经济发展战略的最基本特征：一是独特性，即研究本地区的特殊内容；二是双重性，即既要考虑本地区的战略要求，又要考虑国家整体的战略要求；三是相关性，即本地区与其他相关地区的联系、配合与协调。

二、山西经济发展战略研究的回顾

研究社会经济发展战略，是在中共十一届三中全会以后的事情。在十一届三中全会上，党中央决定把党的工作重点转移到社会主义现代化建设上来。到 1980 年，邓小平同志提出了要使我国达到小康水平的宏伟目标。为了实现这一目标，1981 年经济理论界开始讨论经济社会发展战略问题。1982 年中共第十二次全国代表大会正式提出了我国经济发展的战略目标、战略重点和战略步骤。山西经济发展战略研究开始于 1982 年末，10 年来曾经过几次研究高潮，使山西经济发展战略逐步成为社会各方面的共识。其中最重要的具有代表性的战略研究是：在省委、省政府有关部门主持下组织各部门领导和专家形成的 1983 年的《山西能源重化工基地建设综合规划（草案）》、1985 年的《山西经济社会发展纲要》（讨论稿）、1983 年的《1988～2000 年山西经济社会发展战略》（第四稿）、1990 年《山西省工业产业结构调整战略的研究报告（14888 工程）》、1991 年的《关于实现山西省国民生产总值第二个翻番的对策研究》（第一稿）、1992 年关于 90 年代山西能源重化工基地发展与改革战略设计——《整体创新，综合开发》和 1992 年 11 月提出的《关于促进经济上新台阶的意见》。这几个战略研究，一个比一个深入，一个比一个更加科学化。

（一）《山西能源重化工基地建设综合规划》

为了把山西建设成为能源重化工基地，1982 年 4 月开始，在国务院技术经济研究中心和有关部委的帮助和山西省委、省政府的直接领导下，用了一年多时间，先后邀请省内外 200 多个单位的 1400 多人参加了山西省煤炭能源基地建设综合规划工作，提出了数百份共数百万字的研究报告，在此基础上于 1983 年 10 月产生了《山西能源重化工基地建设综合规划（草案）》。这项战略规划投入的人力、时间和论证的规模，是前所未有的。其基本思路就是，要发挥山西煤炭储量大，品位好的资源优势，建设山西为国家煤电和以煤化工为主的能源重化工基地，从而推动整个山西经济的全面发展。这个思路是全新的，在后来的山西经济发展中确实产生了转折性的变化。但是限于当时高度集中计划经济和产品经济思想的束缚，改革和开放的思想不够，因而很快就产生了许多新的不同认识。诚如王森浩省长所说，它"对于确立出以建设能源重化工基地为主的思想，对于摸清全省经济及社会各方面的历史与现状，对于按照建设能源重化工基地的要求，搞好各方面的综合平衡，对于明确各部门到本世纪末所要实现的总目标以及分阶段要达到的具体指标，都起了很大的作用。当然，能源重化工基地建设规划，并不等于山西省经济和社会发展战略的全体，但它确实是全省经济战略的主体"。因而，从 1984 年起，又开始编制《山西省经济社会发展纲要》。

（二）《山西省经济社会发展纲要》

《山西省经济社会发展纲要》（讨论稿）是从 1984 年春开始着手进行编制的，在省委、省政府领导下，山西省社会科学、自然科学各研究机构，就山西省经济发展的总体战略、部门战略和地区战略，进行了广泛的研究和讨论，到 1987 年 5 月形成了《山西省经济社会发展纲要》（讨论稿）。并作为中共山西省委五次代表大会参考材料在大会上印发。该纲要对 1980~2000 年的经济社会发展的战略方针、战略目标、人民生活、城市发展、农村发展、交通邮电、流通开放、教育科技、经济法制等共列出了 60 条。其战略方针确定为："坚决贯彻党的十二大精神，动员和组织全省人民，充分发挥我省自然资源优势，重点搞好能源重化工基地建设，大力发展农业，狠抓交通运输和教育科技两个环节，带动和促进整个国民经济和社会的协调发展。"到本世纪末，实现工农业总产值翻两番，使全省人民尽快富裕起来，达到小康水平。该纲要作为指导山西经济社会发展的方针，促进了山西能源基地建设，在经济社会各方面都取得了巨大成就，使山西经济第一个翻番提前实现。

随着整个国家改革开放形势的发展，随着中国沿海开发和东部、中部、西部地区"梯度发展理论"、"国际大循环理论"的提出，随着中共第十三次全国代表大会"科学技术将是我国经济走向新的成长阶段的主要支柱"的提出，在山西全省，朝野都感到原来的发展战略有不少地方需要修改和补充，以加快改革开放步伐，推动山西经济的快速发展，否则就会被兄弟省甩在很远很远的后边，因此，1988 年，在省委、省政府领导下，山西省社会科学工作者和实践工作者，对原来的《山西省经济社会发展纲要》又进行了讨论、修改，形成了《1988~2000 年山西经济社会发展战略》（第四稿）。

（三）《1988~2000 年山西经济社会发展战略》

《1988~2000 年山西经济社会发展战略》首先分析了山西省情，接着提出了发展战略目标、战略方针、战略任务、战略措施。认为山西的基本特征是自然资源相对丰富，而生产力相对落后。制约和影响山西经济发展的主要因素是：传统经济体制束缚，思想观念不解放，产业和产品结构不合理，人才缺乏，教育落后，管理水平低，交通及基础设施跟不上。针对这种状况，提出了以改革总揽全局，重点搞好能源重化工基地建设，实现能源经济商品化；依赖现代化科学技术和现代化管理振兴山西经济，加速产业、产品结构、生产力布局结构、所有制结构的调整，促进国民经济和社会的协调发展，到 20 世纪末实现第二个翻番，兴晋富民，使山西全省人民生活达到小康的战略方针。

这个文件，把山西经济社会发展战略提高到一个新的高度，在战略思想上比过去有了较高的认识。比如，它提出了"以改革总揽全局"的观点，提出了建设"能源商品基地"的观点，提出了"科技兴省"的观点，提出了"兴晋富民"的观点，提出了调整产业结构、产品结构、所有制结构的观点，这些都是山西经济发展的根本性问题。并在以后的实践中指导了地、县、乡各级政府的经济决策，对山西经济发展起到了应有的作用。

（四）《14888 工程》

《14888 工程》是《山西省工业产业结构调整战略实施方案的研究报告》的简称。因为这个报告提出了山西产业产品结构的战略目标是建立 1 个现有重点支柱产业，4 个新支柱产业，8 条产品链，88 个重点产品，故称 14888 工程。这一工业产业产品战略的研究，是 1990 年初，在省委、省政府领导同志的主持和指导下，集中有关部门领导干部、专家和经济工作者经过几个月的研究提出来的。它是对山西经济发展战略的深入和具体化，这项研究成果采用系统工程原理，把确立的近期和远期调整目标，按照多元支柱产业、产品链群体、战略性重点产品的层次结构，归结为一个序列工程，成为政府决策联结发展战略的中介。

（五）《关于山西省实现国民生产总值第二个翻番的对策研究》

《14888 工程》仅是就山西工业产业结构和产品结构提出来的。山西在 1990 年国民生产总值提前实现第一个翻番的基础上，需要实施后 10 年的第二个翻番的发展战略。第二个翻番的目标能否实现，关系到未来山西经济社会发展的战略全局和山西人民生活达到小康的历史进程，因而在省委、省政府领导下，山西有关经济部门和经济科学工作者又共同研究，在 1991 年 10 月提出了《关于山西省实现国民生产总值第二个翻番的对策研究》。这个文件分四部分：第一个翻番和情况分析，实现第二个翻番的战略设想，实现第二个翻番产业部门发展的设想，第二个翻番的基本对策。认为山西省 1990～2000 年的第一个翻番的主要特点是：国民生产总值年平均增长速度较快，但前高后低，波动落差大，煤炭能源工业的高速增长起了主导和带动作用；主要靠资金的高投入外延扩大再生产实现；乡镇企业持续增长起了不可忽视的作用。实现第二个翻番，到 2000 年全省国民生产总值将比 1990 年增长 0.84 倍，年平均增长速度为 6.3%，由于经济规模基数增大，后 10 年与前 10 年相比，每增长 1 个百分点所含的国民生产总值绝对量要大 1.17 倍，即后 10 年国民生产总值平均每年的净增加额要比前 10 年高 55.5%，所以难度是比较大的，必须在发展战略上做出必要调整和采取恰当的措施。文件对这些提出了具体的战略设想和措施方案。

（六）《整体创新，综合开发》

《整体创新，综合开发》是20世纪90年代山西能源重化工基地发展与改革战略设计。这项设计是在1992年春节邓小平同志南方谈话以后提出并着手研究的。整个研究由省委副书记、代省长胡富国和副省长乌杰主持，由省计委、经委、科委、体改委、省政府办公厅、省经济研究中心、省委党校、山西财院、省农办、太原市技术经济研究中心、太原市工商银行10多个单位的同志组成课题组，进行了初步研究。1992年7月，省政府办公厅召开了两次规模较大的讨论会，20多个省直单位的负责同志作了认真深入的讨论。之后，课题组按照王茂林书记的批示和两次讨论中提出的意见作了几次大的补充和修改。由中国经济出版社正式出版，公开发行。

《整体创新，综合开发》战略是继80年代初《山西能源重化工基地建设综合规划》之后的又一项大型战略研究报告，是山西省委、省政府关于山西90年代经济发展与改革的基本思路，也是各级干部对山西经济的中长期重大问题达成的上下共识，已被省委、省政府采纳，作为山西90年代发展和改革奋斗的战略目标。

《整体创新，综合开发》是有着内在联系的系列研究报告，对山西省宏观与微观的经济发展，促进政府部门决策的科学化和民主化，将有深远的意义。研究报告包括主报告和17项专题报告。整个研究报告一改过去的研究模式，以一种全新的研究方式，以实事求是的态度和超越的视野，在总结过去10多年改革开放实践的基础上，放眼未来，研究了山西省经济、社会发展战略中许多过去未曾研究或研究不深的具有全局性、长远性的重大问题，提出了"整体创新，综合开发"的跨越式加速发展战略构想。战略目标是：通过改革、开放、管理与发展的一体化推进，把山西建成全国综合发展的现代化能源重化工基地，使山西经济在20世纪末的最后8年登上一个新的台阶。

"整体创新"就是以全方位改革实现由自然经济、产品经济向市场经济的彻底转变，实现这一转变的根本选择就是对国民经济的整体管理。

"综合开发"就是从整体上推进能源重化工基地产业结构高度化，建立能够不断提高全省社会经济整体效益及与全国经济相适应的内在运行机制，实现全省经济的综合发展、综合推进和优化发展。

"整体创新，综合开发"是立足于山西省现实和2090年发展总目标的跨越式推进大战略。实现这一战略目标，要以体制创新为主线，实行大开放战略，以高新技术产业开发带动产业结构高度化，运用科技进步与市场驱动的合力，转换经济发展模式。

该战略研究的专题报告，提出和研究了许多新的问题和过去未深入研究过的问题，主要有：1980~1990年山西产业结构演进及经济运行分析；把山西能源重化工基地建成内陆经济开发区，抓住时机，把山西建成中国发达的国际旅游区；90年代山西工业经济发展新格局的战略构想；能源工业发展与管理体制改革，关于山西军工企业潜力的研究，即军地结合，整体发展；山西省县域经济发展战略与体制改革；山西人才资源开发战略；山西省高新技术产业的发展；山西航空事业发展战略；山西水环境及其对经济社会发展的制约与对策；90年代山西环境保护大系统战略；提高山西省经济管理水平；全面推行股份制是山西经济跨越前进的改革捷径；山西建立专业期货市场的战略选择；90年代山西乡镇企业要实现超常跳跃式发展。

上述问题，都是90年代山西发展与改革的重大问题，都有助于促进广大干部和群众充分发扬创造精神，把各方面的工作做得更好。

（七）《关于促进经济上新台阶的意见》

这个文件的全称是《中共山西省委、山西省人民政府关于促进经济上新台阶的意见》，是为落实中共十四大精神，实现第二步战略目标而提出的20世纪90年代山西发展的根本任务，即在提高质量、优化结构、增进效益的基础上，努力加快经济的发展速度，使山西国民经济的整体素质和综合实力迈上一个新的台阶。为确保山西经济迈上新台阶，该意见中提出了90年代山西省经济社会发展的新思路，新战略方针："坚持党的基本路线，建立社会主义市场经济体制，进一步深化改革，扩大开放，加快科技进步，以产业结构调整和优化为主要手段，突出二次能源转化和煤炭深度加工，实现能源重化工基地的整体创新和综合开发，带动全省经济发展，兴晋富民，提前实现国民生产总值第二个翻番和人民生活达小康。"按照上述方针，发展经济要贯彻如下指导思想：坚持以能源重化工基地建设为重点，继续为全国经济发展作出应有的贡献；坚持调整产业结构，实现结构优化和协调发展，坚持以建立社会主义市场经济为目标，实现经济运行机制的整体创新；坚持科技是第一生产力，实现经济的稳定发展；坚持全方位开放，发展外向型经济；坚持自力更生为主，艰苦奋斗，勤俭办企业，全面增进企业经济效益。为确保实现全省经济上新台阶的目标，全省要集中力量抓好 12 项战略工程：①四大水利工程：万家寨引黄工程、滹沱河南庄调水工程、沁河灌区工程和禹门口提水工程。②四大通道工程：铁路通道（侯月铁路、神朔铁路、朔港铁路及地方铁路）；公路通道（太原至旧关一级汽车专用公路）；航空通道（扩建太原机场）；电信通道。③农田建设工程。④增强煤炭后劲工程。⑤对外输电工程。⑥铝基地建设工程。⑦三大钢铁厂改造工程。⑧煤化工程。⑨机械电子工程。⑩轻纺消费品工程。⑪十大市场工程。⑫科教兴晋工程。

三、关于山西经济发展战略的论争

自 1982 年理论界和经济业务部门开始讨论研究山西经济发展战略以来，曾经几度出现高潮，所讨论的问题也一次比一次集中和提高，总的来看，这几年争论较大的问题有以下几个：

（一）资源导向还是需求导向？

如何根据国家经济发展战略和山西的具体情况，制定山西经济社会发展的战略，当时主要有两种不同的意见：

一种意见认为，制定山西发展战略首先要以山西的自然资源为立足和出发点，根据山西自然资源的优势确定山西产业结构，利用山西现有技术和资金力量，组织资源开发，这是稳妥的可靠的发展战略。按照这种思路，就是要从山西的资源优势出发，建立发展模式，适应市场需要，可以称为资源导向型战略。

另一种意见则认为，制定山西发展战略，应当按照市场对资源及产品的需求、社会对消费的需求，确立山西产业结构和产品结构，在此基础上充分利用山西各地的技术和资金，并积极引进省外、国外的先进技术和资金，开发山西优势资源，适应市场需求。按照这种思路，就是从社会市场需要出发，建立山西发展模式，开发山西资源，可以称为市场导向型战略。

对这两种主张的认识到现在也未必完全统一。资源导向型战略，虽然是稳妥的，但是它是一种"靠山吃山，靠水吃水"的传统封闭战略。资源优势不等于商品优势，更不等于市场优势，静态优势也不等于动态优势。当代世界经济社会发展的竞争，首先不是自然资源的竞争，自然资源在生产力中的主导地位正在被人及技术、信息所代替。而市场导向型战略的思想，首先是从市场和社会需求出发，既符合发展经济的根本宗旨，又符合发展生产的目的，是满足日益提高的人民群众生活水平的社会主义经济规律。利用外地技术和资金，实际是一种积极的量出为入的开放型思想，是变资源优势为商品优势、变静态优势为动态优势的积极思路。

（二）一元目标还是二元目标？

对山西经济发展的战略目标如何确定，当时也有几种不同主张：

第一种意见认为，山西是国家能源重化工基地，其经济社会发展的战略目标当然应当是建设能源重化工基地，重要的是努力完成和超额完成国家规定的煤炭和发电生产任务。这可以称为一元战略目标。

第二种意见认为，山西作为区域经济，必须实行双重性战略，既要考虑国家对能源重化工产品的需要，又要考虑到山西经济社会和人民生活消费的需要，二者必须兼顾。不能只提能源建设，不讲山西经济、社会、生态环境的全面发展。因而主张既要完成国家的能源生产任务，又要积极促进山西区域经济的全面发展。这可以称为二元战略目标。

第三种意见则认为，能源重化工基地这一提法本身不是很明确。按照社会主义初级阶段的理论和建立社会主义市场经济新秩序的要求，应当明确提出建立山西"商品能源重化工基地"。国家能源重化工基地容易使人理解为发展国营煤矿、大型煤矿、外延建矿。这仍然是一种产品经济、单一公有制结构。提"商品能源重化工基地"，会很明确地体现中共十二大的精神，体现商品经济、价值规律和等价交换、按劳分配的原则，符合山西人民的切身利益和国家以及各省区的经济利益。

这几年的实践已经证明一元目标不符合国家体制改革的总体目标和国家利益，更不符合山西人民的利益。在社会主义初级阶段必须坚持社会主义市场经济，必须坚持以公有制为主体的多种所有制并存的经济制度。要使山西在 20 世纪末奔向小康，就不能让 2600 万山西人民"以煤为纲"。山西首先是一个经济区，不是一个煤矿区，国家的基地必须和山西的现代化结合，这二者的利益从根本上讲是一致的。如果山西的农业、轻工业和其他工业跟不上，能源基地的建设也会发生问题。因而一元目标较二元目标是欠合理的。至于"商品能源重化工基地"的提法，在理论上是无可挑剔的，但是能源是涉及国民经济命脉的大事，必须由国家统一管理，如何运用商品经济发展能源生产和分配，需要随着经济改革的逐步深入而逐步解决。煤炭生产和销售的双轨制，迟早要被社会主义商品经济所统一。

（三）重型结构还是重—轻型结构？

对于如何确定山西战略重点，发展什么类型的产业结构也有几种不同意见：

第一种意见认为，山西经济的发展历史已经形成山西的重型产业结构，重工业占到了工农业总产值的 50% 以上。今后加强能源重化工基地建设，势必向重型结构进一步发展。这是不可回避的。

第二种意见认为，山西多年来已形成重工业偏重，轻工业偏轻的工业结构，这样发展下去势必使山西经济效益难以提高。因为重轻工业的投入与产出比例的差异是显而易见的。必须逐步调整重型结构为重—轻型结构，即以能源重化工为主、轻工业相应发展的重—轻型产业结构。实现这一结构的办法就是能源重化工投资主要依靠中央对山西的投资，而山西地方投资的重点应放在轻工业上。

第三种意见认为，山西的重型结构是由山西得天独厚的煤炭资源所决定的，依靠山西资源发展山西，是山西产业结构调整的最佳选择。

这几种意见对战略重点的选择都有一定的道理。但是也各有不足和不现实的地方。比较之下，第二种主张较为符合山西的长远利益。因为建立与发展重型产业结构，势必投资巨大，经济效益极低，在国家对能源与原材料还不能全部实行市场价格以前，山西市场 60% 多的消费品供应以市场价格由省外购进，与能源、原材料大量以计划价格调拨省外相对照，势必造成山西劳动价值的双向流失，山西何时才能达到小康？山西必须在轻工业方面作出必要的努力。而且这样也是有可能的，因为山西能源和原材料是较充分的。只要扩大日常工业品的生产能力，进行深度加工，就可以大大增值。至于重工业和轻工业的投资分工问题，也不能采取中央向能源重化工投资，地方向轻工业投资的一刀切的办法。因为县、乡、镇地方经济的发展，还要依靠办一些小煤矿，作为经济滚动的起点，这是县、乡经济起步所必要的"原始资本"的来源。但是在工业投资方面，适当倾斜还是可以的，也是必要的。按照山西自然资源决定产业结构的意见是不可取的。因为依据自然资源决定的产业结构，在市场发生变化时会很容易把山西经济引向停滞。将有限的资金投向开发资源这一侧面，在自然资源枯竭后，山西经济又将走向何处？必将走向经济衰退的深渊，贻害子孙后代。

（四）农业为基础还是能源为基础？

山西建设能源重化工基地后，山西国民经济的基础是转为煤炭工业，还是仍然是农业？

第一种意见认为，山西建设能源重化工基地，自然要把煤炭作为基地的基础，否则就不是能源基地了。虽然山西经济发展需要吃的、穿的、用的，但是只要抓住了煤炭、电力，山西就不愁换不来吃的、穿的、用的。山西人要吃粮，好像南方诸省工业要吃煤一样，山西的煤是工业的粮食，减少农业投资，扩大煤炭投资，正是山西经济发展的扬长避短。

第二种意见认为，农业是国民经济的基础，也是山西经济的基础，山西人口的70%是农民，煤矿工人的家属大部分还是生活在农村的，农业的兴废，不仅影响山西多数人的生活，也影响煤矿工人的安定。所以作为能源基地的山西仍然要坚持以农业为基础，大力发展农业。农业绝不是可有可无的，即使粮食不能完全自给，也要做到基本自给。

第三种意见认为，能源基地必须重视煤矿生产，山西煤炭生产状况如何，牵动着全国27个省的几百万个企业的生产，能源基地必须以煤炭为基础；但是山西还有70%的人口是农民，也不能放弃以农业为基础。因而主张煤炭生产保工人、保城市生活，农业生产保农民、保农村。换句话说，就是农村吃粮靠自产，城市吃粮靠煤炭去向省外换。所以山西应采取"城市以煤为基础，农村以农业为基础"的方针。

分析上述三种观点，首先，应区分基地和基础是不同的概念。能源基地是国家能源的集中产地，山西是能源基地，不等于山西经济是以能源为基础。其次，不能把基地的主要产业与以农业为基础混同起来。农业是国民经济的基础，这是经济发展的一般规律，不能任意取代。最后，对于农村与城市分别确定农业和煤炭两个基础的主张，在事实上是不可能的，多基础就是无基础。山西经济的整体发展必须坚持以农业为基础的方针，大力发展以煤为重点的支柱产业，力争粮食自给和基本自给。

（五）承东启西还是参与竞争？

1984年，在中国经济的发展战略步骤问题上，曾提过"东靠西移，发展中间"的发展步骤，也就是主张在20世纪80年代重点发展东部沿海地区，到90年代再重点发展中部，到20世纪末或更长一点时间，把重点投向西部地区，被称之为梯度发展理论。以后又延伸为沿海战略、国际大循环。那么山西地处中部，如何办呢？

一种意见认为，山西战略应当是承东启西，对优先发展的东部地区来说，山西在西，但有煤炭和原材料工业优势，山西是沿海经济发展的基础和命脉，东部沿海地区离不了，可以借此吸引东部的技术、装备、资金和人才；同时，山西的重工业和地理位置又明显地优于西部地区。山西的矿山设备、运输设备以及纺织机械又是开发西部离不开的，西部地区是山西工业的重大市场。所以"承东启西"是山西的最佳选择，要当好"二传手"。

另一种意见认为，梯度理论与当"二传手"没有必然联系，西部地区也有丰富的煤炭和石油资源，山西煤电不存在东靠西移。山西的支柱产业煤炭、电力及铁路运输的技术水平并不低于东部沿海地区，不必承东启西。东部的优势在于加工业，山西条件不允许按东部模式发展，山西应当按照山西的实际情况独立自主地、自力更生地挤入经济竞争行列，在虚心学习东部地区先进经验的基础上，以自己的煤电优势打入东部市场，以自己的特色产品直接挤入国际市场，走自己特色的发展道路，不必套进梯度之中框住自己的手脚。

应该客观地说，梯度理论首先是不符合中国生产力科学布局的。中部和西部有丰富的资源和劳动力，所缺少的是资金和技术。改革开放以来，由于市场机制的引入，国家对沿海的政策倾斜已经造成了西部、中部科技人才"孔雀东南飞"，造成了西部资金"一江春水向东流"。梯度理论及其由此产生的政策倾斜，严重影响或破坏着中国生产力的合理布局。其次，国家产业政策的顺序是农业、能源、交通、原材料和基础设施，东部地区没有发展能源和原材料工业的条件。实行沿海战略，实行投资向沿海倾斜政策，如税率优惠等，近几年吸引了大量外资和内资投向东部沿海地区、沿海城市、开放城市。这些投资大部分发展了加工工业和商业，使我国能源和原材料更加紧张，因而按照梯度理论而产生的沿海倾斜政策与国家产业政策是相矛盾的。科学合理的选择应当是产业倾斜战略，梯度理论及其相应产生的一系列政策导向都是不可取的。山西人应以自己的优势发展自己的特色，要在投资环境上下功夫，吸引外资和国外技术，把眼睛盯在大市场上。大家还记得，就在沿海战略和国际大循环理论叫得响时，有人建议山西到广州、深圳、香港设立办事机构、建立企业，打通太原—广州—深圳—香港—国际市场的通道，介入国际大循环。也有不少企业纷纷到沿海城市投资、办厂，甚至个别主管部门也积极要求下属单位调集资金去广州、深圳办企业。一时间，山西资金、人才大量外流沿海，这股风潮到现在也没有全部静下来。如果这样下去，山西资金外流了，人才外流了，企业税款在外地上交了，山西还如何发展？发展外向型经济不是把资金投在外地，而是要把资金引进来，把商品打出去。当然适当地在外地投资是可以的，到沿海、国外投资的目的是获取投资收入，是学习国外先进技术发展山西，而不是把山西的自然资源、人才资源和资金送到省外和国外。

四、战略指导思想

从现在起，到2000年的国民经济将通过第八个和第九个五年计划的发展，实现国民生产总值第二个翻番，使人民生活达到小康水平。

在这段时间内，山西经济发展战略的指导思想是：坚持党在社会主义初级阶段的基本路线，以改革开放总揽全局，转换经济运行机制，重点搞好商品能源重化工基地建设，加速产品结构和所有制结构的调整，依赖市场兴晋、科技兴晋、管理兴晋，建设山西社会主义市场经济，到20世纪末实现国民生产总值第二个翻番，使人民生活达到小康。

按照这个指导思想，山西经济社会发展中首先必须解决好"换脑筋"问题。

（一）转变重政治轻经济的观念

长期以来的"左"倾路线的影响，使山西人自上而下，存在一种"宁左勿右"的思想，错误地认为"右"的错误是立场问题，"左"的错误是方法问题，遇事总怕扣上右倾帽子，喜欢在政治上唱高调，在经济上凑低音，表现在业务、技术方面总是瞻前顾后，怕走偏方向，宁可穷些，但要稳些。比如对能不能搞商品能源基地、能不能调整所有制结构等问题都是决策缓慢，十分谨慎。有些事省里已经决策，基层仍不愿意行动，怕犯错误。今后必须真正把经济建设摆在首位，那些专业政治家必须知道只有经济上去了，才有饭吃，不要老找"做饭人"的麻烦。

（二）转变重生产轻流通的观念

长期的高度集中计划经济，使各级政府、经济部门以及企业管理人员认为，抓经济，就是抓生产，把生产等同于经济。党的以经济建设为中心的方针提出已经10年了，但仍有很多领导部门，管理人员重视上项目、上产值，好一点也只是抓产、供、销，对于整个流通领域在国民经济中的重要地位严重认识不足，不知道劳动价值的实现是在流通过程，不知道流通过程可以增值，不知道利润最终取之于流通。对于企业产品的推销工作包括推销的网络和组织推销的人力与宣传、推销的技术等总是排不上队，没有位，因而也就无法摆脱经济效益低的折磨。大流通、大商业是现代经济、开放经济的客观要求，没有这一认识，就不可能发展山西市场经济。当然全民经商不对，也不可能，但全民重商的意识和行动绝不可以没有。

（三）转变重官场轻市场的观念

根深蒂固的"官本位"意识在改革开放以后，遇到了市场的冲击，在沿海地区人们眼睛已经盯住市场，从而大把大把获得金钱的时候，在我们山西，人们眼睛仍然盯着官场，心想着权力，乞求着权力，企业没有资金、没有原材料，不是找市场，而是找市长，希冀市长的批文，去挤财政，去压银行，去找物资部门，从国营或国有资产中捞几瓢油水，以增加企业利润。必须明确，企业家必须由重官场、找市长转变为重市场、找市场，在市场的运作中获取利润。

五、山西经济战略重点

根据经济发展战略思想和战略目标，山西省发展战略的核心是科教兴晋、流通兴晋、管理兴晋。把经济发展转到依靠科技进步和依靠市场机制，依靠现代化管理的轨道上来。不断调整产业结构，实现结构优化，以深加工、多品种、优质化、高增值为目标，追赶先进省区。

科技兴晋，是面临世界新技术革命的挑战而提出来的。经济建设必须依靠科学技术，建立科技促进经济建设发展的有效机制，把发展生产力和提高经济效益放在科技支持的可靠基础上。具体任务是：在传统产业各主要行业中，把发达国家 20 世纪 80 年代普遍使用的适合山西省的生产技术逐步引进来，使主要支柱产业，如煤炭、电力、原材料工业等力争达到世界先进水平，建立一支结构合理、实力雄厚的科技队伍，综合科技能力和科学技术水平有较大的提高；建立适应山西农业发展的基础技术体系；建立以高新技术和传统技术相结合的促进支柱产业和主导产业发展的复合技术体系；建立新兴技术和高技术体系及其高新技术开发区。以太原高新开发区为重点带动山西的科技进步。此外，还要建立以软科学为基础的科学民主决策支持体系，把技术研究开发与应用推广结合起来，把技术的引进消化与开发创新结合起来。同时要加强城市规划、环境科学、医药卫生科学的研究与应用。做到科技进步促进经济效益提高率在 50% 以上，科技发展的基础是教育，必须从基础教育抓起，搞好中小学教育、高等教育和成人教育，提高山西人民的文化素质和劳动力的技术水平。

流通兴晋，是针对山西重生产轻流通，市场狭小，商品覆盖率低，资金、劳务、技术、信息市场滞后的现状提出的战略。流通兴晋，要以市场为突破口，宣传大市场思想，树立大市场意识，发展广义市场，高层次市场，完善市场体系和市场管理，支持竞争，反对垄断和非市场行为干预，以市场效率追赶先进省。

管理兴晋，是针对山西国民经济体系中的硬件与软件比较，软件严重落后而提出的。我国经济管理水平，不论宏观管理还是微观管理都落后于先进国家，而山西的经济水平又远远低于全国兄弟省水平。向管理要效益，向管理要速度，应成为我们的口号和行动准则。

（一）工业产业与产品结构调整

按照社会主义市场经济发展的要求建立山西经济的良性循环，重要的问题在于优化产业结构和产品结构。在调整重工业偏重轻工业偏轻的产业结构时，要把资源导向和市场导向结合起来，朝着支柱产业多元化、产品结构深加工化、技术结构高级化、组织结构合理化发展，从而提高山西产业的外向能力、竞争能力。近年，山西经济理论界与政府经济决策部门已经达成了山西产业调整的共识，即 14888 工程。

1.1 个重点支柱产业：能源

从长期看，国民经济发展对能源的需求只能是不断扩大的。所以，现在以至将来的一个长时期内，山西的能源产业仍是重点支柱产业。煤炭、炼焦在全国享有优势，发电在华北地区以至全国地位也很重要，继续发挥这一优势，仍是今后山西产业的重点。

2.4 个新的支柱产业：冶金、装备、食品和精细化工

按照发展山西多元支柱产业的战略思想，最有希望发展条件最好的以铝和钢铁为主的冶金工业，以煤矿机械和重型矿山机械、运输机械、农业机械和各种基础件为主的装备工业，以成品粮油、高档食品、保健食品、方便食品、饮料、名优白酒为主的食品工业，以化肥、基本化工原料及精细化工为主的化学工业，这四个产业部门有现有优势和潜在经济优势。经过一定努力，完全有可能使发展速度超前于全省工业的平均发展速度和全

国相同产业的发展速度，形成在国内市场甚至国际市场上的竞争能力。到2000年前后，这四个产业部门，可以与能源工业一起组成山西的支柱产业新体系。

3.8个产品链

上述五大支柱产业的重要产品相互关联，构成了8个产品链：①煤炭系列产品链；②煤化工系列产品链；③能源装备工业系列产品链；④铝及其制品系列产品链；⑤钢铁系列产品链；⑥建材系列产品链；⑦食品系列产品链；⑧纺织系列产品链。这8个产品链既符合山西的资源优势，又符合市场需求和国家产业政策导向。通过8条产品链的建立，可以强化企业之间，产品与产品之间的有机联系，实现资源的多次加工，增值再增值；可以相对地以自己的上游产品供应下游产品原料，以自己的下游产品生产为上游产品提供市场，相对减少对省外、国外原料与市场的依赖，建立自己产业的良性循环；可以改变现在产品初级化和粗放经营的状况，从而把山西的资源优势化为生产优势和商品优势。

4.88个重点产品

确定重点产品的原则是：符合国家产业政策要求，能发挥山西资源优势和经济优势，能增强本省产品的内在联系，实现深加工，高增值，带动性强，可形成和延长产品链；出口创汇能力强，市场占有率高；在省内具有重要地位，能增强竞争能力；投入产出水平高，投资回收快，且环境制约因素少。

按此原则，山西省选取在上述产品链上的优势拳头产品、出口创汇产品、高增值产品、高科技产品、基本原材料产品和基本需求产品作为重点扶持发展的产品，逐步使山西产业走向深加工、高增值、高效益道路。

（二）农业和农村经济的发展

前面已经讲过，山西经济发展仍必须坚持农业是基础的方针，但是这里所说的农业是指大农业，不仅包括种植业，也包括养殖业和林、果、蚕桑以至农产品加工在内的整个农村经济。今后必须努力使单一粮食种植向农、林、副、牧、渔、运、工、商服务全面发展转变。种植业与林牧渔业之比由20世纪80年代末的7:3转变为5:5，畜牧业产值占农业的比重由10%提高到30%左右，使农村产品的商品化比率不断提高，由自产自足的自然经济向商品经济转变。同时大力发展农村的产前产后服务工业，完善双层经营制度，建立农工商联合企业，努力建立健全农村服务体系，包括水力、电力、运输、种子、技术以及市场信息、产品销售、文化教育、医药卫生等一整套服务体系，以迅速提高农产品的社会化、商品化程度。

农村工业是农村经济的重要组成部分，要大力发展乡镇企业，村办企业和农村私人企业，引导农村剩余劳动力流向非种植经营，如工矿产品和农产品加工、经营等。按照改革开放十来年的经验，乡镇企业可能是改变农村经济面貌、迅速发展农村经济的突破口。到 2000 年，随着农业技术的推广，乡镇企业的发展可望将 60% 的农业劳动力转变为农村中的非农业劳动力。

山西省东西山区有较多的贫困县，贫困地区的脱贫致富是十分紧迫和首要的任务。目前省里每年支援贫困县的资金是不少的。但使用分散，各有关部门将资金都撒了"胡椒面"，效益十分低下，有的甚至成了当地政府行政经费的补充，而没有用于贫困地区的经济发展。根据联合国世界银行和国际开发协会的经验，扶贫资金不能单一下拨，在确定对某地区发放扶贫资金和信贷时，要同时派出专家和技术人员，携带技术项目和物资进入贫困地区，一蹲几年，亲自动手上项目，搞生产和管理，并手把手教当地农民提高文化，掌握技术和管理，然后逐渐放手，最后全部交给当地人民群众去管理。这样做效果都比较好。否则，仍把扶贫资金分散到有关厅局，各自立项，再恩赐和救济性地下拨资金，就很难提高扶贫资金的效益，从而也很难解决贫困地区的脱贫致富问题。要充分运用货币资金的"第一推动力和持续推动力"去开发贫困地区，争取到 2000 年，所有贫困县的人均收入由现在的 4096 元左右上升为 7016 元左右。

省情研究的佳作　干部学习的精本

——《三晋经济论衡》标志着山西的区域经济研究已到达一个新的水平

背景说明

　　本文是中国人民大学经济学博士生导师卫兴华教授为中国商业出版社 1994 年 8 月出版的《三晋经济论衡》所写的书评，原载《山西发展导报》1994 年 8 月 12 日。《三晋经济论衡》是一部融历史、自然、经济、现状和未来于一体的综合性区域经济著作，也是迄今为止从理论到实践系统地研究山西区域经济的较大型著作，是山西第一部富有理论性的综合性区域经济专著，它为山西广大干部、经济工作者和青年学者了解省情、认识省情提供了学习的精本，同时也为山西各级领导指导经济建设提供了科学依据。它标志着山西的区域经济研究已达到了一个新的水平。

　　由山西省副省长纪馨芳任主编，山西财经学院孔祥毅副院长和胡积善教授任副主编的《三晋经济论衡》，是一部很好的省情研究专著和崭新的区域经济著作。该书以山西区域经济为研究对象，旨在探索山西区域经济在全国宏观经济调控下的协调、稳定和均衡发展。全书理论联系实际，纵向和横向分析相结合，论述了山西省级区域经济发展及其战略，包括山西经济发展的历史背景、新中国成立后区域经济的发展、区域经济结构、部门经济特征、制约山西经济发展的因素以及宏观经济调控和发展战略等。并对上述问题从地理学、经济学和社会学等各个角度作了全面、系统和深入的分析和论述，是一部融历史、自然、经济、现状和未来于一体的综合性区域经济著作，也是迄今为止从理论到实践系统地研究山西区域经济的较大型著作。

该书最显著的特点是打破了一般经济论著的常规定式，创新性地写入了许多以往经济著作中没有大篇章专论过的问题。如对历史上的山西商人、晋商精神、山西票号的研究；对民国时期山西独裁统治者阎锡山的经济思想和实践所作的较为实事求是的评价；对制约山西经济发展的因素诸如生态环境、投资环境、市场发育、管理水平等的详细分析；对山西省内经济区域和中心城市的划分；对省内历次制订的重大经济发展战略的分析比较等。此外该书还对省级宏观经济调控和资金流量作了理论性探索，以期引起经济工作者对这些问题的重视和研究。全书既重视理论分析，又注重实证研究，把二者较好地结合了起来。

我国改革开放以来，区域经济发展很快，正确的区域经济发展战略已成为对区域发展至关重要的问题。山西经济发展的关键在于制订和执行适合山西经济情况的正确战略。《三晋经济论衡》以较大的篇幅论述了发展战略的各种理论问题，并详细研究了 20 世纪 80 年代以来山西历次研究、制订的重大经济、社会发展战略和战略性对策，并从中汲取了重要的战略思想。

山西对经济社会发展战略的研究，多年来一直未能突破一般思维的定式，缺乏战略上的创新。书中重点介绍了 1992 年出版的由胡富国书记主编的《九十年代山西能源重化工基地发展与改革战略设计》，这是继 80 年代初《山西能源重化工基地建设综合规划》之后的又一项大型战略研究报告。整个研究报告一改过去的研究定式，以一种全新的研究方式，在总结过去十多年改革开放实践的基础上，放眼未来，研究了许多在过去的山西经济社会发展战略中未曾研究或研究得不深的问题，创造性地提出了"整体创新，综合开发"的跨越式发展战略，即通过改革、开放、管理与发展的一体化推进，把山西建成综合发展的现代化的全国性能源重化工基地。

在汲取上述战略创新思想的基础上，本书提出了"流通兴晋，市场突破"的全新战略构想，以期寻求发展山西经济的新道路。

同内容相适应，该书在体例编排上也有独到之处，目录中的每一个标题都有画龙点睛之效果，使读者通过目录就可以轻而易举地对全书的内容及其精髓一目了然。此外，该书还具有一定的可读性和趣味性。

《三晋经济论衡》是山西第一部富有理论性的综合性区域经济专著，像这样全面、系统的综合性区域经济著作，目前在国内尚为数不多，它为山西广大干部、经济工作者和青年学者了解省情，认识省情提供了学习的精本，同时也为山西各级领导指导经济建设提供了科学依据。它标志着山西的区域经济研究已达到了一个新的水平。我为山西有这样的经济著作而高兴。

山西资本市场与投融资体系的问题及发展战略

背景说明

　　本文是与山西财经大学李慧芬教授合作主持的山西省哲学社会科学"九五"规划项目。课题组成员有证券办公室王鑫惠，中国银行山西省分行王素琴，工商银行山西省分行葛云生、阮文清，财大金融学硕士生王雅卿、李燕平、油晓峰和人民银行太原中支景晋生等。研究报告包括主报告和六个分报告，这里收录了主报告部分。山西资本市场及投融资体系存在的主要问题是重"长资"轻"短资"，重"国资"轻"游资"，重筹资轻转制，重引资轻效益，重资金轻环境。山西经济起飞必须坚持大流通大商业战略，以流通促生产，以金融促贸易，充分发挥资本市场功能，提出发展山西银行信贷和保险市场、山西证券与债券市场以及利用外资等若干战略性思路与对策。为此，山西省委宣传部、山西省哲学社会科学规划办公室发布《专报》第 5 期（2000 年 8 月 5 日）指出："该课题较深入地探讨了当前资本市场出现的一些难点、热点问题，并结合山西实际，立足长远发展，提出了解决问题的对策和措施，具有一定的决策参考价值和实际应用价值。"

　　资本市场的功能主要体现在资金融通、资产和资本组合与资源配置以及提供宏观经济调控场所等方面。加快资本市场建设、发挥资本市场功能，已成为世界不同国家以不同模式进行市场化改革的共同目标。我国各级政府也逐渐将发展资本市场置于经济发展的战略高度来加以认识，并把它作为深化国企改革、实现产业结构调整和保证经济增长的重要内容。就山西而言，经济发展的滞后，与资本市场相对落后，有着直接关系，山西必须抓住"入世"的机遇，发展自己。因此，对山西资本市场发展及投融资战略的研究就显得更加紧迫、更具有实践意义和长远意义。

一、资本市场现状与存在问题

山西资本市场近几年获得了不小的发展，对经济的推动作用也日益增大，但与全国发达省份甚至与周边一些省份相比，则起步迟缓，发展速度也相对较慢。这一方面是由于山西所有制结构调整和产业结构调整的矛盾比全国其他一些地方更加突出，另一方面则由于山西的经济决策管理部门，以及社会公共部门和企业部门等在主导思想上和投融资战略上存在着一些不容忽视的问题或偏差，概括地讲有以下几方面的问题：

（一）重"长资"、轻"短资"

重"长"轻"短"主要是指重视企业长期基本建设资金需要，而忽视对企业短期流动资金的融通与管理。我国对发展金融市场采取了先资本市场，后货币市场的政策取向，这在一定程度上导致货币市场发展滞后。企业简单再生产所需要的短期周转资金得不到解决，扩大再生产的基础则发生动摇，为扩大再生产融通资金的资本市场的持续发展也难以为继。从银行信贷市场来看，一些历史性问题仍较突出，主要表现是：①国有商业银行每年提取的呆坏账准备金比例有限，在计划经济体制下形成的不良资产仍难以消化，相当部分贷款沉淀；②企业技术改造项目完工后铺底流动资金不足较为普遍，有些项目资金缺口也用流动资金来弥补，形成短贷长用；③企业产品生产周期长、供货时间长、贷款回笼慢，占用了大量银行短期贷款，造成贷款展期或逾期。目前各商业银行短期贷款占贷款总额的比重约在70%左右，而流动资金贷款形势颇为严峻。如太原市工行1999年1~10月到期流动资金贷款1380笔，金额为97亿元，对企业办理展期1011笔，金额为84亿元，收回的只有52笔，为4.5亿元，转入逾期贷款317笔，为8.5亿元，展期率86.6%，收回率为4.6%，逾期率为8.8%，仅靠收回的4.5亿元，显然难以满足与其建立信贷关系的近2000余户企业的正常资金需求，也严重制约了企业的技改步伐。

在对金融政策的贯彻和实施过程中，金融机构对金融运行规律的认识也需要不断深化，以银行为中介主体的货币市场，又形成诸多新的问题。

第一，商业化转轨促使商业银行无一例外地重视存款的吸收，定任务、定目标，并与职工个人工资奖金挂钩，以致出现种种争拉客户的无序竞争和违约行为，一些信用卡业务、储蓄业务及代理业务等成为变相的服务，一些现代化工具被用于非市场性竞争，融资渠道的混乱又造成短期信贷投向的失控。为获取贷款利息以外的收入，甚至一些金融创新业务如国债回购等也被利用来进行股市炒作。银行筹资成本增加，资金经营分散，最终丧失规模效益。

第二，1998 年以后，中央银行在取消国有商业银行贷款限额控制的同时，连续下调存贷款利率、存款准备金率和利率、再贷款利率，并开始征收储蓄利息所得税，旨在推动商业银行加大信贷投入，支持扩大内需，然而，商业银行可供贷放的资金虽然增加，但受资产负债比例和盈利目标的限制，贷款扩张仍受到较大局限，而资金在向股市持续分流的同时，又受到债市的重压。以山西信托投资公司为例，1998 年其 A 股交易总额达 1531848.77 万元，为 1994 年 232036 万元交易额的 6.6 倍，其国债二级市场现货交易总额 1998 年为 255807 万元，是 1994 年 20019 万元交易额的 12.8 倍。此外，山西国债银行发行额 1998 年猛升至约 540000 万元，较 1997 年增长 71%，是 1994 年 167700 万元发行额的 3.2 倍。一方面，资金大量流向股票和国债，国债期限结构又以中期为主，短期国债数量较少，企业或机构无法通过国库券投资增强资金流动性，而银行信贷资金来源急剧缩减，资金向长期投资倾斜，短期资金缺口进一步扩大；另一方面，分业经营使市场被分割，银行缺乏适应地方经济金融发展的变通措施，因而不能有效参与证券市场融资，不能间接对保险机构、投资基金机构等进行资金渗透，不能通过信托、租赁等形式与企业相融合，这样，银行资金的扩张能力得不到充分释放，信贷市场的效率和信贷资金的效益被大大降低。

第三，1999 年，中央银行推出消费信贷的扩张以及加强对中小企业及外贸出口信贷投入、扩大对中小企业贷款利率浮动等一系列政策，并进一步扩大了全国银行间同业拆借市场电子联网和准入范围，鼓励商业银行开展融资代理业务，拓展融资渠道，力求通过搞活金融，刺激民间投资和消费来启动经济。但由于宏观环境的不利变化，消费信贷和社会投资贷款的拉动作用不尽如人意，消费需求不振，企业产品结构调整缓慢，又严重制约了生产和流通领域的信贷。首先，因投资对象和项目风险增大，信贷资金相对过剩，同业拆借市场仅有的几家省级分行成员资金供大于求，成交额有限，致使资金外流，而部分资金成为"短拆长贷"；其次，市场化和票据化程度低，导致银行信用证结算方式运行不畅，因买方的融资条件难以满足，而使卖方的融资要求进一步受阻；最后，商业信用和商业汇票的使用虽有一定增加，但银行承兑及承兑票据的贴现以及票据再贴现等融资链无法正常衔接，防范风险的创新手段跟不上，银行承兑和贴现业务量难以扩大。综合而论，山西商业银行信贷资金的增量扩大，存量在萎缩，市场融资机制残缺，长短期信贷资金不匹配，企业仍未从传统的高负债、低效益的投融资体制中解脱出来，新型银企关系的建立尚待时日。

（二）重"国资"、轻"游资"

重"国"轻"游"主要是指重视对国家财政资金和国有银行信贷资金的利用，而轻视企业和社会资金的使用；重视国有企业资金的筹集，而忽视非国有经济或民营企业资金的融通。企业投资较多地依赖于财政和国家银行，而政府财力以及银行信贷也更多地向国有企业倾斜。

从银行信贷市场看，非国有银行和金融机构的存款已占到存款总量的近30%，但贷款却向国有企业集中，国有企业在山西各金融机构贷款中的比例超过90%。以工行在太原的贷款投入为例，截止到1999年10月末，各项贷款207亿元，其中，三资企业、个体及私营企业贷款仅为14亿元，占6.8%。1999年新增贷款11亿元，其中90%以上投向了国有大中型企业。

从债券市场看，截止到1999年6月，山西省企业债券发行额度共有11亿元。1998年国家计委下达的第一批地方企业债券发行额度为9.7亿元，实际使用额度为1.2亿元，剩余额度为8.5亿元；1999年国家计委安排山西省第二批地方企业债券发行额度为2.5亿元。这表明，山西目前企业债券的供给只有11亿元，但这11亿元目前还没有收到发债企业公开发行企业债券的申报材料，债券供给相对过剩。据调查，原因有三：一是企业债券市场的政策环境不稳定，政府对企业债券发行的地域、行业、所有制等控制过死，审批过严，影响了企业发行债券的积极性；二是企业乐于使用较低的官定利率的银行贷款，其费用较低，手续简便，期满不能偿还时，还能展期甚至挂账，而发行债券则利率较高、费用较大，偿还压力也较大；三是企业债券流动性不足，中国企业债券 90% 以上是通过场外进行交易，正式在交易所上市的企业债券品种只有 6 种。债券柜台交易主要采取证券中介机构的自营买卖形式，债券价格基本上由券商垄断，供求双方没有自行定价和自由交易的机会，投资者利益得不到保障。山西企业债券均没有上市，流动性受到限制，机构投资者很少问津。从山西保险市场看，一是机构数量少，截至 1998 年底，全国共有保险公司 25 家，在山西有经营权的 9 家，而只有 4 家公司在山西设立分支机构，尚无自办的地方性保险公司；二是业务范围狭窄，除几个传统险种外，新的险种缺乏，创新和开发滞后；三是保险观念陈旧，多数企业缺乏主动投保要求，以致长官意志、行政命令代替了科学的投保制度；四是市场不规范，包括保险公司内控制度不健全，代理人资格条件审核不严，业务依赖于行政命令和红头文件；五是资金运用率低，结构单一，省内各家保险公司的资金大多占用在存款和贷款形式上，放款风险较大，资金运用回报率低。

（三）重筹资、轻转制

即重视企业资金的筹集，而轻视企业及融资中介机构等经营机制的转变和管理制度的完善。

重筹资、轻转制突出表现在国有企业改革中，在建立现代企业制度时，实行资产重组要完成股份制改造，主要目标放在筹措企业自有资金上，而非企业管理机制的改革。国有企业改股份制企业后，上市者和不上市者很多都仍然沿袭老国企机制，在领导体制、决策体制、激励机制、劳动用工和工资制度等方面与改制前并无两样。一些国有企业借改制之机逃废银行债务，造成国家银行债权悬空，国家银行不仅贷款回收困难，就连利息收取都成了问题。1999 年上半年，太原工行实现利息 5.6 亿元，收息率为 48.3%，到 10 月末收息也仅为 8.08 亿元，收息率为 50.3%，太原工行所辖 1769 户贷款企业中，不欠息户 627 户，未付息户 565 户，部分欠息户 577 户，占比分别为 35.4%、32% 和 32.6%。根据商业银行现行财务核算制度规定，按照权责发生制原则，本期的应收未收利息要计入营业收入，从而形成虚盈实亏，以此虚假营业收入为基础上交利润、缴纳税金等要用信贷资金垫支，这意味着新一轮资金沉淀或流失的发生，这种恶性循环，正严重吞噬着银行的肌体。从证券经营机构的现状来看，山西证券经营机构功能不全，业务单一，缺乏竞争活力。目前，山西省辖区内的证券法人机构共有 8 家，其中专业证券机构 2 家，兼营证券机构 6 家。

这些机构一是资本规模小，实力弱，发育不健全，截至 1999 年 6 月末，全省证券类营运资金为 6.5 亿元，最大的省信托投资公司的营运资金为 3 亿元。二是资本实力差，限制了全功能业务的开展。例如山西证券有限责任公司 1998 年改制前，注册资本只有 1000 万元，改制后为 2 亿元，到目前只担任过股票发行副主承销商，自营证券业务量小。三是营业网点少，交易量有限，山西证券经营机构省内现有证券营业部 28 家，只有深圳市的 1/10，运城、忻州地区还没有一家营业部。1998 年全省 A 股交易量为 347.8 亿元，占全国市场份额的比重只有 1.48%，预计 1999 年只能占到 1% 左右。四是存在一定的经营风险，如挪用股民保证金用于自营，甚至用来弥补信托公司的漏洞，内部决策机制、风险监控机制不健全等。这样的投资中介，很难为山西国有企业筹资和改制提供有力的金融服务。

（四）重引资、轻效益

重"引"轻"效"指重视引进外国资本，却相对忽视了投资企业的自身效益以及社会效益。自身效益表现在企业盈亏和外汇收支状况上，社会效益则体现在外资促进产业结构调整、带动出口和投资增长等方面。1985～1998 年，山西实际累计利用外资 19.9229 亿美元，其中对外借款 9.7138 亿美元，外商直接投资 8.9188 亿美元。实际对外借款年平均额在 1985～1989 年为 291.4 万美元，1990～1994 年为 6054.2 万美元，1995～1998 年为 16352.5 万美元，1998 年，实际对外借款高达 3.4754 亿美元，是 1985 年的 631.92 倍。实际外商直接投资年平均额 1985～1991 年为 338.3 万美元，1992～1995 年升至 5493.8 万美元，1996～1998 年达到 21615 万美元，1998 年为 2.4451 亿美元，是 1985 年的 568.6 倍，到 1998 年底累计外商直接投资项目达 1947 个。虽然山西利用外资增长速度不慢，但占全国的比重很低，仅约为 0.3%，而且存在着以下一些问题：

1. 外商投资企业亏损面和净亏损额大量增加

1996～1998 年，在山西省实际参加外汇年检的外商投资企业中，已开业投产的企业数分别为 426 家、645 家和 600 家，其中亏损企业分别为 258 家、404 家和 448 家，所占比例分别为 60.6%、62.79% 和 74.67%。净亏损额分别为 13528 万美元、19942.7 万美元和 39815.8 万美元，各年亏损额均超过其当年纳税总额与利息和工资支出总和，销售利润率年均只有 3.93%，外汇贷款逾期率也升至 60% 以上。

2. 外商投资企业外汇状况具有不稳定性

首先表现为外商投资企业无外汇业务的比例较大。截止到 1998 年底，实际参加外汇年检的企业为 797 户，其中开立外汇账户的企业共 523 户，占 65.6%，至今仍有相当部分企业未按规定办理外汇登记证。有的外商以实物形式投入，有的依赖于国内人民币信贷从事经营，有的以不明来源的人民币资金出资或投资，说明存在隐性外汇收支和兑换，乃至逃汇、套汇现象。其次是外汇收支差额波动较大。1996 年山西外商投资企业外汇收支逆差 2767 万美元，1997 年转为 19350.7 万美元的顺差，1998 年顺差增至 2.805 亿美元。其一方面是受资本项目外汇收入急剧增多的影响，另一方面是由于经常账户收支尤其是进出口结构变化较多地受到各种因素的制约，进口减少，进出口规模不相协调。此外，是外汇卖超的基础相对脆弱，近年来，外商投资企业结售汇由净买入转为持续的外汇卖超。1996 ~ 1998 年，净卖出额分别为 19990.68 万美元、1891.11 万美元和 4539 万美元，外商投资企业卖出外汇主要来自资本项目，这一情况说明在人民币汇率预期升值或不贬值的条件下，资本大量流入，其中必然存在一定的套利或套汇性成分，并可能以非法形式转换为人民币，对证券市场进行投机，一旦这些资金大量流出，就会引起汇市、股市的波动。

3. 山西外债偿还承受长期压力

首先，外债项目大多属非出口项目，无外汇收入，如引黄工程、阳城电厂、黄土高原流域治理、集中供热和污水处理等项目，这些项目外债的偿还对外汇形成较大需求；其次，对外借款中具有官方性质的借入占到 80% 以上，山西举借私人债务的能力和条件还十分薄弱，利用金融创新工具融通资金的方式尚待开发，筹借外债的数额极其有限；最后，未来若干年债务负担不容忽视，截止到 1998 年底，山西对外债务余额已达 87768.94 万美元，其中，外商投资企业所欠外汇总债务为 20852.46 万美元，占山西对外债务余额的比例为 23.76%，1998 年外债余额占 GDP 的比例为 4.5%，占当年出口的比例为 60.5%，外债有继续扩张的潜力。1999 ~ 2003 年的五年中，山西应还外债本金年均为 4079.522 万美元，应付外债利息年均为 2471.684 万美元，这就要求山西未来若干年必须确保经济的稳定增长。

4. 外商投资产业结构不尽合理

制造业内部投入技术和结构层次较低，外商投资企业对外贸的贡献率不高，1997 年，全省外商投资企业出口额为 1.44 亿美元，占全省出口总额的 8.78%，远远低于全国比例。

（五）重资金、轻环境

投资环境，包括资本市场机构建设、设备更新以及资本的投入等硬环境，也包括有利于市场公平竞争的政策条件，顺畅的公共基础设施的运行，优良的社会服务，信息和技术、人才交流机制，以及较高的政府工作效率和规范化、法制化的管理等软环境。这两方面，山西都比较落后，政府与社会重引进资金，而轻投资环境建设是个突出的问题。环境建设差一方面受制于从业人员素质低，金融创新意识和能力不强，信息闭塞；另一方面则是由于管理体制改革滞后，缺乏培植企业家、金融家的体制环境，以及政府管理手段的模式化和保守化，管理环节复杂，工作拖拉等。

二、改革思路与对策

（一）银行信贷市场发展战略及对策

发展山西银行信贷市场应当有以下几方面的战略转变：

1. 贯彻国家信贷政策，信贷结构向新型产业结构靠拢

煤炭、电力、冶金、化工等是山西经济的支柱产业，然而，制造业自身现代化的滞后，及其与农业和服务业比例的严重失衡，也日益成为山西经济发展的桎梏。要推进产业优化升级，就应彻底改变传统的优势产业和国有制产业优先的思维定式，从信贷结构调整入手实现战略性转变，使之成为山西未来具有国际性竞争优势的新型经济结构的重要推动力。

产业结构支持标准：①看产品的市场竞争力；②看产品科技含量占比；③看企业抗风险能力；④看环保是否达标，是否有可持续发展性；⑤看是否有社会效益；⑥看是否有区域经济特色。按照上述原则，可采取的信贷对策是：①对传统优势产业应注重其存量的优化，提高其附加值，发展产品深加工。对未来市场需求趋于下降的产业，应限定甚至逐渐缩减其信贷规模。②加大对高技术化、有发展前景的产业或企业的资金贷放，进行集中和重点支持，避免资金分散，以提高产业的集中度，实现产业规模化和集约化，发挥区域经济的比较优势。③通过向金融资产管理公司出售不良贷款等形式，主动从衰退产业、劣质产业、市场萎缩产品以及重复建设中退出，特别是从五小企业（即小水泥、小火电、小玻璃、小钢铁、小炼油）中迅速退出。④应与中央银行和政策性银行信贷产业导向及其政策相配合，支持基础设施建设的新建和国有企业改扩建的技术改造。⑤通过与财政的配合，核销呆坏账，以及通过资产证券化等方式支持国有

企业转换经营机制，盘活资产存量，达到资产重组和优化资源配置的目的。

2. 适应多元化经济发展，开拓多元化信贷领域

（1）向非国有领域开拓。随着国有经济布局的战略性调整和国有企业的战略性改组的加快以及多元化经济发展格局的形成，商业信贷的对象也应由企业法人向事业法人、社团法人、个体工商户延伸，由国有、集体企业向三资、民营、合营企业延伸，由单位法人向自然人延伸。

（2）向新兴服务业领域开拓。应积极支持邮电、通讯、医疗、卫生、广播、电视、文化、教育、科研等领域的新客户，通过改进担保形式，完善可行性分析，努力挖掘服务领域的潜力，广泛寻找新的经济增长的切入点。

（3）向中小型企业、个体经营领域开拓。可通过扶植和扩充以中小企业为服务对象的股份制、区域性中小金融机构，通过积极争取中央银行的贷款支持，以及通过加强与政策性银行的配合等措施，以更灵活的方式，满足中小企业和个体经济发展对信贷资金的需求。

（4）向消费领域开拓。银行信贷品种历来是以生产流通领域的信贷为主，消费信贷发展滞后。目前山西省消费信贷的品种只有个人住房贷款、汽车贷款、大额耐用品消费贷款和小额质押贷款等。除个人住房贷款业务已比较稳定外，其他贷款大多刚刚起步，有的仍处在探索开发阶段，进展缓慢。必须加大宣传力度。可以组建个人消费信贷客户服务中心，发挥城市储蓄所网点优势，以公开、公正、便捷、安全的服务网络，创出适合新时尚的个人消费信贷品牌。

3. 立足于服务企业，推进间接融资与直接融资的融合

为建立更加符合现代化企业经营管理的高效、透明、简洁的市场化投融资体制，保持社会资金流动的顺畅，保证中央银行各项政策工具的作用机制更富有弹性，金融业的相互渗透势所必然。银行或证券机构对企业的服务和监督，防范和化解金融风险，最终都是为了促进企业改善经营管理，提高资金使用效益，防范和化解经济或业务风险。因此，金融业的一切行为或活动都应立足于服务企业，并按照有所为有所不为，有进有退的战略方针，推进国有企业的改革和发展。

当前，银行业（包括国有或股份制商业银行、信托投资公司、保险公司、财务公司）采取的对策应包括两个方面：一是加强内控制度的建

设，缩减劣质经营网点，加强贷款责任制，规范金融服务，提高办事效率；二是加强手段的创新和业务的开拓，降低经营成本，控制金融风险。可供选择的具体办法有：①对大中型企业推行主办银行制度；②对大型企业实行统一授信额度的管理；③对不符合一般贷款条件，而又有适销对路产品的国有亏损企业实行封闭贷款管理；④大力推行使用银行信用证、银行承兑汇票等结算方式，改进资金汇划系统，引入金融电子化，开办综合性金融网上服务；⑤积极帮助企业发行企业债券；⑥推进国有商业银行分支机构的改组，扩建地方性中小金融机构，合理调整各级行贷款和授信权限；⑦合理确定贷款期限，增加中长期贷款，对短贷长用部分重新订立合同，更换借据；⑧争取扩大发行中长期金融债券，挖掘资本潜力，提高资本充足率，增强支付和贷放能力；⑨积极配合信托投资公司的整顿和重组；⑩积极配合财务公司的集团借贷；⑪有效开展银行向券商或证券投资基金的同业拆借、债券买卖及债券回购和向证券公司的股票抵押融资，增强资金的流动性，改善资产结构；⑫积极争取开办证券、租赁、信托、担保及保险等交叉性业务，做好混业经营模式的前期准备，以适应"入世"后金融业竞争的新环境；⑬加紧筹建省级保监会分支机构，严格规范保险中介人和业务，对保险资金进入证券市场，可运用资产负债比例管理方式确定其入市资金量，并着手研究制定银保合作战略，走联合创新，共求发展之路；⑭积极开展国内外、汇贷款（包括转贷）业务，积极参与国际银行贷款、国际项目贷款、国际租赁、出口信贷、国际债券发行，以及国际保险等业务，加快银行业的开放进程，推进银行信贷市场的国际化。

（二）证券市场发展战略及对策

山西证券市场发展的基本思路和目标是：紧紧围绕经济结构调整，充分发挥资本市场的筹资功能、资源配置功能以及信息传递和政策传递等功能，以增量激活存量，实现山西国有资产的战略性重组。同时加强证券市场基础建设，严格监管，规范发展，防范金融风险，尽快完成数量扩张，并加快质量升级。

战略性建议如下：

1. 认真处理好中央与地方的关系，加快证券经营机构重组和证券市场基础建设

省证管办收归中央主要行使中国证监会的监管职能后，山西省既要执行国家的统一政策、统一部署，又要立足于地方经济发展的需要，结合山

西实际，采取一些必要的保护性措施，如加快省内证券经营机构的资产重组和扩张，培育出实力强大、功能齐全的综合类证券经营机构等，以争取到更多的有利于山西的发展空间，缩短与沿海及经济发达省份的差距。在处理与中央的关系时，应在实事求是的基础上，注意预见性、主动性、创见性以及艺术性。山西省中小证券机构正面临严峻形势，向集约化、规模化过渡，参与国际券商的竞争已是大势所趋。证券市场种类和交易方式的创新、证券市场的国际化也势在必行，政府要从战略的高度来重视资本市场的基础建设，确立全省证券市场发展的总体思路、目标，实现山西资本市场的快速发展。

2. 健全证券市场功能，促进结构调整与产业优化升级

我国目前所进行的两大结构调整，一是所有制结构的调整，二是产业结构的调整，这关系到一个国家或一个地区经济的可持续发展。山西省经济结构中有两个突出的问题：一是国有经济战线太长和布局单一，使有限的国有资本很难支撑过于庞大的国有经济；二是初级产品比重大，品种单一，产品升级换代慢。当前，结构调整的关键并不完全在于确定哪些行业为主导产业、支柱产业，而同时也在于结构调整的手段与方法。资本市场特别是证券市场，因其特有的优势，必将成为国企重组的载体和结构调整的主战场。从指导思想上一定要克服片面追求资本市场筹资功能的倾向，要更多地发挥它的优化资源配置的功能。山西省已上市的 13 家公司，利用募股资金，通过兼并、收购及合资组建公司等方式，促进了企业经营机制的转变，带动了企业多元化经营和结构调整，是资本市场功能发挥作用的体现。应利用这一良好的契机，继续完善证券市场功能，以得到社会更广泛的认可和支持，争取更多的投资主体，增加市场资金吞吐能量，从而抑制过度投机，保持市场的健康与稳定。

3. 规范证券市场监管，寻求政府与市场的合理分工

中国证券市场监管立法的制定和实施，应积极贯彻三公原则，即公开、公平、公正原则。该项原则不仅适用于证券市场的所有参与者，同时也是对政府行为，尤其是证券监管机构行为的有效约束。它表明了两点：

（1）政府监管不能束缚市场的发育和发展，其措施包括：①逐渐变证券发行的核准制为注册制，保障企业筹资权力和资产扩张的自由度；②改变局限或偏向于国有企业发行股票或债券的歧视性政策，让企业享有平等的法律地位；③给企业在股票或债券发行数额、发行价格、发行方式

及发行市场上的选择权，注重市场机制的先导作用。

（2）充分发挥政府在证券市场发展中的作用，它包括：①在跨行业、跨部门、跨地区的企业重组中，政府的开明、果断、务实必不可少；②积极营造环境，培育山西企业家队伍，选送或促成省内优秀企业尽快上市，并抓好上市公司的资产重组；③完成证券经营机构的清理整顿，推动证券机构的重组和增资扩股；④省内证券机构增设营业网点与省外证券机构来山西省增设营业网点并举，引入竞争机制，以疏通省内外资金流动，并增加税收来源；⑤监督上市企业履行法定义务，承担法律责任，以保障投资者利益；⑥监督证券经营机构的风险状况，比如，挪用股民保证金用于自营，或用于弥补信托公司的支出，营业部越权开展法人性经营活动、非法期货交易、欺诈案件等；⑦建立健全社会服务体系，尽快规范对会计、审计、咨询、律师、评估、公证等部门的管理，尤其是要完善信用评级机构及制度，以保证绩优企业和证券的发行与上市。

4. 加快金融创新步伐，大力发展投资银行业务

货币资金是经济发展的第一推动力和持续推动力。作为中国金融业和金融业务创新发源地的山西，20世纪后半叶已经落后了，金融的落后同时也伴随着商业的落后，要实现山西经济的起飞，必须坚持大流通大商业战略，以流通促生产，以金融促贸易，金融创新就成为山西经济快速发展的希望。目前，要大力发展投资银行业务，进行金融业务创新，培育金融超级市场，以适应中国"入世"之后参与贸易与服务，包括金融服务在内的世界性竞争的形势，没有这一准备和行动，让已经落后的金融业务继续停滞或者萎缩，山西经济的振兴是很困难的。

5. 营造环境，提高证券管理队伍、从业人员的整体素质

山西证券市场落后的重要原因之一，是证券管理及从业人员业务素质较低，金融创新意识和能力不强。证管办队伍素质和证券从业人员素质的培养，是一项长期性、基础性工程，当常抓不懈。要提高领导素质，实行专家型管理，要能够把握全国甚至国际证券市场发展的脉搏，深刻领会国家有关政策精神和中国证监会的政策意图，不失时机地促成山西证券市场的发展。山西证券从业人员素质的培养长期滞后，市场落后。机制僵化，也导致人才大量外流，无法发挥整体效力。应尽快改革证券机构的管理和分配体制，建立有效的激励机制，并通过在岗培训、向社会招聘、向海外招聘等形式，扎扎实实抓好这项人才工程，培养和造就一大批能打硬仗、

德才兼备、勇于开拓的专门人才。

（三）利用外资战略及对策

为了改变山西资本市场发育滞后问题，必须充分利用外资，包括国外资金和省外资金。在利用国外和省外资金的策略上，需要把握以下几点：

1. 为尽快调整山西经济结构而给外资让出部分市场

外商直接投资尤其是跨国公司投资一般更注重市场占有率，将市场作为投资的战略重点，而山西省现阶段则更加注重于产业结构调整与升级，对这一矛盾应当采取的策略是：一方面利用外商在资金、技术及管理方面的优势，让出部分市场；另一方面则可通过建立高新技术开发区，组建大型企业公司，争取与跨国公司的合作，实行综合开发与建设，以引导外资投向，既实现对传统产业的技术改造，又带动科技和新兴产业的发展。2000年，国家将启动西部大开发战略，以保持东西部经济的协调发展。在这方面山西应积极利用国家对中西部地区在减免税、出口退税等方面的优惠条件，同时，还应制订一系列地方性的行业优惠政策，将优化产业结构作为利用外资的一项长期战略。

目前，可采取以下战略性步骤：

（1）按照国内和国际市场发展趋势和产业自身发展规律重新审定和选择在山西具有相对优势的产业或企业，对以煤炭、冶金、机械、重化工为四大支柱的传统产业结构要进行彻底改造。应争取享受国家鼓励类投资项目的优惠政策，利用外资，加快基础设施建设步伐，加强企业技术改造的力度，提高产品附加价值，实现产品精加工和深加工，同时，加快资产重组，转变企业经营机制，由市场需求决定产业规模和结构，通过市场机制来确立这些产业和企业在全省和全国的优势，并争取进入具有国际竞争性行业或企业，逐步确立山西新型的主导产业。

（2）对山西处于落后现状的农业、水利及环保等部门，应优先考虑外资的投入，并争取国家开发银行在资金投入方面的支持，因地制宜，合理开发与利用资源。地方政府也应积极配合，加大投融资力度，并给予必要的信贷和税收支持，应打破地区、行业及部门的垄断，实行综合治理和宏观上的指导调控。

（3）以市场为导向，以出口为导向，抓住机遇，培育和扶植一批新兴的优势产业，如微电子技术、生物技术等产业，创造新的经济增长点，并不断扩大优势产品的范围和种类，形成重技术、重效益、重竞争的内涵式增长模式，坚决杜绝外延式高耗、低效、重复的项目上马，保持经济的可持续发展。

（4）积极争取开展国家开放试点的项目投资，大力挖掘第三产业引资的潜力。比如，通过环保等领域的科技开发，带动科技与生产的结合；争取设立外资银行或非银行金融机构，以促进地方金融业的竞争和本外币资金供求的调节；争取社会服务业及贸易等行业的开放试点，以繁荣地方经济。伴随着经济和金融全球一体化和中国"入世"进程的加快，贸易服务领域的开放势在必行。山西应转变等靠观念，树立超前意识，大胆进行尝试，建立一种全方位、多层次、宽领域、多交叉的外商投资格局。

2. 既要对外商逐步实行国民待遇，同时还需保留一定的政策优惠

山西地处东西部地区的交界处，既存在着区位经济分布上的劣势，同时又享有梯度经济转移中的相对优势，为鼓励外商投资的积极性，山西有必要实行外资政策上的最低优惠，扩大市场开放程度，并保持政策的连续性和透明度，注重投资环境的改善。改善投资环境有三重基本含义：一是按照国际惯例对外商逐步实行国民待遇，营造公平竞争的市场环境，消除不正当竞争，防止某些外商投资企业钻政策优惠上的空子，逃避纳税或非法牟利；二是不断创造物质基础条件，并尽可能提供必要的信息、技术和人才，从而提高劳动生产率，满足外商投资企业提高投资效率的要求；三是提高政府工作效率，加强以宏观调控，实现管理权限和管理程序规范化、制度化、法制化。如对外商投资企业在政策上该优惠的一定要优惠，该处罚的一定要处罚，应明确规定外商投资企业外方资金的到位期限、亏损企业的整改限期等，对于假三资或超期不能扭亏为盈的企业坚决予以注销。

3. 吸收外资必须与吸收国外、省外先进技术和管理方法相结合

利用外资从量上来讲，是为了弥补投资大于储蓄的资金缺口以及进口支出大于出口收入的外汇缺口。从质的方面来讲，利用外资还可达到优化资源配置、促进企业机制转换、提高资源使用效率的目的。

资金的流入，必然伴随着先进技术乃至高精尖技术的投入，伴随着先进管理经验的传送。跨国公司投资规模大，技术力量雄厚。中小企业投资规模虽小，但也拥有专门技术，无论是吸收大企业投资，还是中小企业投资，无论是来自西方工业国的投资，还是发展中国家的投资（包括华人资本投资），都应当是技术含量较高而市场急需的产品或设备并结合先进

管理手段的投入，单纯追求资金数量、用来传授技术以及技术陈旧或不适用、重复引进、急于回收资本的短线服务性投资，以及外资企业对内资企业传统管理方式的沿用等，都与利用外资的初衷相悖。尤其是在当前内部资金相对充足、借贷利率较低的情况下，选择利用外资，必须将技术和管理的更新放在头等重要的位置。

4. 加快劳动密集型向技术密集型、出口主导型产业转变

开始阶段，利用外资往往侧重于发挥本地资源优势，发展劳动密集型工业产业，但是在全球经济反复震荡，竞争日趋激烈的今天，自然分工体系已受到严重挑战，因此，必须加快由劳动密集型向技术密集型的转换过程，以适应世界经济结构调整和需求不断变化的要求。只有将地区经济融入全球经济战略，提高经济起飞的起点，促进产品升级换代，才能缩短工业化进程，振兴地区经济。利用外资的另一层含义在于利用国内外资源，发展出口主导型产业，这一方面有利于外债偿付和扩大外资流入，另一方面有利于满足改善自身装备、发展基础工业和基础设施、健全经济体系所需资金来源和最基本的外汇来源。树立这一战略旨在改变在思想上对外资的依赖以及由此而产生的种种弊端。

5. 用外资既要考虑经济发展速度，又要保证经济效益

扩大利用外资不能一哄而起，盲目跟进。外资项目应具备的首要条件是要有市场，包括国内市场和国际市场。我国现已实行经常项目货币可兑换，外商投资企业产品可以在国内市场和国外市场自由竞争。因此，在选择外资项目时，既要对当前国内外市场进行详细的调研，又要对未来的市场进行合理的预期，项目投产后，也要不断调整和更新产品，保持市场份额。只有效益有保障的项目，才会带动经济的发展，而亏损项目的投资，只会成为经济发展的包袱，甚至造成经济发展速度的放慢。东南亚一些国家大量投资生产国际市场趋于饱和的产品，以致最终陷于破产，外商被迫减少投资，抽走资本，对金融危机的发生产生了极大的助推作用，对此，我们应引以为戒。政府部门对外商投资不能完全听任市场的自发调节，而应进行必要的指导和限制，以减轻企业遭受经济撞击的程度、避免大的经济危机发生。

6. 既要重点抓好外国直接投资，也要注意间接投资及国际信贷方式的运用

我国目前吸收外国直接投资的主要形式是创办企业或合作经营，加工

装配等是利用外国其他投资的重要形式。吸收间接投资的形式主要是吸引外资投资我国境内上市的 B 股和境外上市的 H 股、N 股及境外发行的债券，由于国内 A 股市场和国债市场未对外开放，因此，吸收国外间接投资的数额受到相应的限制。利用国际信贷除官方性外国政府和国际金融机构贷款及出口买方信贷外，私人性质的借贷形式主要是国际商业银行信贷和境内外资金融机构的信贷，向国外私人借贷、补偿贸易中的现汇债务、国际金融租赁及延期付款等，也是很重要的形式。

我国对于外商直接投资这种非债务性的资本流入采取鼓励的政策，而对间接投资和私人性质的国际信贷实行严格管制。外商直接投资及其他投资发展健康，可以为吸收间接投资和国际信贷创造物质条件，而间接投资和国际信贷使用得当，又会给外商投资创造必要的融资环境和基础条件，两者不可偏废。从目前山西的现状来看，举借外债主要为官方性贷款，对利用国际商业银行信贷慎之又慎。股票上市企业少，至今只有一家公司在境外上市。山西急需采取的措施是：大力引进省外、国外银行及非银行金融机构，有效利用外国银行的贷款；争取筹建境内合资基金管理公司或争取利用境外基金，吸收海内外基金投资，加大对省内重点产业和证券市场的资金投入；拓展外商投资形式，吸引外国公司、省外企业与省内公司、企业举办外商投资股份有限公司，积极争取企业的境外上市。

7. 政府要加强对外商投资企业的管理

我国吸收利用外商投资已进入快速发展时期，特别是在"入世"之后，新的金融贸易竞争对各级政府的管理也提出更高的要求。政府各职能部门要按照国家有关政策精神，严格纪律、科学规划、合理分工、协调配合、服务到位，实现管理制度化与规范化的统一。当前最紧迫的任务：一是要尽快出台有关外商直接投资企业管理条例及审计、会计等相关法规，实现外商投资的法制化管理；二是要建立具有权威性的外商直接投资监管执法的专门机构，对企业日常活动或行为进行检查、监督，并依法对其进行处罚，予以吊销或诉讼。可考虑取消外汇、税务、工商等部门对外商投资企业的年检，以改变多头管而实际无人管的状况。重点监管内容包括：①外商投资企业是否办理外汇登记证；②会计师事务所的验资证明的真实性；③外方所投入的现汇来源是否真实，是否将其调换成人民币用于项目规定以外的投资；④实物投资是否经商检部门审查、评估和认定；⑤双方出资到位期限和亏损整改期限是否超过；⑥产品返销比率是否达到合同规定的要求，是否长期占用境外销售货款；⑦是否利用控股权，通过出口货物售价低报和进口货价高报，以及通过对外举债或与其国外母公司之间的借贷利率的高报，转移利润或收益；⑧是否私自将合营公司承包出去或转移合资一方的股权；⑨外汇银行对企业资本项目结售汇的监督是否正确有效，尤其是对短期性资本流出应区分商业信用或资产，金融类信用或资产等；⑩出口退税是否及时，人民币配套资金是否落实；⑪行政部门是否干预企业监事会决议的执行，是否有乱摊派或挪用外方资金的现象等。

　　总而言之，中国经济正面对"入世"的挑战，对于改革滞后、开放不足的山西来说，面对"入世"后与外国资本的合作与碰撞，必须强化市场理念，并为营造市场环境而进行必要的补课，这已是山西专家与百姓的共识。发展山西资本市场，必须大力宣传和实施金融创新战略。金融创新，即金融自由化，放松金融管制，开放货币市场，创新融资形式和融资工具，放开货币资金的价格，逐步实行利率自由化，欢迎省外、国外金融机构入驻山西，组织一流企业上市融资，组织准一流企业上柜融资，大力推进柜台交易，将上柜交易当作上市交易的预科，培育更多的上市公司。国有企业的改革，非国有企业的发展，民间资本的投资，国有资本的重组，不仅需要企业金融的发展，也需要宏观金融的调控，固守原有山西金融格局已经无法再使山西跟上中国经济以及世界经济发展的潮流。金融机构多元化，国有银行、股份银行、金融公司、证券公司、保险公司、财务公司、租赁公司、信托公司、投资公司、各种基金都要发展；融资形式和融资工具多元化，商业汇票发行与流通、企业短期债券、地方政府债券、共同基金等都要开发；银行除负债业务、资产业务外的中间业务，代收、代付、保管、委托、理财等都要尽快发展，可以肯定地说，只要树立了金融是经济发展的第一推动力和持续推动力的观念，树立了金融改革是经济改革的先导的观念，山西资本市场的发展、山西经济结构的调整、山西经济实力的提高是有希望的。

寻找超常规发展的杠杆

背景说明

本文是 2004 年 11 月 13 日在"山西省建设新能源与工业基地高层论坛"上的发言提纲。政府主导下金融先导、流通兴省、行政制度改革等可以成为振兴山西经济社会的超常规杠杆。

1999 年山西省委、省政府提出的"调整山西产业结构"的战略是正确的。5 年来取得了很大成就。2004 年提出的"传统产业新型化和新兴产业规模化"的战略也是正确的,无论是在理论上或者是在实际操作上都是无可非议的。我赞成拥护这个决策。

但是,山西经济社会发展的现状和国家经济社会发展的大趋势,需要山西寻找超常发展的杠杆,走超常发展的道路。这不仅是大形势决定的,也是山西人民的迫切愿望。

一、超常发展有无可能?

国际上,发达市场经济国家的发展,有两种模式:常规发展有英美模式;超常发展有德日模式。日本模式后来成了东南亚国家学习的榜样。

国内看,有温州模式、苏南模式、深圳模式。

山西省内说,中国的工业化始于 19 世纪 50 年代,山西的工业化始于 20 世纪 20 年代,30 年代的山西发展最快。1931～1937 年日本军侵入山西前的 5 年内,以 110 万银元作为资本,建成了铁路 860 公里,创建了采煤、冶金、电力、化工、机械制造、纺织、造纸等轻重工业几十个企业,省营企业总资产达 2 亿银元。

二、可供参考的杠杆

（一）政府主导

我们要建立的是市场经济，后进地区的超常发展需要"政府主导"。"政府主导"市场经济的关键是政府行为的边界问题。其边界是：①政府干预经济的范围是公共领域与信息问题引起的市场失灵；②政府替代非政府组织进行经济协调时应采取阶段性和渐退式的政策，即政府协调对市场协调的替代式促进；③政府主要是制度供给和创新行为。通过颁布政策，提供租金协调，如金融约束政策，也可以是制度协调，还可以有一定的组织协调。这就是政府主导的机制、内容与范围，即政府应与市场合作发展经济基础设施，包括规则和体制在内的基本框架，居民和企业在此框架内进行规划、谈判和实施经济交易。

总之，政府创造环境，企业创造财富。政府发展公共领域，在没有大量资本积累、没有成熟企业家队伍、没有适合的信息与技术条件下，政府可以扮演企业家的角色，培育市场，在市场逐渐成熟中，政府渐退，转向别的领域，进行新的开发。

（二）金融先导

经济结构调整需要有货币资金作为杠杆。历史证明金融先导是可能的。罗斯福新政、日本经济起飞、山西 20 世纪二三十年代工业建设，都提供了极好的例证。如 30 年代的山西，筹资办法有发行纸币、借外债、发行地方债券、省钞发酵、强制借款、一文钱掰成几份用等。

当代山西金融创新潜力很大，亟待制度供给：除了国有商业银行、股份制金融机构在山西外，山西可以管的有两个城市商业银行和 100 多个信用合作社联社，都有创造存款货币的功能；发行地方债券；吸引煤炭货币回流和阻止煤炭货币外流；充分运用商业汇票背书转让实现商品交易等。

（三）流通富民

交换和消费能够拉动生产发展。因为吃，人类发现了火，由野蛮进入了文明；因为吃，欧洲人海上探险，发现新大陆，促进了世界市场的形成；没有 16 世纪开始的那场商业革命就没有农业社会向工业社会的过渡。"商可富民、商可强国"，荷兰、英国是这样，山西商人也是这样。

现在山西一定要重视市场的开拓，浙江有 300 万个企业，其中 160 万个体工商户，390万人在省外（不含港澳台）、港澳40万人、国外70万人，26个人中就有一个老板。浙商正在向全世界进军。晋民与浙人在性格上有一些差异，山西人老成稳重，动荡中不敢前进，稳定的环境很有后劲。中国的市场经济发育正在成熟，山西人的出击是有希望的。

（四）试行人身股

人身股是晋商的创举，是晋商称雄商界数百年的秘密武器，实际是人力资本制度，比美国早500年。美国大型企业90%、小型企业70%有此制度。我国已经出现少数企业试行。这一制度的核心是物化劳动与活劳动共同享有企业利润。说明了股份制是社会所有制，是共同富裕的路子。美国的具体操作比较复杂，我国理论界讲得也很复杂。晋商的经验，包括人力资本的会计核算方便简单，易于操作。

借鉴晋商成熟的经验，在山西企业改革中引入人身股制度，会改变企业治理结构，提高企业的内力和活力，有利于培育明星企业和长寿企业。

（五）政体改革先行

中国目前是五级政府，地区专员公署和人民公社演变成了两级政府，迟早要回归三级政府。山西最好率先淡化市、乡两级政府，强化县级政府，并且争取试点，实现政体改革，精简机构，减少寻租场地，提高行政效率。

山西金融机制创新研究

背景说明

本文是 2004 年承担的山西省政府高级专家基金项目总报告的简化版，报告形成《中部崛起战略下的山西金融机制创新研究》一书，山西经济出版社 2005 年 5 月出版。课题组组长孔祥毅，副组长张中平是人民银行太原中心支行研究处处长、高级经济师。课题组成员有中国人民保险公司山西省分公司再保处处长杨颉、人民银行太原中心支行研究处副处长高鸿、郝冬丽硕士、马丽硕士，山西财经大学副教授张亚兰博士、李小娟博士和辽宁大学博士生赵昱光、博士生王书华等。报告的核心内容是研究怎样通过山西省的金融机制创新，构建山西金融支持经济社会发展的平台，改变山西经济发展中的被动局面，实现山西经济全面协调可持续发展。

无可辩驳的历史与现实证明，金融发展与经济增长有强相关关系，而且金融深度对经济增长和投资增长有着重要的影响。在如何通过金融发展来促进经济增长的问题上，金融理论和实践也证明金融创新是金融发展的重要动力。但是如何认识既有的金融创新，我们通过对百年金融制度变迁的研究表明，不能就金融论金融，金融发展必须与经济、社会发展协调进行，应该把金融放在社会经济的大背景下来研究，以系统的、动态的眼光来观察金融与其他因素的协调关系，只有这样才能找出金融与经济发展的症结。

山西经济正处在经济结构从低层次的数量扩张型向高层次的质量提高型的转变过程中，山西的经济发展将从依赖低级的资源开发加工为主，向以技术创新为主导的深层次开发转变，实现传统产业现代化、现代产业规模化。在当代经济全球化、经济金融化的背景下，金融是经济的核心，经济结构转换和提升，必须有金融的支持。山西经济结构调整的成败，与山西金融机制的创新有着密不可分的关系。通过市场化取向下的政府驱动——金融先导策略，实现山西经济发展的提速是可能的。

本课题的研究，将以科学发展观为指导，通过总结历史上山西金融业在中国经济金融发展中的金融创新的历史经验与教训，在理论分析的基础上，把金融、经济、社会作为一个整体，围绕区域金融与经济社会协调发展这一主线，来研究山西金融机制创新问题，最终目的在于研究受山西经济环境制约的山西金融如何通过机制创新来促进山西经济结构调整并实现山西经济的快速发展。

一、山西金融机制创新的背景分析

现实的答案往往潜藏在历史的轨迹中，山西金融界精英辈出，在不同的时代背景下他们都能因地制宜地通过各种金融创新来实现金融与经济的协调发展。先秦的货币，宋、金的纸币，明清的账局与票号，民国的"省钞发酵"等金融创新，不仅闪烁着历史的光辉，而且为山西经济金融发展留下了很多遐想空间。

（一）山西金融机制创新的历史背景

古代中国的山西人，在货币金融的发展上已经走在创新的前列。原始社会的末期，"日中为市，致天下之民，聚天下之货，交易而退，各得其所"[1]，反映的就是当时晋南地区的商品交易活动。到殷商时代，大约公元前15世纪山西人开始铸造"铜贝"[2]。这是中国也是世界最早的金属铸币，开创了铸币史的新纪元。山西人对青铜"布币"的创新，是由常用的农具镈和钱（形如铲和锄）演变而来，侯马古晋国遗址出土了周代空首布的铸造工场，出土泥布范、范芯竟多达数十万件[3]。在信用活动方

---

① 《易·系辞》。

② 吴振录：《保德县新发现的殷代青铜器》，《文物》1972年第4期。

③ 山西省钱印学会：《中国山西历代货币》，山西人民出版社1989年版。

面，晋国大夫栾桓子"假（借）贷居（蓄）贿"①，晋文公归国执政，曾经"弃责"②，实行贷款豁免政策。

经历了秦汉、隋唐两次商业高潮之后，到明清时期的中国商业革命中，山西商人成为中国当时十大商帮之首，又一次创造了举世瞩目的金融奇迹，进行了 30 多种金融创新，是中国金融发展史上的一座光彩夺目的里程碑。

1. 明清时期的金融创新

（1）对外金融活动创新。

1）从国外采办货币金属。铜与白银长期是中国的货币金属，但是中国是贫铜贫银国家。1699 年（康熙三十八年）以前采购日本生铜由沿海商人承办，山西介休商人范氏等以低价向清政府交售日铜的竞争性条件，获得对日本的生铜贸易垄断权七八十年，晋商的大型帆船每年两次从长江口出海，乘季风开往日本长崎，先后为国家购进铜约 21000 万斤③。清道光时期，恰克图市场俄国对华贸易占其对外贸易总额的 40% ～60%，19世纪 40 年代贸易额有时超过 60%。据《中俄贸易之统计的研究》，1844年，通过恰克图市场中国对俄商品输出入分别占全国商品输出入总额的16% 和 19%。1821～1850 年，中国方面向俄输出商品，每年约在 800 万卢布上下，而俄国对华贸易的差额，是用一种白银的粗制品并冠以"工艺品"的名义来支付的。而这种粗糙的"工艺品"大部分是俄国从汉堡或莱茵河上的法兰克福人手中输入的"汉堡银"，被山西商人收购后铸成元宝银，投入国内金融市场。17～18 世纪，中国对外贸易的大量顺差，使外国的白银，特别是西班牙、墨西哥银元大量流入中国。

2）与俄罗斯商人的信用贸易。清代山西商人对俄罗斯商人进行贸易融资，曾发生俄罗斯商人米德尔洋夫等五家商号因山西货币商人大泉玉、大珍玉、大升玉、独慎玉、兴泰隆、祥发永、碧光发、公和盛、万庆泰、公和浚、复源德、广全泰、锦泰亨、永玉亨、天和兴等欠款 62 万两白银不能按时偿还，将官司打到了彼得堡沙俄政府的中央。

3）最早将金融机构设往国外。在北亚的恰克图、伊尔库茨克、新西伯利亚、莫斯科、彼得堡、托木斯克、耶尔古特斯克、克拉斯诺亚尔斯

---

① 《国语·晋语八》。

② 《国语·晋语四》。

③ 孔祥毅：《金融票号史论》，中国金融出版社 2003 年版。

克、巴尔纳乌、巴尔古津、比西克、上乌金斯克、涅尔琴斯克等地都有山西货币商人的金融机构。1907年，合盛元票号向东发展，在日本神户、东京、大阪、横滨及朝鲜的仁川设立"合盛元银行"。

（2）金融机构创新。

1）当铺。当铺是从事消费抵押信用的金融机构，1685年（康熙二十四年）全国有当铺7695家，其中山西省有1281家，占16.6%；1724年（雍正二年）全国有当铺9904家，其中山西省有2602家，占26.2%；1753年（乾隆十八年）全国有当铺18075家，山西省有5175家，占28.6%。清末著名的银行家李宏龄说："凡是中国的典当业，大半是山西人经理。"[1] 19世纪50年代，在北京有当铺159家，其中山西人开办的当铺有109家，占68.55%。

2）钱庄。钱庄最初是从事钱币兑换业务的金融机构，后来办理存放兑换。1765年（乾隆三十年）在苏州一地就有山西人开的钱庄81家。1853年（咸丰三年）在北京有山西人开的钱庄40余家[2]。山西钱商在很多城市钱行中居于垄断地位，都有自己的行会。

3）印局。印局是办理短期小额信用放款的金融机构。在中国北方相当活跃，无论京城还是蒙古草原。内阁大学士祁寯藻给皇帝的报告说，"窃闻京城内外，现有山西等省民人开设铺面，名曰印局，所有大小铺户及军民人等，俱向其借用钱文"，"京师地方，五方杂处，商贾云集，各铺籍资余利，买卖可以流通，军民偶有匮乏日用以资接济，是全赖印局的周转，实为不可少之事"[3]。

4）账局。账局是从事商业放款的金融机构。自清初至民国大体存在了300多年，在全国亦处于垄断地位。1853年北京有账局268家，其中山西商人开设的账局有210家。当时负责管理货币事务的户部右侍郎王茂荫说："账局帮伙不下万人。"[4] 1904年北京设有"账庄商会"。

5）票号。有文字根据的最早的票号是1820年的平遥日升昌，民间传说还有1659年的太谷志成信。1862年（同治元年）仅上海就有山西票号22家，对上海的钱庄放款达300多万两白银。1871年，票号把自己的业

---

① 李宏龄：《晋商盛衰记》。
② 清档《朱批奏折》，咸丰三年四月三日。
③ 《祁寯藻奏稿》。
④ 《王侍郎奏议》卷三。

务重心从长江流域的汉口转移到了上海，并于 1876 年在上海成立了"山西汇业公所"，1904 年"京师汇兑庄商会"成立。1906 年票号年汇兑公款达 2257 万两。张家口上堡的日升昌巷，下堡的锦泉兴巷，分别是山西货币商人日升昌票号和锦泉兴钱庄建设并以其商号命名的街巷。外蒙古的科布多，是库伦通往新疆的要道，山西巨商大盛魁的总号就设在此，在这里它建有一条大盛魁街。这一切，如同意大利北部伦巴第商人在伦敦、巴黎建设了伦巴第街，发展了伦巴第银行业务是一样的。

（3）金融制度创新。

1）股权融资制度。山西人在明代就已经开始组织股份制企业，合作投资，资本金根据投资人的经济实力与意愿确定股份多少，作为股东，签订合约，经营成果按照股份多寡承担风险和享有收益，创造了中国最早的股权融资制度。

2）两权分离制度。晋商企业实行两权分离制度。股东委托可靠的有经营能力的人为大掌柜（总经理），授以经营管理企业的全权。"既不预定方针于事前，又不施其监督于事后"，谓之"用人不疑，疑人不用"，将大掌柜的经营置于全社会的监督之下，大掌柜尽心尽力，带领全体员工崎岖前进，谓之"受人之托，忠人之事"。

3）联号制度。晋商企业总号设在山西，分支机构遍布全国各地以至国外，实行统一制度、统一管理、统一核算，统一资金调度。对分号的考核，是以"结利疲账定功过"，并以不对他号造成损失为原则，否则给予处罚。山西票号先后有 43 家，下辖全国及国外分号 560 多家[①]。分号的开立、经营、人员配置、资金、收益等都归总号管理，总号与分号、分号与分号之间，以"正报、附报、行市、叙事报"等方式互通信息，并采取"酌盈济虚、抽疲转快"的办法相互调剂资金。

4）人力资本制度。将企业内的管理层职工和业务骨干，按其职责、能力和贡献大小确定"身股"多寡，作为人力资本，与财东的货币资本股一起参与利润分配。有钱出钱，有力出力，出钱者为东家，出力者为伙计，东伙共商之。这种企业激励制度比美国的期权制度早了 400 多年。

（4）金融工具创新。在山西票号出现前后，山西货币商人已经根据经济社会发展的需要创造了许多信用工具。

---

① 人民银行山西省分行、山西财经学院：《山西票号史料》，山西经济出版社 1990 年版。

1）凭帖。本铺出票，由本铺随时负责兑现，相当于现在的本票。

2）兑帖。也叫附帖，本铺出票，到另一铺兑取现银或制钱，相当于现在的支票。

3）上帖。有当铺出给钱铺的上帖和钱铺出给当铺的上帖之分，彼此双方已有合同在先，负责兑付。相当于现在的银行汇票。

4）上票。非金融一般商号所出的凭帖称上票，信用自然要差一些，钱商也可以接受，相当于现在的商业汇票。

5）壶瓶帖。有些商号（包括钱庄）因逢年过节资金周转不灵，自出钱帖，盖以印记，用以搪塞债务，因其不能保证随时兑现，只能暂时"装入壶瓶，并无实用"，故称壶瓶帖，相当于现在的融通票据。

6）期帖。出票人企图多得一些收入，在易银时，开写迟日票据，到期时始能取钱，需计算期内利息，类似现代的远期汇票。

7）会券（汇票）。即异地款项汇兑的提款凭据，在明代已经使用，清代专业汇兑机构——票号产生以后，汇兑业务有票汇、信汇，后来又有电汇。按期限不同汇票又分即票汇票和期票汇票两种。

8）兑条。对小宗汇款，不用汇票，而是书一纸条，即"兑条"，从中剪开，上半条给汇款人，由其转寄收款人，下半条寄付款的分号，核对领取，盖不用保[①]。

9）旅行支票。是票号应异地贩运商人在沿途不同地点办货的需要而签发的一种可以一次签发、分次在不同地方分支机构支取款项的汇票，类似现在的旅行支票或信用卡。

（5）金融业务创新。

1）"本平"制度。清代不仅各地的银色不一，就是用来权衡银两的天平砝码亦不相同，票号要实现异地汇兑，首先要解决银色与平码之间的差异问题。为此，每家票号都自置了自己的平砝，称为"本平"，不仅便利了存放款和汇兑业务，而且使其总分号账务的记录及汇总有了一个统一的记账货币单位，方便了票号的会计核算。

2）票据贴现。票号对于未到期的汇票可以提前支取，但是需要交付一定的费用，相当于现在的票据贴现。

3）顺汇与逆汇。逆汇也称倒汇，"倒汇：中国此种汇兑，向所未有，

---

① 陈其田：《山西票庄考略》。

至近年与外国通商，关系密切，内地市场间之贸易随之而盛，汇兑之种类不得不因之变化……有信用之商人立一汇票，交于票号，票号即买取之，送交收汇地之支店，索取现金"①。顺汇是甲地先收汇款，乙地后付出；倒汇是存款贷款汇兑的结合，票号不仅可以多了一层利息收入，而且减少了异地白银运送，谓之"酌盈济虚，抽疲转快"。

4）代办业务。代收货款、代垫捐纳、代办印结、代垫税款、代发股票、代发债券等中间业务创新。

5）转账结算。"在有清一代，在现款凭帖而外，大宗过付，有拨兑一法……乃由各商转账，借资周转。"拨兑之外，还有谱银，"盖与拨兑之源流同。其初以汉人来此经商至清中叶渐臻繁盛，初仅以货易货，继则加用银两，代替货币，但以边地银少用巨，乃因利乘便，规定谱银，各商经钱行往来拨账，借资周转，此谱银之所勃兴也"。当时银两转账为谱拨银，铜制钱转账为拨兑钱。②

6）银行同业拆借市场。当时呼和浩特"向例"在市口进行货币资金的交易。"每日清晨钱行商贩，集合于指定地点，不论以钱易银，以银易钱，均系现行市，逐日报告官厅备查，各钱行抽收牙佣，均遵章领有部颁牙帖、邀帖……谓之钱市。"③

7）银行清算制度。山西金融业的清算有两种情况，首先是系统内清算，如票号各地分支机构相互之间在一定时间内发生的汇差，我欠人，人欠我，以"月清年结"两种账向总号报账，月账年账均以"收汇"和"交汇"两项分列，既有细数，又有合计，均按与各分号和总号业务清列。总号收到报来的清账，核对无误后，将月清收汇和交汇差额分别记入各分号与总号的往来账，收大于交，差额为分号收存总号款项数；交大于收，差额为总号短欠分号款项数，互不计息，全号实行统一核算。这种办法是现代银行清算相互轧差办法之源。其次是各金融机构在为企业办理转账结算之后，形成金融机构之间的债券债务，规定定期"订卯"，相互冲销，差额清结。

8）信约公履制度。商品交易中产生大量的商业信用和银行信用关系，晋商谓之"信用贷货"与"信用贷款"。为债券债务的清偿和诚信约束，创立了镖局、标期与标利制度，即社会信用合约的公履制度，约束债

① 《东方杂志》1917 年第 14 卷。
②③ 《绥远通志稿》民国抄本卷三十八。

权债务的清偿。根据镖局押运商品物质与现银的距离远近决定标期，按照标期时间长短和标内标外决定利率（标利）。过标时，第一天清偿银两债务，第二天清偿制钱债券，第三天"订卯"（金融机构间轧差清算）。不能按时履行信约，就不能获得信用。

（6）风险控制机制创新。

1）"护本"制度。中国企业股份制始于明代的山西商人，多数晋商企业为多个投资人合作，订立合约，载入"万金账"。投资人的资本金一次交足，为"正本"；另外设立"护本"，资金来源一是从股东和顶有人身股职员的分红中提取一定比例，二是股东存款。"护本"计息不分红，是票号的风险基金，从而保证了票号的资本充足率。

2）薪酬社保激励制度。票号对于顶有人身股的职员，每年发给"应支"和"津贴"，应支在分配红利时扣除，津贴则是每年出账。大掌柜人身股1股，津贴是每年1000银元。应支与津贴大体上各半。没有人身股的职员，发给薪金，每年一二百银元。平时食宿费用一律由号上支付。职工遇有婚丧大事，掌柜同事照常随礼，并派人贺吊。掌柜身故，享受8年应支、津贴和红利；未任掌柜而身股1股者享受7年；身股不足1股者享受6年；身股六七厘者享受5年；身股四五厘者享受4年；身股三四厘者享受3年；身股一二厘者享受2年。已故职员所遗子弟才能良好可以入号当学徒，愿意到别号就业者，亦可以代为介绍和担保。

3）宗法与担保约束制度。票号的约束力来自两个方面：首先是利用宗法关系，它们雇用职员，只用山西人，他省人一律不得援用，事实上主要还是山西中区人，一般都是有身份的当地人引荐，并且为之担保。如果被担保人在号中表现不好被开除出号，不仅断了一家人的财路，还有辱祖宗的面子，家族自然不依。其次是职工进入票号，需要商铺担保，被担保人出事，不仅累及担保人名誉，担保人还要遭受经济损失，担保人更不允许。依靠宗法的力量和经济社会力量来约束职工，这是票号有效执行力的又一个保障。

4）银行密押制度。为了异地汇款所用汇票的真实而不发生假票伪票冒领款项，票号创造了严密的密押制度：汇票一律使用总号统一印制的汇票，计数管理；汇票内加"水印"；专人书写，字体在总号和各分号预留备案；汇票需要加盖6枚印鉴：抬头章、押款章、落地章、防伪章、套字章、骑缝章；汇款金额、时间设有金额暗号、月暗号、日暗号、自暗号。

5）金融稽核制度。山西票号在财务核算的协调上，以经济活动为基础，按会计核算程序，分别进缴表（收支表）和存该表（资产负债表）两个方面进行核算，然后"合龙门"。如果两表不能合拢，说明核算过程有问题，就要查找原因。这是中国早期的复式记账，又是金融稽核，以此保证财务核算的准确无误。

6）内控制度。票号的内部控制制度的核心是对人的控制，在人身股的激励制度和铺保约束制度的基础上，授权大掌柜统领号事。内控制度的主要措施有：①号内人事由总号大掌柜安排，财东不得举荐人位，干预人事。②财东平时不得在号内食宿、借钱或指使号内人员为自己办事。③大掌柜巡视分号，各分号人位不宜、同人不端、手续不合、市面情形变迁诸事，可立即处置。④各分号不准买空卖空，囤积货物，节外生枝。⑤职员不准在外巨数支使；不准私自捎物；不准就外厚道；不准私代亲族；不准私行囤积放人名贷款；不准奢侈滥费；不准侵袭号中积蓄；不准花酒赌博至堕品行；不准吸食鸦片；不准亲友浮挪暂借；不准向财东和掌柜送礼；不准到财东和掌柜家闲坐；不准到小号串门等。严格的内控制度杜绝了票号内部营私舞弊现象的发生。

（7）业务经营战略创新。

1）分支机构随盈利与风险大小而伸缩。票号设置分支机构，先行调查研究，在掌握市场动向的基础上添置新号，扩展经营地域。如果不能经营，立刻撤庄。票号分支机构设遍通都大邑商埠码头，如拉萨、巴塘、理塘、打箭炉、雅安等藏区虽然地理位置偏僻，但因财政和商务原因均设有分号。在太平军进军南京时，曾因长江一线太平军来到，商埠收缩。因为日俄战争，营口业务困难，则调整力量，设庄于朝鲜仁川。以后又发展至日本神户、横滨、大阪、东京。

2）业务与资金随经济社会需要而松紧。票号的业务经营，主要依靠自有资本，很少发行银行券，这一点与意大利金钱商相似，慎于出票。但是随着业务发展，不仅自己资金不足，也无法满足社会的货币需求。它们通过收受商业票据或者发行自己的短期银行票据，满足社会对交易媒介和支付手段的需要。在流通中货币数量不足时，创造票据及其背书转让，有效地调节了当时货币供求的矛盾。

3）同业行会约束。为防范和控制金融风险，协调票号内部、票号与社会其他机构间利益关系，票号在一些大城市设立行会。如汉口的钱业公所、上海的山西汇业公所、北京的汇兑庄商会。在"清代归化城商贾有十二行……其时市面现银现钱充实流通，不穷于用，银钱两业遂占全市之重心，而操其计盈，总握其权，为百业周转之枢纽者，厥为宝丰宝。社之组设起于何时，今无可考，在有清一代始终为商业金融之总汇"①。宝丰社就是山西钱庄在呼和浩特的钱业行会，有组织钱商，商定市场规程，并监督执行之权，如收缴沙钱，销毁不足价货币铸成铜碑，昭示商民不得以不足价货币行使市面，确保商民利益等，有类似"银行的银行"和管理金融行政的职能。这些行会能够为本行的营业事项制定共同规则，组织金融市场运行，如汇兑平色、汇水、市场利率、票据交换、银行清算等，约束同业遵守，协调同行间的无序竞争；同时仲裁会员间的商务纠纷，协调会员与其他社会组织以及政府间的关系，维护共同利益，部分地执行了"中央银行"的职能。

2. 民国时期的金融先导

民国时期，山西经济发展有两个高潮：一是 20 世纪 20 年代，二是30 年代（抗战前）。其突出特点是政府主导产业发展，其核心措施是金融先导。

（1）20 年代的政府主导与金融先导。辛亥革命后，山西省军政府成立了大汉银行，1912 年 4 月改为山西官钱局。之后实行了一系列经济、金融措施，发展产业。

1）整顿币制。在山西军人工艺实习厂内设立铜元厂，收民间流通中的前清制钱，改铸成民国铜元，3 个制钱铸造 1 个铜元，1 个铜元上写"当十文"，再以 1 个铜元收购 10 个制钱，再铸铜元。后来又铸"当二十文"铜元，1 个"当二十文"铜元换 20 个制钱……如此，一年多净赚260 万银元，以此作为开办银行业的资本。

2）办银行。民国初年已经设立了山西官钱局，1919 年将山西官钱局改组为山西省银行，请祁县大德通票号经理阎维藩任总经理，除在山西设立分支机构外，又在天津、北京、汉口、上海、石家庄、保定、绥远等地建立机构，省内外分支机构达 40 多处。用山西省银行发行的钞票支持工业建设。1919～1928 年山西省银行发行钞票 1300 多万元，到 1930 年 10月发行几近 1 亿元。

---

① 《绥远通志稿》。

3）发行债券。对工薪人员收入以 20% 为限，发行定期债券。

4）推行股份公司。如在雁北应县、浑源、大同、山阴一带开发桑干河水利，改良沙坂田为胶泥土，改旱田为水田等，用股份公司的组织形式，吸引官绅投资，组织银行贷款，发展水利、农业和养殖业，收到较好的效果。增加了市场供应，扩大了政府财政收入。

（2）20 世纪 30 年代的政府主导与金融先导。1932 年山西省政府编制《山西省政十年建设计划案》，在经济建设方面，提出产业序列为"农业、矿业、工业、商业、交通业"，并且确定了具体目标。为实现目标政策，采取了一系列金融先导措施。

政府主导的经济事业有三个系统：第一个系统是山西人民公营事业。从 1933 年起到 1937 年 8 月日本侵略军侵占太原止，建立了一个庞大的囊括工业、商业、交通运输、银行业和科研机构在内的山西人民公营事业体系。下属企业机构，可以划分成四大类：一是制造业，主要为西北实业公司，该公司分为两部分：集中经营的有西北洋灰厂、西北发电厂等 11 个工厂；独立经营的有西北制造厂及其下属 10 个工厂，以及西北炼钢厂、兴农酒精厂。西北实业公司及其下属各厂矿，到 1937 年抗战爆发前资本总额达到了法币 2166.4 万元。为了发展这些工业企业，政府大力引进国外先进技术，聘请外国专家，购进外国先进机器设备，用了一批洋人和洋设备。德国的杜尔华、查楚士、佘赖德和瑞典的雅克布森等都是阎锡山的座上客，分别引进了克鲁伯钢厂、蔡斯光学仪器厂、德国火药机械制造厂等的先进设备和技术，发展山西的军火工业和民用工业生产。二是交通运输业，主要为同蒲铁路局，以晋绥兵工修窄轨铁路，全长 850 公里，1933 年 5 月 1 日动工，至 1937 年 7 月，南起风陵渡，北达大同的同蒲铁路，除怀仁至大同间 15 公里外全线通车。全部耗资 1650 万元，每公里平均约 2 万元。除同蒲铁路干线之外，支线有：①忻窑支线——忻州到五台县甲子湾 51 公里；②平汾支线——平遥到汾阳 34 公里；③太兰支线——太原到上兰村 24 公里；④西山专线——太原至西铭洋灰厂和煤矿 30 公里。到 1937 年抗战爆发前，同蒲铁路局资本达到法币 3768.6 万元。三是金融业，整顿了山西省银行，又成立了晋绥地方铁路银号、绥西垦业银号、晋北盐业银号，省、铁、垦、盐四银行号都有纸币发行权，除发行纸币，从事存款、放款、汇兑、结算等业务外，还从事证券投资、土地抵押、经营企业。四是商业，有斌记五金行、物产商行和榆次、原平、太原、太谷四粮店。物产商行，也叫"山西省省、铁、垦、盐四银行号实物十足准备库"，四银行号发行纸币，以实物产品作为准备，废止金银本位制，"实物准备库"就是用四银行号发行纸币，收购工矿农副产品的商业企业。该商行没有资本，全赖四银行号发行的纸币收购商品，从事商业活动。实物准备库总库设在太原，重要城镇设有分库，在省外的分库，不叫实物准备库，而称物产商行，设在包头、绥远、潼关、西安、石家庄、张家口、汉口、上海、天津、北京等地，以后又在汉中、宝鸡、兰州、平凉、成都、重庆设立物产商行。实物准备库（物产商行）与铁路局、银行订立合同，享受运输、汇兑的优惠，相互合作。在价格上实行"省内低价，省外高价；省内少赚，省外多赚"政策，为20世纪30年代山西经济的发展积累了大量资金。第二个系统是营业公社。营业公社分为省、县、村三级。因为私人资本越集中，社会经济越不平衡，政府用和平调剂的办法来解决，这就是举办营业公社。省、县、村可以向有钱的人借钱作为资本，兴办企业，30年后按原出资本归还本人，出资者作为营业公社董事会董事。省营业公社先后举办的企业有晋丰面粉公司、大同煤业公司以及银号、花店、当铺等10多个。到抗日战争爆发，省营业公社资本增长到340万元。县、村营业公社发展较慢，五台、定襄两县发展较好，后因抗战爆发陷入瘫痪。第三个系统是直属企业。直属企业有晋北矿务局、太原土货商场和阳泉煤业公司等，发挥山西资源优势，开发煤矿，鼓励山西土货的生产和消费。土货商场发行土货券，规定用土货券购买山西产品，每0.99元顶1元法币或省钞。大力鼓励和发展地方产品，以刺激山西地方工业和农产品的生产和销售。

"山西省十年经济建设计划案"的实施，最大的难题在于建设资金。当时政府采取一系列金融先导的政策，筹措建设资金：

一是发行纸币。为了筹措建设经费，阎锡山十分重视银行业，他要求山西省银行、晋绥地方铁路银号、绥西垦业银号、晋北盐业银号都发行纸币，以支持"十年计划案"的实施。1935年11月2日国民党政府实行法币政策，停止银元流通，规定纸币发行由国家垄断，授权中央银行、交通银行和中国银行发行的纸币为唯一合法的货币（法币），其他一切银行号都不得发行纸币。但阎锡山的四银行号仍继续发行，直到1942年方停止。

二是利用外资。据"斌记五金行"对外国商人的负债记录，1936年12月末为1484493元，分别是向德国、美国、日本等国的礼和洋行、新民洋行、华德隆洋行、禅臣洋行、孔士洋行、白禄洋行、西门子洋行、德义洋行、克罗克纳洋行、安利洋行、慎昌洋行、德盛洋行、大仓洋行、公兴洋行、三井洋行、祥昌洋行、协兴洋行、恒昌洋行等融资。同期向各洋行定购货物亦达385万元之巨。并且大量运用了商业信用，诸如延期支付、分期付款等，获得了西方工业国家的信用支持。

三是"省钞发酵"。为了启动农村经济，阎锡山提出了"酵面"理论，要求县县办县银号，村村办村信用合作社，县里还要办县总信用合作社，均以山西省银行钞票为"酵面"，即县银号以借省钞为准备，发行县银号纸币，每县5万~10万元不等，村信用社向县银号息借其纸币为准备，发行村合作券。他认为，省银行号好比是总酵面，发行一二百万元，分借各县，作为县银号之基金一部分，连同县银号另筹基金，再起发酵作用，以兑现票（兑现纸币）借给各村，作为村汇兑基金。如此发酵后，辗转流行，社会金融就可以马上活跃起来。这种发酵理论在部分县已经进行了实践，部分县尚未行动起来，因为七七事变抗日战争爆发，被迫告终。

四是发行债券股票。为了筹措建设资金，以山西省政府或公营事业、企业名义，多次发行建设债券或库券，吸纳社会资金，投向工业企业。有时为了完成债券发行任务，还常常对公务政教人员在发放工资时，搭几成债券或库券，实际是强制性地方公债。同时公营事业虽为地方政府公有，也发行了股票，在一部分企业中，事实上是公股（地方政府股）与私股（私人股份）并存。

五是强制性无息借款。在反对私人资本集中的旗号下，政府令以省、县、村营业公社名义向有钱人强制借钱，以充实其资本，但不作为股份。名义上是限制"资私有"的发展，在事实上却是有钱人出钱、有钱人从事经营管理，并没有损伤富有阶级的经济利益。但是，这一办法也确实使山西地方公营企业获得了发展的资金。

20世纪30年代产业结构调整的结果，以西北实业公司为例来说明。全国2826家最重要工厂共计资本3.129亿元，西北公司33个厂0.22亿元，占7%；全国机器业377个厂，资本870万元，西北公司10个厂，资本524万元，占60%；每厂平均资本52.4万元，是全国平均资本2.32万元的22倍。产业工人数全国为40.6万人，西北公司1.9万人，占全国4.6%；其中机器业工人全国1.7万人，西北公司0.9万人，占40%。生产效率：南京中央机器制造厂资本 310 万元，年产值 226 万元；西北机车厂等 9 厂资本 538.7 万元，年产值 352 万元；南京温溪造纸厂资本 450 万元，年产纸 12250 吨，西北造纸厂资本 45 万元，年产纸 3360 吨。山西与广东、广西是工业发展最快的省份。

3. 1949 年前后的金融创新

（1）统一政策，多元发行。在抗日战争和解放战争时期，由于民族矛盾和阶级矛盾斗争的需要，中国共产党领导人民在吕梁山、五台山、太行山分别建立了抗日根据地和解放区，在根据地创立与发展金融事业，分别建立了西北农民银行、晋察冀边区银行和冀南银行，创造了"统一政策，多元发行"的货币发行与管理制度，各根据地货币分区流通，以防御日伪货币的经济侵略。

（2）比价斗争，打击伪币。由于根据地货币实行分区流通，三种货币之间以及与国统区的法币之间，按照市场价格与革命斗争需要，灵活调整汇率，坚决打击日伪货币，支持抗日战争和解放战争。

（3）对创立人民银行的贡献。在解放战争中，随着战争的节节胜利，解放区连成一片，1948 年 10 月 1 日合并西北农民银行、晋察冀边区银行和冀南银行为华北银行，12 月 1 日与北海银行合并在石家庄成立中国人民银行，发行人民币，同时在山西榆次进行银行干部培训，1949 年 2 月随解放军进入北京，接管官僚资本银行，取缔外商在华银行的特权，为中国人民银行的建立做出了巨大的贡献。

新中国成立以后，我国金融体制实行高度集中的计划经济，人民银行既是中央银行，又是存款银行，金融活动一律按照国家的统一指令办事，不可能有地方的金融创新。改革开放以来，山西金融由计划金融走向市场金融，金融机构、金融工具、金融业务多元化，发展迅速，为山西经济发展做出了很大贡献。但是，与国内其他地区比较，山西金融能够为地方经济发展做的贡献仍然有很大的潜力。

今天的山西金融，是在过去的山西金融的基础上发展的。但是，今天的国内外社会经济发展已经发生了巨大的变化，金融创新的环境与过去有了天壤之别。

（二）山西金融机制创新的国际国内背景

20 世纪 80 年代以来，世界金融业在全球经济加速一体化的过程中发生了巨大而又深远的变化。尤其是金融机制的创新，成为引人注目的焦点。面对这一全球金融业的剧烈变动，以及我国加入世界贸易组织后新一轮的金融改革和发展中的机遇与挑战，研究山西经济发展中的金融机制创新问题，不能不考虑国际国内环境的变革。

1. 金融机制创新的国际背景

以突破传统的金融管制为特征的金融自由化，旨在废除对金融机构、金融业务、金融市场等方面的制度限制，使金融活动更加符合市场经济的精神和原则，符合现代经济和金融市场发展的内在要求。它包括对国内的金融自由化和对外的金融自由化。可以说，金融机制创新是金融自由化的必然要求。

（1）金融自由化必然要求金融创新。20世纪70年代以前，世界上不同制度的国家和地区的共同特点是对金融业实行严格的管制，这些画地为牢式的金融管制限制了竞争，使金融机构缺乏经营上的自主权，资源难以在各金融机构之间流动和配置。这种制度安排为那些没有进取心的金融企业提供了制度上的土壤，但也扼杀了那些富有进取心的金融机构的雄才大略。

20世纪70年代以后，全球金融体制发生了重大变革。随着以美元为中心的布雷顿森林体系的瓦解，国际金融市场出现动荡，汇率和利率的频繁变动使全球金融机构面临的市场风险明显加大。为了应对这种变幻莫测的市场风险，金融机构通过期货、期权、互换等创新金融产品来规避和降低市场风险。与此同时，在发展中国家也先后开始了以金融深化和金融发展为路径的金融改革，尤其是20世纪70年代国际货币基金组织开始把利率自由化作为对发展中国家实行经济稳定和援助计划的基本条件后，发展中国家货币金融自由化过程明显提速。金融自由化必然要求金融机制进行全方位的创新。

（2）经济全球化和跨国公司的发展迫切需要金融机制创新。经济全球化作为一个经济过程，表现为经济活动正在通过生产、贸易、金融和资本的跨国网络，以空前的广度、强度和流动速度向全球扩张，使世界上每一个地区的事件、行动和决定可以影响到距离遥远的国家、群体乃至个人。经济全球化的特点是生产、贸易、投资和消费突破了国界的限制，在全球范围内展开，世界各国的经济领域融合成为一个整体，形成统一的世界市场，并实现生产要素在全球范围内的配置。

跨国公司的海外投资、生产经营以及境外销售活动对外汇交易产生迫切需求，为了防止外汇资产和外汇收入的贬值和缩水，许多跨国公司积极利用、开发各种衍生金融产品，不断进行外汇套期保值，满足跨国公司对金融衍生产品的需求。此外，大型跨国公司规模巨大的投资项目周期较长，风险较高，而各金融机构又往往无力满足跨国公司的融资需求。因此跨国公司常常寻求国际融资，包括在国际证券市场、离岸金融市场以及国际信贷市场筹措资金。这进一步密切了当地金融市场与国际金融市场的关系。由于跨国公司对外汇交易、国际融资和国际结算的需要，推动着金融机构向国际化、大型化、综合化方向的重组和发展，也大大加快了国际上金融机制创新的步伐。

（3）经济结构与企业结构的调整加速了金融机制创新的进程。自20世纪80年代以来，全球经济结构中第一、第二、第三产业结构继续发生演变。各工业化国家的份额在逐步降低，而发展中国家所占比重则不断上升。与此同时，制造业内部结构也在进一步发生变化。以互联网、IT、半导体、新材料等信息技术为标志的信息产业迅速崛起，成为20世纪末期经济的新增长点。全球经济的发展也越来越体现在服务业上。从1987～1994年服务业对GDP的贡献率来看，高收入国家服务业在GDP中占比由61%上升到64%，较高收入组的中等收入国家由50%上升到55%，较低收入组的中等收入国家由46%上升到48%，低收入组上升最快，由32%上升到38%[1]。与此同时，服务业内部的结构也在演变。发达国家的服务业主要集中在高附加值领域，而发展中国家也在全力调整自己的服务业结构，由传统的服务业向现代服务业转变。

自20世纪80年代以来，发达国家和发展中国家普遍采用股份制形式改造企业。资本市场对企业的评价和对企业经营业绩的反映给企业经营者带来了更大的压力和挑战；同时，竞争的压力、企业的快速增长和扩张也要求企业能够更加有效地利用资本市场来进行多元化融资和资产重组。企业的经营和融资活动要求突破传统金融业务的界限、地域限制和定价限制，提供更多更有效的帮助分散和控制风险的手段和工具，从而推动了金融机制创新的进程。

（4）高科技为金融创新提供了技术条件。20世纪90年代以来，以现代计算机技术、电子通信技术和互联网为主的高新技术在金融业得到了广

---

[1] 李伟一：《国际产业结构变动的新趋势》，人民银行综合信息，2002年。

泛的运用。金融机构提供服务的界面发生变化，降低了金融服务成本。金融机构不再局限于在固定的场所内开展业务，而是通过电话、电脑、自动柜员机（ATM）和互联网等电子技术手段，为客户提供更加广泛和便捷的金融服务。

这种没有营业大厅和柜台工作人员的新型服务方式使得金融服务的时空由限制型向开放型转变，超越了时空的限制，真正实现了"AAA"服务，即金融机构在任何时间（Anytime）任何地方（Anywhere）以任何方式（Anyhow）为客户提供服务。

此外，金融机构内部各业务部门之间的信息交流也因电子技术和计算机技术的发展更加便捷和高效率，内部信息不对称以及金融机构与外部之间的信息不对称程度降低，管理效率明显提高。

同时，金融机构的服务更加个性化、多样化。由电子信息等新技术武装起来的现代金融机构实现了金融机构主权向客户主权生产方式的转变。金融机构可以根据多样化、个性化以及变幻莫测的市场需求迅速推出全新的金融产品。

2. 金融机制创新的国内背景

（1）中国金融机制创新概况。改革开放以来，我国在金融体制改革方面，做了大量的有益的探索，在金融组织、金融工具，以及金融宏观制度方面，都进行了不断的创新，推进金融的市场化，促进了金融的发展。因此，从一定意义上讲，我国金融体制改革的过程，就是一个金融不断创新的过程。这种金融机制创新的变革既与不断变化的国内环境有关，也与日新月异的国际环境密不可分。

1）金融体制与制度的创新。包括：从"大一统"的银行体制到单一中央银行体制的初建再到独立的中央银行体制的逐步形成；从证监会、保监会监管机构的建立到银行、证券、保险分业经营、分业监管体制的形成；从统存统贷到差额包干到实存实贷再到全面实行资产负债比例管理的信贷资金管理体制改革；从高度集中的外汇管理体制到汇率并轨和人民币经常项目下自由兑换的改革；以及从直接金融管制到间接金融调控手段的不断运用；等等。

2）金融组织制度的创新。包括：中央银行大区行架构的形成；商业金融与政策金融的分离，三家政策性银行的建立；以国有商业银行、股份制商业银行和城市商业银行为主体的存款货币银行体系形成，以证券经营机构、保险机构、信托投资机构等为主体的非银行金融机构体系形成，以及外资金融机构陆续进入中国市场，一个逐步开放的、金融多业全方位竞争格局的形成等。

3）金融市场的创新。包括：以同业拆借、商业票据和短期政府债券为主的货币市场；银行与企业间外汇零售市场、银行与银行间外汇批发市场、中央银行与外汇指定银行间公开操作市场相结合的外汇统一市场；以承销商为中介，以股票、债券为主要品种的证券一级市场，以上海、深圳证券交易所场内交易为核心，以各地券商营业部为网络，以及遍布全国各地的国债柜台交易的证券二级市场；等等。

4）金融业务与工具的创新。包括：保值储蓄、住房储蓄、按揭贷款、信用证、信用卡、代客理财、网上银行、网上证券交易、银行柜台出售开放式基金、投资与保险联结、"银证通"等金融业务的创新；国库券、商业票据、短期融资债券、回购协议、大额可转让存单等货币市场工具创新；长期政府债券、企业债券、金融债券、可转换债券、股票、封闭式基金、开放式基金、股权证等资本市场工具创新；等等。

5）金融技术创新。如金融机构资金汇划电子化，证券交易电子化，信息管理电子化和办公自动化，电子货币"一卡通"，网上银行，网上股票交易等。

（2）我国金融机制创新的特点。和西方发达国家的金融创新相比，我国金融创新有以下特点：

1）金融创新的背景不同。西方发达国家的金融创新是在金融全球化的背景下进行的。而我国的金融创新是在激烈但并不充分的市场竞争中产生的，并且以抢占市场份额、扩大中间业务覆盖面为特征。

2）金融创新的动机不同。西方发达国家金融创新的动机是追求利润和逃避监管。而我国的金融创新的动因从政府的角度看，偏重社会稳定；从金融业的角度看，则偏重在无序的竞争中抢占市场份额，势必出现许多不计成本甚至负效益的金融创新。

3）金融创新的主体不同。西方发达国家创新的主体是自主经营、自负盈亏的商业银行，所以，它具有很强的金融创新的内在驱动力，这是金融创新坚实的微观基础。而我国金融创新的主体则不十分明确，缺乏金融创新的压力和内在动力。

4）金融创新的环境不同。西方发达国家的金融创新具备两方面的金融环境：一是公平竞争的市场；二是金融管制的放松。而我国因市场发育程度等多方面影响，金融创新的环境不够理想，因此，我国的金融创新，并不意味着在短期内金融能全方位地与国际接轨，也不能完全按照发达国家的模式设计我国的金融创新，我国的金融创新要更多地考虑自己的国情。

（三）山西金融机制创新的区域环境分析

根据经济协调理论，金融机制作为金融发展与经济发展之间互动关系的重要机制基础，在一般的市场经济中，通过它的运作，有助于实现金融发展与经济发展之间的良性循环。但在我国转轨体制中，国家通过对金融机制的控制所构建的金融发展与经济发展的联系，从本质上而言是一种外生的联系，虽然在转轨初期两者也体现出一定程度的契合性，但随着转轨的推进，其相互牵制是一种必然结果。因此，要实现山西金融发展与经济发展之间互动关系的转变，首先就需要金融机制的创新和转变。

1. 金融机制创新中的地区差异

（1）地区经济发展水平不同。按照目前东部、中部、西部三大经济区域的划分①，据国家统计局统计，1949～1978 年，以现价计算的国民生产总值年均增长速度，东部、中部、西部三大区域之比为 6.81:6.78:7.25，中部地区和东部地区速度相近，而西部地区则分别高于东部、中部地区 0.44 个和 0.74 个百分点。从 20 世纪 80 年代中后期开始，经济发展的梯度格局逐步扩大。东部地区在全国经济总量中的比重不断上升，而中西部的经济地位却不断下降。1979～2002 年，中国国民生产总值按可比价格计算的年均增长速度为 9.4%，其中，东部、中部、西部三大区域平均增长速度之比为 11.9:9.1:8.7，东部地区分别快于中部和西部地区 2.8 个和 3.2 个百分点。2002 年，中国国内生产总值为 103553.6 亿元，其中东部地区为 74417.4 亿元，中部地区为 23522.3 亿元，西部地区为 20080.9亿元，三大区域生产总值占全国国内生产总值之比为 63.1:19.9:17，与1999 年相比，东部地区创造的国民生产总值在总量上的份额提高了 1.3个百分点，中部、西部地区的份额分别下降了 0.7 个百分点和 0.35 个百分点。长期以来，中部地区经济增长速度一直高于西部地区，但这一趋势在 2002 年发生逆转，这一年西部地区 GDP 增长率高于中部 0.51 个百分

---

① 我国从"七五"开始将全国划分为东部、中部、西部三大地带。国家实施"东北振兴"战略后，三大地带包括的省份略有调整。现在所说的中部地区包括山西省、河南省、湖北省、湖南省、安徽省、江西省 6 省。

点。从人均 GDP 看，经济发展的梯度格局也非常明显。1995 年全国人均 GDP 为 4854 元，其中东部地区为 7104 元，中部地区为 3693 元，西部地区为 3069 元，东部地区是中部的 1. 92 倍，是西部的 2. 31 倍。1980 年中部地区人均 GDP 相当于全国平均数的 88%，1990 年下降到 83%，而到 2003 年，更下降到了 75%。地区经济发展差距继续扩大①。

（2）收入与积累水平不同。由于历史、环境、社会、文化乃至人们观念等方面的原因，目前中西部地区人均收入和积累水平远远低于东部地区。一是和东部地区相比，居民收入差距持续扩大。居民收入差距与地区经济发展差距有很大关系。在 20 世纪 70 年代以前，居民收入的差距不是很大。1981 年城镇居民的家庭人均可支配收入：东部地区为 437 元，中部地区 409 元，西部地区 435 元，三大地区人均可支配收入之比为 1. 01：0. 94：1。到 2002 年，这一比例已变为 1. 49：0. 98：1。2002 年，在全国 31 个省、自治区、直辖市城镇居民收入中，中部地区人均可支配收入比全国平均水平低 1369 元，比西部也低 183 元；城镇居民人均收入排名前 10 位的省、自治区、直辖市中，东部 8 个，西部 2 个。在北京、上海、广东等地提出要率先基本实现现代化的同时，中西部地区相当多的农村地区还没有解决温饱问题。即使在中西部地区各省（自治区、直辖市）内部，城乡之间居民收入差距也非常明显。二是居民生活水平差距明显扩大。1995 年，全国城镇居民人均消费水平 3538 元，全国最高的广东省为 6254 元，是最低的内蒙古的 2. 52 倍；农村居民消费水平最高的上海市是最低的西藏的 3. 8 倍。2003 年，全国城镇居民人均消费水平为 8372 元，全国最高的上海为 17110 元，是最低的贵州省的 2. 81 倍；农村居民消费水平为 3025 元，最高的上海市是最低的西藏的 4. 83 倍。2000～2003 年的 4 年中，全国农民人均纯收入分别比上年增长 2. 1%、4. 2%、4. 8% 和 4. 3%，农民人均纯收入与城镇居民可支配收入之比分别为 1：2. 78、1：2. 90、1：3. 11 和 1：3. 24。三是收入水平直接制约了积累水平。据统计，1978～1992 年，东部地区实际积累率由 36. 7% 提高到 37. 2%，而中西部地区则由 34% 下降到 29. 6%。从固定资产投资看，西部大开发后，西部地区投资增幅开始高于中部，2001～2003 年，西部地区固定资产投资额占全国的比重分别为 19. 8%、20. 3% 和 21. 6%，呈上升趋势；而中部分别为 22. 3%、

---

① 根据《中国统计年鉴》（2000～2004）数据整理计算。

22. 2%和21. 6%，呈下降趋势①。

（3）开放程度上的不同。2002年，中部和西部地区进出口总额分别为182. 2亿美元和179. 2亿美元，占全国进出口总额的比重分别为2. 91%和2. 89%；而东部地区的比重则高达94. 2%。外商直接投资总额中部为44. 1亿美元，占全国外商直接投资的8. 4%，西部为20. 1亿美元，占全国外商直接投资的3. 8%，而东部地区的比重则高达87. 8%。2002年全国外贸依存度（进出口总额÷GDP×100%）的平均水平为49. 6%，剔除广东后（由于广东开放程度远远高于全国其他地区，且深圳市毗邻香港，又多海外华侨，特殊性大，其外贸依存度高达152. 6%）也达到35. 6%，而中部和西部分别仅为6. 5%和7. 4%，是全国（不含广东）的1/5左右，开放程度明显低于全国水平②。

（4）货币需求与货币供给不同。货币需求函数研究结果表明：除货币流通速度以外，收入、实际利率水平、股票投资收益率、国家控制能力以及经济货币化的程度是影响货币需求的主要因素，这五个因素在不同经济发展水平地区的作用各不相同。一般说来，在经济发达地区，由于货币交易需求和预防需求的存量水平和增长速度较高，人们的投机性需求更为强烈，因而包括收入、实际利率水平和收益率在内的市场性因素在这些地区对货币需求所产生的影响更大一些。与此相反，在经济欠发达地区，由于较低的收入水平限制了货币投机需求，高回报的民间投资机会不多，更多的资金为国家银行所掌握，因而在这些地区市场性因素对货币需求影响较弱，而包括国家控制能力、货币化水平在内的制度因素的影响则更为强烈一些。货币需求的这种区域上的差异性，必然会造成货币供给在区域上的不同。这是因为，货币供给内生于经济和制度本身。不同地区经济发展水平不但决定影响货币需求的各个因素，而且决定包括现金漏损率、超额存款准备率等在内的影响货币供给的各个因素，进而影响货币乘数，在相同基础货币条件下，中部地区由于货币乘数小，因而货币供应量更少一点。而发达地区则恰恰相反，由于更多运用非现金交易，超额准备金率低，因而货币乘数较高，在相同基础货币条件下，货币供给能力更强一些。中部地区资金紧张，货币乘数值偏低是主要原因。

（5）区域金融风险不同。金融风险是一个综合概念，而金融风险的

---

① ② 根据《中国统计年鉴》1999~2003年数据整理计算。

结构则是非常复杂的。金融监管当局只有在准确判断风险重点基础上，才能对症下药，取得成效。因此对金融风险的结构进行具体分析，就具有十分重要的意义。

在经济转轨时期我国金融风险在宏观层面上至少有五对相互联系的风险，即制度性风险与市场风险、银行风险与股市风险、增量风险和存量风险、国内风险和国外风险、国有经济的金融风险与民营经济的金融风险。除此之外，我们认为还有一对相互联系的风险，这就是东部地区金融风险与中部地区金融风险。对前五对金融风险的判断和重点选择已有人做了结论。对后一对金融风险，我们的基本判断和重点选择是：从区域上看东部地区应是金融风险的防范重点，中部地区则应将金融工作的重点放在金融业的发展上。其依据：一是东部地区金融资产总量远远高于中西部地区，其金融资产总量占全国 50% 以上，如有风险发生，东部地区引起的震动将远远大于中部地区。二是东部地区地处我国改革开放前沿，在经济金融全球化条件下，东部地区的金融风险对海外及中国香港和澳门的波及度将大大高于中部地区，它具有更大的破坏性和不可测性。三是东部地区金融化的程度高于中部地区，而中部地区很多地区的金融活动和方法较为原始和松散。因此，东部地区的金融风险更易引起整个金融的连锁反应。1995～1988 年中国金融机构 10 起破产案全部发生在东部地区，并且以信托业为重点逐步扩散，然后波及保险、银行、证券业和合作金融领域。

总之，我国现阶段的金融风险是以制度风险为主导的股市风险、增量风险、国际风险、国民经济风险和东部地区风险为重点的特殊风险群体。如何把握风险重点，采取区域应对措施，将对正确处理安全与发展关系，促进中部崛起具有十分重要的现实意义。

2. 中部经济发展中的山西金融机制创新

（1）经济区域分工不同。山西作为"一五"时期国家确立的老工业基地，依托自身资源禀赋和多年国家投资建设，形成了以能源原材料工业为主的产业结构，对培育山西经济增长的内生力量和支持全国经济发展做出了巨大贡献。但是随着改革开放以来中央投资的逐步减少，全国市场化程度不断加深，山西产业结构本身所具有的初级化和低附加值的劣势日益显现，极大地限制了经济增长的效益和速度。基于此，1999 年以来山西开始新一轮产业结构调整，对提升山西产业档次，促进经济稳定，持续发展起到了重要作用。但是，从目前至今后相当长的时期来看，不论山西怎样调整其产业结构，从总体区域分工上讲，仍然是国内的资源生产地区、初加工工业地区。其资源和原材料等产品的收入需求弹性小，市场不稳定，而且加工的附加值低。而东部作为深加工工业地区，其深加工工业产业的收入需求弹性大，附加值高，市场始终保持兴旺和稳定的丰厚利润预期。因此，在国内贸易中，山西大多时期处在一个不利的劣势地位上。中部向东部输出原材料和初加工工业产品，而东部向中部输出深加工工业产品，中部又成了东部深加工的销售市场。低附加价值输出，高附加价值输入，一出一进，不仅使中部"双重流失"大量净收益，而且使中西部整体要素收益水平大大低于东部地区。

（2）市场化程度不同。经过20多年的改革开放，我国经济体制发生了深刻的变化，特别是东部地区经济市场化有了很大程度发展，其产品市场环境、产品价格形成机制、产权结构、市场进入与退出行为以及企业间的平等竞争，更多地反映了市场的需求和约束。目前，东部地区许多地方非公有制经济产出已超过国有经济，一些地方已占到整个经济总量的70%，相比之下，山西在资源的配置中，传统计划经济仍起着重要的作用。与此相适应，山西非公有制经济与国有经济相比，仍然处于从属的地位。

（3）货币政策效应不同。山西之所以与东部先进省份存在不尽相同的货币政策效应，其原因是多方面的。首先，我国东中部地区经常处于不同的经济景气状态。近年我国各地生产力发展水平虽然有明显提高，但是发展不平衡仍是一个突出矛盾，各地发展的不同步性仍十分明显。从景气角度看，东部地区往往领先于全国水平，中部地区则往往滞后于东部地区乃至全国平均水平。因而对货币政策的调整，中部地区负面影响往往大于东部地区。其次，各地经济总量、资金规模不一，"抗震"能力不尽相同。东部地区经过20年发展，经济总量、资金规模已有很大发展，对货币政策调整适应能力很强，受到的冲击相对较小。而中部地区由于经济总量、资金规模相对较小，因而一旦货币政策调整，受到的冲击比较明显。另外，两地市场化程度不一。东部地区更多的是民营企业，企业微观基础决定了东部地区经济对货币政策调节的灵敏度相对较高。相反，中部地区由于产权关系模糊，企业效益低下，因而对货币政策的调节在反应上显得迟钝乏力。

（4）金融生态环境不同。金融生态环境包括政策环境、经济环境、法律环境、信用环境和金融服务水平等。中国是一个正在由计划经济向市场经济转轨的大国，各个地区的金融生态环境差异较大。在若干年前地区风险差异很大的时候，最差地区和最好地区的不良资产比率能相差 10 倍。造成区域金融生态环境差异的主要原因：一是对银行业务进行行政干预的程度不同；二是在司法和执法方面维护债权人权益的力度不同，如四家金融资产管理公司在回收资产时需要得到司法和执法方面的支持，由于各地支持力度不同，因而各地对同一类资产的回收率就很不相同；三是商业文化不同，在裙带关系盛行的地方，其不良资产比例就明显偏高；四是商业银行实行贷款规模管理，各行将贷款规模按省市进行分解，资金并不是充分流动的；五是银行监管大多强调地方划块，存在着不利于资金流动的现象。山西省由于多方面的原因，导致金融生态环境和发达省份相比明显较差。

（5）信贷结构与经济结构的变动速度不协调。据调查统计，一是山西信贷结构的变动幅度要慢于所有制结构的变动幅度，目前，山西国有经济占比为 55% 左右，但工业国有经济的信贷占比仍高达 60%；二是非公有制经济成分的信贷占比大大低于其经济占比，仅为 40%，特别是其中的股份联营和民营个私经济信贷资金偏少的问题更加突出；三是信贷结构的调整速度明显慢于经济结构的调整速度，说明信贷结构的调整难度更大。信贷结构调整速度慢于经济结构调整速度表明，对信贷结构要充分考虑其时滞，测算提前量，并给予其比经济结构调整更大的力度和措施。

表 1　不同年份信贷结构和经济结构比较　　　　　　　　单位:%

项目	第一产业		第二产业		第三产业	
	2002 年	2000 年	2002 年	2000 年	2002 年	2000 年
经济占比	9.6	10.9	51.6	50.4	38.8	38.7
信贷占比	7.8	7.6	56.3	54.5	35.9	37.9

资料来源：《山西统计年鉴》、《山西金融季度报表》。

（6）产业结构调整的均衡要求和信贷结构倚重性不一致。山西产业结构调整"八大战略工程"紧紧围绕着经济结构调整的主要内容和重点领域展开。特色农业工程、传统产业优化升级工程、旅游产业开发工程分别对应着一次、二次、三次产业。2001 年 9 月出台的《中共山西省委、山西省人民政府关于进一步推进经济结构调整，实施"1311"规划的意见》，推出了"十五"期间结构调整的"1311"规划，进一步突出和明确了结构调整的推进重点，具体包括 100 个农业产业化龙头企业、30 个战略性工业潜力产品项目、十大旅游景区景点。而信贷结构分布集中趋势非常明显。从地区分布结构看，信贷资金由不发达地区向发达地区集中，从县以下地区向中心城市集中，贷款操作 80% 以上集中于中心城市银行，县以下特别是贫困县（市）的贷款增幅很小，对实现城乡经济的协调发展，提高县域经济发展水平产生一定不利影响。从贷款企业结构看，目前山西约 13 万户中小企业，贷款力度在不断加大，但信贷投入向大型企业集中的势头仍未减弱，对促进中小企业的发展产生一定的负面作用。目前山西可供银行选择的准入客户十分有限，上规模、上档次、上等级的企业少，有活力、有效益、有名气的民营企业少，知名企业、知名产品、知名企业家不多，信用等级偏低，因而商业银行分支机构优质客户少、项目储备少、上报贷款少、获贷成功率低。从所有制结构看，大量民营企业贷款难的问题还十分突出。

（7）产业结构低级化与信贷结构调整发展方向不一致。山西产业结构的重点仍然主要是强化了传统资源、原材料产业，这些行业大都属于高耗水行业。煤炭对水资源破坏极大，电力是工业中第一用水大户，焦炭也是高耗水行业。而山西是一个水资源异常缺乏的省份，人均水资源量仅为全国水平的 1/6①，水资源指数在全国排第 29 位，人均供水量在全国排倒数第一，既是严重缺水地区，也是供水严重不足的地区。因此，煤炭经济的发展客观上受到水资源短缺的强有力制约。多元化接替产业的发展缓慢，产业结构单一化、初级化、重型化的问题仍然比较突出。从接续产业看，最近一两年，我国有若干制造行业显示出高速增长的特性，最典型的是信息产业和汽车产业。信息产业连续三年一直保持着 3 倍于 GDP 的速度增长。汽车行业也呈现出高速增长势头，2004 年汽车行业已经取代电子通讯行业，成为对工业乃至整个国民经济增长带动力最强的行业之一。从国际经验看，这两个行业也是在目前发展阶段应该高速发展的行业。而山西信贷投向仍没有向这两大产业倾斜。

（8）多元化资金需求与信贷结构调整单一支撑不一致。目前在山西全社会融资格局中，贷款所占的比重非常大。2003 年 9 月末，股票融资

---

① 历年《中国统计年鉴》、《山西统计年鉴》。

存量为 146.8 亿元，债券融资存量 16.15 亿元，而银行贷款存量达 3334.5 亿元，份额占到 90% 以上。从增量看，2003 年上半年新上市股票融资 6.3 亿元。2002 年全国企业债新增 325 亿元，2003 年上半年全国企业债发行 65 亿元，山西新增为零。目前，我国企业债余额占 GDP 的比重约为 1.4%，山西为 0.7% 左右。而 2004 年上半年山西金融机构贷款增量比年初增加 426.9 亿元，是股票融资的 68 倍。由于目前股市低迷，通过上市融资难度也进一步加大，债券市场也需要一定时间发展。可以说，银行贷款在社会金融格局中占据着主导地位，企业融资对银行贷款的过度信赖，不利于山西新型工业化的顺利发展[①]。

（9）信贷结构调整的垂直性与产业结构调整区域性对接困难。首先，从货币信贷政策主体来看，统一的货币政策在山西的执行效果与全国其他省份相比有一定差异。其次，利率市场化仍未实现。市场经济最大的特点是靠资金流动带动其他生产要素的流动和组合，并由价格信号引导。利率是资金的价格，合理的利率水平和结构是资金在金融市场上合理流动和保持正常金融秩序的基础。当市场机制比较完善时，社会的利率总水平基本上由社会资金供求状况决定，利率结构反映的是期限、成本、风险的差别。金融市场上的行为主体将根据风险与收益的不同组合选择不同的筹资方式和投资方式，从而形成一定的金融秩序。当利率总水平和结构不尽合理时，这种秩序则被打乱。最后，银行内部的刚性管理体制使得基层银行缺乏必要的经营积极性和经营自主权，大量金融资源被无效率配置，严重制约了横向金融交易关系的发展。相对于经济发展水平而言，银行体系层次过高，相对于国家银行而言，经济发展层次过低。

总之，不同的经济区域、不同的经济发展环境、不同的发展条件，应当成为我们研究山西金融机制创新和金融发展战略的出发点和归宿，并贯穿于整个研究工作的全部过程。

二、山西金融机制创新的理论研究

山西金融机制的创新研究，不仅需要借鉴山西金融创新的历史经验，研究金融创新的国内外经济环境，同时也必须认识金融创新的规律性，研究金融机制创新的理论依据，使其具有科学性、可行性。按照金融运行的

---

① 根据山西省发改委、人民银行太原中心支行、山西省证监局 1999~2002 年有关报表资料整理。

规律与山西金融的地域环境，我们认为需要把握以下几个问题。

（一）金融与经济社会发展相协调：金融协调理论

处在复杂关系中的事物，如果各有关方面处于既能表现自己，又能容忍对方的合作承受过程，谓之协调。它包括三个方面的统一：一是某事物与周围相关事物存在某种关系；二是某事物与周围相关事物的适应性；三是调整各事物的合作承受的过程。在经济社会博弈中，矛盾的双方处在统一体中，无时无处不在，这就是协调存在的前提。社会组织的特征，例如信任、规范和网络，能够通过推动协调的行动来提高社会的效率，被称为社会资本。在一个社会系统中，各要素之间或子系统之间，当有关各方进行交往并相互行动时，能够在统一的目标引导下，使各方面的功能得到充分发挥，并促成统一目标的最优化的实现，这就是社会协调。不协调、不适应带来效率损失，协调、适应产生效率。在经济活动中，一方面存在激烈的竞争，但是随着理性意识的提高在竞争中的合作倾向越来越强烈，合作和协作就可以看作第三种协调方式。社会经济制度建立和习惯，常常使复杂的人际交往过程变得更易理解和可预见，从而使人与人之间的协调变得更加容易。如"在一个信用制度保障了币值稳定的国家里，公民对储蓄和投资于货币资产以及为经济发展所必需的资本储备提供资金，都会很有信心"①。

经济活动中协调的必要性可以概括为四点：第一，经济环境的快速变化，对未来的预测比较困难，未经成熟市场历练的企业更需要较多的协调，以减少未来不确定性对自己的影响。第二，在企业融资中，银行为了减少贷款风险，对信贷项目的有效性进行评估和严格筛选，在信贷配给存在的条件下，协调是断不可少的。第三，规模经济与资本市场规模可能存在的不适应，需要在筹资者、投资者、资本市场、市场规模之间进行宏观上的协调。第四，相互依存的互补性的投资形成的外部效应，也要求进行相应的协调。

金融是经济社会大系统中的一个子系统，它的发展受到经济社会发展规律的影响和制约。从金融制度变迁的历史，特别是近百年的金融史，我们清楚地看到，金融学研究的货币、信用与资本，常常不能局限于实物资本、金融资本等概念，社会也同样影响着资本的形成与积累，影响着资本

①　柯武刚、史漫正：《制度经济学》，商务印书馆 2000 年版。

的循环与周转。1997年亚洲金融危机对世界经济的巨大影响，山西票号在辛亥革命以后的垮台，使我们感到就金融论金融的局限性。金融的高效健康运行，不仅需要金融内部的协调，而且也需要金融与经济、社会的协调。金融的自身具有一定的公共性。金融协调就是要在充分把握经济发展变迁中普遍存在的互补性和报酬递增的现实条件下，以金融效率为中心，运用系统分析和动态分析的方法，研究金融及其构成要素的发展变化规律，研究它们的收益、成本、风险状态和运动规律，并研究由此决定的内部效应与溢出效应，揭示金融内部构成要素之间、金融与经济增长、金融与社会协调发展的一般规律，从而构造金融协调运行的政策调控体系，以促进金融与经济高效、有序、稳定、健康发展。简单一点说，金融协调是在市场规则基础上，各金融行为主体以金融安全与效率为中心，通过金融组织创新、金融产品创新和金融制度创新，实现金融与经济、社会协调发展过程。它是金融发展的推动力，也是金融发展的保证。一部金融发展史就是一部金融协调史，贯穿世界金融发展史中的一条主线就是金融制度的变迁，即金融自身发展及金融推动经济社会发展的过程，与经济社会决定影响制约金融发展是一个互动的过程，也是金融内部结构及金融与经济社会之间的协调过程。

我们党的新一代领导集体在2003年提出了"坚持以人为本，树立全面、协调、可持续的发展观，促进经济社会和人的全面发展"的新发展观，对经济工作提出了统筹兼顾、协调发展的思路，实现经济、社会、环境协调发展，建设和谐社会，已成为我国社会经济发展的新航标。

金融协调是有层次性的。如宏观金融方面，金融监管机构的协调（央行、外管局、银监会、保监会、证监会、财政与发改委）、内资与外资的协调、虚拟资本与实体经济的协调、货币政策与其他宏观政策的协调、货币政策的国际协调等；在微观金融方面，金融内部银行、证券、保险企业以及货币市场与资本市场内部自身协调等。

在一个区域，金融协调同样是必要的。首先表现在中央银行宏观调控与地方经济金融发展的协调、国有金融与地方金融的协调、区域资金的内流与外流的协调、城市工商企业融资与"三农"融资的协调、大型企业融资与中小企业融资的协调等。这些问题解决不好，区域经济结构、产业结构就不可能合理，区域的资源优势就不可能得到充分发挥，经济与社会发展必然受到制约。

（二）区域金融的内部化与外部化：区域金融深化理论

金融发展和深化是由一系列金融创新组成的。虽然自 20 世纪 70 年代以来理论和实务界对金融创新的关注有增无减，但是有大量是移植和模仿发达国家的金融创新，常常欠缺对当地经济社会发展的阶段性和基础环境的深刻研究，出现"水土不服"的毛病，这样的创新不但很难促进金融和经济的增长，还会破坏金融生长的原有生态环境，引发金融系统的不稳定甚至经济动荡。

在统一的大国市场和开放经济的条件下，区域金融既存在一定的与本区域经济相适应、受本区域经济发展影响的特征，又与区域外存在相通和流动、交换的关系，如果区域外的投资效率高于本区域，则本区域的金融资源就会外流，进而加重本区域的经济发展的困难程度；相反，一个开放的、效率高的区域经济必然会吸引区域外的金融资源来支持本区域经济的发展。

区域金融创新与协调的目的在于，如何调动区域内外的金融资源支持本区域的经济建设。

1. 有效的投资需求推动区域金融创新

传统的金融与经济增长理论一般认为，促进经济增长的主要途径为提高储蓄率，但是这一理论的前提是增加的储蓄能够顺利转化为有效的投资，从而带动产出的增加。如果忽视了这个前提，就会导致盲目地提高储蓄率的政策误导，以为只要增加储蓄进行投资，就会有有效产出的增加，事实上这一前提是绝对不能忽视的。山西金融史上历次成功的金融创新，无一不是金融追求有效的投资需求而动，最后取得成功的。山西票号的辉煌在于通过票号的网络把全国的资金都融入了利润率相当大的异地贩运贸易中；而 20 世纪 50 年代"大跃进"的几年间，虽然动员各种力量把所有的资金都投入了大炼钢铁的运动中，但结果由于满足的不是有效的投资需求，反而造成社会各项资源的巨大浪费，经济衰退的局面不可挽回。在统一的大国市场经济和开放条件下，区域潜在的资本供给是很大的，只要它具有较强的竞争力即具有足够的有效资本需求就会产生充分的资本供给。因此，从根本讲，一个区域的经济发展不可能受到资本供给限制，真正的关键在于区域是否具有足够的有效资本需求。即区域金融成长的根本在于形成有效率的金融市场。

一个基于资本有效需求的区域发展模型是：

假定考察的区域经济由企业和家庭两部门组成。设 Y、C、I、X 和 M 分别为区域产出（Y）、消费（C）、投资（I）、出口（X）和进口（M）。于是，我们有：

$$Y = C + I + X - M \tag{1}$$

假设投资是不依赖于区域产出的外生变量，而消费、出口和进口则是区域产出经过原点的线性函数，我们有：

$$I = \bar{I} \tag{2}$$

$$C = cY \tag{3}$$

$$X = eY \tag{4}$$

$$M = mY \tag{5}$$

式中，$\bar{I}$ 为外生投资；c、e 和 m 分别为产出创造消费、出口和进口需求的边际倾向。

式（2）、式（3）、式（4）和式（5）两边对时间 t 求导，且各方程两边相应除 I、C、X，变换后可得到：

$$\hat{I} = \hat{\bar{I}} \tag{6}$$

$$\hat{C} = \varepsilon_c \hat{Y} \tag{7}$$

$$\hat{X} = \varepsilon_e \hat{Y} \tag{8}$$

$$\hat{M} = \varepsilon_m \hat{Y} \tag{9}$$

式中，$\hat{I}$、$\hat{C}$、$\hat{X}$、$\hat{M}$ 分别表示投资、消费、出口和进口需求增长率；$\hat{\bar{I}}$ 为自主投资需求增长率；$\hat{Y}$ 为区域产出增长率；ε_c、ε_e、ε_m 为消费、出口和进口需求增长对产出增长的弹性。

将式（2）、式（3）、式（4）、式（5）代入式（1），得：

$$Y = \frac{\bar{I}}{1 - c - e + m} \tag{10}$$

两边对 $\bar{I}$ 求导，有乘数：

$$\frac{\partial Y}{\partial \bar{I}} = \frac{1}{1 - c - e + m} \tag{11}$$

式（10）两边再对时间 t 求导并除以 Y 后，将式（11）代入，可以得到：

$$\hat{Y} = \varepsilon_i \hat{\bar{I}} \tag{12}$$

式中，ε_i 为自主投资需求的产出弹性，它为：

$$\varepsilon_i = \frac{\partial Y/Y}{\partial \bar{I}/\bar{I}} = \frac{\bar{S}}{1-c-e+m}$$

式中，$\bar{S} = \bar{I}/Y$ 为投资占区域产出的比例。

在经济学中，有效需求是既有愿望又有支付能力的需求。区域对资本（投资）的有效需求同样是一种既有愿望又有支付能力的需求。虽然由于某种原因，如环境和文化遗产保护，一个区域可能拒绝某项投资，但一般来讲资本能够给所在区域带来净利益，区域对资本的需求愿望是无止境的，在发展中国家尤为如此。这样，在完全竞争市场条件下，区域对投资的有效需求大小就唯一地是由区域盈利能力即回报资本的支付能力决定的。区域盈利能力越强、预期对资本的回报越高，区域投资有效需求越大；反之，则相反。不过，现实的区域经济体系并非完全竞争的，这意味着对区域潜在的支付能力资本供给的响应并非充分。因此，区域投资的有效需求实际上是由其支付能力和资本供给响应二者决定的。若用定义为区域与竞争对手预期利润率离差的区域比较利润率表示区域对资本的支付能力，那么区域实际的投资有效需求可以表示为：

$$\bar{I} = f(R) \quad f'(R) > 0 \tag{13}$$

式中，$f(R)$ 是新的资本形成对预期的区域比较利润率的响应函数。假设 $f(R)$ 为线性函数，则：

$$\bar{I} = \lambda R \tag{14}$$

式中，λ 为响应系数，它主要由三类因素决定：第一，是否存在创新者和企业家，创新者和企业家的眼力和魄力如何；第二，市场信息完备程度；第三，资本的地理惰性。

式（14）两边对时间求导，有：

$$\hat{I} = \lambda \hat{R} \tag{15}$$

式中，$\hat{R}$ 为区域比较利润率变化率。该方程表明，区域投资的有效需求增长率与区域比较利润率增长率和资本供给对区域盈利机会的响应大小成正比。

如果市场对不同区域产品的潜在需求是一致的，那么区域比较利润率变化率就取决于自身和竞争对手预期的进入成本（Access Costs）和生产成本上升率以及生产率增长率。设 $\hat{E}$ 为进入成本上升率，$\hat{P}$、$\hat{G}$ 分别为区域成本上升率和生产率增长率，$\hat{E}^*$、$\hat{P}^*$、$\hat{G}^*$ 为主要竞争对手相应增长率，

传递双方的区域利益相联系，又与传递双方的共同发展相关联，在资金要素流动不完全、信息不完全的情形下，不同区域间就会在比较利益机制下互补不足、释放本体能量，导致区域金融传递发生与持续。

然而，区域金融传递发生与持续取决于两个基本条件：即区域开放程度和区域金融市场化水平。区域开放程度是必要条件，因为区域金融传递是区域外部性内部化和内部性外部化的基本形式，在区域封闭情况下，外部性因素很难渗入区域内而实现内部化，内部性因素也很难向外辐射而实现外部化。唯有在区域开放情况下，资金、信息等要素才能在区际流动，区域传递才会发生和推进。区域金融市场化是充分条件，区域金融传递是区域间经济能量的交换和要素的流动，仅有区域开放这个必要条件是不够的，还要有启动和推动这种交换与流动的动力机制即区域金融市场。一方面，市场机制如同一只"看得见的手"，在具有差异的区域之间将比较利益规则显形化；另一方面，市场机制又是一只"看不见的手"，沿着显形化的比较利益规则牵动要素的区域流动。这样，区域传递才能启动并持续发生，在区域传递中推动区域金融外部性内部化和内部性外部化。而区域开放程度和市场化程度这两大基本条件又有着密切的内在联系，如果忽视任何一方面，就会阻碍区域外部性内部化和内部性外部化。

所以，区域金融的深化，一是需要创造区域投资需求，造成货币与信用流通和有效扩张的环境；二是通过内外交往、信息沟通，引导外部性的内部化和内部性的外部化。企业金融的深化是金融发展和经济社会发展的重要动力之一。

（三）金融结构与实体经济结构互动：金融结构升级理论

长期以来山西形成了"重工业偏重，轻工业偏轻"的经济结构。"十五"期间仍然需要把产业结构调整作为经济发展战略的主线。理论和实证分析表明，金融结构提升既是金融发展的重要途径，也是经济结构升级及经济实现最优增长的必要条件。探明金融结构转变与实体经济结构升级的关联机制，既是制定科学合理的金融发展战略的现实需要，也是促进实体经济结构调整和升级、保证山西经济发展的关键。

假定经济领域从宏观上可以分为两大部门，一是实体经济部门，二是金融部门。当经济均衡发展时，金融部门和实体经济部门的资本配置最合理，达到合意比例，经济才能实现最大化增长。

1. 金融结构转变与实体经济结构升级的内在作用机制

根据 H. 钱纳里、S. 鲁滨逊、M. 塞尔奎因发表的《工业化和经济增长的比较研究》的结论，随着经济的发展、收入的增加、消费结构的提升，会带动产业结构和其他经济结构的不断升级，促进经济发展。因此，追本溯源，经济结构的变动起因于消费结构的变动。

根据上述结论，我们可以做出如下合理的假设，即假定经济分为两大部门，第一大部门（A 部门）代表在经济结构转变中的传统部门，第二大部门（B 部门）代表在经济结构转变中需求日益增加的新兴部门，同时，我们还假定第一部门可以划分为隶属于实体经济部门的传统产业部门和为传统产业部门提供金融服务的传统金融服务部门，第二部门同样可以划分为隶属于实体经济部门的新兴产业部门和为新兴产业部门提供金融服务的新兴金融服务部门。决定经济结构提升的主要是第二大部门。我们分别用 K_{1a}、K_{2a} 表示第一大部门中的传统产业部门和传统金融服务部门的资本存量，分别用 K_{1b}、K_{2b} 表示第二大部门中的新兴产业部门和新兴金融服务部门的资本存量，当经济均衡发展时，第一大部门的传统产业部门和传统金融服务部门的资本配置最合理，达到合意比例 $K_a^* = K_{2a}^* / K_{1a}^*$，第二大部门的新兴产业部门和新兴金融服务部门的资本配置也最合理，达到合意比例 $K_b^* = K_{2b}^* / K_{1b}^*$。根据前述假设，可以构造产出函数，具体形式为：

$$Y = F(K_a, K_b)$$

S. t：$K_a + K_b = K$，$K_{1a} + K_{2a} = K_a$，$K_{1b} + K_{2b} = K_b$　　　（19）

在实体经济结构和金融结构不变，且第一大部门和第二大部门都处于稳定增长状态时，整个经济处于稳定增长状态。此时，第一大部门和第二大部门的投资率、金融资本存量和实体资本存量的合意比例不变，金融深化程度不变。

我们用 K_a 和 K_b 分别表示部门 A 和部门 B 的内部结构，当经济均衡增长时，部门 A 和部门 B 的实体经济部门与金融部门的资本存量达到合意比例，那么就有：

$$k_a^* = \frac{K_{2a}}{K_{1a}} \qquad k_b^* = \frac{K_{2b}}{K_{1b}} \qquad （20）$$

随着经济的发展，财富的增加，消费者的消费结构会不断升级，对低质量、低档次的产品的需求会趋于减小，对高质量、高档次产品的需求量会不断增加，过去时期的奢侈品在现在转变为生活必需品，由此，导致实体经济部门的产品结构、产业结构必须不断升级，实体经济结构是不断改变的。同时，由于消费结构的提升，高质量、高档次的产品生产过程更为迂回和复杂，因此，生产必然需要加大对人力资本、技术开发等的投资，结构升级的产品部门即新兴部门中的实体经济部门投资会增加，且需要新兴部门中的金融部门提供更大规模、更复杂的金融服务，与之相适应，传统部门的实体经济部门投资必然会在需求减小下减小，服务于传统实体经济部门的金融部门的投资也会减少，即 K_{1a} 和 K_{2a} 会不断减小，K_{1b} 和 K_{2b} 会不断增加，则在结构升级过程中，K_a 的投资趋于减小，K_b 的投资趋于增加。

根据休·帕特里克的"需求追随"或"供给领先"理论，实体经济结构提升，金融结构必然转变，实体经济规模的扩大，必然要求金融部门提供更大规模、更多品种、更为复杂的金融服务。根据这一理论，我们可以认为，为同等数量的实体经济资本存量提供的金融服务，决定经济结构提升的部门 B 比部门 A 需要更多的金融服务，也即部门 B 的合意比例 k_b^* 大于部门 A 的合意比例 k_a^*。具体形式如式（21）所示：

$$k_b^* > k_a^* \tag{21}$$

由于我们研究结构转变问题的前提是总量不变，即实体经济部门和金融部门所提供的产品和服务品种不变，只是每种产品或服务的相对规模发生了变化，因此，结构转变过程中，部门 A 和部门 B 的合意比例是不变的，则存在下式：

$$\frac{K_{2a} - \Delta K_{2a}}{K_{1a} - \Delta K_{1a}} = k_a^*, \quad \frac{K_{2b} + \Delta K_{2b}}{K_{1b} + \Delta K_{1b}} = k_b^* \tag{22}$$

由于经济发展总的预算约束在一定时期内是一定的，则结构转变过程中，部门 B 的新增投资不能无限制增加，此时，在消费需求对实体经济结构的导向作用下，在新兴实体经济部门对新兴金融部门提供金融服务的导向作用下，经济结构转变时期，社会可用资源会从传统部门 A 流出，流向新兴部门 B，则根据式（19）可得：

$$\Delta K = \Delta K_a = \Delta K_{1a} + \Delta K_{2a} = \Delta K_{1b} + \Delta K_{2b} \tag{23}$$

通过数学推导，可得：

$$\frac{\Delta K_{1b}}{\Delta K_{1a}} = \frac{1 + k_a^*}{1 + k_b^*} \tag{24}$$

根据式（21）可知：

$$\frac{\Delta K_{1b}}{\Delta K_{1a}} = \frac{1 + k_a^*}{1 + k_b^*} < 1 \tag{25}$$

那么，可以推得：

$$\Delta K_{1b} < \Delta K_{1a}，\Delta K_{2b} > \Delta K_{2a} \tag{26}$$

$$\Delta K_{1a} - \Delta K_{1b} = \Delta K_{2b} - \Delta K_{2a} \tag{27}$$

因此，实体经济结构升级将带动金融结构发生相应的转变，通过社会资源的流动表现出来，即实体经济结构升级使资源从传统部门 A 流出，流入新兴部门 B，且内部结构变动表现为从传统实体经济部门流出的资源 ΔK_{1a} 大于流入新兴实体经济部门的资源 ΔK_{1b}，多出的部分流入了新兴金融部门，从而导致流入新兴金融部门的资源 ΔK_{2b} 大于从传统金融部门流出的资源 ΔK_{2a}，说明新兴部门中结构提升后等量的实体资本存量需要的金融服务高于结构提升前需要的金融服务。

2. 金融结构转变与实体经济结构升级对经济增长的影响

根据前述分析，在结构转变进程中，新兴部门生产同样产品需要的过程更加复杂，生产同样产品需要的投资更多，则新兴部门投资率 I_b 会增加，传统部门投资率 I_a 会降低，必然有 $I_b > I_a$。同时，在结构转变进程中，由于传统部门 A 的资本存量流出，流入新兴部门 B 中，则会出现传统部门 A 投资等量减少，新兴部门 B 投资等量增加。若令 ΔI_a 表示在结构转变过程中传统部门 A 减少的投资，令 ΔI_b 表示在结构转变过程中新兴部门 B 增加的投资，则存在如下关系式：

$$\Delta I_a = \Delta I_b = \Delta K \tag{28}$$

又根据投资乘数的原理，在新兴部门 B 增加投资 I_b，则会在部门 B 增加 $\Delta Y_b = \dfrac{I_b}{1 - I_b}$ 的产出，同理，在部门 A 减少投资 I_a，则会在部门 A 减少 $\Delta Y_a = \dfrac{I_a}{1 - I_a}$ 的产出。由于 $I_b > I_a$，且 $\Delta I_a = \Delta I_b$，则：

$$\Delta Y_b = \frac{I_b}{1 - I_b} > \Delta Y_a = \frac{I_a}{1 - I_a} \tag{29}$$

根据式（29），必然存在 $\Delta Y_b - \Delta Y_a > 0$，说明新兴部门 B 的新增投资所带来的产出大于传统部门 A 减少等量投资所减少的产出，则会增加总的社会产出，使经济总产出呈现出加速增长的过程。

3. 金融结构转变与实体经济结构升级对金融发展的影响

根据前述分析可以得出下式：

$$\Delta K_{2a} = \Delta K - \Delta K_{1a} = \frac{k_a^*}{1 + k_a^*}\Delta K = \left(1 - \frac{1}{1 + k_a^*}\right)\Delta K \tag{30}$$

$$\Delta K_{2b} = \Delta K - \Delta K_{1b} = \frac{k_b^*}{1 + k_b^*}\Delta K = \left(1 - \frac{1}{1 + k_b^*}\right)\Delta K \tag{31}$$

$$\Delta K_{1a} = \Delta K - \Delta K_{2a} = \frac{1}{1 + k_a^*}\Delta K \tag{32}$$

$$\Delta K_{1b} = \Delta K - \Delta K_{2b} = \frac{1}{1 + k_b^*}\Delta K \tag{33}$$

将式（30）、式（31）、式（32）、式（33）进行简单换算，可分别得出整个金融部门和整个实体经济部门资本存量的增加量：

$$\Delta K_2 = \Delta K_{2b} - \Delta K_{2a} = \frac{k_b^* - k_a^*}{(1 + k_a^*)(1 + k_b^*)}\Delta K \tag{34}$$

$$\Delta K_1 = \Delta K_{1b} - \Delta K_{1a} = -\frac{k_b^* - k_a^*}{(1 + k_a^*)(1 + k_b^*)}\Delta K \tag{35}$$

根据式（21）和式（34）、式（35）可以得到如下判断：

$$\Delta K_2 > \Delta K_1 > 0 \tag{36}$$

因此，在结构转变过程中，不仅整个金融部门的金融资本存量增加值高于整个实体经济部门的资本存量增加值，而且在新兴部门 B 中金融资本存量增加值高于实体部门资本存量增加值，金融部门会出现高于经济增长的加速增长，金融深化程度会加快。

（四）政府主导与金融发展的空间：金融先导理论

在市场条件下，特别是市场发育并不充分的条件下，政府规划和政策的根本目标和任务就是：第一，创造有利于企业获取最大化利润的环境，也就是高资本高回报率环境；第二，培育区域金融内生主体，完善市场信息，促进资本流动，提高投资者对区域潜在投资机会的响应。

山西在 20 世纪二三十年代，由于资本主义世界经济大危机，以及世界货币战袭击，银价波动，使实行银本位制的中国货币制度受到不利影响。在世界各国金本位制先后崩溃之后，中国货币制度也面临如何改革问题，国内理论界议论纷纷。第一种意见主张实行能力本位，依据人民劳动发展货币，即个人依据能力取本村甲长担保，以自己的产业向货币发行当局抵领纸币作为生产资本；第二种意见主张实行虚粮本位，即以正常年份中等土地产量为发行货币的标准，发行纸币；第三种意见是物本位，即"物产证券"，政府法令规定一定价值的法定货币，收购商品，"收物发券、售物兑现"。这第三种意见就是阎锡山的货币主张。他的《物产证券与按劳分配》一书反映了他的这一经济社会思想，中心是四点：①资本主义经济社会制度有两个病症：一是分配病，病根是"资私有"；二是交换病，病根是"金代值"。②"金代值"是货币问题，由于黄金数量少，限制生产，因而产生了生产过剩、工人失业、经济危机和帝国主义国家之间的战争四种弊端。"资私有"使分配不公，产生了贫富悬殊、违反劳动人情、不能使生产发展等弊端。③废除"金代值"，实行物产证券，有多少物，发多少券，"做到券物相等"，可以消除交换病的四大弊害；实行按劳分配，废除按资分配，可以消除分配病造成的弊害。④物产证券是阎锡山的经济革命论。阎氏的这一套经济理论在山西进行了实验，一直到抗战爆发。1933～1937 年日军入侵山西前的 5 年内，以 110 万银元作资本，建成了铁路 850 公里，创建了采煤、冶金、电力、化工、机械制造、纺织、造纸等轻重工业几十个企业，省营企业总资产达 2 亿银元。山西二三十年代经济结构的成功调整，是在政府主导下进行的，其重要政策是金融先导。联系到"二战"后日本经济的高速发展，有理由说政府主导下的金融先导具有很强的理论意义和现实意义。

但是，政府主导不是计划经济，政府主导行为有一定的边界。政府主导的边界是：

第一，政府干预金融是市场失灵条件下的必然选择，这就决定了政府干预金融的范围是产生外部性的金融公共领域与信息问题引起的市场失灵。

第二，政府替代非政府组织进行经济协调时应采取阶段性和渐退式的政策，即政府协调对市场协调的替代式促进。

第三，政府主要是制度供给。如金融的制度安排、制度结构、制度框架、制度环境和制度创新。通过颁布政策，提供租金协调，如金融约束政策，既可以是制度协调，也可以有一定的组织协调，这就是政府主导的机制、内容与范围，即政府应与市场合作发展经济基础设施，包括规则和体制在内的基本框架，居民和企业在此框架内进行规划、谈判和实施经济交易。即包括法律和监管结构、监管资源及其操作、信息结构（如会计与审计规则及其实践、信贷管理、评级机构、公共登记机构等）、流动性便利、支付和证券清算系统，以及交易系统（如证券交易和持牌上市服务、交易规则、通信和信息平台）等。

在制度规则的约束下：第一，可以有效降低环境的不确定性，提供收益和成本预期的根据，从而提高经济主体对环境的认识和计算能力——针对人的有限理性假定。第二，提供了惩罚和鼓励的准则，为经济主体在追求利益过程中进行收益、成本计算提供了依据，可以减少人的偷懒或"搭便车"及其他损人利己的行为和倾向——针对人的机会主义倾向假定。必须肯定，政府是制度供给和制度创新的一个主体。这样，在金融协调过程中，"强制执行难以'自我实施'的契约和承诺"就是政府行为的最适选择。

总之，政府创造环境，企业创造财富。政府发展公共领域，在没有大量资本积累、没有成熟企业家队伍、没有适合的信息与技术条件下，政府可以扮演企业家的角色，培育市场，在市场逐渐成熟中，政府渐退，转向别的领域，进行新的开发。

当代山西金融创新潜力很大，亟待制度供给：除了国有商业银行、股份制金融机构在山西外，山西可以管理的有2个城市商业银行、4个城市信用社和100多个农村信用合作社联社，都有创造存款货币的功能；另外还有山西信托投资公司、山西证券公司、大同证券公司、山西融资租赁公司等地方非银行金融机构；还可以发行地方债券、吸引煤炭货币回流和阻止煤炭货币外流、充分运用商业汇票背书转让实现商品交易等。

区域金融市场机制是市场要素在市场规律作用下的自由组合和配置，即会有市场失灵和产生负效应的情形，政府作为区域金融的行为主体之一，为了国家区域开发和规划的需要，必定要对区域金融的发展进行宏观调控和协调。区域金融协调机制不是要扯平区域间的发展速度和利益差距而是要形成资金的市场配置效率最大化，一方面使各区域内金融市场的深度、广度深化，形成良好的吸纳和辐射机制，另一方面，使各区域间金融市场有序竞争和协调发展，最终达到区域经济效益与国家社会效益一致的发展机制、配置机制和监测预警机制。根据资金要素梯度力公式，区域金融协调机制主要是通过调控 D_{ij}（即区域间资金流动的障碍因子）来实现的。区域金融协调机制包括两层内涵：一是区域内金融业的自身效益；二是区域间产生的社会经济效益。围绕这两大效益的提高，区域金融协调机制的培育应从以下几方面进行制度建设：首先是金融市场区域层次。由于各区域的经济基础、结构和水平的差异性，使得各区域金融市场本身必然有层次性、不同层次的区域金融市场应有不同的发展策略和模式。其次是区域金融组织体系的建立。不同的区域金融市场层次和结构必然要有相应的组织体系。再次是政府在各区域金融发展中扮演的角色定位。由于不同区域的金融市场的基础组织和市场功能不同，政府在各区域的角色必然不同。根据不同经济区域的不同经济流程和流量以及不同层次和功能的金融市场和金融体系，灵活运用货币金融政策，调控货币政策在各区域内和区域间的传导机制。最后是加强一国内部区域与外部区域的金融合作，实现金融要素的充分流通和配置效率的最优。

（五）产业链的信用扩张：产业资金链理论

产业链、信用链与资金链关系密切，在同一产业链上，运用环环相扣的信用扩张，能够将1元掰成几份用，扩大货币的功能。20世纪30年代山西产业结构的调整中，山西人民公营事业董事会作为一个集团公司，依据产业链扩张信用，一套货币资金带动多个工厂建设。如西北洋灰厂1934年6月购地150亩，12月底厂房、办公室完工，安装机器，原料石灰石、坩子土、沙石、石膏等运入厂。1935年4月14日点火烧造，日产500桶。但是没有建设资金，完全依靠产业资金链的信用供给。"洋灰厂与同蒲铁路局签订一个合同：同蒲铁路局预先交款50万元（建洋灰厂需要50万元资金），厂售给洋灰若干，谓之'洋灰订款'。厂即以此款订购机器建厂，俟产出洋灰后再交货。这就叫做'彼此依存发展、支援，日积月累，母鸡孵蛋'的办法。当时炼钢厂的耐火砖厂也是用此法建成的。"

（六）金融业与产业结合：产融相济理论

在当代市场经济中，企业经营正在走向资本营运，企业不仅努力获取商业经营利润，而且也在努力获取资本经营利润。当代企业通过投资、兼并、改组等方式向金融业的渗透，金融业也在金融业内部各个行业银行、证券、保险投资兼并的同时，将股权投资的触角伸向非金融产业。近几年，山西已经有一些国有企业、民营企业投资入股银行、证券、保险企业，这种趋势仍然还会继续发展。回顾晋商当年称雄天下时，商品经营资本与货币经营资本也常常混合生长，票号东家也是盐商、茶商、粮商、绸缎商等。这是一个规律。金融业与产业相生相济，是天然的合作伙伴，金融业无产业发展基础不长，产业无金融业支持不活，金融活泼，经济发展，金融滞涩，经济停滞。当然，金融业与产业的混合生长，很容易使金融控股集团形成金融巨无霸，产生垄断，出现垄断又是经济社会发展的障碍。

（七）盘活公有资产：政府信用理论

从革命根据地建立到新中国成立后的 1956 年，山西省地方各级政府形成了大量国有资产，除了机关与事业单位，主要是被国有企业占用。在"文化大革命"的 20 世纪 70 年代初，我国没有商业信用、政府信用、国际信用、消费信用，国家还清了全部内债和外债，宣布我国是世界上唯一的既无内债又无外债的国家，以此为荣。后来我们自己也发现这并不是好事，市场经济下负债经营和充分的信用活动，是经济发展的必要条件。这几年我国信用形式多元化，有力地促进了经济增长，但是在政府信用方面，国家信用发展形势很好，而山西地方的政府信用仍然存在很大的发展空间。

地方财政资金除了保证行政事业支出外，在支持生产和经济发展方面大部分还是预算拨款，财政资金的信用化运用虽然起步较早，如企业贷款贴息、投资信用担保公司等，但发展并不快，投融资改革还需要加大步伐。除了货币资金的信用化运用，还可以用政府信用形式盘活其他国有资产，加速国有资本的循环与周转，让资本在运动中增值。根据地方经济发展的需要，由地方政府发行地方经济开发债券，由政府资金带头进入市场不想干也干不了的项目，开发创造市场，当市场跟进后，政府资金可以渐退，向新的领域开拓。

市场经济必然不断地内生出金融创新，金融创新是金融市场化发展中的必然趋势。金融创新一方面促进了金融与经济发展，同时也伴生着金融风险，给金融体系带来一定的脆弱性。第一，金融创新的可模仿性和不可逆性特点，加剧了金融业之间的竞争程度；第二，金融创新中的表外业务项目的增加，加大了银行经营活动中所面临的风险；第三，金融创新推动了金融业的同质化、自由化和国际化进程，加大了金融风险传播的可能性；第四，金融创新在创造出避险功能的同时，也为一些投机者通过承担过多的风险进行投机提供了可能；第五，金融创新可能削弱货币政策传导的有效性。这些，将对金融当局货币控制能力构成影响，不能有效地加以控制和消化，就会演变为金融动荡，影响经济社会发展与稳定。

建立健全风险吸收与风险转换制度对于金融风险控制是至关重要的。当金融机构出现清偿危机时，中央银行从保护金融系统安全性出发会采取相应的行动，如针对流动性困难的低息再贷款，帮助其渡过难关；对亏损较严重、流动性很差的金融机构，由中央银行暂时接管，注入资金、内部整顿，内部问题解决后，再令其重新开业；或者实行风险转移；或者是通过金融资产管理公司，收购、管理、处置由银行剥离的不良资产，从而既减轻国有企业的债务负担，又化解银行的金融风险；或者是通过建立存款保险公司，在金融机构倒闭时给予一定赔偿。可见，建立和完善风险转换制度，既有利于化解金融存量风险，也有利于增强社会公众对金融体系安全性的信心。

一部金融发展史就是一部金融创新史。金融的创新、金融的协调，一般都是通过制度创新来实现的。因为金融制度的安排，能够提供一种金融机制，使金融交易双方能够获得更大范围和更加灵活的满足，降低交易成本，提高金融效率和安全。通过金融制度的不断创新，实现宏观金融协调发展，是宏观金融问题的出发点和归宿。

三、山西金融机制创新的现状分析

长期以来，山西省经济金融界围绕金融机制创新、改革与发展问题，进行了各方面的研究和探讨，提出了很多很好的意见和建议。然而，在已经进行的研究中仍存在三个方面的问题：一是对我国不同地区经济金融存在的差异性重视不够，未能从这种经济金融的差异性的分析比较中，提出和解决问题。二是一些人虽然看到了不同地区经济金融方面客观存在的差异，但对造成这种差异的原因、即决定要素内部积累水平及其在区域间流出流入的要素收益率，亦即经济学铁的法则，认识不足，往往是就金融谈金融，就资金谈资金。三是忽视从理论上进行新的总结和概括，以致由于理论准备不足，认识不够统一，使得山西金融改革与发展中提出的许多现实性问题和政策建议，或者很难在现有的理论框架中寻找到相应的解决方法，或者由于缺乏相应的理论支持而无法实施。

鉴于上述问题，我们认为有必要对山西金融创新社会经济现状做一个比较分析，从战略上对其进行深入研究，以便从理论和实践的结合上全面回答山西金融改革和发展中提出的一系列现实问题，并进而使山西省在中部崛起中的金融机制创新工作能够有理论、有计划、有步骤地向前推进。

（一）金融机制创新与经济发展

随着经济市场化程度不断加深，货币信贷政策在资源配置中的作用仍然很重要。近年来，中央银行运用货币信贷政策手段支持经济发展，推动信贷结构调整，商业银行从自身效益最大化出发，也加大了信贷结构调整力度，在支持和促进产业结构调整方面发挥了重要作用。

1. 金融总量与经济发展中的金融资源供给

改革开放以来，山西的金融资源总量一直持续保持高速增长的态势。1999 年至 2004 年 9 月，山西省金融机构新增贷款 1600 亿元，比 1990 ~ 1999 年多增加 338.9 亿元，其中 2003 年全年贷款增量为 689 亿元[①]，是改革开放以来增量最高的时期，1999 ~ 2003 年山西省每元人民币 GDP 信贷资金均高于全国，其中 1999 年、2000 年分别高出 11.2 元和 8.9 元，2003 年高出 3.9 元。总体来看，山西省金融机构贷款总量占全国的比重仍高于国内生产总值占全国的比重，可以说金融业对山西省经济发展的贡献率是较高的[②]。

2. 信贷结构调整政策与产业结构调整政策

（1）强化窗口指导。一是政策指导。先后下发支持山西省经济结构调整，外向经济发展，扶持民营经济等指导意见，对进一步开拓信贷领域、加大贷款投放力度，支持经济有效增长，推进全省工业结构调整发挥了积极作用。二是重点引导。对辖区内先进经验和做法进行总结交流，推动商业银行和其他金融机构不断改善金融服务，积极支持地方经济发展。三是会议沟通。主要是定期或不定期召开行长联席会议、商业银行信贷部门座谈会，企业座谈会，向地方政府通报情况会等，积极发挥货币信贷政策作用，为工业经济发展和结构调整提供了高效、优质的融资平台。由于窗口指导作用明显，山西各金融机构贷款投入势头强劲，进一步扶持了新型工业化快速发展。

（2）充分运用利率手段支持产业结构调整。1996 年 5 月至 2004 年银行存贷利率连续多次下调，进一步减轻了企业利息负担，据初步估计，仅 7 次降低贷款利率可减轻山西地方国有工业企业利息负担近 13 亿元，从账面数字看，工、农、中、建四家国有银行 1997 年、1998 年、1999 年三年减少利息收入近百亿元，大部分都让利于工业企业。同时，对全国 520 家重点企业在山西的 14 家企业给予基本利率优惠，对这些企业的生产经营给予了极大支持。此外，工、农、中、建四大国有银行对山西国有企业的利息减免额达 23.9 亿元，有力支持了山西工业结构的调整[③]。

（3）进一步发挥再贷款、再贴现作用。近年来央行积极用好用活货

---

① 历年《山西省金融统计报表》。

② 根据《山西省金融统计报表》（1999 ~ 2003）及《中国统计年鉴》（1999 ~ 2003）数据整理测算。

③ 根据《山西省金融统计报表》（1997 ~ 2000）报表数据测算。

币政策工具，不断完善管理办法，进一步简化办理手续，使再贷款、再贴现业务呈现快速发展态势。尤其是充分发挥再贴现的杠杆作用，积极引导企业扩大票据业务比重，重点支持了太钢、西山煤电等重点工业企业。由于央行调控到位，2003 年上半年全省新增票据融资 127.4 亿元，占全部新增贷款的 29.9%，80% 以上都投入工业生产领域[①]。

3. 信贷投入与产业结构调整

近年来，山西信贷结构调整步伐加快，信贷资金进一步向冶金、煤炭、电力、化学、建材等山西重点行业集中，促进传统产业升级。据统计，2003 年末仅工商银行在冶金、煤炭、化学三行业的贷款余额近 117 亿元，占其信贷资金的 20%。工、中、建三家国有银行在冶金行业的贷款余额为 140.36 亿元，占整个国有银行信贷资金的近 10%，有力地支持了太钢、海鑫、长钢等钢铁企业快速发展。1999～2002 年 4 年内对"361"、"332"、"333" 等工业调产项目的贷款占到整个工业贷款的 70% 左右。1998～2003 年上半年，山西共争取国债资金 179.5 亿元，实施了 1048 个国债项目，总投资 564.7 亿元，其中银行贷款达 332 亿元，约有 1/3 的信贷资金投入工业技改，为工业经济发展增添了后劲。截至 2004 年，对太钢贷款达 49.39 亿元，大同煤矿 19.6 亿元，山西焦煤 9.06 亿元，山西关铝 16.32 亿元，南风化工 8.6 亿元，双喜轮胎 1.23 亿元，太重 6.12 亿元，安泰集团 6.55 亿元[②]。

表 2 2003 年 1～6 月山西主要行业信贷投入情况

银行名称	煤炭		焦炭		冶金		电力		化工	
	新增(万元)	占比(%)	新增(万元)	占比(%)	新增(万元)	占比(%)	新增(万元)	占比(%)	新增(万元)	占比(%)
工商银行	97020	24.61	24525	6.22	−66615		44660	11.33	41869	10.62
农业银行	24213	4.64	15041	2.88	12307	2.36	24397	4.68	7451	1.43
中国银行	54681	13.80	20358	5.10	74644	18.90	21193	5.40	2649	0.70
建设银行	27150	14.68	24900	13.47	44600	24.12	32480	17.57	15200	8.22
开发银行	−5400						−67100			
合计	197664		84824		64936		55630		67169	

注：各行业占比为各行业新增贷款占本行全部新增贷款的百分比；新增为比年初增加额。

资料来源：人民银行太原中心支行金融统计报表、山西省各商业银行报表（1997～2003）。

---

① 《山西省金融统计报表》（2003）。
② 人民银行太原中心支行 1997～2003 年有关报表。

信贷投入力度的加大，支持了山西主导产业升级。2002 年较 1999 年，冶金工业比重上升了 3.3 个百分点，煤炭工业比重上升了 2.6 个百分点，冶金工业已成为与煤炭工业并驾齐驱的主导优势产业。电力行业年度外输电量攀升至 212.4 亿千瓦时，较 3 年前翻了一番多，排到全国首位。1999~2002 年，山西装机容量增加了 326 万千瓦，增长 27.6%；发电量增加了 274.2 亿千瓦时，增长 48.4%，总装机容量 2002 年突破 1500 万千瓦。同时促进行业内部结构明显优化。煤炭工业：加工转化能力增强。原煤入洗能力由 1999 年的 33% 提高到 55%。水煤浆、型煤、活性炭等产品成为新的煤炭优势产品。冶金工业：全省已有 8 个年产钢 100 万吨以上的生产企业，形成了 1500 万吨钢的生产能力。成品钢材料、特种钢、有色金属比重大幅提高。化学工业：高浓度化肥的比重由 1999 年的 60% 提高到 80% 以上，确立了高浓度化肥在全国的竞争优势；精细化工产品产值比例由 1999 年的不足 8% 提高到 2002 年的 16% 以上。建材工业：通过技术改造，老水泥企业竞争力进一步加强。一批日产 1000 吨新型干法水泥熟料生产线和新型干法旋窑水泥投产。干法水泥已由 1999 年的不足 10% 提高到 25%。机电工业：已形成以重型机械、铁路机械、汽车零部件、高技术液压系统及基础件为核心的支柱产业。新兴产业：医药、新材料工业不断发展壮大。2002 年底，医药行业销售收入同比增长 48%；以钕铁硼稀土材料、超细粉体材料为主的新材料行业发展势头良好。高新技术产业：2002 年全省产值达到 210 亿元，比 1999 年增长近 1 倍。在支持优势行业和重点企业的同时加大了信贷资金限劣力度。对小煤窑、小焦炭、小铁厂、小纸厂、小电厂等污染严重、附加值较低的"五小"企业采取禁入措施，并采取各种手段逐步退出信贷资金，切断了"五小"企业的资金链，为工业结构调整创造了有利条件，1999 年信贷结构调整以来工业增速明显加快。

4. 信贷地区结构调整与中心城市发展

1999 年以来，全省金融机构信贷资金不断向中心城市集中，由于信贷投入增加，太原产业结构发生了变化。太原以资源优势和基础工业优势为依托的机电一体化新型装备工业基地初具雏形；生物医药产业不断壮大，瑞福莱药业、瑞丰药业、三裕制药等企业的 15 个生物制药项目相继投产，市场前景广阔；山西创益科技实业公司卫星导航定位仪已装备在边防部队；太工天成作为山西高新技术第一股成功上市；山西世纪星科技发展有限公司在无尘教具领域引领世界潮流；农业产业化蓬勃发展，恒康乳业、宏明养殖、青玉油脂等 10 个大型农业加工龙头项目建设投产，使太原市基本形成龙头带基地、基地连农户的产业格局；太钢、太重、太化、西山煤电、刚玉等优势产业进一步做大做强。

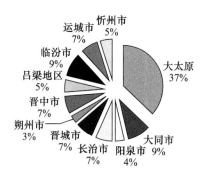

图 1　山西省内分地区存款占比

资料来源：历年《山西金融统计报表》。

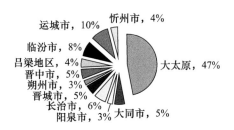

图 2　山西省内分地区贷款占比

资料来源：历年《山西金融统计报表》。

5. 信贷所有制结构调整与民营经济发展

1998 年至今，中国民生银行、中国光大银行、华夏银行相继入驻山西，太原市城市商业银行和大同市商业银行也先后组建。从贷款看，民生银行由 2000 年的 12.54 亿元增长到 2003 年 9 月末的 107 亿元，增长 7.5 倍；光大银行由 2000 年的 20.2 亿元增长到 2003 年 9 月的 103.6 亿元，增长 4.12 倍；华夏银行由 2000 年的 21.7 亿元增长到 2003 年 9 月末的 97.3 亿元，增长了 4.5 倍[①]。上述银行重点支持了一批优势民营企业。另

---

① 《山西省金融统计报表》。

外，四大国有商业银行加大对股份公司及民营企业的支持力度，使山西民营企业发展迅速。目前全省营业收入超过1000万元的乡镇和民营企业达到1032家，其中亿元以上的企业达到79家，全省有16户民营企业进入全国500强行列。2003～2004年，山西民营经济增速均超过GDP增速10多个百分点。山西民营企业生产的洗精煤、机焦、生铁、铸件、碳素、耐火材料等产品在国际、国内市场优势地位明显、竞争力不断增强、市场份额逐年扩大。2005年前8个月固定资产投入近200亿元，比上年翻了一番。全省民营企业建成40万吨以上规模的机焦企业达80多个，特别是安泰、阳光、潞宝等大型民营企业，已经开始配套开发焦化工产品，提升了焦化工业的产业档次。现全省焦炭总规模达到8000万吨，总产量占全国的42%，外调量占到全国的80%。全省民营钢铁企业生产能力由3年前的不足300万吨快速增长到现在的1000万吨，山西最大的民营企业海鑫集团现已成为拥有固定资产50亿元、营业收入32.9亿元、年创利税达10亿元的特大型钢铁生产企业，近年来，国有商业银行加大了对民营企业贷款的力度，海鑫、安泰振兴铝业、粟海集团等民营企业都获得了较多贷款，民营经济快速扩张牵动信贷增长[①]。

总体来看，信贷结构调整使金融机构信贷扩张能力增强，有效地支撑了经济增长，从而为产业结构调整创造了良好空间。全省金融机构1990年贷款总量高于GDP 82亿元，1995年上升到189亿元，2000年升至810亿元，2002年达到901亿元，2003年贷款增幅位列中部九省第一，有力地支持了产业结构调整，为产业升级创造了宽松资金环境[②]。

（二）山西金融机制创新的缺陷分析

无可否认，20余年的改革开放使我国金融机制与国际金融之间的差距大大缩小。金融结构与金融功能在不断提升的同时，金融机制与经济发展之间的协调机制得以不断的优化，改革以来的经济增长与金融发展无疑为此论题提供了极为有力的证据。作为我国金融格局的一个重要组成部分，山西金融创新机制的变迁也清晰地展现了这一协调发展过程。但是，改革过程中的金融发展与经济增长之间的协调机制是一个不断地摩擦和相适应的过程，山西金融创新机制的变革也不可避免地存在一定的不和谐因素。

---

① 根据山西省统计局有关资料整理。
② 历年《山西省金融统计报表》、《山西统计年鉴》。

1. 宏观政策与区域经济结构差异突出

1998 年以来的货币供给和宏观调控模式转换，形成了以人民银行为主体、以公开市场操作为主要工具的单一的总量调控模式，有效解决了长期存在的信贷倒逼问题，总量调控效果显著。但同时由于我国各地区经济发展、市场化程度差异很大，对外开放程度不平衡，单一总量调控模式客观上加剧了货币信贷供给的区域差异，形成了基础货币的集中投放和货币资金的集中趋势，造成资金向东部发达地区、大城市、大企业、大机构的集中，导致了金融总量调控与经济结构问题之间的矛盾，进而加剧了经济发展的不均衡。

导致金融总量调控与经济结构矛盾问题的成因是复杂的。一个国家金融宏观调控的基本特征，取决于该国经济市场化程度、金融组织结构、金融市场发育程度和中央银行货币政策的目标模式。在无摩擦（资本、劳动力和技术完全无成本流动，同时市场是完全的）或是摩擦较小的市场经济中，货币供给的结构性问题是可以不予考虑的，或者说，货币供给的结构性配置和经济效率是内在一致的。欧美发达国家之所以能够实行市场化程度较高的货币供给机制和宏观金融调控模式，原因就在于其发达、统一的商品、金融市场体系和完善的市场制度，从而市场化的金融调控措施能够完全传导到各个微观经济主体。而从我国来看，由于我国仍处于经济转轨时期，商品市场、金融市场仍存在诸多分割现象，市场制度受到政府的各种行政干预较多，造成了当前市场化的宏观金融调控模式在我国存在一定的非效率表现。具体来说，其成因主要缘于我国经济发展中的一个基本事实和货币政策实施所面对的三个不均衡条件。

这个基本经济事实是，社会平均利润率在我国当前阶段实际上是不存在的。各级政府对市场准入存在行政性限制。突出表现在电信、电力、交通运输、石油化工等行业的市场准入限制和价格管制，导致了行业之间存在着显著的行业利润率差别。人力资本和土地等生产要素市场仍然存在较严重的市场分割现象，造成地区之间就业市场的不平衡，使区域间劳动力成本之间存在显著差异。此外，在分税制下，地方税收征管政策上存在显著的差异，存在着"放水养鱼"和"竭泽而渔"之间的不同程度上的差别，同时，各地还有名目众多的地方性基金项目，征收上也存在明显的不同。这些政策性经济工具的存在，也造成了不同地域、不同行业间的利润率差别。

不仅如此，我国当前经济金融发展中还存在着三个不均衡条件，带来了货币供给和金融总量调控的结构性效应。一是经济开放水平不均衡。一方面，改革开放政策在试点推广上的阶段性需要，造成了改革开放政策在东部和中西部之间的差异；另一方面，由于东部是沿海地区，改革开放具有得天独厚的优势，经济外向度高，外经外贸和实际利用外资水平均显著高于其他地区。二是市场化程度不均衡。由于我国各级地方政府特别是省级政府对地方经济的干预权力仍然相当大，干预手段仍然相当多，经济制度、经济发展政策区域性差别明显。这也是经济转轨过程中市场力量与行政力量之间博弈的结果。三是金融市场结构不均衡。一方面，国有银行在信贷市场上占据垄断地位；另一方面，货币市场内部以及货币市场、信贷市场与资本市场之间的分割状态，也造成了各区域、各行业在融资成本上的差异。

利润率在行业、区域间的结构性差异，社会平均利润率的不存在，以及上述的三个不均衡条件，造成了我国现有的货币供给机制和金融总量调控与经济结构性问题之间的矛盾，造成了现有的以外汇占款为主要投放渠道的货币供给机制和以公开市场业务为主的金融总量调控与经济效率之间的矛盾。如果市场是均衡的和充分竞争的，则中央银行通过公开市场操作吞吐货币的影响也将是均衡的；如果市场是不均衡的和不充分竞争的，则中央银行通过公开市场操作吞吐货币的影响也将是不均衡的，结果只能导致资金收放结构出现不对称，货币政策操作在某种程度上扭曲资金配置，与市场导向出现某种程度上的背离，进而造成资金配置效率和经济发展的损失。我国当前的货币政策操作，恰恰面临这一问题。

反映在货币政策上，目前我国货币政策存在的主要问题之一是全国一刀切式的统一的货币政策难以满足一些地区的实际情况。因为中国区域经济发展有明显的差异性和不平衡性，各地经济结构和发达程度不同、供需状况不同、消费能力和需求特点不同、信贷投资环境不同、防范处置风险能力不同、微观经济主体偏好不同，还有地域社会文化等方面的差距，降低了统一性货币政策的效果。

2. 金融保险业产值比重不断降低

1995 年山西省金融保险业占第三产业的比重达到 15.36%，占 GDP 的 12%。但从 1996 年开始，这两个比重开始急速下滑，到 2002 年只有

12.98%和4.73%①。考虑到全国同期的平均水平，我们判断山西省金融保险业产值的第一个急速下降的原因，可能与亚洲金融危机带来的不利冲击和国家宏观金融的紧缩有关；第二个急速下降的原因在于山西金融业发展速度落后于第三产业和整个经济发展水平。从和全国的比较看，山西省金融保险业对经济的贡献率差距还是很大的。而且，经济发达程度与金融相关比率大致保持同一方向，经济发展速度越快，金融保险业的贡献率就越大。

表3　金融保险业产值占第三产业和 GDP 比重　　　　单位:%

年份	山西省		全国
	占 GDP	占第三产业	占第三产业
1995	12.00	15.36	19.4
1996	7.12	15.41	19.7
1997	6.66	15.71	19.7
1998	6.43	16.32	19.7
1999	6.36	16.34	19.7
2000	6.30	16.28	19.7
2001	6.18	15.92	19.6
2002	4.73	12.98	19.8
2003	3.62	10.42	19.9

资料来源：历年《中国统计年鉴》、《山西统计年鉴》。

3. 银行业呈现寡头垄断特征

从整体看，山西省和全国类似，是典型的以银行业为主导的金融体系，金融资产的70%以上集中在银行体系，全社会的资金融通也主要通过银行系统得以完成。经过20多年的发展，山西省的银行体系已经形成了国有商业银行、股份制商业银行、城市商业银行、城市信用社和农村信用社组成的多层次、多种所有制并存的市场竞争格局。由于历史和现实的复杂原因，山西省银行业市场结构呈现出四大国有商业银行占据主导地位的寡头垄断结构。尽管从近年看，四大国有商业银行所占比重在下降，但仍然占据着高度的垄断地位。而地方法人类金融机构数量少，市场份额小，市场竞争不充分，各机构间业务趋同，低水平恶性竞争时有发生。这

① 历年《山西统计年鉴》。

种高度垄断的银行业市场结构，一方面不利于资源配置效率的提高和优化；另一方面经济体中的金融需求高度依赖国有商业银行，由此金融风险也大量集中于国有商业银行，制约了国有商业银行的改革。同时，四大国有商业银行分支机构由于历史包袱重，资金来源有限，余额贷存比和不良资产率相对较高，贷款收息率比较低，借用总行资金多，现行信贷体制下对其中部分行增加贷款投放存在规模和资金制约。尤其是在市场化程度不断推进的背景下，资金逐利性趋强，各行在总分行体制下会统一调度其各地分支机构的资金，并向预期资金收益率高的东部地区倾斜投放，从而以行内上存资金等不同形式"虹吸"中西部欠发达地区的资金，导致中西部欠发达地区资金外流。

从 2004 年底统计数据看，山西省地方法人类金融机构（指信用社、城市商业银行、城市信用社）的余额存贷比、新增存贷比都明显高于四大国有商业银行在当地的分支机构，由此导致的资金外流也远远大于通过央行再贷款的资金回流。西北五省区地方法人类金融机构存贷款市场份额小于全国，欠发达地区金融垄断程度高于全国。这只是一个静态数据，但是欠发达地区资金外流、地方法人类金融机构发展远远落后于发达地区是一个客观事实。

表4　国有商业银行存贷款比重

年份	全部金融机构（亿元）		四大国有商业银行（亿元）		四大国有商业银行占比（％）	
	存款	贷款	存款	贷款	存款	贷款
1999	2357.2	1909.2	1594.0	1296.0	67.60	67.90
2000	2628.4	2453.1	1740.9	1269.7	66.23	51.76
2001	3090.7	2408.4	1978.0	1389.2	64.00	57.70
2002	3708.7	2903.2	2298.8	1639.5	62.00	56.50
2003	4681.5	3552.3	2780.3	1938.1	59.40	54.60
2004	5811.7	4016.1	3309.2	2104.4	57.00	52.40

资料来源：历年《山西省金融统计报表》。

4. 非银行金融机构作用甚微

无论机构数还是资金实力山西省非银行金融机构都还发展较慢，资本金、资产、分支机构和员工数量规模太小。表现之一是资本金太少，国内规模比较大的证券公司资本金有 10 亿元，而山西这类机构的资本金一般在 0.5 亿~1 亿元的水平，很难承担市场的风险，特别是今后一级市场的发行风险加大，更需要足够的资本金来承担失败的风险；表现之二是总资产少，由于没有合理资金来源，证券公司的负债极不合理，只能依靠短期拆借和占用客户保证金来维持经营，资产量小，可供运作的空间就受到极大限制；表现之三是专业人员数量少、素质低，据初步统计，具有经济专业高级职称的人数仅占从业人员的 7% 左右，而且引进人才的力度也不大，没有足够的专业人员，也很难开拓业务和产品创新。

5. 资本市场发展滞后

（1）从股票市场看。①上市公司数量少、规模小。截至 2004 年，山西省在沪深证券交易所共有上市企业 24 户，占同期全部上市企业的 1.58%。山西省上市公司的市值仅占沪深两市总市值的 1.07%。从全国范围看，山西省上市公司规模和资产规模与其作为全国能源重化工基地的地位是不相称的。②上市公司融资能力差。1993 年以来，山西省总共从股票市场融资近 600 亿元，只相当于同期全国筹资额的 1.25%。

表 5　山西省上市公司筹资额①

年份	1999	2000	2001	2002	2003
山西省（亿元）	50.2	112.3	126.5	133.7	153.6
全国（亿元）	944.6	2103.1	1252.3	961.8	1358.1
山西省占全国的比重（%）	5.3	5.3	10.1	13.9	

（2）从债券市场看，与其他省份比较，山西省债券市场更为落后。山西的债券市场发展存在种类单一、发行规模小、缺乏制度性基础设施的支持等问题。据有关资料显示，山西累计发行企业债券近 17 亿元，仅占全国约 0.08%，其中 1999 年山西企业债券发行额 0.7 亿元，占全国当年企业债券发行额的 0.02%。1999 年以来山西企业债券市场基本处于停滞状态。

6. 不良贷款占比高

山西金融发展不仅总量水平不高，而且周转能力也较差，资金沉淀浪费严重。从宏观层面上看，山西省的贷款效率呈下降趋势。单位贷款创造

---

① 山西证监局 2004 年工作总结。

的 GDP 逐步减少，每亿元贷款创造的 GDP 由 1987 年的 2.1 亿元下降到 1999 年的 0.7 亿元，13 年间贷款使用效率下降了 1/4 左右。贷款使用效率由 1990 年的 0.684 下降至 2002 年的 0.513，资本投入产出呈恶性循环态势，20 世纪 90 年代初山西金融机构不良贷款率大概在 15% ～ 18%，1994 年以后为 20% 左右，1997 年至今一直在 30% ～ 40% 的水平。居高不下的不良资产已经成为山西省经济金融发展的巨大包袱，严重干扰了金融机构的各项改革和日常经营活动，导致潜在的金融风险加大。另外山西各类资金在使用上还存在着比较分散的情况，银行资金、财政资金和企业自筹资金三者内部及其之间缺乏有效配置。应采取有力措施管好用好山西的资金①。

7. 中间业务发展较慢

世界上银行业发展趋势是信用业务相对下降，中间业务迅速崛起，国内银行业亦呈同样趋势。而山西银行业的中间业务发展缓慢，主要表现在：范围窄，品种少，层次低。在我国，各类银行中间业务已发展到 260 多种，起主导作用的是那些筹资功能较强、日常操作简单的结算类、代理类业务，而层次较高、为市场提供智力服务而从中收取手续费为主的业务很少。服务手段相对落后，科技化程度低。我国商业银行缺乏高效、快捷的结算、支付系统，缺乏健全、科学的核算体系，缺乏完善的管理信息系统，通信网络、计算机应用软件配套能力差。

8. 资金逆向流动较为严重

在我国，经济发展极不平衡，各省市所处的地理位置和经济发育程度不同，近年信贷资金流动的规律是，信贷资金从中部和西部向东部流动。

表6　1997～2003 年全国各省市存贷款余额的比例　　　　单位:%

地区	1997 年	2000 年	2003 年
全国平均	86.6	79.6	76.4
北京	49.0	60.8	61.9
天津	89.8	81.7	84.9
河北	82.0	74.8	71.0
辽宁	99.2	87.9	80.8
上海	66.9	76.6	73.8

① 人民银行太原中心支行、山西银监局监管报表 1997～2004 年。

地区	1997 年	2000 年	2003 年
江苏	78.9	71.0	73.5
浙江	76.2	74.3	81.4
福建	77.2	78.3	74.1
山东	90.0	83.2	84.2
广东	73.9	69.3	66.9
海南	100.5	71.5	73.9
东部平均	76.5	73.6	73.2
山西	85.9	81.2	75.8
吉林	134.6	118.7	99.4
黑龙江	105.1	94.4	82.7
安徽	111.5	96.2	80.5
江西	107.6	88.5	78.6
河南	98.3	91.7	84.3
湖北	121.4	97.8	83.5
湖南	108.1	83.6	81.3
中部平均	108.2	93.6	83.0
重庆	106.5	84.9	80.7
四川	98.5	89.8	81.7
贵州	107.8	96.3	90.3
云南	81.6	80.7	78.8
西藏	75.3	55.6	45.0
陕西	93.3	82.4	77.2
甘肃	93.1	83.5	81.1
青海	131.7	118.7	104.9
宁夏	104.2	96.7	91.3
新疆	100.7	75.3	78.8
内蒙古	127.4	105.6	92.0
广西	90.6	71.1	73.1
西部平均	97.7	85.1	80.9

注：存贷款余额的比例 = 贷款余额 ÷ 存款余额 ×100% 。

资料来源：历年《中国金融年鉴》。

存贷款余额的比例是反映一个地区的存款总量转化为在该地区投放的贷款的比例，即该地区存款资源的利用率。表 6 数据说明，1997 ~ 2003

年，我国存贷款余额的平均比例由 86.6% 下降到 76.4%，下降了 10.2 个百分点，而东部地区的平均存贷款余额的比例由 76.5% 下降到 73.2%，仅下降 3.3 个百分点。其中，北京、上海和浙江等经济发达地区不仅没有下降，反而上升。北京从 49.0% 上升到 61.9%，上升 12.9 个百分点，上海从 66.9% 上升到 73.8%，上升 6.9 个百分点，浙江从 76.2% 上升到 81.4%，上升 5.2 个百分点。而中部地区的存贷款余额比例下降幅度最大，平均比例从 108.2% 下降到 83.0%，下降 25.2 个百分点，比全国的下降幅度大 15 个百分点。西部地区的存贷款余额比例下降幅度次之，平均比例从 97.7% 下降到 80.9%，下降 16.8 个百分点，比全国下降幅度大 6.6 个百分点。我国中部和西部是我国的资金匮乏地区，而且老工业企业多，技术水平落后，存贷款余额的比例高是正常的，这几年存贷款余额的比例大幅度下降，意味着其信贷资金大量外流，这对我国中部和西部经济的影响是很大的[①]。

从存贷款增量的比例可以更清楚地看到我国中部和西部信贷资金的外流特征。

表 7　我国各省市贷款增量占存款增量的比例　　　　单位：%

地区	1997～1999 年	2000～2002 年	2003 年	人均 GDP 占全国的比例
全国平均	73.7	61.8	74.4	100.0
北京	40.5	64.0	72.7	243.8
天津	84.7	75.8	88.5	217.0
河北	74.3	57.2	55.6	96.3
辽宁	74.8	56.1	70.7	138.0
上海	145.9	65.7	64.5	348.3
江苏	59.5	59.5	87.3	153.9
浙江	69.5	73.7	96.8	176.5
福建	76.7	57.9	78.7	145.1
山东	76.4	79.5	87.1	123.9
广东	68.9	55.6	65.7	144.8
海南	4.8	47.1	59.3	84.2
东部平均	68.6	63.7	75.5	148.3
山西	56.5	78.9	66.1	65.1

---

①　根据《中国金融年鉴》（1997～2003）数据整理。

地区	1997~1999年	2000~2002年	2003年	人均GDP占全国的比例
吉林	133.8	48.8	53.1	88.4
黑龙江	116.0	31.4	61.0	113.8
安徽	92.2	50.2	57.7	63.9
江西	56.2	47.7	76.7	64.1
河南	110.9	60.6	74.1	71.4
湖北	80.9	49.9	71.2	88.4
湖南	53.3	60.5	75.9	72.5
中部平均	88.5	54.4	68.1	76.6
重庆	82.4	59.3	85.3	68.3
四川	103.7	57.5	64.5	62.6
贵州	63.2	82.3	89.6	35.4
云南	79.9	65.3	84.9	55.7
西藏	20.9	31.2	60.5	55.7
陕西	88.2	54.7	74.1	60.8
甘肃	93.4	70.1	78.9	48.9
青海	65.6	85.0	118.3	74.8
宁夏	80.0	79.1	94.0	63.3
新疆	34.6	71.1	70.9	91.5
内蒙古	56.9	75.8	76.7	78.1
广东	50.2	40.9	96.7	58.7
西部平均	76.8	61.7	78.6	60.5

资料来源：历年《中国金融年鉴》、《中国统计年鉴》。

存贷款增量的比例是反映一个地区的存款增量转化为在该地区投放的贷款增量的比例，即该地区存款增量资源的利用率。

表7的数据说明，1997~1999年，我国存贷款增量的平均比例为73.7%，东部地区的平均存贷款增量比例为68.6%，比全国低5.1个百分点。中部地区的平均存贷款增量比例为88.5%，比全国高14.8个百分点，这两年是东部信贷资金向中部和中西部流动。但是从2000年开始，我国信贷资金开始反向流动，由中西部地区向东部地区流动。2000~2002年，我国存贷款增量的平均比例为61.8%，东部地区的平均存贷款增量比例为63.7%，比全国高1.9个百分点。中部地区的平均存贷款增量比例为54.4%，比全国低7.4个百分点，西部地区的平均存贷款增量比例

为 61.7%，比全国低 0.1 个百分点。到 2003 年，中部的信贷资金向东部和西部流动，东部和西部地区的平均存贷款增量比例分别为 75.5% 和 78.6%，分别比全国平均值高 1.1 个百分点和 4.2 个百分点。可见，最近四年，我国中部和西部信贷资金的外流十分明显，尤其是中部地区，既没有东部经济发达地区高收益的吸引力，又没有"中部开发"的政策优惠，其信贷资金的大量外流就在所难免。

9. 外资作用弱质化

1998 年山西省进出口总额为 11.11 亿美元，占全国进出口总额的 3.43%。2002 年，山西省进出口总额为 23.1 亿美元，占全国进出口总额的 3.72%，略有增加。主要原因是以焦炭为主的能源产品国际市场需求增加，价格上扬幅度较大，出口形势好转。1998 年山西省的外贸依存度为 6.2%（进出口总额 ÷ GDP × 100%），全国外贸依存度的平均水平为 34.9%；2002 年，山西省外贸依存度为 9.5%，全国外贸依存度为 49.4%，山西省的开放程度明显低于全国水平。1998 年山西实际利用外资总额 59205 万美元，占全国利用外资总额的 1%。2002 年山西省实际利用外资总额 39352 美元，占全国利用外资总额的 0.7%。从各方面来看，1998 年以来山西省的开放程度均呈下降趋势[①]。

10. 地方政府公信度有待提高

地方政府在影响资金供求过程中具有十分重要的作用，由于山西国有企业改制步伐较为缓慢，地方政府在直接影响主要企业投资方向方面仍然发挥重要作用，同时地方政府在构建信用环境，提高融资效率方面也是重要的外生变量。经济货币化程度和对资金的吸纳能力不同导致资金供应能力不同。经济欠发达地区经济货币化程度远比经济发达地区要低，通货活期存款率高。根据货币乘数 =（1 + 通货活期存款率）÷（法定准备金比率 + 超额准备金比率 + 通货活期存款比率），在基础货币供应一定的条件下（假设各银行金融机构超额准备金比率相等），由于各地的法定存款准备金率是相等的，经济欠发达地区的货币乘数必然要小于经济发达地区。在货币供应量 = 货币乘数 × 基础货币的机制下，经济欠发达地区央行再贷款、再贴现规模（基础货币的增长与再贷款、再贴现的规模成正比）较小，货币乘数又相对较低，其货币扩张能力必然小于经济发达地区。

---

① 根据《中国统计年鉴》（2004）数据整理。

四、山西金融机制创新的对策研究

改革开放以来，我国在经济管理体制、工农业生产、主要商品和服务、劳动力、土地等许多领域进行了市场化改革，有力地推动了我国由计划经济向市场经济的转变。金融市场化改革也迈出重要步伐，但从整体看，我国金融市场化程度仍较低，金融已成为目前中国经济发展的最大瓶颈。

早在 20 世纪 60 年代，戈德史密斯就指出，经济高速增长往往伴随着金融发展的突进。麦金农和肖在 1973 年曾指出，发展中国家的经济改革应该从金融领域入手。在许多发展中国家，金融市场的不成熟导致了资源配置扭曲，使得原本稀缺的资本流到了拥有特权而不懂得投资的社会阶层，而急需资金进行投资的企业家却得不到足够的资金。我国的状况也是如此。

在计划体制下，由于政府主导，使得国有商业银行的大量金融资源流入无效率的国有企业，造成银行积累了巨额的不良资产。当国有银行问题缠身后，政府又热衷于发展股票市场，其实质就是把股票市场看成了为国有企业"圈钱"、帮助国有企业"脱困"的工具。这必然使政府忽视对上市公司经营机制的改革，并因此扭曲了股票市场的运作机制，最终损害了国有企业的融资能力。更严重的是，政府为了确保国有经济的控制地位，把国有股的份额看作控制的唯一手段，从而导致上市公司的畸形股权结构，为我国股市发展埋下了最大隐患。而目前任何国有股减持的风吹草动都会掀起市场上的轩然大波。可见，金融运作机制的非市场化是我国金融瓶颈的关键，金融改革只有从这里入手才能够找到问题之所在。

（一）山西金融机制创新的基本思路

从我国金融发展的整体进程来看，以市场化法则重塑金融体系，提高金融效率，化解金融风险，是一个长期的战略。山西金融机制创新不可能脱离国家金融发展的主线，但是如果不从山西的实际出发，一味地"跟风"，则反而会因为山西金融市场化的土壤和环境的不成熟，而出现金融秩序紊乱、金融生态破坏的不良后果。因此，山西金融机制创新必须立足山西寻找山西金融"市场化"的特殊道路，这是山西金融机制创新基本思路的出发点。

金融创新的目的在于不断地通过各种创新手段，开拓金融资源、转换金融结构、提升金融效率以适应经济发展的不断需求。长期以来，山西形成了以能源原材料工业为主的产业结构，改革开放后，支撑这种结构的中央投资急剧减少，而山西国民收入少，资金积累率低，金融资源短缺，金融市场化程度低，金融效率不高，这就使得山西省几次经济结构调整改革均因缺乏金融强有力的支持而不能取得理想效果，致使山西至今难以摆脱产品初级化和低附加值的竞争劣势。由此可见，山西进行一场力度较大的金融机制创新势在必行。但是如果只依赖市场手段，在山西的投融资效率不高、金融深度和金融市场化程度都远远落后于金融资源丰富的东部地区的情况下，寄希望于市场自发地形成新一轮产业结构调整所需的金融环境和金融能力，是绝对不可能的事。

因此，立足于山西现实，以政府强势弥补市场弱势，以金融先导引领产业结构调整，是山西金融机制创新的根本思路。

具体来说，一是通过政府驱动营造有利的金融环境，通过政策倾斜吸引资金内流，达到积聚金融资源，丰富融资方式，完善金融市场，提高金融效率的目的；二是通过金融先导引导资金流向新型产业部门，实现金融结构转换促进产业结构转换的目的。这种金融创新机制的基本思路，是山西特殊历史环境下的必然选择，是扭转山西经济落后局面，提升山西经济、金融实力，最终在市场化竞争中立于不败之地的必经之路。

1. 培育货币市场

货币市场是短期资金融资和回流的重要场所，高效有序的货币市场对促进资金循环、分散金融风险、提高金融效率有着不可替代的作用。货币市场中的同业拆借和国债回购等市场，参与主体基本上是银行和央行等金融机构，企业和普通居民的参与度不高。作为货币市场主体的票据融资市场对满足企业短期资金需求、扩大银行信贷资金投放渠道、加速资金循环起到了重要作用。虽然票据融资近几年在山西发展较快，但还存在一些制约其发展的重要因素，如果能通过金融创新来消除这些影响因素，将会活跃山西短期融资市场，为山西经济发展增添活力和动力。

目前，山西票据融资市场的主要障碍在于：一是票据品种单一，银行承兑汇票约占90%以上的份额；二是票据签发、贴现、查询等手续复杂，影响了票据发行量，致使民间票据融资盛行，外省金融机构抢占山西票据市场；三是票据市场参与主体不够，如缺乏专门的承兑公司、贴现公司等；四是票据市场的诚信等基础环境欠佳，这些都影响了票据融资的顺利进行。

针对这一现实，我们应该从以下几方面进行创新以活跃票据市场：

（1）丰富票据融资品种，推进商业汇票的广泛使用，尝试发展本票业务、开发无担保票据、公司票据等商业票据；

（2）建议公正权威的企业信誉评估机构，成立专门的承兑公司、贴现公司、成立本票发行、交易市场，为票据的发行融资创造条件；

（3）简化票据交易手续，强化商业票据的无因性，依托中国票据网络，建立全国性的票据业务查询系统、交易系统和监督管理系统。

2. 扩张证券市场容量

证券市场是拓宽企业融资渠道，优化资源配置的一个主要金融体制安排。经过十几年的发展，我国的证券市场已从不规范、不成熟走向了按市场原则、实行严格准则主义制度的成熟资本市场阶段。但是由于目前我国证券市场的层次性少，按其接纳入市企业的标准来衡量，大量的中小企业被排除在了证券市场的门外，本已狭窄的间接融资渠道更是挤得"水泄不通"，致使企业"融资难"的压力始终不能缓解。除了进一步拓宽间接融资渠道外，优化资本市场结构，使单一型市场演化为多主体、多层次、多形态、多品种的全能型市场，也是一个可行的市场机制创新途径。从山西来看，细化证券市场层次、拓宽证券市场容量是首要的选择。具体来说有以下思路：

（1）通过搭建区域债券交易平台及启动银行代理方式的柜台交易市场，完善和规范区域债券市场，为政府、企业的债券融资营造高效、健康的市场环境。

（2）以市政债券和项目债券带动区域债券市场的发展。市政债券是以政府信用为基础、以地方财政收入为偿还保障的债券，有良好的市场基础。市政债券的发行必然能吸引大量的投资者，既能满足基础建设投资的需要，又能活跃债券市场；区域性大型项目一般有较好的投资前景和良好的投资回报，长期以来是商业银行竞争的目标，将其转化为项目债券，同样能吸引机构投资者参与，并适当地面向普通投资者，为企业债券市场的发展奠定基础。

（3）成立区域性的担保机构和发行机构。债券市场发展中最重要的一个环节是风险处置，在区域性债券发展初期，宜以低风险的债券品种为主。因为市场培育阶段，无论是政府，还是投资者对市场中可能出现的问题都没有经验，制度缺陷是难免的，控制风险是市场的共识。借鉴国外的经验，成立具有公信力的有政府背景的担保机构和发行机构将有助于债券信用的增级，为区域性债券市场稳步推进打下基础。

（4）以政府引导为基础，推出产业投资基金特别是能源投资基金。通过产业投资基金的发行和交易，积极吸引多元化的社会投资，大力支持新型能源基地的建设和大型能源企业的发展，大力支持高科技创业企业的发展，大力支持非国有投资项目的发展，大力支持国有企业的战略重组，大力支持县（市）和乡镇产业投资项目的发展。特别是需要迅速组建区域产业基金发展中心。政府不宜干预基金的运作，但可以根据产业政策和区域发展政策，通过对基金设立审批程序和基金的基本投资限制来发挥必要的导向作用。另外，还可以对设立的向国家鼓励发展的产业定向投资的基金在税收上给予一定的优惠政策，从而体现国家的产业政策，并鼓励其为区域经济发展服务。积极发起或参与企业重组基金、风险投资基金、创业投资基金和中外合作产业投资基金等多种类型的基金组讲座，充分发挥基金这一"资本放大器"的作用，促进以太原高新技术产业区为中心的高新技术产业跨越式发展和地区内产业结构的战略性调整。

3. 鼓励金融业和产业相互渗透与融合

金融业与产业的相互渗透和融合，不仅是金融业发展的需要，也是产业发展的需要。金融业因为参股或控股产业，可以有坚实的经营基础，实现资产结构的多元化；产业以金融业作为后盾，会得到更快的发展。混业经营是世界金融业发展的大势所趋，也是提高我国金融业竞争力的必然选择。因此，我们必须正视这种趋势，积极创造有利条件实现金融分业经营模式向混业经营模式过渡。针对山西金融业发展现状，推进混业经营必须渐进过渡，实施"三步走"战略：

（1）要维持分业格局，推进混业实践，培育混业条件。

（2）以金融控股公司实践为先导，分梯次、多元路径推进混业经营。

（3）在混业实践的基础上彻底改革金融法律制度，全面实行混业经营。

为了应对混业经营的发展趋势，山西金融业必须加快进行适应性调整。主要包括：研究现行金融法律，拓宽商业银行新的业务领域；整合现有金融机构；实施一行多制；运用先进科学技术，大力发展网络银行；健全金融监管体系，实行金融机构统一监管；等等。

4. 营造资金内流市场环境

山西金融资源短缺是不争的事实，但自改革开放以来，山西资金净流向东南沿海地区，加速了山西金融资源短缺的局面。资金向回报率高的地区流动，是资金流动的本性，如何在山西投资回报率低、金融市场不完善的现状下吸引外面的资金"内流"，是金融机制创新的一个重要内容。政府的倾斜政策可以为山西营造一个"金融洼地"，吸引资金内流。主要应在以下几方面有所创新：

（1）鼓励金融机构创新金融服务品种，增加吸引资金内流的金融品种。

（2）完善金融市场的建设，拓展市场的宽度和深度，建立健全市场的法规，开发有区域特征的、有吸引力的山西特色金融市场，吸引资金流向继续开发的行业。

（3）实行金融倾斜政策，税收优惠政策，吸引大的金融机构在山西扎根落户，以带动其客户资金的流入、结算资金的流入，同时推动山西金融业向高质量、多层次发展。

5. 拓展山西金融宽度

山西金融不仅在深度上落后于东部地区甚至西部地区，在金融宽度上也远远不够，这极大地限制了山西经济的金融化程度，进而限制了山西经济的良性循环，是造成山西经济金融滞涩，效率不高，经济、金融活跃度低的主要原因，因此通过金融工具创新、金融业务创新、金融机构创新拓展山西金融宽度，是山西金融创新的题中之意。具体来说，应在以下几方面进一步拓展：

（1）进行机构创新，如成立贷款公司，将民间抵押、担保、贷款的"地下金融活动"转移到"地面"，使民间金融经过规范，以贷款公司的形式，直接进入直接融资市场，把金融宽度拓展到民间金融这一非正规金融领域；成立汽车金融公司、财务公司、基金公司等金融机构，将现有的金融领域拓展到新兴的产业金融服务领域；成立社区银行，将金融触角深入社区，既满足了居民的金融服务需求，又将具有广泛客户基础的社区纳入了金融服务范围，这是拓宽金融宽度的另一个方向。

（2）创新金融业务，在传统的存贷款业务之外，大力发展多种形式的中间金融业务，如传统的结算、担保、咨询、代发债券、股票，代收煤水电费等，更重要的是开发新型的代客理财，投资咨询等面向高端客户的业务，以拓宽金融服务的种类和客户群。

（3）创新金融工具，发行融资票据，推广本票的使用，代理发行区域性的债券、股票、基金等金融工具，以金融工具的广泛流通和发行拓宽金融市场的深度和广度。

（二）山西金融机制创新的战略目标

金融机制创新的最终目的在于，通过高效的金融的"第一推动力和持续的推动力"，促进山西经济的较快发展，因此，目前山西金融机制创新的主要目标为"营造金融洼地，发展山西经济"。为了实现这一目标，又需要选择适合山西实际的战略模式。纵观世界各国和我国经济社会发展的总体历程，因基础和历史条件、制度环境不同，所选择的战略模式也不尽相同。按照发展战略的实现途径划分，概括起来主要有：均衡增长战略、非均衡增长—倾斜发展战略、赶超战略、协调发展战略、协调—倾斜发展战略等。根据山西经济金融发展的现实情况，我们认为山西金融机制创新的战略模式，应遵循协调—倾斜发展战略的总体要求，具体采用市场引导—政府驱动—金融先导—区域倾斜的战略模式，即在服从统一金融货币政策的前提下，以区域为基础，通过政府驱动，积极实施以相对倾斜为特点的金融货币政策，以促进和实现山西省金融业的超前发展。

1. 战略目标：营造金融洼地，发展山西经济

山西金融机制创新的目的在于，吸引金融资源的流入，并以高效的金融服务为山西经济结构提升和转换服务。因此，一方面要考虑如何吸引资金内流的问题，另一方面是如何以金融促经济发展的问题。

从吸引资金流入方面，一方面要从当前的区域资本形成存在的问题出发，探索和研究提高地区投资回报率以此对东部资金产生强大的吸引力的融资政策、融资渠道、融资工具和融资方法；另一方面，通过国家相应政策特别是货币政策的正确引导，并同时认真解决山西经济体制和结构方面存在的问题，使山西的资源、土地、劳动力等方面的优势与合理的体制结构和国家政策扶持相结合，从而形成对沿海和海外资金有效的吸纳机制和金融洼地。在形成金融洼地的基础上，还有个如何"筑渠"的问题。即如何通过国家主体政策的实施和金融机构及产品的创新，使中部逐步形成形式更多样、信息更灵敏、交易更畅通的融资渠道。

在解决以金融促经济发展的方面，重点在于构建有利于提高资本形成率、提高企业经济效益的投融资体制。构建投融资体制，一方面，要防止

就资金谈资金，就金融谈金融，而是要在促进国有企业（包括国有商业银行）转机建制、发展民营经济和农村产业化的同时，推进地区行业结构调整。只有这样，才能提高地区经济市场化水平和适应市场能力，为企业作为投资主体进入市场创造条件，并为地区投资回报总体水平的提高奠定基础。另一方面，构建山西投融资体制不仅是银行一家的工作，应实行银行、证券业与保险业"三位一体"协调发展，既分散风险又增强投资力度，以此推进中部经济的发展，同时实行商业银行和投资银行"两翼齐动"。争取在 5~10 年内逐步形成经营主体多元化、运行机制市场化、经营方式集约化、金融监管法制化的区域投融资体制。

2. 战略模式：市场引导—政府驱动—金融先导—区域倾斜

市场引导是金融机制创新和金融发展的最终取向，这个市场包括良好的市场环境、竞争性的市场价格、透明的市场信息、丰富的市场工具、完善的市场机制等，市场引导是金融机制创新的原动力和最终取向。但是从山西现状来看，经济发展速度落后，投资回报率低，金融深度、广度、市场化程度都低于东部和西部地区，在这样的情况下，如果单靠市场引导，则必然是将山西金融资源更多地引向东西部地区，山西金融基础会更加薄弱，靠金融推动山西经济结构调整的目标很难实现，因此，我们不能坐等市场的发展，而要积极营造有利的市场环境，培育对山西有力的市场引导功能，而这种营造和培育需要政府的主动驱动，以政府的强势弥补市场的弱势。

政府驱动是指在市场条件下，特别是在市场发育不充分的条件下，由政府为企业创造获取利润最大化的环境，培育区域金融内生主体，完善市场信息，促进资本流动，提高投资者对区域潜在投资机会的响应。从山西来看，政府推动下的产业结构升级，就是一种引导企业向高投资回报率产业发展的过程，在金融创新机制方面，政府营造规范、健康的市场环境，培育以地方商业银行为主体的区域金融"航母"，鼓励多层次、多元化的金融机构发展，建设区域证券市场，鼓励新的金融工具的出现和交易等都是政府大有作为的领域。但是政府驱动是有边界的，首先，政府干预金融的范围是产生外部性的金融公共领域与信息问题引起的市场失灵；其次，政府替代非政府组织进行经济协调时应采取阶段性和渐退式的政策，即政府协调对市场协调的替代式促进；最后，政府主要是制度供给，如金融的制度安排、制度结构、制度框架、制度环境和制度创新。

金融先导是指在产业结构调整和金融结构调整二者孰先孰后的次序上，应以金融结构调整为先，以金融先导引导产业结构调整的最终实现。这种次序安排的理由是，金融资源的动员速度要快于产业结构调整的速度，产业结构的调整在起步、运行阶段需要金融的大力支持，而产业结构调整结束后，形成的新的收益机会会吸引金融资源的更多投入，从深层次上推动金融结构调整，金融结构调整和产业结构升级的这种先后推动，互相促进的关系，是金融先导理论的基本依据。

区域倾斜是指在全国宏观金融调控的基础上，考虑到山西区域经济发展滞后，金融基础薄弱的现状，在金融政策上进行适当的倾斜。如优惠金融政策上的倾斜，金融准入标准上的倾斜，货币、财政政策上的倾斜，资金投入上的倾斜等。区域倾斜是实施区域反向调节促进地区协调发展和全局稳定的需要。我国是一个大国，各地经济发展水平不一，同一时期经济景况不相同，这就要求制定金融政策时，既要考虑全国经济发展总体趋势，又要充分了解各地区不同的经济金融发展状况，以便通过制定不同的区域政策，提出有针对性的反向协调发展。另外，在考虑全国货币供求总量平衡的过程中，只有首先通过区域政策维护各个不同地区货币供求的平衡，才能使全国货币供求平衡建立在更为坚实的基础上。

（三）山西金融机制创新的战略措施

构建合理、高效的金融体制不仅受到宏观金融环境的制约，政府政策在金融机制的创新过程中更是起到了举足轻重的作用。长期以来山西经济发展演变的历史环境以及政府对经济金融运行所采取的规制政策成为制约山西金融机制创新效应的重要因素。推进山西金融机制创新的发展、实现山西经济的崛起就是要在"金融洼地"的基础上，按照市场引导—政府驱动—金融先导—区域倾斜的战略模式，加快山西金融机制的创新，实现山西经济的快速发展。

1. 实施宏观调控的区域倾斜政策[①]

2. 打造地方商业银行航母

在中部地区，银行业结构以全国性的国有商业银行和股份制商业银行的分支机构为主，以地方性商业银行如城市商业银行、城市信用社、农村信用社等金融机构为辅，呈现出"外来强，本地弱"的不平衡特征。要

---

① 原稿与本书中《营造山西金融洼地的战略措施》的"一、实施宏观调控的区域倾斜政策"一致，此处从略。

实现中部地区的银行业结构优化调整，势必要求消除这种不平衡格局，培育出竞争力强、规模较大的区域性商业银行，重构地区性间接融资渠道，实现以区域银行信贷力量为主导的间接融资系统对区域性经济发展实施有力支持的目标。为此，一方面要抓好国有商业银行的改革和发展，另一方面则要大力发展那些为地区中小企业发展提供金融支持和金融服务的地区性金融机构和金融力量。同时，要大力发展区域性商业银行。现实的选择就是在现有的城市商业银行中，重点培养龙头性的区域性大型商业银行。为此，需要在政策倾斜的条件下，落实下述措施：

（1）合理确定龙头。打造地方商业银行航母，需要选择既有区位优势，又有较强辐射能力的城市商业银行系统的核心作为龙头。太原商业银行地处省会城市，具有一定的区位优势，在资金规模、业务辐射能力、市场运营经验以及外部的经济环境等方面，都有相对优势。

（2）化解历史包袱。山西省的城市商业银行和信用社联社的历史包袱问题普遍较为严重。由于山西省城市商业银行规模经济效应有限，受外部经济环境的制约，自我造血机制普遍较弱，但靠自身力量在短期内解决不良资产问题并不现实。因此，需要地方政府的大力支持：首先，利用现有资产管理公司资源（AMC），鼓励债转股的实施；其次，减轻城市商业银行的税负，促进其提高利润水平，增强其自我积累与坏账冲销能力；最后，借鉴中国建设银行与中国银行改制经验，直接利用国有出资部分的资金冲销坏账，再注入股本。

（3）联合发展。龙头性城市商业银行应该充分利用区域经济的联系纽带，全面加强和周边经济联系密切地区的地方商业银行的合作。首先，太原市商业银行应依托山西省内的资源，着手与省内大同、长治、阳泉、晋城等地的城市商业银行或城市信用社联社，实现客户信息、业务与资金等方面的资源共享。而且，业务合作力度逐步加强，以发展城市商业银行联合体，在银团贷款、业务代理方面实现全面一体化，取得规模经济效应，实现联弱为强。其次，建立较紧密的区域银行业联盟，统一业务标准。最后，也是最高层次的合作：以资本联合为路径，以并购为手段，实现区域内城市商业银行的集团化经营。这其中的关键在于打破行政区划的分割与地方保护，需要各方面、各地方政府和相关部门的紧密合作，大力协调，在财政、国资管理以及税收等方面做出切实可行的努力。

3. 建立区域证券交易中心①

4. 建设区域开发性金融机构②

5. 发展多元地方金融机构

山西省投融资体制的改革和完善，需要有完善的金融组织体制做保证。当前山西省金融滞后，其突出表现之一是国有商业银行在整个金融体系中处于绝对垄断地位，而地方性金融机构则十分弱小。大量国有商业银行通过上下级行之间的资金调拨，造成山西地方资金被"虹吸"的现象。因此，山西省要搞活现有的融资体制，就必须以中部崛起为契机，并从实际出发，大力发展各类地方性金融机构。目前，发展地方性金融机构的思想障碍，就是认为山西金融资源有限，以致对目前发展地方性金融机构持怀疑态度。我们认为对山西金融资源要动态地看，随着中部经济不断发展，其金融资源将会有一个很大的发展；同时，目前国有商业银行表现出由中西部向东部转移的迹象，国有商业银行的战略转移正是地方性金融机构发展的大好时机。地方性金融机构发展后，还可以通过上市为地方筹集大量资金并求得自身发展，或者面向全国和境外筹集本币、外币资金，壮大其资金来源。新成立的地方性金融机构需要完全按照现代商业银行的运行方式和机制进行操作，避免目前国有商业银行经营中的弊病。

发展多元地方金融机构的核心就是要实现金融机构主体多元化和机构多样化，构建大中小型金融机构共同发展、跨区与区内金融机构有机分工的多层次金融体系。在扩大金融业对外开放的同时，要扩大对内开放，而且对内开放还要适度超前；要允许体制外的内资进入金融市场，尤其是要鼓励优良民间资本进入国有大型金融机构难以顾及的地区和客户领域，如成立以民间资本为主的投资基金、贷款公司等。规范和完善中小商业银行的产权结构和法人治理结构。加快发展中小型、地方型、民营型的股份制银行。发展壮大地区性金融机构和金融力量，尤其要以城乡股份制、合作制银行等中小金融机构为主，因为城乡股份制、合作制银行等中小金融机构可为地区中小企业发展提供金融支持和金融服务。对于城乡信用社存在问题，要作为重大问题进行深入研究，通过切实有效的整改措施，带动其走出经营困境，特别是要加快农村信用社的改革。与此同时，山西省要放开胸怀，改善环境，创造条件，提供方便，积极吸引全国各类股份制商业

---

① ② 原稿与本书中《营造山西省金融洼地的战略措施》的"一、实施宏观调控的区域倾斜政策"一致，此处从略。

银行、外资银行和其他金融机构在中西部建立分支机构和办事处。

6. 实施企业资产重组战略[①]

7. 重构山西合作金融体系

山西省农业人口占总人口的 70% 左右，"三农"问题是当前山西经济运行中的重大问题。以农村信用社为主的合作金融是支持"三农"问题的主要金融支持系统。但从山西金融支持"三农"的现状来看，还存在不少问题。一是金融支持"三农"总量相对不足。2004 年 10 月末，山西省农业贷款余额 414.3 亿元，占全部贷款余额比重为 10.6%，低于全国 7.26 个百分点。与周边省份相比信贷投入明显偏少，10 月末农业贷款余额比河南少 408.2 亿元，比陕西少 167.9 亿元，仅占山东省农业贷款余额的 21.4%。二是农村信贷投入的后劲不足，近几年农业贷款增加的主要原因是人民银行支农再贷款，2004 年 10 月末，人民银行支农再贷款余额为 35.6 亿元，但是比年初仅增加 1.2 亿元，同比减少 7.5 亿元[②]。三是农村资金大量外流，加剧了农村信贷资金供求矛盾。据对全省 5 市的调查，到 2004 年 10 月底，这 5 个市的县域金融机构上存市级金融机构资金总额为 512 亿元，占到县域金融机构各项存款的 29.7%，其中国有商业银行上存资金占整个上存资金的 91.2%[③]。四是农村金融机构不良贷款占比高，潜在的金融风险大，直接影响到新增贷款的投入。到 2004 年 10 月底，被调查 5 市的县级金融机构不良贷款率仍高达 26.6%。五是在县域金融机构撤并重组中，农村金融服务体系没有得到及时建立。近几年国有商业银行在县级撤并了 37% 的机构，基本上只剩下了农村信用社孤军奋战。六是农村金融服务创新不足，手段落后，新型金融工具和金融产品开发严重滞后，绝大多数农村信用社仍处于手工操作阶段。七是农村信用制度缺失，信用担保运行机制不健全，据调查全省仅有 15 个县成立了担保公司，且资本金严重不足，最少的仅 50 万元。

为使金融能够有效地支持山西的"三农"经济，必须构建以政策性金融为引导、合作金融为主体、市场化金融为方向的高效配置资金的农村金融体系。一是重构县域经济中的中小金融机构体系。模式之一：对经营较差的国有商业银行分支机构进行股权改造，成立省级行控股的独立法人

---

① 原稿与本书中《营造山西金融洼地的战略措施》的"一、实施宏观调控的区域倾斜政策"一致，此处从略。
② 根据《山西省金融统计报表》（2004）数据整理。
③ 人民银行太原中心支行：《县域金融机构上存资金情况的调查》，2003 年。

机构；模式之二：把具有较好经营管理业绩的国有商业银行分支机构与县域中小金融机构进行产权、人员、机构、资产负债的合并。显然，这两种改革模式都是对目前国有商业银行从县域经济中简单性撤离的一种扬弃。在农村金融机构设置上，应从实际出发，对经济发展确需保留的县域国有商业银行，应按照精简、高效的原则，该保留的保留。二是优化农村网点结构，以适应农村经济发展对金融支持的需求。三是农村金融机构应合理进行市场定位，把支持农业和农村经济发展作为自身生存、发展的基础和前提，承担起支持"三农"的重任。四是加快农村信用社改革。农村信用社作为最贴近"三农"的金融机构，在推动农村小康社会和整个现代化建设中，肩负着重要使命。按照"明晰产权关系，强化约束机制，增强服务功能，国家适当扶持，地方政府负责"的总体要求，深化农村信用社改革，在坚持为农业、农村和农民服务的同时，应重点为农村小康社会提供金融服务和支持。改革的内容主要包括：以法人为单位，改革农村信用社产权制度，明晰产权关系，完善法人治理结构，区别各类情况，确定不同的产权形式；省人民政府抓紧农村信用社管理体制改革；转换农村信用社的经营机制，改善支农服务。一是积极筹建"山西省农村信用社联合社"，在省政府领导下负责对全省信用社和农合行进行管理、指导、协调和服务。二是抓好产权制度改革，建立投资主体多元化的股权结构，完善不同产权制度下的法人治理结构。坚持合作制为主，在条件具备的地区，如河津等县市积极推行股份合作制，组建一批农村合作银行；大部分县实行统一法人，少数经济不发达县的信用社继续保留县乡两级法人。三是强化约束机制，增强服务功能。

8. 强化保险业的深度和密度

作为金融市场的一个组成部分，山西省必须立足金融来考虑全省保险业的战略创新问题，强化保险业的深度与密度。①

9. 设立山西能源投资基金

山西能源投资基金是一种产业投资基金，是一种对未上市企业进行股权投资和提供经营管理服务的利益共享、风险共担的集合投资制度。加快山西新型能源与工业基地建设，需要建立能源产业投资基金，能源投资基金和其他金融产品相比具有独特的优势：一是发展能源投资基金，有利于

---

① 原稿与本书中《营造山西金融洼地的战略措施》的"一、实施宏观调控的区域倾斜政策"一致，此处从略。

能源产业结构调整和升级。调整产业结构需要进行大规模的基本建设投资和技术更新改造投资，而这些较大规模的投入必须有巨额的资金作为保证。二是有利于实现储蓄的资本化，在我国当前的金融体制下，储蓄高增长问题的关键在于资金的供给方与需求方缺少有效的对接管道。发展能源投资基金，既可以为能源产业发展筹集大量的建设资金，又可以改善我国金融资产结构，缓解银行的资金压力，提高社会资金的使用效率，同时还可以为东部地区缓解能源紧张的压力，从而保持我国经济健康发展和金融体系的稳定。三是有利于促进基金业健康发展。作为主要投资于能源项目的金融创新工具，发展能源产业投资基金，能丰富现有的基金品种，完善基金的效能，促进基金业健康、快速地发展。

山西能源投资基金是一种投资于山西能源基地建设及新型能源开发的产业基金。我们认为，在山西建立能源投资基金有以下几方面的可行性。

（1）加快新型能源基地建设的需要。在2004年8月11日召开的国务院常务会议上，温家宝总理提出"要坚持以煤炭为基础的能源发展战略"，明确了煤炭在国民经济和能源战略上的地位。山西作为能源重化工基地，迎来了难得的发展机遇。可是山西在能源投资领域的社会投资严重不足。由于政府对"生产"环节的长期干预，煤炭生产企业的类型呈"哑铃"形，即一头是传统国有企业，效率低下；一头是私营小煤窑，安全难保。煤炭生产所需要的基建投资巨大，机械化程度较高，安全要求严格，应由资本、技术和管理等方面"合格"的开发商承担。传统国有煤炭企业应该进行股份制改造，提高经营能力，小煤窑则应尽快淘汰。因此，根据新的投资体制改革要求，发展大型煤炭产业投资基金，吸收民间投资入股，既能满足公众投资煤炭盈利的需求，又能提高煤炭生产能力并确保安全生产，有利于加快山西新型能源基地建设。

（2）深化投资体制改革的步伐正在加快。深化投资体制改革，鼓励民间投资进入法律法规未禁入的行业和领域，将极大调动民间资本投资的积极性，促使一切劳动、知识、技术、管理和资本的活力竞相迸发，让一切创造社会财富的源泉充分涌流。为此，必须坚持有所为有所不为和"官不与民争利"的原则，科学界定政府投资的方向和领域，改变经济增长过度依赖政府投资的状况，将政府投资主要用于关系国家安全和市场不能有效配置资源的经济和社会领域，以弥补"市场失灵"。而按照"非禁地即可进"的原则，允许民间资本进入法律法规未禁入的行业和领域，包括公用事业和基础设施项目建设。根据社会经济和科学技术发展的条件与可能，允许民间资本进入基础设施和公用事业领域，开拓多元化融资渠道，形成多元化的产权结构，不仅有助于缓解这些领域投资的不足，促进其快速发展，而且民间资本的进入，对于强化所有权约束，构筑有效的企业治理结构奠定了产权基础，并且伴随民间资本进入而来的市场竞争，有利于提高基础设施和公用事业领域的经济效率和社会效益。特别值得一提的是，消除民间资本在行业准入和市场准入方面的制度障碍，最大限度地拓宽民间资本进入的空间，能够充分体现国民待遇和公平竞争原则。

（3）改变山西重型产业结构的紧迫性已经成为全省人民的共识。由于政治、历史、地理以及资源禀赋等诸多因素，山西形成了以重工业为主的产业结构，多年来产业结构的重型化，又导致了全省经济发展缓慢、资源损失严重、就业吸纳能力不足、人才外流、环境污染等一系列问题。为此，山西省委、省政府于 20 世纪末提出并实施了经济结构调整的战略决策，经过几年的努力已经取得明显成效。但是，产业结构的重型化问题还没有解决，一些突出的因素仍然在影响和制约着山西经济的健康发展。目前产业结构调整亟待解决的问题是资金不足，资金使用效率不高，资本市场利用能力不足等。山西财政收入占 GDP 的比重偏低，地方财政生产建设性支出占财政总支出比重下降，政府建设资金使用也较为分散；一些亟待发展的新兴产业、高新技术项目得不到较大投资，对政府资金过分依赖；国有商业银行贷款主要集中于少数大型企业和基础产业、传统产业，而新兴产业包括新型能源行业的发展却受到资金不足的制约，金融创新手段滞后。这些现象都在制约和影响着一些重点调产项目的进展。成立能源投资基金可以加快山西的经济结构调整。

（4）国家关于发展产业投资基金的政策和导向已进一步明晰。由于政策的引导和政府的支持，已经出现了一批科技含量高、极具市场潜力和竞争力的能源建设项目，为产业投资基金的起步和运作提供了一个很好的基础条件；民间资金充裕，据预测，"十一五"期间，全省金融机构储蓄存款年平均增长幅度为 15% 左右①，而且金融机构体外循环的民间资金每年都在快速增长。按照国家法律、法规和有关政策，只要善于引导，创造资本增值的环境，就会使更多的民间资本加入经济建设投资中来，加入经

---

① 人民银行太原中心支行：《山西金融战略发展研究》，2003 年。

济结构的调整中来。

（5）山西有着精于理财、善于经营的晋商传统，还有一批较早设立的信托投资公司、证券公司、融资租赁公司等非银行金融机构，孕育和集聚了一批资本运营、金融理财的专家高手。就如何成立山西能源投资基金而言，我们认为，应由山西省优势企业（如太钢等）和地方金融机构（如山西省信托投资公司）出资发起成立能源投资基金管理公司，并在全国范围内招聘基金经理人，选择受托银行，设计基金品种（如根据山西的产业特征设计能源基金），定向发行基金，拟订投资策略，使基金开始运作。而对于投资基金的管理和运作应规范和科学，由专家具体对投资基金进行投资、理财的运作和管理，确保基金的投资既能降低风险，又能创造很高的收益率。而在投资基金的发展方向上，应大力支持新型能源基地的建设和大型能源企业的发展，大力支持高科技创业企业的发展，大力支持非国有投资项目的发展，大力支持国有企业的战略重组，大力支持县（市）和乡镇产业投资项目的发展。在这方面，应积极发挥政府的导向作用。产业投资基金作为一种商业性的投融资主体，其市场化运作原则与发挥产业投资基金的政府导向作用并不矛盾。政府不宜干预基金的运作，但可以根据产业政策和区域发展政策，通过对基金设立审批程序和基金的基本投资限制来发挥必要的导向作用。另外，还可以对设立的向国家鼓励发展的产业定向投资的基金在税收上给予一定的优惠政策，从而体现国家的产业政策，并鼓励其为区域经济发展服务。积极发起或参与企业重组基金、风险投资基金、创业投资基金和中外合作产业投资基金等多种类型的基金组讲座，充分发挥基金这一"资本放大器"的作用，促进以太原高新技术产业区为中心的高新技术产业跨越式发展和地区内产业结构的战略性调整。

10. 建设太原煤炭期货交易市场

2004 年，期货品种创新引人注目，棉花、燃料油、玉米和黄大豆纷纷上市，交易品种进一步扩大，期货市场经济功能初步显现，国际影响力明显增强。但是煤炭、焦炭这两种国民经济中的战略品种却还没有提到上市日程。如果焦炭或者煤炭能够上市，将大大增强山西乃至全国对这两种产品的定价能力和调控能力。煤炭期货上市后，可以解决长期存在的电煤矛盾；可以形成中国煤炭期货价格，在参与国际贸易定价过程中，逐步取得国际市场的定价权或国际贸易的主动权，增强中国煤炭的国际竞争力，减缓或避免国际市场对中国煤炭产业的冲击；可以为煤炭企业提供未来价格信息，引导煤炭企业调整结构，保护煤炭企业利益；可以为煤炭生产经营企业提供风险管理工具，避免市场风险，促进中国煤炭产业稳步发展；可以为国家宏观调控提供重要参考信息，便于国家进行适时调控。因此，争取这两种产品尽快上市，探索在山西成立煤炭期货交易所的可行性，是我们急需研究的问题。我们认为，中国上市煤炭期货的时机已经成熟。中国煤炭现货市场基础较好，一些区域性的煤炭现货市场已经形成，为煤炭期货上市交易创造了有利条件；中国煤炭市场已经基本放开，部分品种价格已由市场形成；随着市场化改革步伐的加快，市场风险愈加明显，已走向市场的煤炭生产经营企业要求上市煤炭期货的呼声很高。

建立煤炭期货市场，山西占有得天独厚的优势。2004 年全国煤炭产量 19 亿元，山西一省就占到 1/4，而在调出量方面，山西占全国调出总量的 78%，最少在 75% 以上。因此山西要把握时机，对煤炭期货的上市进行具体研究和设计，力争建立太原煤炭期货交易市场。从现状看，建立太原煤炭期货交易市场应分两步走：

第一步，完善现有的现货市场。当前的现货市场部分品种价格已由市场形成，但占现货市场 60% 的电煤，其价格却是一定一年，还没有完全实现市场化。因此首先应完善现货市场的交易方式，推动以电煤为主的产品向市场化迈进。

第二步，推动市场化程度较高的产品上市，并继而建立期货市场。在期货上市的设计上，首先要对国内、国际煤炭市场的生产、销售、贸易等情况进行大量调研，在此基础上形成煤炭价格指数，然后在广泛征求意见和建议的基础上，经过反复论证，设计煤炭期货合约及交易、交割、风险控制等有关制度，以保证有效控制市场风险，保证煤炭期货上市后的平稳运行。

11. 建设太原区域金融中心

金融中心作为地区有效汇集资金、调剂资金和配置资金的市场中枢和核心，在地区投融资体制的构建中处于极其重要地位。因此，要以资本市场为重点，以大城市为依托，筑巢引凤，促进地区金融中心的形成。地区金融中心的形成，之所以要以资本市场而不是货币市场为重点，这是由资本市场与货币市场的发展，在不同历史时期和不同经济发展阶段所具有的非均衡性所决定的。一般来讲，在经济开发时期，客观上要求更快地发展资本市场，在经济处于稳定和增长时期，资本市场和货币市场应均衡发展；在市场经济发展到成熟时期并出现通货膨胀压力时，则要侧重货币市场及其作用机制。由此可见，目前就全国而言，二者应均衡发展，但根据目前山西经济发展要求，则应坚持资本市场优先发展、货币市场不断完善的原则。所谓"筑巢引凤"是指山西金融中心的形成，应更多采用将金融中心所需要的软硬件准备齐全，吸引金融机构向山西发展，而不完全是随着经济活动，特别是经贸活动的发展而发展。当然，这种金融中心的形成过程要以太原市为依托。因此，如何以太原市为依托，搞好太原硬软件的建设，应当成为我们在促进太原金融中心形成过程中认真研究和解决的问题。为促使太原区域金融中心的形成，政府还应发挥积极的导向作用，如给予投资者以土地、税收等政策上的优厚待遇，吸引金融机构前来发展。

12. 营造诚信金融环境

近年来，我国信用缺失十分严重，山西社会信用状况同样令人担忧，个人、企业、政府都存在不同程度的、形形色色的诚信缺失。诚信的缺失，不仅增加了交易成本，制约了企业的发展，阻隔了市场化的进程，而且会导致一个地区乃至一国综合经济实力下降，并直接影响社会的稳定。而发展山西金融，进行金融机制的创新，尤其需要诚信的金融环境。营造诚信的金融环境，需要采取各方面的配套措施。

（1）加强诚信社会意识形态的建设。守信的共识和理念的形成，需要全社会加强信用教育和宣传，从基础教育到大学教育，对信用观念、信用意识、信用道德的宣传和教育应贯穿始终。另外，要充分利用广播、电视、报纸、杂志等新闻媒体和其他有效手段，大张旗鼓地宣传诚实守信优良传统，大力倡导诚实守信的职业道德，抑浊扬清，净化社会环境，积极营造守信光荣、失信可耻的浓厚的信用氛围。

（2）加强诚信方面的立法和执法工作。信用法律法规体系应由以下基本内容构成：①明确信用管理部门，界定其性质、职能和权限。②规范征信数据的开放和征信数据的使用范围。③界定好政府行政公开和保护国家经济安全的界限，界定好商业秘密和公开信用信息的界限，界定好消费者个人隐私和公开信用信息的界限。④保护消费者权益，包括消费者对个人信用信息的知情权，对不实负面信息的申诉权，对消费者信贷的平等受信权以及消费者个人的隐私权。⑤强制披露经济主体的不守信用行为，使不守信用者寸步难行。

从立法上明确法律责任，是信用制度建设的前提，更重要的是从司法和执行上落实法律责任。针对当前司法和执行中存在的问题，可以从两方面着手：一是在诉讼审判方面，提高诉讼效率，降低诉讼成本，保证司法公正。对经济纠纷案件可以规定受理审结的时限，以在尽可能短的时间内采取法律行动，维护胜诉人的权益。为保证司法公正，应切实贯彻回避原则，诉讼管辖贯彻诉方、债权方所在地为主的原则，避免地方保护、人情关系干扰案件审理和审批的弊端。二是大力加强执行力度，维护法律的权威，使债权人的合法权益切实受到保护，使违法违约的侵犯他人权益者受到法律制裁。在这方面要给予法院更有效的手段，并把提高执行率作为考核法院成绩的重要指标。通过加大执法力度，使法律真正成为维护信用关系、保护债权人合法权益、追究债务人违约侵权责任的有力武器。

（3）建立对失信者的惩罚机制。这可以通过两个机制得以实现：一是运用市场机制发挥商务惩戒作用；二是依法行使对失信者的处罚。如在美国，法律支持失信记录在社会上传播，而且失信行为依照法律要保留多年，使失信者在一定期限内付出惨痛代价；明确规定对各类失信行为的经济处罚和劳动处罚；司法配合，对严重的失信者予以法律制裁。

（4）加强政府信用建设。由任意行政向信用行政转变。保持政策和重大决策的稳定性、连续性，使社会公众看到政府工作的预期性。建立起规范政府权力的完备法律体系，通过制度约束政府行为。通过法律规范加强行政执法监督力度，无论是虚报瞒报、弄虚作假，还是政策的朝令夕改、言而无信，都依法追究当事人的责任，让所有失信于民的政府行为，都置于国家法律法规的监督之下。

（5）完善个人、企业等微观经济主体的自我信用管理约束机制。企业要建立起全程信用管理模式，即采取过程控制的方式，从客户开发、签订合同、发货直到货款催收，全面控制交易过程中的每一个关键业务环节。尤其重视在正式签订合同之前对客户进行资信调查，实施事前控制、事中控制和事后控制的信用管理流程，在信用风险识别、风险评估、风险管理手段的选择、风险管理效果评估等各个方面实施有效控制，最大限度地降低信用风险。同时，要建立和完善个人信用制度。根据发达国家的经验来看，个人信用的建立表现为三个方面：一是个人信用能力，如职业、收入、财富、品格、信誉、行为表现、遵章守法情况的记载等；二是社会对个人信用的运作程序、管理方式和执行规范；三是对违反信用规则的败德行为的惩罚措施。尽快实行个人信用实码制，并逐步扩展个人基本账户制度，将证明、解释和查询的个人信用资料锁定在一个固定的编码上，居民在指定的商业银行开办个人基本账户，个人的工资、退休金、养老金、保险、医疗保障等全部纳入该基本账户，从而改变信息收集的被动局面，扩大信用体系的覆盖范围。

（6）加快社会信用体系的建设。社会信用体系的建设应选择以行业为主线，纵向建立，然后横向联网的模式，以地方中介机构为补充，由点到面逐步推开，由政府统一监督管理，最终实现信用信息的联合征集，权威评估和信用公示。以金融业征信体系的建设为例：人民银行太原中心支行具体承办信贷征信业管理工作，拟定规划、管理办法和评价规则，推动建立社会信用体系；征信管理部门把银行信贷登记咨询系统（企业征信系统）和个人征信系统，分离出事业单位，并入金融征信数据中心，向各金融机构提供信息查询、信用分析等服务。建立和完善信贷征信制度的管理和监督机制，研究制定市场准入、退出制度和风险评价体系，监督检查信贷征信机构执法情况，对违规行为进行处理；地方政府设置信用管理机构，保证信用管理服务的公正性，推动立法，发展信用中介机构；建立失信约束和惩罚机制，维护良好的社会信用秩序；政府一方面要保证各部门的公共信息向社会开放，另一方面要监督市场各主体依法公平、公正地披露信息和取得信息，保护公平竞争。

根据比较优势理论，任何地区都有自己的比较优势，只要有正确的发展战略和准确的产业定位，就能够加强山西的竞争力和吸引力，营造山西金融洼地；只要能不断改善地区金融生态环境，就能够吸引越来越多的资金流入该地区。因此，地方政府、人民银行、金融监管部门要协同配合，积极推进山西金融生态环境的改善。一是认真做好金融风险监测、预警工作，完善全省金融稳定预警指标体系，密切关注金融机构的风险状况，特别是对高风险金融机构，及时提示风险隐患，对可能出现危机的金融机构，尽快制定风险处置预案，实时跟踪监测，力争做到及时防范和化解风险。依法妥善做好金融机构市场征信工作，努力维护全省金融稳健运行。二是积极促进改善山西省信用环境。充分发挥人民银行征信管理机构的作用，承担综合管理和监管职责，对征信市场进行统筹规划、协调和有效管理。三是地方政府要帮助金融部门打击恶意逃废金融债务行为，减少银行资产损失，真正实现企业与银行共赢。

五、山西金融机制创新专题研究

（一）山西资本市场机制创新研究

在当前新型能源和工业基地建设中，金融和资本市场的作用十分显著。我们要利用当前面临的宝贵机遇期，充分利用和发展资本市场。截至2004 年底山西省上市公司数量为 22 家（含注册地已变更为北京的经纬纺机），23 只股票（H 股 1 只，A 股 22 只），上市公司总股本达到 80 亿股，流通股本 32 亿股，总资产 530 亿元，上市公司市值 643 亿元，占到全省 GDP 的 32%（全国证券化率 42%），上市公司在资本市场的累积融资规模在 2003 年突破了 150 亿元。

从山西利用资本市场的现状来看，山西存在明显的优势和劣势。优势表现在：①在山西上市公司中，能源类上市公司 9 家，所占比例为 41%，反映了山西省以能源产业为支柱的产业体系，说明山西产业集中化结构优势明显；②从拟上市公司国有所有制结构调整情况来看，民营企业占 62%，表明结构调整步伐加快；③山西上市公司的整体业绩情况良好，多数指标处于全国中上游水平，初步形成了山西板块比较优势。山西上市公司的劣势体现在：①上市规模只占全国总数的 1.72%，排在全国 31 个省市区的倒数第 9 位，资本市场直接融资比重较小，说明山西资本市场初级化特征较明显；②上市公司户均股本明显偏低，不到 4 亿股，低于全国均值 17% 以上，说明上市公司小型化的现象较为明显；③现有的融资方式主要是配股、增发，未开拓其他的融资方式，说明利用资本市场的层次相对单一；④山西资本市场的中介机构、市场体系亟待完善和优化，山西国有能源资本的战略性重组相对滞后，钢铁、电力类公司与全国相比处于劣势等，也都是山西资本市场的不足之处。

为了加快山西资本市场的发展，我们提出了以下举措：

1. 推进山西省煤炭能源产业结构升级

煤炭能源产业对山西经济发展的战略支柱地位和龙头作用，在短期内不可能改变。这就决定了，煤炭能源产业的改造升级是全省产业结构调整的重中之重。一是充分利用资本市场的巨大推动力，通过企业优化重组，实现山西煤炭能源产业的集团化、规模化。同时，鼓励大型煤炭企业通过资本运作"走出去"，以独资、合股、联营等多种方式，积极参与其他省份优质煤炭资源的开发，实现跨地区的战略转移。山西省煤炭企业在对外供煤中，形成对外应收款高达百亿元。为此，在解决该问题中，可以通过债转股的方式，参与其他省份上市公司控股股东层面的重组，间接实现借壳上市，提高企业融资能力。二是通过资本市场加大跨行业的股权改造与重组力度，鼓励上下游之间、各产品链之间的企业改组联合，鼓励煤炭企业与其他待业的企业以如煤电铝、煤建材、煤电化等多种形式进行联合，实现各产业间的相互参股、控股，延长产业链，拓展煤炭产业的发展空间。其中，尤其要以煤电结合为重点，充分利用山西省煤炭资源的优势，借助资本市场，逐步发展山西省电力能源产业。三是利用全省能源优势，通过资本市场主动承接合理选择跨国企业、沿海发达省市向山西省的经济辐射，引入先进技术，提高加工深度，降低能源消耗和污染，实现山西传统能源基地向新型能源基地升级转型。

2. 构建"山西大能源板块"

山西省煤炭外调量占全国各省外调总量的 70%，从经济学的意义上讲，山西完全有能力控制全国煤炭市场的定价权，左右全国市场，但实际情况却并非如此。重要的原因就是煤炭产业组织结构的分散化、小型化在作怪，尽管总量规模庞大，但平均生产规模严重不足。更重要的是，中小企业与大企业之间缺少有效率的联系，行业内部大中小企业都生产最终相同的产品，致使总体经济效益低下。

2003 年中央经济工作会议提出尽快落实"加快大型煤炭基地的建设"的任务。目前，国家发改委《2004 年经济运行工作基本思路及要点摘要》再度明确指出，要"加快现有煤矿的挖潜改造和促进大型煤炭基地建设，发挥国有大矿骨干作用，提高供给能力"。为贯彻这一方针，山西省充分认识发展大型能源企业集团对全省经济发展的重要意义，并适时提出组建三大煤炭集团的思路，计划通过收购、兼并、破产、托管等方式重建山西省煤炭能源企业间的分工协作关系。

全国煤炭行业上市公司共有十几家，山西省占了一半以上，充分反映了山西省作为全国煤炭能源基地的地位。山西煤炭上市公司大多为本省煤炭龙头企业，而且整体经营绩效良好，大多具备再融资资格，因此，我们建议以上市公司为重心，构建山西省三大国有煤炭集团。山西省规划的三大煤炭集团包括山西焦煤集团、大同煤矿集团、山西无烟煤集团（拟组建中）。其中，山西焦煤集团、山西无烟煤集团均有下属控股的上市公司，分别为西山煤电和国阳新能。西山煤电是国内最大的炼焦煤生产企业、最大的冶炼精煤和主要的优质动力煤生产基地；国阳新能则是全国重要的优质无烟煤生产基地。而且，西山煤电、国阳新能通过配股、增发新股、发转债、定向增发等多种方式提高融资效率，或以上市公司股权为核心实施地区同业间的并购重组，逐步引导地区优质煤炭资产向上市公司集中，最终实现山西焦煤集团经营性资产借壳西山煤电，围绕国阳新能组建山西无烟煤集团并最终实现整体上市。另外，三大煤炭集团之一的大同煤矿集团尚没有控股的上市公司。不过，日前山西省政府已将大同煤矿集团列为主辅业务分离的试点企业之一，建议借此机会实现该集团公司分拆优质资产逐步上市，或是整体改制上市。

3. 提升直接融资效率

2003 年以来，以 TCL 集团、武钢集团整体上市，第一百货与华联商厦吸收合并为代表的证券市场金融创新获得市场的充分认可。当前，监管部门对金融创新持欢迎态度。因此，山西省能源企业应积极探索金融创新方式，提升直接融资效率。

（1）自 1994 年以来，山西省上市公司共实施了 17 次再融资。其中，14 次采用配股方式，只有经纬纺机、通宝能源两家公司共采用过 3 次增发方式，尚没有公司采用可转债融资方式。比较而言，配股方式的融资规模相对较小。因此，在满足条件的情况下，鼓励支持上市公司采用增发、可转债、企业债等方式，扩大直接融资规模。此外，应充分利用当前能源原材料行业较高的景气度以及国内券商与境外券商加强合作之契机，尽快组织选择部分大型能源企业境外上市。不仅可以提高融资能力，还对提高山西省国内、国际地位具有积极影响。

（2）TCL 集团、武钢股份的融资案例，实现了融资规模的突破和制度性的创新突破。随之而来，东风汽车集团、宝钢集团等大型企业集团也明确表示将力争在境内或境外实现整体上市。对于山西省煤炭能源企业，在中央明确了"加强大型煤炭基地的建设"的方针之后，可能在一定程度上拥有了整体上市的某种政策优势，无疑应在这些方面做出大胆尝试和创新。

（3）由于某些历史遗留问题，部分业绩优秀的能源类上市公司无法顺利实现再融资计划，较为突出的是控股股东占用上市公司资金现象。山西省能源类上市公司中，如神州股份、山西焦化就表现出类似的情况。事实上，这并不是山西省特有的现象，根据监管部门的统计，上市公司大股东占用上市公司资金现象相当普遍。针对这一情况，不少上市公司已经开始积极探索采用诸如"定向回购、以资抵债"等创新方式予以解决，并受到监管部门的支持，这些经验同样适合山西省类似的上市公司。

（4）利用资本市场再融资能力的优势打开吸引民营资本和外资的突破口，积极引导和鼓励有实力的民营资本、外资尤其是世界 500 强企业与山西省能源类上市公司开展不同层次的战略性重组。

（5）股权割裂问题虽然不是短时间内可以解决的，但可以肯定迟早是要予以解决的。目前各省市均开始着手探索解决方案，监管部门对此也持鼓励支持的态度。山西省上市公司尤其是能源类上市公司中，国有股权比重较大，可选择个别能源类上市公司作为试点，探索上市公司国有股减持及全流通方案。

4. 完善资本市场配套机制

资本市场的发展不是孤立的，而是系统工程，逐步完善资本市场相关的配套机制，也是未来山西资本市场发展面临的重要任务。

（1）加快发展和做大证券金融中介组织。山西应采取"内部发展、外部联合"的策略。一方面，支持省内原有山西证券、山西信托等中介机构通过增资扩股、改制上市、发行金融债券等方式，做优做强，加快构建具有一定规模和实力的大型证券公司。另一方面，应打破地方保护主义，大胆实行"拿来主义"，积极鼓励省内实力雄厚的企业有选择地参与省外部分资质良好的综合类证券公司的增资扩股，与省外综合型证券公司建立战略联盟，大力引进各地信誉卓著的中介机构在山西开展业务，共同推动山西省资本市场的快速发展。同时，还要大力发展与资本市场相适应的证券期货投资咨询机构、证券资信评级机构、会计师事务所、律师事务所、资产评估机构等其他金融中介服务机构，形成一个完整的规范化的市场体系，提高中介机构的专业化服务水平。

（2）资本市场的发展不仅体现为各种具体显性的指标，也体现在市场发展的软环境上。政府已明确提出要"构建新的股权文化，推动投资者的保护"，这一思路与中央提出的科学发展观的思路是一脉相承的，也与省委省政府一直推动的"信用山西"的工作是一致的，所以在发展资本市场的过程中必须注重这方面的培育和监管工作。

（3）建设山西省多层次资本市场体系。党中央明确指出要大力发展资本市场，实现这项重大任务的突破口应该是"建立多层次资本市场体系"。这个多层次资本市场体系，既包括主板市场，又包括创业板市场，还包括债券市场。国家根据不同的市场提出了不同的发展要求。山西省也应该根据党中央制定的总体思路发展建设地区多层次市场体系。对于主板市场，山西省要立足规范发展，与山西省支柱产业结合起来，保持和发扬山西板块的良好形象。对于创业板市场，山西要积极培育高新技术企业，力争在创业板市场开放之初，就能推出山西上市公司，为今后的发展打下一个良好的基础。对于债券市场，按照国家"积极拓展，完善和规范发行程序，扩大公司债券发行规模"的总体要求，推动山西省优质企业通过发行企业债等方式，扩大直接融资规模。此外，积极推进当地技术产权交易中心的建设，利用位于天津的北方产权交易共同市场，为省内比重更大的非上市国有产权提供流通平台，推动全省国有企业改革。为建立多层次资本市场体系，还需要完善资本市场结构，大力发展省内机构投资者，拓宽省内合规资金入市渠道。

5. 积极转化政府职能

首先，政府应维持好市场秩序和投资环境，建立办事高效、运转协调和行为规范的管理体制。为此：一要把政府职能切实地转变到宏观调控、社会管理和公共服务方面来，把生产经营的权力真正交给企业，使企业在资本的营运中能够根据市场经济规律自主地运行；二要按照精简、统一、高效的原则，调整组织结构，减少专业经济管理部门；三要强化宏观管理部门、执法监管部门的工作，调整政府部门的职责权限，做到职责明确，分管合理。其次，政府要从制度上支持高新科技发展。最后，完善资本市场法律、法规体系，建立健全银行、证券投资管理制度，缔造宽松的资本营运环境。同时，还要加强社会公众的证券投资意识和信用观念，建立起社会主义市场经济所要求的社会信用道德秩序。

6. 建立能源产业开发基金

目前，我国已有几个区域发展基金，但资金总量十分有限，还应进一步加大力度。能源开发基金的资金来源除中央和地方财政资金外，还可面向国内企业投资、个人投资以及港澳台和外资认购。在基金设立初期，应以国家财政资金为主渠道，以便把握基金的合理配置使用。在符合市场规范的条件下，尽快促成能源开发基金上市集资，发挥其投融资主渠道的作用。在发行债券方面也应进行积极探索。中央可以考虑赋予省一级政府一定的融资权限。以省级财政作为担保，发行区域性中长期建设债券，这样不仅可以有效防止资金外流，还可以调动地方政府进行地区发展建设的积极性，也可以考虑发行专门投资于能源产业的专项国债，调动全国的资金支持山西经济开发。地方债券和专项国债的投资重点应是山西的资源开发项目、铁路和机场等基础设施建设项目和解决贫困地区的脱困问题。

（二）山西银行业机制创新研究

面对"中部崛起"的历史机遇，面对"建设新型能源和工业基地"的战略挑战，面对深化银行业改革的客观要求和银行业对外开放的必然选择，山西银行业机制创新是题中之意。根据山西银行业的现状：寡头垄断特征明显、信贷资金外流严重、金融生态环境不佳、商业银行公司治理结构不健全、贷款效率差、中间业务发展慢等特点，我们提出了以下几点创新建议：

1. 完善信贷管理体制

进一步改进和完善授权制度。各商业银行在建立贷款责任制的同时，应合理划分贷款权限，按照固定资产贷款权集中、流动资金贷款权下放的原则，赋予基层行一定的贷款营销权，使其增强贷款营销观念，简化审批手续，增强对市场的反应能力。各级银行要简化信贷审批手续，提高服务效率。对 A 级（含）以上或能够提供担保的中小企业可适当增加授信额度。建立低风险项目快速审批的绿色通道，尽快建立信贷业务审批限时服务制度，除项目贷款外，对提供低风险担保的流动资金贷款、银行承兑汇票、保函等各类信贷业务的审批权可直接下放至基层行。对只办理低风险信贷业务的客户，可不必评定信用等级而直接进入贷款审批程序。

2. 整合地方银行业体系

随着我国银行业改革开放的不断推进，银行业竞争日趋激烈，山西地方银行业个体小、资金少、地域性强等弱势凸显，生存压力加大。实施改造重组，加强联合，提高自身的整体发展水平和市场竞争能力，已经成为地方银行业改变生存现状的必然选择。

（1）找准地方银行业的市场定位。在许多省市，地方银行（城市商业银行）是当地最有竞争力的银行。许多地方银行虽然只在一个城市经营，但资本收益率等经营指标却在全国是一流的，比如，北京银行和上海银行。因此，地方银行业的准确定位还应当是所在省市，为所在地区有资质潜力的中小企业及地方居民提供居民服务才是最为核心的竞争力。要将地方银行业经营成一个品牌。即便将来地方银行业务突破了地域经营限制，业务也不能盲目扩张，要保持和巩固所在地区的核心竞争力。同时，地方银行业也要摈弃地方金融机构的观念，避免"夜郎自大，关起门来搞建设"的不良思想，在积极巩固和提高核心业务竞争力的同时，合纵连横，积极向外拓展业务，不断寻找新的利润增长点。

（2）采取多种措施化解不良资产。地方银行业背负的历史不良资产包袱呈现明显的"悬空性"特征，只能自己消化吸收。而在地方银行业盈利能力普遍不高的情况下，靠自身消化来化解历史包袱，将是一个长期而艰巨的任务。因此，地方政府的支持（如资产置换、直接注资等），是地方银行业历史包袱能否顺利化解的关键。而在目前政府财力并不雄厚的情况下，资产置换又成为一条可行之路。此外，在四大国有商业银行处置不良资产的过程中，已经有许多经验可供借鉴，如拍卖、打包处置、资产证券化等，这些手段都可以应用到地方银行业的不良处置上。

（3）建立公司治理结构。前不久，上海银行成功发行了次级债补充资本金，成为首家成功发行次级债的地方性城市商业银行。在补充核心资本方面，原股东增资扩股和引入新的战略投资者是两种比较可行的办法。但在目前由于地方银行业的特殊情况，原有的股东优势很难继续增加投资，这样引进新的战略投资者就成为目前商业银行补充资本金的重要途径。更重要的是，通过引进新的战略投资者，还可以促使地方性银行建立良好的公司治理结构。就目前情况来看，地方银行业的资本不足不仅是资本补充渠道少、受政策限制等外部因素的影响，还因为自身造血能力（盈利能力）低下，而造成这种状况的重要原因，就是市场化运行机制的缺失，而高效的市场化运行机制与多元化股权结构是分不开的。那种单一化、集中性的股权结构，往往伴随着经营效率的低下和盈利能力的缺乏。到目前为止，地方政府在我国多数城市商业银行中一股独大的问题始终没有得到很好解决。经过多年的发展，以城市商业银行为代表的区域性银行业务的发展模式已处于向集约化提升的关键时期。在目前受到诸多干预的情况下，地方银行业那种内部自发进行的渐进式改革，往往会遇到巨大阻力而进展缓慢，乃至以失败告终。而通过引入战略投资者，借助外力推动，并以国际理念引导改革，被证实是解决上述改革难题的行之有效的方法。

上海银行于 1999 年 9 月和 2001 年 12 月，分别吸收了世界银行集团成员国际金融公司和香港汇丰银行等外资银行的参股投资。2001年11月，南京市商业银行业与国际金融公司（IFC）正式签署了股权认购协议，国际金融公司出资600万美元认购南京市商业银行0.81亿股普通股，成为其第三大股东。渣打银行香港行政总裁苏利民接受外电访问时指出，渣打银行持有19.9%股权的渤海银行将于2004年5月营运，若日后法规容许，渣打银行有意增持股权至超过两成，渣打银行仍希望入股内地银行。国际金融公司（IFC）（自1999年起，IFC已先后入股上海银行、南京市商业银行、民生银行、兴业银行、西安市商业银行、北京银行6家中资商业银行）引入国际战略投资者资金，不仅壮大了城市商业银行的资本实力，更重要的是逐步引进了国际银行业先进的管理理念和管理经验，全面提升和完善了两家商业银行经营管理水平和公司治理结构，使其具有较为强劲的行业竞争力。

（4）提升竞争力。针对地方银行业经营状况两极分化严重的局面，政府和监管部门要采取区别对待分类指导的原则，一行一策，进一步化解风险，不断提高其经营水平。要千方百计鼓励城市商业银行增资扩股。只要符合股东入股规定，不管股东来自境内还是境外，注册地城市还是非注册地城市，国有还是民营，一律给予鼓励支持，手续从简。同时，要鼓励国有股份制和外资银行收购合并地方性商业银行，鼓励地方银行之间以相互参股、控股、交叉持股、兼并收购等方式进行联合经营。逐步允许收购银行在被收购银行注册地省辖范围内增设业务网点，逐步允许城市商业银行之间重组合并后在两银行注册地省辖范围内增设业务网点。要制订严格的标准允许地方银行在注册地外城市、在注册地邻近省内逐个合并定位不清的城市信用社，逐步消化这一类机构。要制订一定标准，逐步允许资本实力较强、经营管理规范的城市商业银行，在注册地外城市、邻近省内新设业务网点，与其他类银行开展公平竞争，通过联合并购的方式，实现优势互补，资源整合，共同发展，从而突破单个城市的限制，实现跨区域发展。

3. 建立银行控股集团

目前，山西金融资源分散，集中度不高，既不适应加入WTO外资金融机构进入市场竞争的新局面，也不适应国际金融混业经营的新趋势，为此，必须加快整合金融资源，提高竞争力。中国内地目前实行的是分业经营、分业监管的监管体制，但现行法律对金融控股集团模式并没有明确禁止，因此，建立银行业控股的金融控股集团并不存在大的法律障碍，不需作重大法律调整。控股公司本身并不直接从事金融业务，而只是从事"与金融相关的管理业务"，只以各子公司作为业务平台，相互间保持分业经营。事实上，中国内地已经出现了模式不一的金融控股集团，如中信集团、光大集团、鲁能集团和平安保险等。山西应该借鉴境内外金融控股集团的发展经验，结合山西特点，加快建立以银行业为核心、以资本运作为基础、以资金流为纽带的现代金融企业集团或地方金融机构航母。

（三）山西农村合作金融体系创新研究

山西农村信用合作社和全国的农村信用合作社一样，走过了一条曲折发展的道路，社会的变革、信用社的不断改革，几乎使信用社迷失了方向，走进了发展的死胡同。但中国的改革开放，是人们自觉去寻找和遵循客观经济规律的一个过程，经过几次试错后，我国农村信用社的改革终于迎来了前所未有的宽松环境，确立了追本溯源的改革宗旨，在这样的背景下研究山西农村合作金融体系的重构无疑具有重大的理论和现实意义。针对山西农村合作金融面临的合作社性质问题、管理体系问题、内控机制不健全的问题、经营风险加大的问题、信用社的生存和发展环境日益困难的问题，我们认为要使信用合作社真正成为整个农村金融体系的基础，进而促进农村经济的发展，当前必须采取以下对策措施。

1. 对现有农村信用合作社实行"分类指导，区别对待"

由于农村信用合作社经过多年的发展，有的出现了商业化经营的特征，有的仍按合作制运作，有的资不抵债面临破产。针对这些情况，应该按照合作社自身情况和外部经济基础，采取"分类指导，区别对待"的原则进行改革。具体来说，就是按照股权结构多样化、投资主体多元化原则，根据不同地区情况，分别进行不同的产权形式改革。在经济基础较发达的地区，投资人投资额较大，适宜股份制运作的，可以进行股份制改造；暂不具备条件的地区，可以比照股份制的原则和做法，实行股份合作制；股份制改造有困难而又适合搞合作制的，应该进一步完善合作制。在进行产权制度改革的同时，要因地制宜地确定合作社的组织形式：一是在经济比较发达、城乡一体化程度较高、信用社资产规模较大且已商业化经营的少数地区，可以组建股份制银行机构；二是在人口相对稠密或粮棉商品基地县（市），可以县（市）为单位将信用社和县（市）联社改为统一法人；三是在其他地区，在完善合作制的基础上，继续实行乡镇信用社、县（市）联社各为法人的体制；四是采取有效措施，通过降格、合并等手段，加大对高风险信用社兼并和重组的步伐。对少数严重资不抵债、机构设置在城区或城郊、支农服务需求较少的信用社，可以考虑按照《金融机构撤销条例》予以撤销。

2. 构建信用合作社的组织体系

构建农村信用合作社的目的在于，从纵向上形成省、县、乡三级合作组织，使信用社在保持独立性的同时又能通过行业自律实现业务管理、人员培训的功能，同时便于银监会加强对其监管；横向上，通过各省信用社的互相联合，形成覆盖全国甚至进入国外市场的信用合作社网络，便于信用社在较大范围内的结算网、信息网、资金网的形成，整体上提高信用社的地位和功能。

按照山西农村信用社的实际状况，其组织体系的建立必须符合两个条件：一是不能破坏信用社独立法人制度；二是必须充分发挥其应有的职能，即行业自律管理职能与合作经济职能。基于这两个条件，山西农村信用社组织体系的构建应采取金字塔模式，即通过规范基层信用合作社、县信用合作联社和省信用合作联社，逐步形成一个自下而上层层控股，自上而下逐级管理和服务的多级法人体系，从而达到体现"经济弱者的联合"与合作制原则。目前正在筹建中的山西省信用合作联社，目前还只能是行业组织，只有管理职能，没有经营职能；县信用联社和基层信用社之间的关系，根据信用社的实际需要和资产负债情况，分为一级法人、二级法人两种形式，县与乡两级都有经营权。目前的这种体系是比较适合山西情况的模式，但是随着信用社的发展壮大，必然有纵向和横向扩张的需要，省级联社也会组建经营性合作银行，各省的信用合作社联合发展壮大的需求也会出现，在这种情况下，如何定位各级合作社的性质和服务对象，是本文要讨论的内容，但从信用社未来的发展看，应该在其组建体系的时候，就以构建纵横交错的信用社网络为目标，而不仅局限于目前的管理、培训和监督。

3. 正确把握合作社性质

合作社的基本内涵就在于它是人的联合，而不是资本的联合；决策上，是人指挥资本，而不是资本指挥人，目的在于为社员提供非合作而不能获得的利益。至于其是否就一定把社员定为服务对象、就一定不能是盈利性质的组织，这些都不能作为判断信用社合作性质的标准，判断合作性质的唯一标准是它的投票权和是不是社员自己的选择。如果把合作社的目标看作一个连续的闭集，一端为获取最大的利润，另一端则是为社员提供最大的服务，那么最理想的合作组织可能会在利润方面向投资型企业靠拢，在内部组织上向完全的社员决策制靠拢。事实上，国际上许多合作社都根据合作社的生存、社员的需要，在不同时期、不同经济背景下把自己的目标定位在这个连续闭集的不同点上。许多基层的农村信用合作社把自己的目标定位为为尽量多的社员提供最长期的服务；而市场销售业务占主要业务内容的合作社则倾向于把服务和利润都作为自己的目标；新一代的合作社则把为社员获取更多的利益作为自己的目标。不论合作社把自己的目标定位在哪里，只要是社员选择的结果，那就符合合作社的最根本的宗旨，就不是偏离。

根据这一宗旨，在山西信用合作社改革的过程中，不必将其是否为社员服务、是否以盈利为主要目标作为衡量合作性质的标准，而是要以是否是社员的决策、所选择的形式是否符合信用社生存的经济基础、是否是信用社长远发展的需要为标准来判断。这一宗旨用在信用社组织体系的构建中，会给我们带来很大的灵活性和实践性，如在目前的三级结构中，乡一级的信用社最适合纯粹合作意义上的信用社的生存；县一级的信用社，为社员服务和对外销售都占一定比例，就可以定位为合作银行型的，即对内还是合作方式，对外则是银行方式，服务对象不局限于社员，但以社员为主；省一级的信用合作社，则可以建成商业银行型，即决策是合作性质的社员决策制，对外经营则纯粹是商业银行性质的经营方式。下级对上级入股，上级对下级管理，并经营自己本级的业务，相互之间通过控股的链条来管理，而不能直接干预某一级的业务。这种不同合作形式的自下而上的构建，是信用合作社适应本地经济结构和基础、适合于自身发展的需要、最大化满足社员利益的选择，也是信用社从农村走向城市、从省内走向全国、从全国走向世界的必由之路。

4. 完善法人治理结构

完善和有效的法人治理结构，是信用社健康有效运行的出发点和保证。有效的法人治理结构的标准是决策、执行、监督机制的建立和相互制衡。

从信用社的决策机制上看，由于长期以来，社员和信用社的关系疏远，社员最初的股金只占信用社目前资产规模的很小比例，再加上社员入股金额小，权力分散，社员代表大会这一决策机制，要么无法建立，要么名存实亡，信用社的权力实际上出现了由主任等经营者独揽的内部人控制现象。我国 2003 年以来的信用社改革重点就在于通过清产核资和增资扩股，重新强化和明确社员对信用社的产权关系，为社员大会决策机制的构建和运行创造条件。目前主要应采取的措施有：

（1）明晰股权，优化股权结构。首先，应对现有的信用社进行清产核资，并对原有社员进行重新登记，以确认资产的所有权归属。对净资产中的增值部分，在坚持"明确产权、用于发展"的原则下，除按一定比例提取公积金外，剩余部分转化为原社员的股权，实现其初始入股增值的目的。其次，在清产核资的基础上，适当增资扩股，将有资金互助合作需求的各经济成分均作为吸纳入股的对象。同时，一方面，在股权结构上，坚持均股原则，允许股份差异，但单个社员的最高持股比例不能超过信用社股本总额的 5‰，单个法人及其关联企业持股总和不得超过总股本的10%；另一方面，在社员结构上，应坚持以广大农户、专业户、个体工商户及小型村办企业、镇办企业为主的原则。通过规范的股权设置，达到既消除其浓厚的行政色彩，又能调动社员对管理和关心信用社发展的积极性的目的。

（2）确立合理的决策分配机制。社员对合作社的投入有实物、资金、劳动力以及惠顾合作社的产品和服务等内容，这些投入对所有的会员来讲并不是平均、相等的。不论是以哪种形式，以会员为基础的一人一票制、以投入为基础的同股同权制，还是以惠顾为基础的比例制，都存在一定程度的"搭便车"问题，侵犯了别的会员利益。解决这一问题的最好办法，就是将这三种形式的投入都转化成一种可量化的权力，以这种权力作为投票的基础，这样做既可以解决"搭便车"的问题，又使得合作社内部的激励机制和责任机制相对称，达到帕累托最优的状态。如果这种权力还可以转让、上市，则合作社就有了更强的外部激励效应，而社员的灵活性也就更大了。

（3）强化执行、监督机制。执行和监督机制上，应该由社员大会决定董（理）事会和监事会成员及其权力，董（理）事会选择经营管理者，经营管理者行使用人权；监事会根据社员大会的授权行使内部监督的权力，对社员代表大会汇报监督工作，但不干预决策。在此基础上形成权力机构、决策机构、监督机构和经营管理者之间的制衡关系。

5. 强化约束机制的建设

（1）强化内部控制机制。信用社经营过程中出现大量不良资产的原因，一方面是人员素质差，另一方面是内控机制的不健全和不执行。2003年以来，国家以央行票据置换信用社不良资产的目的就在于"花钱买机制"，即取得国家扶持的代价是完善法人治理结构和完善内部控制。因此，内控机制的建设和执行是信用社改革的重点。

在内控机制的完善上，信用社应该从以下几方面着手：首先，严格实行资产负债比例管理制度，按照"总量控制、结构对称、三性协调"的要求，不搞超比例经营，确保存款的支付，增强抵御风险能力；其次，建立和完善严格的风险管理制度，包括贷款的审贷分离制度、资信评估制度、授信制度及信贷资产保全制度等；再次，健全内部激励制度，主要是建立奖惩及考核制度，把职工的利益同其工作绩效结合起来，把信用社的效益同负责人的业绩和利益挂钩；最后，健全职工定期培训制度，通过对职工的定期培训，以提高全体员工的业务素质，增强他们的风险意识、法律意识和爱岗敬业意识。

（2）强化外部约束机制。外部约束机制的强化一方面应从管理者入手，另一方面应从市场选择入手。

从管理者来看，外部约束机制的强化来自四个方面：一是信用社行业内部的自律管理，这一职能的行使和规范主要取决于县联社和省联社管理监督职能的确立；二是省级人民政府的管理，主要对信用社的发展规划、遵章守法、违纪处理等方面进行指导和管理；三是银监局的监管，银监局的监管应根据金融监管的有关法律法规对信用社进行经营监管和风险处置；四是人民银行的管理，对信用社的准备金、央行票据和特种借款、再贷款、金融市场活动、清算等进行管理。

从市场的监督来看，由于大部分信用社股权分散，社员的自觉监督意识不强，因此应该以市场监督来弥补社员监督的不足。强化市场监督的手段在于强化信用社的信息披露制度。这个手段已在临汾地区的许多农村取得了非常好的效果，通过以村为单位对社员进行信用评估、公示、发放不同等级的信用证，定期收息等，极大地调动了社员关心信用社的积极性，提高了社员对自身信用的珍视程度，改善了农村的信用环境。通过定期披露信用社财务会计报告、风险管理状况、法人治理结构、重大事项等信息，增强了信用社经营的透明度，从外部强化了市场的监督作用。

6. 服务"三农"与政策支持

信用社的生存基础在农村,服务对象主要也在农村,因此,在我国目前仍以农村、农民、农业为主的经济和社会结构下,以服务"三农"为信用社的主要目标是信用社生存和发展的基石。从宏观上看,信用社从自身需求出发对"三农"的金融服务,客观上减少了国家对农民的补贴和对农村的政策倾斜,同时与商业性金融机构相比,信用社服务"三农"的成本大、内部收益低,但社会收益大,从这一点看,信用社的健康发展理应得到国家的政策优惠支持。如尽快制定有关法律,用法律手段规范农村信用社的运作机制、管理体制和经营行为,保护农村信用社的利益;在税收等政策上给予农村信用社一定的倾斜;在货币政策上适当提高农村信用社的法定存款准备金计息标准和呆账准备金的计提比例,建立适应农村信用社特征与经营特点的呆账核销制度;严厉打击农村的高利贷行为,为信用社营造公平的竞争环境。

(四) 对山西民间融资的规范和疏导

2004 年以来,山西民间融资明显升温,"体外资金"规模日趋膨胀,民间融资利率大幅攀升。而且当前山西民间融资的发展呈现出了以下特征:①总量扩大并呈现出规模化特征;②行业介入差异性较明显,煤焦、电力行业为民间融资的主要流向;③利率水平快速攀升,晋西高达 4% ~ 5%;④来自江浙等地的省外资金逐步加大;⑤民间融资用途以生产经营和投资为主,范围逐渐扩大;⑥借贷方式票据化色彩日益浓重;⑦民间融资与银行贷款增长呈反向变动关系。2004 年山西民间融资增量为 120 亿元,与贷款增量之比为 1:4.5。未来 3 ~ 5 年是山西建立新型能源和工业化基地战略实施的重要时期,经济增长速度会在高位运行,资金需求会明显增加,民间融资会进一步增长,所以,预计未来 3 ~ 5 年民间融资处于快速发展期。为此,我们应当在宏观政策方面积极应对,妥善引导。

1. 加强法规建设

一是建议国家或相关部门要针对民间融资的特征,按照《合同法》的有关要求,尽快出台《民间借贷法》或《民间借贷管理条例》等管理法规,也可制定《山西省促进和引导民间投资的办法》,将民间借贷纳入法制化轨道,纳入金融监管范围,为民间借贷行为构筑一个合法的操作平台。对于互助性的民间借贷,应承认其在经济体系中的合理性,确立其合法地位。二是严厉惩治高利贷行为,对以高利借贷为手段牟取暴利的地下钱庄，对其经营者从经济上和刑事上进行严厉打击。

2. 提升金融服务水平

一是金融机构要继续深化改革，加快利率市场化步伐，强化利率杠杆作用，增强依据信贷风险自主定价的能力，简化信贷操作程序，缩短贷款审批时间，为企业提供良好的信贷服务，增强在金融市场的竞争力；二是农村信用社要加大经营机制转换力度，适应"三农"的实际情况，创新信贷保全方式，推广信用村镇建设、农户联保等措施，进一步加大对农村经济的支持力度，有效满足"三农"发展的资金需求。

3. 加快金融创新

一是积极开展个人委托贷款业务。金融机构要充分发挥信用中介的职能，为民间借贷双方牵线搭桥，通过个人委托贷款业务，资金出借者不但风险更小，同时也可作为个人理财的渠道之一，银行为委托人提供更多的投资理财机会，最终使民间融资由地下操作变为规范的市场融资行为。二是研究设立能源投资基金会，既可以拓宽民间资金的投资渠道，吸纳民间富余资金支持煤、电等能源瓶颈行业的项目建设和生产经营，又能将民间融资逐步引导到规范有序的资金市场中，有效降低民间借贷无序发展潜在的风险。三是打破国家垄断、部门垄断、行业垄断，有步骤地向民间资金开放竞争性领域，拓宽民间资金投资范围，鼓励并规范民营企业家以多种形式参与金融投资，规范发展民间金融资本。同时应进一步完善中小企业信用担保体系的建设，加大社区合作金融组织的推广。国外在这方面的做法值得借鉴，如法国半官半民式的农业信贷银行体系；美国的农村合作金融体系、小企业管理局（SBA）和日本的农林渔业金融公库等。

4. 建立监测和管理体系

一是建立有效的监测制度，由统计局农调队或农村金融监管组织定期采集民间借贷活动的有关数据，及时掌握民间借贷的资金量、利率水平和交易对象等，将民间借贷纳入经济金融监测和宏观调控体系。二是加强对民间借贷的监督和管理。金融监管部门在对民间借贷活动深入调查的基础上，探索建立对民间借贷的管理制度和管理方法，对在支持生产和经济发展中发挥积极作用的资金，给予管理上的认可和运作形式上的规范引导，以利于对民间借贷的规模、用途、利率等进行有效监管。三是在民间借贷活跃地区设立相应管理机构，为借贷双方当事人在借据合同的规范性、利率的法律有效性等方面提供咨询和指导，调解因借贷行为引发的纠纷。

5. 落实国家产业政策

在区域经济环境中，凡是目前资金需求旺盛、信贷渠道不畅的项目，多是国家宏观调控重点限制的低水平重复建设、高耗能、高污染的焦炭、水泥、洗煤、钢铁等项目。有关部门虽然多次对这些行业进行整顿，也取得了一些成效，但由于近几年这些行业利润率高，从正规渠道取得资金较为困难，使得这些企业将目光转向民间融资，推动了民间融资的活跃。因此，必须严格落实相关产业政策，把好市场准入关，引导民间融资投向更具活力的朝阳产业。

6. 加强金融宣传

一是政府要加大宣传力度，正确引导民间融资健康发展；二是有关部门要通过媒体定期公布国家产业政策、货币政策、环保政策等相关政策规定，对社会公众开展金融业务宣传和风险防范的讲解，使公众及时了解有关政策，增强市场预测能力和风险意识，避免因利率过高、投向失误以及资金过度集中给出资方带来损失，减少投资的盲目性；三是金融系统要加大金融法规的宣传力度，使金融法律意识深入人心，自觉避免触犯金融法律法规。同时加大打击非法融资的力度，规范民间融资行为。

（五）山西产业结构调整资金供求对策研究

山西是全国能源重化工基地，也是中部欠发达地区，资源型经济区域特征十分突出。当前面临着结构调整、产业升级的重大任务，完成这个目标的各个环节都离不开金融的支持与配合。山西产业结构调整中资金需求如何解决？总的思路是以改善资金总量调控机制为重点，提高、优化融资结构，推进金融改革、产业结构资金取得有效平衡。对此，一方面要切实加强宏观调控，保证山西产业结构统一格局的科学合理性；另一方面要积极创造有利条件和提供优惠政策，引导地区在充分发掘和有效利用自身特色与优势方面下功夫，选准和培植新的产业和产品启动点，抓紧调整好现有的产业和产品增长点，在山西确立和发展一种优势互补、区域相促的新型产业格局。

1. 改善宏观调控操作机制

对发达地区、欠发达地区实施略有区别的货币政策。增加货币政策执行的灵活性，以使货币政策能向重点行业、重点地区略有倾斜。对大区分行、省会城市中心支行适度下放执行货币政策的权限，如允许大区分行和省会城市中心支行根据地区差异制定区别性的存款准备金政策、利率政策、再贷款政策等，以使货币政策的执行能更好地同当地产业政策相适应，提高货币政策的有效性。

2. 适度增加资金供给总量

一是合理增加信贷投入，发展和完善直接融资；二是在社会储蓄比较富余的情况下，促进储蓄向投资转化，并作为吸引内外资的重要手段；三是疏通民间企业直接融资渠道，尽快建立欠发达地区创业投资体系；四是推进信贷创新，积极发展票据贴现融资和金融租赁融资等。

3. 建立健全县域金融服务体系

在国有商业银行撤并基层分支机构的情况下，仅靠农村信用社难以承担起为县域经济服务的功能。人民银行分支机构应通过窗口指导、联合地方政府进行项目推介、加大对农信社的支持力度和组建区域性中小金融机构等形式，建立起为县域经济服务的金融体系及协调机制。建立农村及中小企业贷款保险制度。为弥补农村中小企业信用担保服务体系的不足，应积极推动农村和中小企业贷款保险制度的建立。引入贷款保险第三方，虽然会增加借款人的成本，但可解决农户和中小企业信用不足的矛盾，减少借款人逆向选择的可能性，硬化借款人的贷款约束。

4. 完善融资环境

一是积极推动信用体系建设，为货币政策的有效实施创造良好的社会环境。推动地方政府把诚信建设作为社会文明的重要工作来抓，建立信用建设的工作目标和社会信用监督机制，加快企业征信体系和个人征信体系的建设，做好农村信用村（镇）、信用户的建设，争取在较短的时间内改善地方的信用环境。

二是建立多层次的中小企业信用评级体系，尽快改革现有的信用等级评定标准，建立一套适用于中小企业的信用评级体系。这套中小企业信用评级体系既可实行传统的以企业资产、销售规模为基础的评级做法，也可以采用会计实务广为使用的企业价值测算法，即根据企业未来的现金净流入量贴现后的净值来确定企业的信用等级，贴现净值越大，企业信用等级越高，按照这套中小企业信用评级体系，发展潜力越大、预期增长越快的企业就越容易获得银行贷款的支持。

5. 加快推进金融创新

从解决深层次问题和合理调控社会资金格局出发，我们认为应当着手开展以下几方面工作：

（1）发展产业投资基金。主要考虑：一是引导民间融资，改善融资结构；二是增加居民投资工具，引导社会投资；三是增加资金供给，改善融资体制，形成多元化的融资渠道和方式；四是发挥集合投资、专家理财的优势，提高投资效益，防范投资风险。

（2）建立太原煤焦期货交易所。充分发挥山西的资源优势，积极申请创办太原煤焦期货交易所，对筹集资金、防范煤焦价格风险、减轻现货交易过程中运输压力都有积极作用。

（3）提高地方金融机构整体素质。加快推进农村信用社改革与发展，同时支持信托、证券、城市商业银行等金融机构交叉持股和资源整合，以此提高金融资源运用水平，为经济发展提供优质高效服务。

（六）构建山西信用体系研究

1. 建立山西省信用体系的基本架构

社会信用体系的建设应选择以行业为主线，纵向建立，然后横向联网的模式，以地方中介机构为补充，由点到面逐步推开，由政府统一监督管理，最终实现信用信息的联合征集、权威评估和信用公示。具体来说，先由金融、工商、税务、海关、房地产、外贸进出口等各行业的管理部门分别组建征信数据库，再由政府的征信管理机构协调统一，实现跨行业联网，构建覆盖多个行业的征信体系，而资信评估等信用服务体系可由市场调节自发形成。

在这方面，需要做好如下工作：

（1）设立专门的征信管理机构。由于征信行业涉及多部门多领域，是一项全新的、专门的服务行业，因此有必要设立或指定一个部门实施征信业的监督管理和协调统一。

（2）建立征信系统。由银行、工商以及公检法等部门，对企业、中介组织和个人的有关信息进行收集、整理、记录、储存、建立信用档案，依法向社会披露，使有不良行为记录者付出代价，名誉扫地。如金融征信数据库包括企业信贷征信系统和个人信贷征信系统两个基础数据库。企业信贷征信系统主要是收集、加工和整理企业信用信息，2002 年底已实现全国联网查询，而个人征信系统主要是收集、加工和整理个人的信用信息，也即将在全国推广。

（3）保证基础数据的真实性。基础数据的真实性至关重要，信用中介机构的数据处理、信用评分和最终的信用报告都是基于基础数据做出的。如果基础数据的真实性不能保证，建立在这个基础上的整个信用体系不管框架逻辑多么合理，也只是空中楼阁。因此，在建立信用体系的初期，就要采取强有力的措施和有效的制度安排来遏制企业造假的过程，保证基础数据的真实性。

（4）开展信用评估，广泛开展信用城市、信用地区、信用户选评活动，以信用档案信息作为评估的基本依据，评定地区、企业和个人的信用等级，使之成为其第二身份证和经济护照。

（5）建立统一的信用信息查询平台，社会信用信息是一种市场资源，可将银行、工商税务、公检法等部门掌握的社会信用信息进行微机储存，建立计算机网络技术信用信息，向社会提供完备、权威的信用信息服务，推动全社会信用体系的建立和完善，编织一张密不透风的大网，使失信者无藏身之地。

（6）整顿和规范现有的中介服务机构，要借鉴国际经验建立和发展若干个具有权威性的资信评级机构，建立企业和个人的资信管理网络体系，发展一批信用担保公司，促进信用中介服务行业的市场化发展，中介机构要坚持独立、客观、公正的执业原则，公正办事，不轻信欠完整的证据，不提供传授虚假信息，不出具虚假鉴证，报告不做假账，讲究职业道德，自觉规范自己的行为。

以金融业征信体系的建设为例，可以构建以下信用体系的基本架构：具体来说：

（1）金融征信管理机构：人民银行具体承办信贷征信业管理工作，拟定发展规划、管理办法和有关风险评价规则，承办有关金融知识宣传及工作，推动建立社会信用体系。人民银行的分支机构将履行具体实施职责。

（2）金融征信数据管理机构：根据征信管理局的有关设想，征信管理处将把银行信贷登记咨询系统（企业征信系统）和个人征信系统（即将在全国推广）分离出事业单位，把两个系统并入金融征信数据中心进行管理，向各金融机构提供信息查询、信用分析等服务。

（3）金融征信制度管理：一是建立和完善信贷征信制度的管理和监督机制，研究制定市场准入、退出等规章制度，研究制定有关风险评价体系，监督检查信贷征信机构执行有关法规，并依法对违规行为进行处理，

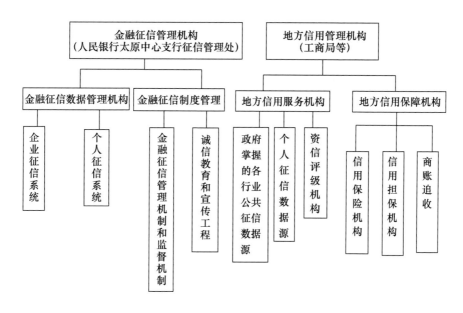

图 3　信用体系基本架构

达到维护金融债权、防范信贷风险、维护社会金融秩序的目的。二是加强对全民的诚信教育和有关知识的宣传普及工作，要针对不同的对象分层次、分步骤地宣传征信知识，推动有关部门和社会有关方面改善诚信环境，增强全社会诚实守信的信用意识。

（4）地方信用管理机构：其主要职能：一是要保证信用管理服务的中立公正性。政府不参与主办信用管理服务机构，政府要积极推动立法，发展一批信用中介机构，为社会信用活动提供服务和监督。二是政府应建立失信约束和惩罚机制，维护良好的社会信用秩序。三是按照国家规定，为企业和个人资信数据资料的采集、等级评定、征信提供合法程序，使社会信用咨询服务活动有序进行。四是政府一方面要保证各部门的公共信息向社会开放，让大家平等取得和使用，另一方面要监督市场主体间依法公平、公正地披露信息和取得信息，保护公平竞争。

（5）地方信用服务机构：在信用制度建立的初期，地方信用服务机构要发挥政府的优势，充分整合社会资源。一是政府要充分发挥职能，以较短的时间、较低的成本构建公共数据库。为了方便快捷地取得数据，政府在健全完整的信用制度方面，必须出面协调有关部门和社会各方面将管辖范围的征信数据有偿或无偿地贡献出来，在数据处理和形成征信产品方面要起积极的推动作用。二是征集个人征信数据要妥善解决涉及消费者的个人隐私，必须在法律上将涉及个人隐私的数据和合理的征信数据加以区分，既保护消费者的隐私权不受侵害，又让信用管理从业人员业务工作有法可依，促进市场交易方式的健康发展。三是信用评级的目的是揭示受评对象违约风险的大小，评价重点是经济主体履行相关合同的能力，信用评级是为投资者提供专家意见，而不是代替投资者做出投资选择。它的作用是为投资者提供客观公正的评估信息，为筹资者拓宽融资渠道，降低融资成本，为金融监管提供融资信息，促进金融市场的健康发展。

（6）地方信用保障机构。由政府牵头成立的信用管理部门，主要行使拟定行业规章、监督管理等职责。如主要适用于进出口的信用保险机构、主要为中小企业提供担保的信用担保机构和商账追收等。

2. 加强山西信用担保业的建设

信用担保业是建设社会信用体系中非常重要的环节。其主要是对中小企业提供信用担保、再担保及相关的融资担保，并独立地承担信用保证责任和风险。山西省的信用担保机构自 1999 年创立以来，截至 2002 年底已发展到 28 家，其中属于政府出资设立的信用担保企事业单位 11 家，民间投资设立的信用担保企业 17 家，注册资金共 5.4 亿元，4 年多来已累计为近 700 户企业提供融资担保，担保额累计突破 15 亿元。在稳定国民经济发展、增加财政收入、促进信用体系建设方面初步发挥了作用。

但担保行业目前还没有准确的法律定位，尚未建立准入制度和规范的运行机制，尚未建立行业统一风险控制和分散机制，与之配套的社会保障措施和财政政策也未到位，担保行业缺乏必要的行业管理和法律约束。这给信用担保体系的进一步发展造成了实质性的障碍。因此加强信用担保业的发展：一要对信用担保机构进行合理定位。山西省当前的信用担保机构既有政府出资建立的，也有民间出资设立的。政府出资建立的应属政策性担保机构，属于公共产品，不以盈利为目的，主要从事融资担保的高风险业务；民间出资设立的属商业性担保机构，以盈利为目的，主要从事除融资担保以外的其他低风险业务。由于这两类担保机构的社会定位不同，各自追求的利益目标不同，因此，应在统一纳入政府的宏观管理范围的前提下，针对各自的特点实行分类管理和区别指导。二要实施宏观管理，注重政策引导。坚持推动信用担保机构的企业化管理和市场化运作进程，在充分给予担保机构相应的自主权、实行市场化运作的基础上，政府积极运用价格、税收、资金补充等手段实施政策引导、扶持和宏观管理，减少直接干预行为。三要从维护金融和财政安全性出发，对各类担保机构实施并加强监督管理（包括机构设立、经营状况报告、机构资信评级和担保行为自律监督等），确保其规范发展。四要充分发挥人民银行信贷登记咨询系统、中小企业信用担保体系、工商登记年检等系统的作用，培育以中小企业为主要服务对象的社会化信用体系。各系统既要互相开放，又要互为补充，共同推进社会信用体系的建设和发展。

关于山西省"十一五"规划
金融战略的建议

背景说明

本文是 2005 年 6 月 4 日应山西省发改委的邀请在"山西省
'十一五'规划座谈会"上的发言稿。会议上应邀座谈的专家单
独与发改委领导集体谈话征集意见,之后发改委主任又亲自来到
作者住所进一步征询意见。

阅读了"十一五"规划思路,感到山西未来五年发展规划的定位合
理,思路清晰,体现了中央的科学发展观,体现了建设社会主义和谐社会
的精神,总的看,很好。

但是,要从现在经济不发达、贫富悬殊、环境污染的现状,5 年后过
渡到"经济发达、社会和谐、人民富裕、山川秀美"的"十一五"规划
目标的彼岸,需要造船修桥,即筹措资金。我认为规划中对于"十一五"
发展的资金问题如何解决,需要重重写几笔,否则规划的实现,就会遇到
困难。

下面,我就资金问题如何解决谈一点意见,希望在规划中把筹措资金
的金融战略提得响亮一点。

为什么山西这几年发展慢?资金问题是大问题。为什么山西资金少?
原因比较多,这里我说三个方面。

一是国家对山西的货币投放,计划经济时期,长期为贷差省,存款
少,贷款多。现状不是这样,国家实行统一的货币政策,由于山西的经济

社会现状，投入的货币供应量比其他地方少。国家宏观调控的货币政策，是解决货币供应量多少的问题。货币投放的原理是：货币供应量＝货币乘数×基础货币。在经济不发达地区，经济货币化程度比经济发达地区要低，活期存款比率高，货币乘数小，因为货币乘数＝（1＋通货活期存款率）÷（法定准备金比率＋超额准备金比率＋通货活期存款比率）；同时，经济不发达地区央行再贷款、再贴现规模小，因为基础货币的增长与再贷款、再贴现的规模成正比，所以不发达地区基础货币小。在货币供应量＝货币乘数×基础货币的机制下，不发达地区的货币乘数和基础货币都比较小，其货币扩张能力必然小于经济发达地区。

二是资金运动规律是趋利性，由利润率低的地方流向利润率高的地方，山西投资利润率低，国有商业银行是全国统一调度信贷资金的，山西几个大的国有商业银行像几个抽水机，把山西的存款一大部分抽到东南沿海地区了。2004年，山西银行系统存款5900亿元，银行贷款只有4000亿元。

三是民间资金也有相当大的一部分到外省去投资。

另外，由于社会诚信问题，带来票据流通严重落后。光绪九年（1883年），一张平遥商人出具的票据，背书转让了34次，完成了34次商品交易；马克思讲到欧洲票据背书转让五六十次。而现在法律规定票据背书转让可以三次，而实际上商家多不敢使用。诚信社会里企业出票就是钱。诚信就是资本。

怎么解决山西"十一五"资金问题？

建议以政府强势弥补市场弱势，以金融先导政策引领产业结构升级。即政府驱动，营造一个金融政策洼地，引导外部资金内流和流出去的内部资金回流。

具体提出以下几个意见：

第一，打造地方商业银行航母。以太原市商业银行为龙头，进行改造，整合山西地方金融力量，搞一个山西最大的商业银行，或干脆用原来的分支机构遍布大部分省区的"山西省银行"牌子命名新的金融机构（原福建兴业银行已经成为全国性的商业银行，深圳平安人寿保险公司已经成为跨国金融控股集团公司）。通过债转股、减税、引入外部战略投资者等，改造化解历史包袱，然后走联合发展道路，让太原商业银行和大同的、晋城的、长治的地方商业银行、城市信用社联社联合起来，先搞松散

一、人身股的发展历史

人身股制度由晋商首创，发生于明代中期，晋商在与沿边（长城）商人合作纳粮中盐中曾经通过合约实行"朋合营利"，明隆庆年间总理囤盐都御史庞尚鹏的《清理延绥屯田疏》可以证明："间有山西运商前来镇城，将巨资交与土商朋合营利，各私立契约，捐资本者，讨利若干，躬输纳者，分息若干，有无相资，劳逸共济。"[①] 后来演变为委托代理关系的所有权与经营权两权分离，并且给经理人员顶以股份，有钱出钱，有力出力，出钱者为股东，出力者为伙计，东伙共而商之。人身股制度到清代广泛流行，到民国时，陆国香评论说："恒有人力股总数超过资本总数者。人力股系晋商特别习惯，俗称顶身股，资本家出钱，劳动者出力，均有股份，一经获利，平等分配，以是经理伙友，莫不殚心竭力，视营业盛衰为切儿之利害。"[②]

晋商人身股制度的基本内容是：

第一，顶人身股的条件。企业的主要管理人员与业务骨干，可以顶零点几厘到几厘，以至 1 股的股份，一般是大掌柜（总经理）最高，通常顶 1 股，也有顶 8~9 厘的，超过 1 股者很少，顶 1.2 股或者 1.3 股比较特殊。二掌柜以下数厘不等，最低是部分普通员工顶零点几厘。但人身股不是人人有份，新招员工在三年学徒期没有股份，期满合格，录用为正式职工后，一般要经过几年的锻炼，德、勤、能、绩优秀者才能顶股，最快一两年。有的职员可能十几年甚至更长的时间还不能顶股。

第二，人身股的考核与晋升。谁可以顶股，股份多少，由财东根据职工任职时间、能力、贡献决定。每到大账期，都要进行人事考核，以"结利疲账"定功过，有功者，增加人身股厘数，并且记入股本账"万金账"。他们根据劳动者的品质、能力和绩效来决定是否晋升，晋升多高。当时晋商已经把劳动力当作了资本，对劳动力资本的衡量与考核，已经注意到了劳动者的劳动数量和劳动质量。

第三，人身股的分红。在大账期（会计年度）结账时，掌柜伙计的人身股与财东的实物资本股平等参与企业利润分红。在不同的企业，一股的实物资本的数量是不同的，有的企业一股货币资本高达一万几千两白

①　《明经世文编》卷三五九。
②　陆国香：《山西票号之今昔》，《民族杂志》1936 年第 4 卷第 3 号。

银，如大型票号企业；有的只有数百两之多，如一些中小型商号。所以不同企业的人身股的含量是不同的。

第四，人身股的继承和退出。一般企业实物资本股是永远不清退的，但可以转让。人身股不能转让，享有人身股的职工被辞退、解雇或者自动离职，当即终止人身股。享有人身股的职工退休以后，其原有股份照常分红；死亡之后仍可以享受一个或二个会计年度的分红，叫"故股"，但是家属子女不能继承。

第五，人身股职员的薪酬社保。顶有人身股的职员，没有薪金，每年发给"应支"和"津贴"，应支在分配红利时扣除，津贴则是每年出账。大掌柜人身股 1 股，津贴是每年 1000 银元，以下数百数十两不等。津贴与应支大体上各半。没有身股的职员，发给薪金，月薪数十两或数两不等。平时食宿费用一律由号上支付，驻外员工还有衣资补助。职工遇有婚丧大事，掌柜同事照常随礼，并派人贺吊。掌柜身故，享受 8 年应支、津贴和红利；未任掌柜而身股为 1 股者享受 7 年；身股不足 1 股者享受 6 年；身股六七厘者享受 5 年；身股四五厘者享受 4 年；身股三四厘者享受 3 年；身股一二厘者享受 2 年。已故职员所遗子弟才能良好者，可以入号当学徒，愿意到别号就业者，亦可以代为介绍和担保。①

太谷商人王相卿和祁县史大学、张杰组建的大盛魁，成立于康熙初年，历经 230 多年，职工人数多达 7000 多人，它规定每 3 年为一个大账期（会计年度），进行一次结算分红。分红时"把公积金的积累和运用放在重要的地位，以公积金的增长为衡量 3 年经营成果的主要标志，然后才是每股分红，最盛时，每股一次可分到 1 万两白银。每遇账期总结时，都要评定人员功过，检查 3 年的成绩和问题，整顿号规、调整人事"②，并且调整人身股的厘数。据说，大盛魁后期人身股总数已经超过了股东的资本股总数。大德通票号的人身股情况，据光绪十五年（1889 年）分红账记载，光绪十一年至十五年（1885～1889 年）账期共获余利 24723.03 两，货币资本股和人身股共 29.7 股，每股分红 850 两，其中乔中堂等货币资本股 20 股，马培德等 23 名职员人身股 9.7 股，以人身股参与分红的 23 名职员中，有 3 名是已去世的职工。大德通票号光绪三十一年至三十四年（1905～1908 年）大账期获利 743545.25 两，货币资本股和人身股

---

① 中国人民银行山西省分行、山西财经学院：《山西票号史料》，山西人民出版社 1990 年版。
② 孔祥毅：《金融票号史论》，中国金融出版社 2003 年版。

共计 43.95 股参与分红，其中，货币资本股仍为 20 股，人身股达到了 23.95 股，顶股职员达到了 57 人。[①]

晋商的人身股实际就是人力资本制度，比美国的期股大约早 500 年。美国大型企业 90%、小型企业 70% 有此制度。目前我国已经出现少数企业试行人力资本制度。山西省大同市左云县秦家山为了改变家乡的落后面貌，利用当地的煤炭资源优势，发展煤炭产业，1978～1988 年，原煤产量增加到 43 万吨，固定资产达到 1000 万元。但挖煤的工人，大部分是从外地雇来的，随着外来打工者的增加，村民和外来打工者的关系越来越紧张。秦家山党支部根据本村的实际情况，联想到 20 世纪 50 年代初期初级农业社的时候，土地入股，生产资料入股，还有人头股的历史经验，创建了新的秦家山股份有限公司，后改为秦嘉集团股份有限公司，其股份构成为：集体资产股、个人货币资金股、劳动力股。该公司在章程中规定，村民与户籍不在本村的煤矿工人，都可以折劳动力股；凡在本公司有劳动力股者，均属于本公司的股东；本人中途退出公司或不从事本公司的煤矿工作，股份均自行取消。到 1995 年，公司总股数达到 2757410 股，其中集体资产股 250 万股，个人资金股 43800 股，劳动力股 216110 股，分别占 90.66%、1.59%、7.84%。1996 年，劳动力股的股东为 467 人，其中本村村民 127 人，外来劳动力 340 人。外来劳动力享有与本村户籍股东的同等权利。劳资关系和谐，劳动力股东的主人翁意识愈来愈强，在企业集团中起到了愈来愈重要的作用，有力地促进了生产的发展。秦家山村民人均纯收入 80 年代末为 4500 元，1997 年达到 7100 元，没有贫困户，最穷的家庭也有万元存款。外来劳动力股股东年平均工资 7000 元左右，加上资本股和劳动力股分红，达到 8000 多元。劳动力股富了秦家山，富了外来打工者，他们的经济活动与开发正在扩展。该公司已经成为山西省大同市经济实力最强的乡镇企业，跻身于全国千家先进村行列。[②]

二、人身股的理论分析

晋商人身股首先体现了人力资本的产权价值，使企业各层次劳动力之间的产权关系明晰。实物资本是以货币或实物形式的物化劳动投入企业的资本，人力资本是以劳动者体力和智力为形式的活劳动投入企业的资本。

---

① 中国人民银行山西省分行、山西财经学院：《山西票号史料》，山西人民出版社 1990 年版。
② 孔祥毅：《中国特色的股份制：人力股加资本股》，《金融时报》1997 年 12 月 10 日。

任何企业的生产经营过程都是实物资本与人力资本相结合的过程。在传统的企业形式中，实物资本的出资方依其出资多少拥有企业的产权，经理及员工等只是资方雇用的劳动者，劳动者按工作量取得相应的报酬，并没有企业的产权，也就没有对企业的收益权和处分权。其实，实物资本和人力资本只是资本的不同形态，一是物化劳动的表现形态，二是活劳动的表现形态，两种形态的劳动共同创造了新的价值。同时，创造价值过程中两种资本价值损耗，对增值价值的贡献的性质是一样的。那么，人力资本产权与实物资本产权就应当是平等的，人力资本也应该享有企业的股权，参与企业利润的分配。晋商的这种创造，与20世纪60年代美国经济学家西奥多·舒尔茨、贝克尔等的人力资本理论相吻合。晋商人身股制度确保企业财产的归属关系明确，不同权利主体之间的权、责、利清楚。晋商股份制企业实行无限责任制，财东凭实物资本拥有对企业的所有权、处分权和新增价值的索取权，并对企业承担无限责任。掌柜及所有顶股职员凭人身股享有对商号的新增价值的索取权，对企业负有限责任，即企业发生经营亏赔时，其人身股的"护本"（晋商企业的资本金，分正本和护本（副本）。正本是实物资本股东投入的资本；护本是实物资本股东和顶人身股的股东在企业分红时按照股份从红利中提取一定比例的收入存入企业，参加周转，不分红利，付给利息，所有权归个人，但不得提取，企业发生亏损时可以用于偿债，类同风险基金）将用于偿债，并以此为限。晋商股份制企业的两类股东的产权是非常明晰的。

晋商人身股解决了劳资双方对立的矛盾，协调了劳资关系，实现了劳资双赢的经营格局。因为人身股是在不减少财东利益的前提下，从增量财富（利润）中分割出一块让渡给员工，作为员工拥有的资产，这样就使员工从纯粹的无产者变为有产者。这种做法之所以能为财东所接受，是因为财东并没有无偿割让既有的存量资产，只是期利的承诺；这种做法之所以也能使员工接受，因为员工在获得工资收入的同时，可以从利润中分割出一块作为自己的资产。在可以获得一定资产的预期下，员工热情高涨、积极主动地投入工作，使得企业的增量财富（利润）大幅增加，这样，尽管财东从利润中分割出一部分让渡给员工，但他们获得的利润绝对量还是比过去增加了。这样就实现了劳资双方的双赢。人身股制度使员工的利益与财东利益、商号利益统一起来，上下一心，同舟共济，劳资关系得以协调，经营效益得以提高。

晋商人身股又是一种长期有效的激励机制和动力机制。因为顶身股者只有在大账期才能参加对企业利润的分红，一个账期一般是 3～5 年，这一机制具有延期支付的特点，是一种长期的激励机制，可避免掌柜与伙计的短期化行为。而且由于物质刺激，这一激励机制会呈现一种良性循环：晋商人身股→掌柜伙计努力工作→企业业绩提升→利润分红增加→继续努力→提升人身股→商号业绩继续上升→经理伙计收益继续扩大。收益的无限性必然产生激励的无限性，从而极大地增强了这一激励机制的可持续性。而且人身股对掌柜及伙计来说，既是一种物质上的激励，也是一种精神上的激励。人身股多少，标志着个人的能力、地位、贡献，激发员工的"成就感"和"归属意识"，实现了物质激励与精神激励的协调一致。

晋商人身股也是委托人激励代理人降低委托—代理成本和风险的创新。晋商的财东与掌柜之间的关系是典型的委托—代理关系，财东将自己的企业财产全权交由大掌柜经营，前提条件是顶以股份。通常，委托—代理关系的关键，在于存在不确定性和信息不对称的情况下，委托人应当设计出一个代理人能够接受的契约（即激励机制），促使代理人采取适当行动，在代理人追求自身效用最大化的同时，最大限度地增进委托人的利益。大掌柜的人身股是经由财东、拟聘大掌柜、中证人共同签署的合约确定下来的，有效地解决了委托—代理关系的基本问题。其他顶股员工的股份也要签署合约，并且录入"万金账"。各自为了各自的利益"不督责而勤"，保证了委托人财东利益的最大化。

晋商人身股制度有利于职业经理人队伍的成长。晋商企业掌柜们是中国早期的职业经理人。随着科技进步，社会分工越来越细化，职业经理人阶层队伍的发展和扩大是必然的。人身股制度不仅为职业经理人提供了激励，也设置了责任和压力，使之不能随便应聘或者退出，有利于企业管理的稳定，也有利于职业经理人水平的提高和整个队伍的成长。

人在生产经营活动中的地位及相互关系是生产关系的核心内容，生产不能离开劳动力这个最基本的要素，它与生产资料共同构成了剩余产品生产的前提条件。实物资本股是以货币或者实物为形式的物化劳动投入企业的资本，是创造新价值必不可少的要素，是形成生产力的能动者。人身股是以职员的能力、贡献、职责为形式的活劳动投入企业的资本。二者共同构成了股份制企业的资本，既然实物资本与劳动力资本共同创造了新的价值，实现了价值增值，那么人力资本就有权利与实物资本一起平等地参与企业利润的分配，这是合情合理的。人身股制度，虽然是企业管理实践中的创造，但它揭示了一个重要的理论问题，这就是人力资本理论。

首先，在人类生产活动中，劳动力的知识、技能、信息、素质在剩余产品生产中的地位越来越重要。劳动力作为劳动者个人所有的特征，与生产资料所有制性质具有同样重要的意义。所以，承认用货币购买的生产资料在生产经营中的资本性质，也应该承认劳动力知识、技能、信息、素质在生产经营中的资本性质。否则，不仅在逻辑上说不通，就是在社会与道义上也是说不通的。

其次，社会主义市场经济中的股份制，必须坚持解放生产力，消除两极分化，共同富裕。劳动力资本理论在不否定实物资本理论的前提下，比较好地解决了社会主义本质特征所要求的条件。坚持劳动力资本理论，变雇用劳动者为企业主人，充分调动劳动者的积极性，作为股东的劳动者就会以主人翁的精神，关心企业的生产经营，从而较好地解决劳资矛盾，领导与被领导之间的矛盾。

最后，人身股制度比较好地解决了共同富裕的问题。前述实例说明了先富与后富者的矛盾可以在人身股制度下得以统一，也使雇用者与被雇用者在政治上地位平等，在新创造价值上利益共享。共同富裕才是社会主义，人身股坚持共同富裕的方向，并且在实践中创造性地解决了使无产者变成有产者的重大问题，这无论在理论上还是实践上都是一个重大突破。

溯源在于创新，在于指导今日的实践。当今信息技术覆盖到了人类社会生活的各个方面，推动信息社会发展的动力也相应地发生了变化，知识经济下的发展动力将更多地依靠于人力资本。随着知识经济的深入，以人身股为主的企业组织模式将成为推动知识经济发展的新动力，在信息社会的发展中人身股制度将会为企业注入新的活力。

总之，人身股制度的核心是物化劳动与活劳动共同享有企业利润，体现了这种股份制的社会所有制性质，是共同富裕的路子。

三、人身股的操作

人力资本股份制度在美国的具体操作比较复杂，有职工持股、虚拟股票、股票期权计划等形式。我国理论界的讨论也比较复杂，近年北京、上海、武汉等地个别企业引入国外办法进行了类似的试验，效果尚不明显。不能套用美国制度，中国自己创造的通行数百年的晋商人身股，适合中国人文习惯，而且操作简单，可以直接拿来试行，或者作必要的改造，就可以为国企改革所用。

第一，高层管理与业务骨干都可以顶股。是不是在企业里干活的任何一个职工都可以顶股？中国历史上的人身股和当今西方的期股都不是人人顶股。由于劳动者的受教育程度、经验、技术等涉及劳动者价值，即劳动者因受教育的投资使智能、技能的积累程度和个人奋斗提高的程度，以及迁移性投资使劳动者掌握的信息和经验等，都应当在顶股中予以重视。那么，决定企业经营管理水平的高层管理者与业务骨干都应当顶股。

第二，依据劳动者对企业贡献因素确定权数、权重和积分。人力资本股企业可以根据劳动者的智力、能力、工龄、级别、贡献、危险及岗位脏累程度等，确定人身股顶股因素，并且根据各自企业的具体情况明确各因素的权重，进行积分计量。

第三，人身股与实物资本股的折合视企业情况不同而定。1个人身股可以顶多少元的实物资本股，企业可以根据资本金多少、规模大小、总经理责任大小，自定章程。试行人身股起步时，可以参考职员实际收入（基本工资加奖励）与顶股建立某种联系，在年度考核时按照实绩决定晋升。

第四，人身股数不必封顶但要宏观控制。这涉及每个劳动者最多可以顶多少股，也涉及实物资本投入与人力资本投入在全部利润分配中各占多大比重。古代晋商劳力股虽无封顶一说，但总经理一般到一定程度时不再增加。少数老企业劳力股总数至清末民初超过了资本股总数，以至原来的财东无法控制企业。这又涉及劳资双方在企业中的地位问题，可以在本企业章程中做出规定。但是国有资产管理局需要分类做出人身股与实物资本股的比例限定。

第五，人身股可以退出不能继承。劳动者的人身股在本人调动、辞退、自动离职时当即终止。退休职工人身股按工龄折扣，顶股劳动者身故，子女不得继承。

第六，劳力资本股与实物资本股同股同酬。晋商是同股同酬不同责，人身股与货币资本股同股同酬，但是财东负无限责任，享有人身股的经理伙计负有限责任。现在没有无限责任企业，也就没有不同责问题。

第七，实行人身股的企业可以上市。如果承认了人身股制度是合法的企业制度，那么就可以上市，但是只能出售实物资本股，不能出售人身股。公布上市企业财务状况时，必须公布该企业的人力资源和人身股情况，供投资者选择。

人身股制度是晋商在企业管理实践中的创造，是一种深深植根于中国、符合中国国情的企业制度，国企改革引入人身股制度是有前途的。

以城商行为平台打造山西省金融"航母"

背景说明

　　本文是 2006 年"山西崛起战略中地方银行体系创新研究"课题组集体成果，成员有省委宣传部卢瑜研究员、山西财经大学金融学副教授王永亮（现晋商银行资产负债管理部总经理）、副教授侯安平。研究报告是在对太原商业银行调研基础上集体讨论研究写出的，山西省国有商业银行强地方金融力量弱，助推山西经济崛起需要建立发展地方金融服务体系，打造太原城商行为龙头的地方商业银行"航母"。这一研究实际是晋商银行筹建研究的初期阶段，直到 2008 年山西省政府决定在太原商业银行基础上改组筹建山西全省性的晋商银行，2009 年初晋商银行正式挂牌运营。

　　中部崛起战略的实施和煤炭可持续发展试点的进行给山西带来了前所未有的发展机遇。金融是现代经济的核心，山西经济复兴需要强有力的金融支持——尤其是银行信贷服务的支持。山西现有银行体系难以对地方经济发展提供优质高效的金融服务，重构地方银行体系是山西崛起的重要条件。

一、山西银行体系现状及机构地位对比

　　山西现有的银行体系由全国性商业银行的分支机构、政策性银行的分支机构及众多的地方中小金融机构等构成。图 1、图 2 和表 1 显示了它们

在山西信贷市场的地位对比。

在山西设有分支机构的全国性商业银行包括中国工商银行、中国农业银行、中国银行、中国建设银行四家国有银行，以及交通银行、华夏银行、中国民生银行、中国光大银行、上海浦东发展银行等股份制商业银行。它们在山西信贷市场占有绝对的垄断地位。其中，四大国有银行在山西存款市场、贷款市场的占有率分别高达56.02%和47.35%。

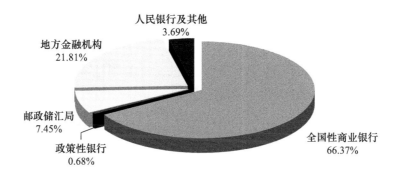

图1　山西金融机构存款市场结构

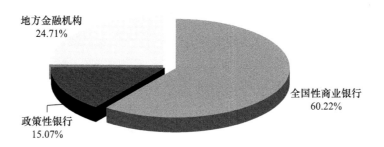

图2　山西金融机构贷款市场结构

表1　山西省银行业机构存贷款余额及占比（2005年11月末）

机构	存款余额（亿元）	存款占比（%）	贷款余额（亿元）	贷款占比（%）	存贷比（%）
全国性商业银行	4730.87	66.37	2600.29	60.22	54.96
其中：国有银行	3993.17	56.02	2044.61	47.35	51.20
股份制银行	737.70	10.35	555.68	12.87	75.33
政策性银行	48.74	0.68	650.83	15.07	1335.31
邮政储汇局	531.31	7.45	0	0	0
地方银行机构	1554.05	21.81	1066.86	24.71	68.65

机构	存款余额（亿元）	存款占比（%）	贷款余额（亿元）	贷款占比（%）	存贷比（%）
其中：城商行、城信社	280.39	3.94	184.15	4.26	65.68
农村信用社	1200.08	16.84	840.95	19.48	70.07
信托、租赁	73.58	1.03	41.76	0.97	56.75
人民银行及其他	263.02	3.69	0.01	0	0
合计	7127.99	100.00	4316.99	100.00	60.56

资料来源：根据《山西金融统计月报》数据整理。

地方银行业金融机构包括分布广泛的农村信用社和城市信用社、城市商业银行、信托投资公司、金融租赁公司。其中，已经批准设立的城市商业银行有太原市商业银行、大同市商业银行、长治市商业银行和晋城市商业银行共计 4 家。地方金融机构在山西信贷市场的份额位居第二，且与全国性商业银行的市场地位差距显著。

2005 年 11 月末，山西邮政储蓄机构的存款余额达 531.31 亿元，占市场总体的 7.45%。其暂无贷款权力，不能直接为经济发展提供投资资金。

在地方设有分支的国家开发银行和中国农业发展银行所能提供的金融服务有限。其资金来源主要依靠中央预算拨款和发行金融债券筹集，因而其存款市场份额与贷款市场份额差距很大。

二、现有银行体系难以担当助推山西崛起的重任

目前山西银行业金融机构的特征和状况决定了其对地方经济发展的作用乏力，不足以为山西崛起提供充分的金融支持。

（一）全国性商业银行占主体的格局导致山西资金大量外流

市场经济条件下，资金流动的方向是从利润率低的地方流向利润率高的地方。由于山西经济相对落后，全国性商业银行不仅不会从省外调度资金贷放给山西的企业和项目，反而将从山西吸收的存款大量转移到省外经济发达地区贷放。它们吸收了山西市场 66.37% 的存款，提供给山西的贷款只占市场总体的 60.22%。表 2 进一步显示，它们从山西吸收存款的近 34% 被转移出省，其中四大国有银行的这一比例更高达 37.68%。

表2　全国性商业银行山西分支行内资金往来情况（2005年11月末）

机构	资金来源方（亿元）	资金运用方	
		余额（亿元）	占存款余额的比（%）
国有商业银行	0	1504.63	37.68
股份制商业银行	0	102.64	13.91
合计	0	1607.27	（占全国性商业银行存款余额比重）33.97

资料来源：根据《山西金融统计月报》数据整理。

（二）全国性商业银行不能为地方经济发展提供持续稳定的金融服务

全国性商业银行分支网络遍布各地，它们会随着地区间经济形势的相对变化调整其分支及业务发展策略——一旦某地经济发展速度相对下降，它们就会相应收缩在该地的服务网络和业务总量。它们这种随"风"而动的行为会进一步削弱地方经济发展的金融动力。受产业特征、经济结构和宏观经济政策等因素的影响，任何一个地方的经济发展都不可能是一帆风顺的。在近年来煤炭价格上涨、山西经济形势好转的情况下，它们尚且将大量存款转移贷放，在山西经济发展遇到暂时困难的时候更是可想而知。也正是因此，全国性银行很难对地方中小企业建立起持续的信息积累和深入的客户关系，从而在为它们服务时相对于地方银行不具优势。

（三）全国性大银行占主体的格局无助于社会主义新农村建设

在20世纪90年代后期以来的商业化改革过程中，四大国有银行大批撤销了设在县域的分支机构，逐步退出农村信贷市场，将贷款更多地投向城市的优质客户、大客户，出现了整体收缩的局面。即使是打着"农业"旗号的中国农业银行，在疯狂撤离农村的浪潮中同样不甘示弱，变成了地地道道的城市银行——20世纪80年代中期以前，中国农业银行将全部贷款的98%投向了农村，而目前这一比例只有10%。新兴的全国性股份制商业银行更是将目光盯在了城市，在农村基本没有分支机构。因此，主要依靠全国性商业银行的金融服务，社会主义新农村建设只能永远是理想。

（四）现有地方银行体系存在结构性缺陷，而且"体弱多病"

地方银行受活动范围和资金实力限制，不得不专注于提供区域性的金融服务。同时，由于层级少、决策效率高，加上长期的经验、信息和客户关系累积，地方银行在与本地企业打交道时拥有更多优势。但是，目前山西的地方银行完全由农村信用社、城市信用社和城市商业银行组成，这些机构规模很小、力量薄弱，基本不具备为地方大中型企业服务的能力。另外，这些中小金融机构存在产权不合理、治理不规范、资本实力弱、不良资产多等问题，严重影响着其经营和服务的持续性。

总之，由于地方金融机构"造血"机能不足，全国性商业银行和邮政储蓄机构又大量从山西"抽水"，嗷嗷待哺的三晋大地不仅没有得到额外的资金给养，反而成为了发达省份经济发展的后勤保障基地。资金流动的马太效应成为山西经济发展的重要促退因素。

三、要建立以地方银行为主体的金融服务体系

从上述实证数据和理论分析可知，相比全国性大银行，地方金融机构能为本地经济发展提供更有效的金融服务。因此，山西要崛起，三晋要复兴，必须改变现有金融服务体系格局——基本目标是构建以地方银行为主体、全国性商业银行为伙伴、多种类型金融机构并存且分工服务的体系；通过地方金融服务主体的转变，促进山西由金融"高地"向金融"洼地"的转变——彻底转变还需要政府公共服务的改善、产业政策的引导等多方面配套条件。

要实现地方银行由从属地位向主体地位的转变，必须实行存量改造和增量扩张相结合的策略。存量改造是指对现有的地方银行机构进行改造，促进和帮助其明晰产权、完善治理结构、降低不良资产比率、增资扩股和改进经营管理，以提高其质量、增强其服务能力。增量扩张是指要增加设立新的地方银行机构——尤其是具有创新性的金融服务机构。目前，农村信用社、城市信用社和城市商业银行的改革正在进行中，中央银行为农村信用社改革提供了资金和政策支持。地方政府应抓住机遇，在这些地方银行机构的改革中发挥积极的主导作用，用现有合法的权力督促其降低风险、规范发展，用政策帮助其解决历史问题、激励其更好地为山西经济发展服务。

构建地方银行目标体系必须实行小银行和大银行协调发展的策略。地方大银行与中小银行之间主要不是竞争的关系，而是一种分工协作的共生关系——这种关系主要表现在三个方面：其一，小银行主要为中小企业和乡村居民服务，大银行主要为大中型企业和城市居民服务；其二，小银行可以为大银行提供代理服务——这既可以增加中小银行的收入，也可以降低大银行的分销成本；其三，大银行可以为小银行提供资金清算、头寸周

转、管理顾问和人员培训等服务。地方经济发展既需要数量众多、分布广泛的小银行机构为特定小社区提供金融服务，也需要少数大银行为地方大中城市和大中型企业提供金融服务。现有体系中的农村信用社、城市信用社和城市商业银行规模都很小，资金实力有限，难以满足地方经济发展对大额金融服务需求。因此，构建地方大银行，打造山西金融"航母"，是山西经济协调发展和崛起赶超的必然要求。

地方银行主体地位的确立和维护需要地方政府的政策扶持。在市场经济条件下，地方政府可以实行有利于地方经济发展的政府采购政策，要求地方各级政府、政府各部门和地方国有事业单位采购地方银行的金融服务——到地方银行存款、通过其办理结算，以此促进地方银行的发展。

四、构建地方大银行应以城商行为平台

从理论上讲，地方大银行既可以不依托任何现有机构全新设立，也可以在现有地方银行机构的基础上改组设立。从实际出发，以现有城市商业银行为平台组建地方大银行应该是合理选择，理由如下：

（一）以城商行为平台可以充分利用其既有资源

城市商业银行和作为其前身的城市信用社已经有多年发展，拥有一定的网点资源、人才资源、客户资源和经营管理经验。以城市商业银行为平台可以充分利用这些资源，节省构建大银行的成本，加快大银行发展步伐。

（二）以城商行为平台可以实现存量改造与增量扩张的有机结合

由于历史和体制的原因，城市商业银行经营管理状况差，面临较严重的风险问题。对此，银监会已经设定 2006 年末为高风险城商行经营状况改善的最后时间，对不能按期达到监管要求的城商行银监会将让其退出市场。城商行问题是在改革过程中形成的，政府干预不当、监督不力是主要原因。因此，无论是积极地处置其不良资产，还是消极面对以使其被迫退市，地方政府都负有不可推卸的责任，都要付出代价。由此，由地方政府主导城商行的风险处置工作，既可以最有效地化解区域金融风险，又可以为地方大银行的设立打造优质平台，实现地方金融资源的存量重组和增量扩张的有机结合。

（三）以城商行为平台最有可能获取监管部门和社会的信任及支持

尽管说退市是城商行的理论出路之一，但退市毕竟是一个消极的选

择。一旦选择退市，地方政府面对金融风险的态度和能力就会受到怀疑。对监管部门和民间资本而言，无论是大银行还是小银行，都必须是好银行它们才感兴趣。现有的小银行都搞不好，设想中的大银行怎么能搞好？另外，银监会主席刘明康曾指出，城商行今后的主要方向是重组改造和联合，各行应根据自身实际情况和区域经济发展趋势，选择适当的发展模式。银监会支持各城市商业银行在当地政府主导下实施重组改造、增资扩股和资产置换；鼓励各行按照市场规则和自愿原则进行联合并购，实现优势互补和资源整合。因此，地方政府积极推动城商行的风险处置和机构再造，在此基础上促成地方大银行建立，既能符合监管部门的要求从而得到批准，又可以获取民间资本的信任进而吸引其投资，还可以最大限度地保护现有存款人利益以避免由退市导致的金融恐慌。

五、平台打造应以太原城商行为龙头

省内现有太原、大同、长治、晋城 4 家城商行，对它们同时进行改造、整合，难度很大，时间也不允许，必须找突破口。我们认为，应当先对太原市商业银行进行改造，在此基础上整合其他三家城商行和部分城信社作为地方大银行的组建平台。

（一）太原是省内最大的经济金融中心

作为省会城市的太原市，经济总量最大，金融最为发达，对省内其他地区的辐射和影响也最大。计划中的地方大银行，自然应当设在这个省内最大的经济金融中心。

（二）太原城商行是省内最大的城商行

大银行需要大平台，大平台需要大基础。太原市商业银行是省内资产负债规模最大的城商行。地方大银行平台的构建可以没有其他任何一家城商行或城信社，但如果没有太原城商行，这个平台就不会很大，基础就不很结实、牢靠。因此，以太原城商行为龙头既可以确保拟设地方大银行有足够大的平台，也可以使后续的整合工作富有选择弹性。

（三）太原城商行的风险处置时间最为紧迫

太原城商行是银监会密切关注的高风险城商行之一，是风险最大的城商行中唯一的一家省会城市银行。目前距离银监会设定的风险处置最后期限仅有半年多一点儿时间。太原城商行的风险处置迫在眉睫，以其作为打造地方大银行的突破口也是迫不得已的选择。

（四）太原城商行是平台打造的关键

与省内其他城商行和城信社相比，太原城商行面临的问题最为严重，风险处置工作的难度最大，时间最紧。太原城商行的问题解决了，依靠经验，其他城商行和城信社问题的解决就会容易许多，地方大银行的平台构建就胜利在望了。因此，太原城商行的风险处置工作是山西地方大银行建设系列"战役"中的攻坚一战，只许成功，不许失败。

（五）以太原城商行为龙头是太原率先发展战略的要求

太原率先发展不是太原市委、市政府基于当地利益的一厢情愿，而是省委、省政府从山西全局利益出发做出的重要战略决策。太原率先发展需要太原金融率先发展。太原城商行作为太原市政府控股的机构，已经为太原经济发展做出了不可磨灭的贡献，也应该在太原未来发展中发挥更为积极、重要的作用。太原城商行的风险问题不能有效解决，太原不仅难以实现率先发展的目标，而且还很有可能退步。

六、省政府主导太原城商行风险处置的必要性

太原市是太原城商行金融服务的主要受益者。太原市政府是太原城商行的最大股东，是太原地方公共利益的代表，其在太原城商行风险处置中的责任自不待言。然而，我们认为，除了太原市政府的积极作为，省政府应当在太原城商行的风险处置中发挥主导作用。

（一）拟组建的地方大银行将服务于山西全局

需要组建的地方大银行是为整个山西经济发展服务的，而太原城商行在其中发挥着不可替代的重要作用。因此，站在为山西崛起提供有效金融服务的高度看，太原城商行面临的问题就不仅是太原市的局部问题，而是事关全省利益的全局性大问题。基于这样的理由，不仅太原城商行的风险处置工作需要由省政府主导，拟被整合进地方大银行中的其他城商行和城信社的风险处置工作都需要省政府的主导。

（二）太原城商行被迫退市将对整个山西产生严重的负面影响

作为山西最大的地方银行机构，如果其风险问题得不到解决，乃至被迫退市，其负面影响广泛且严重：①会增加公众对地方银行机构的整体不信任，影响其存款的稳定性，增大客户开发的成本，减弱它们为地方经济发展融资的能力；②如前所述，会影响监管部门、省内民间资本和境外战略投资者对山西地方政府态度和能力的信任程度，从而增加拟设地方大银

行审批和筹资的难度；③设计中的地方大银行即使获准成立，也会因为丧失了最为理想的平台，从而发展速度减缓、服务能力降低。

（三）主要依靠太原市政府解决太原城商行面临的问题难度很大

在太原城商行面临的诸多问题中，最为棘手的是不良资产处置。据测算，要将不良资产比例降低到监管要求的限度（10%）内，太原城商行必须在 2006 年底之前剥离处置 30 亿元的不良贷款。受太原市政府财力限制，用市财政拨款收购太原城商行大部分不良贷款的办法根本行不通。不久前，太原市政府曾借鉴外省市经验，制定了一个处置太原城商行风险的具体方案。该方案设计，太原城商业银行自行处置 5 亿元不良贷款，其余的 25 亿由专门设立的太原市财融资产管理有限公司（国有独资公司，以下简称财融公司）用从太原城商行获取的 25 亿贷款打包收购；市政府制定专门政策可以保证财融公司偿还贷款利息；政府拟将规划中的 6000 亩土地分批出让给财融公司，财融公司用土地经营差价收入可以归还贷款本金。现实的难点是，市政府很难及时完成方案所需的土地储备任务，从而财融公司贷款本金的偿还缺乏保障。太原城商行 25 亿的特别贷款需要银监会批准，如果缺乏可行的还款方案，银监会不可能批准，该方案中的不良资产处置就成为泡影。由省政府主导，利用省政府的资源优势和政策优势，太原城商行的风险处置任务就比较容易完成。

七、省市政府携手组织太原商行风险处置的方案设计

为了维护地方金融稳定，促进地方银行体系建设，扶助山西经济崛起和能源可持续发展，山西省政府和太原市政府需要协同合作，规划和实施太原商行的风险处置工作，确保按期完成监管要求，为地方大银行的筹建确立良好的基础。

（一）成立专门机构

成立地方银行风险处置及发展促进委员会，由省发改委、省委政研室、省政府金融办公室、省社科院及财政、地税、国土、审计、纪检、监察等部门主要负责人组成，邀请银监局、人民银行太原中心支行的主要负责人和省内金融专家参与，由省长或分管金融工作的副省长挂帅，秘书处设在省发改委。

地方银行风险处置及发展促进委员会的职责是：①调查、分析地方银行风险状况；②研究制定和组织实施地方银行风险处置方案；③研究制定

和组织实施地方银行发展促进规划；④组织和督促市政府、县政府的相关工作。

太原市政府成立太原市商业银行风险处置领导组，由市长挂帅，太原商行、财融公司和市财政、地税、国土、审计、纪检、监察、公安、检察、法院等部门负责人组成。领导组的职责是：根据省地方银行风险处置及发展促进委员会的要求，积极支持太原城商行不良贷款的清收。

（二）不良资产处置

截至 2005 年 9 月 30 日，太原城商行按五级分类不良资产总额达 42.71 亿元。其中，不良贷款 36.65 亿元——不良贷款比例高达 51.88%，非信贷不良资产 6.06 亿元。

以 2005 年 9 月 30 日太原城商行为基数，在 2006 年底之前需要剥离处置不良贷款至少 30 亿元，才能使不良贷款比率下降到监管要求的 10% 以下。

1. 损失类贷款的剥离

截至 2005 年 9 月 30 日，太原城商行损失类贷款 7 亿元。此类贷款清收无望，需要政府扶持全额剥离。设计在 2006 年，由省政府、市政府出资 7 亿元追加财融公司资本，用以全额收购太原城商行的损失类贷款。

市政府出资 3 亿元，出资来源为：①市财政出售持有的交通银行 3000 万股 H 股，市值约 1.5 亿元；②市政府从国家开发银行的贷款中安排 1.5 亿元。

省政府出资 4 亿元，资金由省财政通过出售持有的国有企业股权解决。

省政府向财融公司出资，意味着财融公司必须改组为省政府、市政府共同持股的有限责任公司。财融公司改组后，省政府持股 4 亿元，市政府持股 3.1 亿元（包括原注册资本 0.1 亿元）。省政府控股财融公司，有利于省政府主导太原城商行的风险处置，也有利于此后将其作为处置其他城商行、城信社不良贷款的平台。

2. 可疑类贷款的剥离

截至 2005 年 9 月 30 日，太原城商行可疑类贷款 18 亿元。此类贷款占不良贷款的比例最高，清收的受偿率很低，也需要政府扶持全额剥离。

（1）贷款收购。设计经人民银行和银监会批准，由财融公司以担保方式和 2% 的优惠利率向太原城商行申请 18 亿元 3 年期特别贷款，用于打包收购太原城商行 18 亿元的可疑和损失类贷款。此项工作需要在 2006 年完成。

（2）担保实施。为完成此项任务，可按原定方案由市政府组织、协调有关市属国有企业为财融公司提供担保。

（3）利息偿还。财融公司每年需要向太原城商行偿还贷款利息 3600 万元。利息偿还的保障方案设计为：由市政府协调省、市财政部门，将太原商行 2006~2009 年上交税收中省、市留成部分每年约 2000 万~3000 万元全部返还财融公司，用于偿还贷款的利息，不足部分由市财政以贴息补助形式解决。

（4）本金偿还。财融公司是处置太原城商行不良资产的特殊法人和战略平台。为了保障其贷款偿还能力，需要通过政府授权的方式，赋予其土地开发利用、煤炭资源开发利用、授权投资、资本运营等权力和职能。

设计由省、市两级政府公司共同分担贷款本金保障任务，分担的基础比例确定为 1∶2，即省政府承担 6 亿元，市政府承担 12 亿元。省政府、市政府用预算拨款方式投资于财融公司用于偿还少部分贷款本金，其余部分由省政府、市政府以先征后返的方式将土地、煤炭矿藏等资源出让金扣除储备成本后全额返还给财融公司用于偿还其余的大部分贷款本金。其中，省政府、市政府应保证在 2006 年底之前所承担的部分到位资金均不少于 3 亿元。

（5）激励机制。为了体现省政府在城商行风险处置中的主导作用，充分调动市政府的积极性，加快不良资产处置速度，需要建立省政府对市政府的正向激励机制。设计：①2006 年末之前，以市政府拨付、返还给财融公司的资金（不包括注册资本和用于偿还利息的部分）超过 3 亿元的部分为基数，省政府按 1∶1 的比例增加应承担的本金保障责任（市政府承担部分相应减少）；②2007 年，以市政府拨付、返还给财融公司的资金（不包括用于偿还利息的部分）为基数，省政府按 1∶0.5 的比例增加应承担的本金保障责任（市政府承担部分相应减少）；③2007 年之前，市政府协助财融公司清收、处置不良贷款的收益用于向太原城商行偿还贷款本金，相应扣减市政府承担的本金保障部分。

3. 次级类贷款的清收

截至 2005 年 9 月 30 日，太原城商行可疑类贷款有 11.65 亿元。设计该部分不良贷款由太原城商行通过依法清收、贷款重组、利润核销等方式自行处置。其中 2006 年至少要清收 5 亿元。

不良贷款处置工作难度大，市政府应通过太原市商业银行风险处置领导组积极发挥作用。为鼓励市政府和太原城商行积极作为，设计：①2006年，以市政府协助太原商行处置的次级类贷款超过 5 亿元的部分为基数，省政府按照 1∶1 的比例增加承担财融公司偿还贷款本金的保障责任（市政府承担部分相应减少）；②2007 年，以市政府协助太原城商行处置的次级类贷款超过 5 亿元的部分为基数，省政府按照 1∶0.5 的比例增加承担财融公司偿还贷款本金的保障责任（市政府承担部分相应减少）。

4. 非信贷不良资产的处置

截至 2005 年 9 月 30 日，太原城商行非信贷不良资产达 6.06 亿元。设计非信贷不良资产由太原城商行在未来 3 年内自行消化处置。

（三）资本补充

截至 2005 年 9 月 30 日，太原城商行注册资本金为 1.94 亿元，按照五级分类提取拨备 20.02 亿元后，实际资本充足率为 - 20.67%，与《商业银行法》要求的 8% 相差逾 28 个百分点。

结合太原城商行的实际情况和银行稳健发展的需要，监管部门要求太原城商行的资本充足率在 2006 年底之前必须提高至 6% 以上，2007 年底之前提高至 10% 左右。

为了实现以上目标，在处置不良资产的同时，设计：①2006 年由省政府或省属国有企业出资 3 亿元以上对太原商业银行增资（由此可使资本充足率提高至 6.15% 以上），资金来源由省财政负责筹集；②2007 年面向社会增资扩股，吸引战略投资者投资，将太原城商行资本金增至 10 亿元以上（由此可使资本充足率提高至 10% 以上）。

（四）降低贷款集中度

按照《商业银行法》单户贷款比例不得超过 10% 的规定，太原城商行超过其上限的单户贷款有 41 户，贷款余额 25.83 亿元，占全部贷款余额的 36.02%。贷款过度集中给该行正常经营带来了严重威胁。

建议市政府领导和帮助太原城商行着力清收到期贷款，禁止对 41 个贷款大户发放新贷款，盘查了解大户贷款使用情况及到期期限，尽力提前收回一部分到期的大户贷款，争取在 2007 年上半年将贷款集中度降到 10% 以内。

（五）改善治理结构

太原城商行成立 8 年来，始终未按《公司法》的要求规范运作，没

有召开过股东大会，董事会 2001 年 10 月届满后一直未改选；2001 年原
董事长离任后直至 2006 年 1 月才产生新的董事长；监事会自 1998 年 10
月以来未召开过会议；经营管理层变动频繁、力量薄弱，目前只有行长一
人，班子建设不健全。法人治理结构严重不健全，造成决策权、执行权和
监督权无法实现有效分离和有机制衡。

建议市政府敦促太原城商行检查、落实股权证发放，督促其尽快召开
股东大会，完成董事会选举工作，建立董事会各专门委员会，并面向全国
公开招聘副行长，力争在 2006 年底前完善公司法人治理结构。同时，要
积极引导其加强内部管理，完善内控体系；健全激励约束机制，提升经营
管理水平。

八、构建山西省金融"航母"的总体策略和步骤

（一）总体策略

1. 机构组成：4 + X

以太原城商行为龙头，联合大同市商业银行、长治市商业银行、晋城
市商业银行作为新建地方银行的平台，在此基础上广泛吸纳省内优质企
业、少数省外优质企业和个别境外战略投资者参与投资，条件成熟时选择
省内个别城信社进行整体合并或收购，可概括为"4 + X"模式。

2. 注册资本

以服务地方大企业和大项目、打造地方金融"航母"为目的，注册
资本应较充足。《商业银行法》规定的最低注册资本为 10 亿元。外省的
情况是：浙商银行 10 亿元，徽商银行 25 亿元，渤海银行 50 亿元。设计
注册资本不低于 50 亿元。

3. 股权结构

以完善法人治理结构、防范和化解金融风险为目的，建议股权结构遵
循"适度集中，适度分散"①的原则。设计大股东和小股东的持股比例在
1:1 左右（少数大股东整体持股 33% ~ 50%，多数小股东整体持股 50% ~
67% ）。

以有利于经济发展为目的，建议股权设置体现"省内资本为主，省
政府间接控股"的特征。设计：①除了 4 家城商行的原有非国有股东外，

---

① 过度集中容易导致大股东侵害小股东利益，过度分散容易导致经理人内部控制从而损害股东利益。这
两种情况都会滋生经营风险，影响地方金融稳定。

选择个别省内优质民营企业参股，单个持股比例5%左右；②选择一家优质省属国有控股企业作为第一大股东，以贯彻政府产业政策和省内区域发展政策，持股比例不低于15%。

以有利于学习先进管理经验、促进山西金融创新和满足监管要求为目的，必须引进境外战略投资者。设计：①选择一家境外优质商业银行投资，持股比例12%～15%；②选择一两个祖籍山西的境外投资者参与投资，单个持股比例在10%左右。

4. 法人治理结构

应严格按照《公司法》、《商业银行法》和其他监管规范的要求，建立完善的法人治理结构，为银行的健康发展奠定坚实基础。

5. 法人机构名称

设计从以下名称中选择：①山西能源发展银行股份有限公司；②山西省银行股份有限公司；③晋商银行股份有限公司；④山西复兴银行股份有限公司；⑤晋商复兴银行股份有限公司。

6. 分支网络

以立足太原、服务山西、影响全国、吸引世界为目的，应主要在省内设置分支，有选择地跨区域经营。设计：①总行设在太原市；②太原设立总行直属的营业管理部；③在大同、长治、晋城等省内其他经济中心城市设立分行；④根据经济发展情况和业务发展需要设置支行或办事处；⑤在省外与山西经济往来密切的城市和经济发达地区设立少数分行，主要目的是服务于山西企业的跨省贸易和学习外省先进经验。

7. 业务经营

以存款、贷款、结算为基本业务，不断拓展中间业务，争取发展为公司理财和公司财务顾问业务的国内名牌银行。

地方政府通过间接控股和优惠政策诱导等方式，促进银行重点为山西能源企业集约化经营和转型、产业升级、环境保护、资源节约、农业产业化和旅游资源开发利用等提供贷款。

（二）实施步骤

1. 龙头打造

2007年底前基本完成太原城商行的风险处置工作，其中在2006年使主要监管指标达到银监会要求。

2. 申请筹建

在积极开展太原城商行风险处置工作的同时，地方银行风险处置及发展促进委员会应抓紧研究、制定地方大银行组建方案，联系省内外优质企业和境外战略投资者，了解其投资意向，然后由省委、省政府主要领导出面向国家发改委、银监会汇报建行意图、方案及递交申请，争取在 2006年获准筹建。

3. 平台构建

从 2007 年初开始，省政府牵头组织大同、长治、晋城三市政府对三家城商行进行风险调查和处置。进行风险处置时，借鉴太原城商行风险处置的经验，完善方案，更加充分发挥调动各市政府的积极性，以加快进度，降低处置成本。如果因为某些原因致使个别商行的风险处置速度较慢，可以适当延长处置时间。

4. 筹建设立

从 2007 年下半年开始，进行新银行的筹建工作。主要包括：①对太原城商行和其他拟整合城商行进行清产核资，制定具体的整合方案；②联系和选择省内外和境外战略投资者，商谈和确定投资方案；③制定和实施拟整合城商行国有股议价出售方案；④制定和实施职工同入股方案；⑤在省内组织小额民间资本投资；⑥拟定公司章程，公开选拔高级管理人员，申请设立。力争在 2007 年末或 2008 年初挂牌设立。

5. 省内扩张

挂牌设立后，原太原城商行部分被整合进总行机关，部分改设为新银行的营业管理部，其他被整合进来的城商行转化为分行，各家城商行下设支行和办事处、分理处的隶属关系不变。

新银行成立后的 1 年内暂不设立新的分支。1 年以后可选择省内部分城信社经合并或收购而形成新的分支，也可以视业务发展需要新设分支。

6. 跨区域经营和上市

成立 3 年后，选择与山西贸易往来密切的省市及个别金融发达城市，逐步设立一些省外分行。

5 年后，待网络成型、管理有序、业务稳定、利润丰厚之时，可考虑公开发售股票和整体上市。

营造山西金融洼地的战略措施

背景说明

本文是根据与张中平所主持的山西省高级专家基金课题报告
《山西金融机制创新研究》第四章的第一、第二节的内容改写
的。张中平现任中国人民银行太原中心支行研究处处长，山西省
金融学会秘书长，高级经济师。

一、实施宏观调控的区域倾斜政策

近年，我国中部金融理论工作者在研究我国中东部金融差异的过程
中，提出实施区域货币金融倾斜政策的问题。应当讲，区域货币政策提出
的本意是好的，但命题不够准确科学。其实区域货币政策，其含义实质上
是货币政策的区域化，讲的是货币政策在不同地区如何具体贯彻执行的问
题，即在坚持货币政策统一性的前提下，从地区实际出发认真研究和解决
货币政策各项可以区域化的质的管理行为和相应的政策和措施。实施区域
货币政策的目的在于对不同地区金融状况实施区别对待和分类指导，并通
过货币政策量的管理和质的管理两个方面的相互协调，为不同地区金融机
构的平等竞争、协调发展创造一个公平的环境。实施区域货币政策并不是
要否定货币政策的统一性，而是要使这种统一性的政策取得更为有效的政
策效应。我国在货币政策上更多地强调了全国统一的总量控制，而对如何
从质的管理上对不同地区金融实施区别对待和分类指导，即采取相应的有
针对性的政策措施，则有所忽视。这也是近年我国中东部地区金融差异不

断扩大的重要原因之一。这种认识上的偏差，使我们在如何全面发挥货币政策功能以缩小不同地区金融差异问题上陷入误区，以致使我们不懂得也不会运用质的管理方法，对不同地区金融发展施加有效的影响，这个教训我们应当深刻吸取。针对我国幅员辽阔，地区之间经济发展不平衡的特点，一些经济欠发达地区还提出按地区不同规定差别存款准备金率的问题。

应当讲，按地区不同规定差别法定准备金率，这在世界金融发展史上也是一个拥有新的问题。美国在法定准备金率上曾有过不同规定，如美国中央银行和准备金银行以及乡村银行就因规模和所处地区不同，法定准备金率有很大差别，最高的中央银行为26%，乡村银行为14%。但其对象是各类不同金融机构，而不是按不同地区进行划分的。但美国的规定给我们一个很大的启发，这就是：法定准备金率不是没有区别的，不是不可以细划的；它应当而且也可以随着对象的不同而有所区别和变化。从某种意义上讲，法定准备金率更多的是实践问题，而不是理论问题。

结合我国金融工作的实践，我们认为不应笼统地提出按地区不同对所有金融机构实施有差别的法定准备金率。事实上，对目前分支行制的国有独资商业银行，就很难按地区规定不同存款准备金率。目前国有商业银行实行一级法人制度，其网点机构遍布全国各地。若按地区规定差别法定准备金率，在一家银行内部就会出现多个缴存比率，这使央行很难对其实施有效的金融监管，而且该行在中部地区由于缴存比率小而多留的可用资金，也会由于该行资金内部上划，而缺乏实际效应。鉴于此，我们更倾向于对中部地区的一些合作制、股份制的中小金融机构实行有差别的法定准备金率。对这些单一制的中小金融机构实行差别存款准备金率，不仅便于操作，而且可以有效扩大地方可用资金，对地方经济发展可以有实实在在的帮助。在此应该说明的是，对中部中小金融机构实行有差别的法定准备金率，不会削弱央行以间接调控为主的宏观调控能力。

二、打造地方商业银行"航母"

在中部地区，银行业结构以全国性的国有商业银行和股份制商业银行的分支机构为主，地方性商业银行如城市商业银行、城市信用社、农村信用社等金融机构为辅，呈现出"外来强，本地弱"的不平衡特征。要实现中部地区的银行业结构优化调整，势必要求消除这种不平衡格局，培育出竞争力强、规模较大的区域性商业银行，重构地区性间接融资渠道，实现以区域银行信贷力量为主导的间接融资系统对区域性经济发展实施有力支持的目标。为此，一方面要抓好国有商业银行的改革和发展，另一方面则要大力发展那些为地区中小企业发展提供金融支持和金融服务的地区性金融机构和金融力量。同时，要大力发展区域性商业银行。现实的选择就是在现有的城市商业银行中，重点培养龙头性的区域性大型商业银行。

当前不需祈求上帝赐予山西一个拥有新名称的商业银行，而应集中精力提升现有地方商业银行的水平和能力。为此，需要选择下述措施：一是合理确定龙头，选择具有区位优势，又有较强辐射能力的太原市商业银行作为龙头。二是帮助其化解历史包袱。城市商业银行和信用社联社的历史包袱问题普遍较为严重。需要地方政府的大力支持：首先，利用现有资产管理公司资源，鼓励"债转股"的实施；其次，减轻城市商业银行的税负，促进其提高利润水平，增强其自我积累与坏账冲销能力；最后，借鉴中国建设银行与中国银行改制经验，直接利用国有出资部分的资金冲销坏账，再注入股本。三是联合发展，龙头性城市商业银行应该充分利用区域经济的联系纽带，全面加强和周边经济联系密切地区的地方商业银行的合作。首先，选定的商业银行应依托省内的资源，着手与省内城市商业银行或城市信用社联社，实现客户信息、业务与资金等方面的资源共享。而且，业务合作力度逐步加强，以发展城市商业银行联合体，在银团贷款、业务代理方面实现全面一体化，取得规模经济效应，实现联弱为强。其次，建立较为紧密的区域银行业联盟，统一业务标准。最后，最高层次的合作以资本联合为路径，以并购为手段，实现区域内城市商业银行的集团化经营。这其中的关键在于打破行政区划的分割与地方保护，需要各方面、各地方政府和相关部门的紧密合作、大力协调，在财政、国资管理以及税收等方面做出切实可行的努力。

三、建立区域证券交易中心

近年来随着我国资本市场特别是证券业的发展，上市企业的数量和规模了一定的发展，但由于全国统一的证券交易所上市条件的严格要求和中部企业自身存在的问题，上市企业的数量和规模仍远远低于东部地区。要从根本上解决这一问题，出路不是复制性地建立新的交易系统，而应从完善证券市场组织形式的角度出发，建立适应企业发展的证券交易中心。

这是因为：从技术层面看，在计算机、通信和网络技术飞速发展和日趋成熟的今天，我国虽然疆域辽阔，但现有交易系统的覆盖、处理能力已经足够，复制性地建立新的交易系统显然已没有必要。而从纵深结构看，即使创业板市场设立后，证券市场的组织形式相对于我国经济结构和企业结构的多样性来说，仍然显得单薄。现有的交易所为成熟的大型企业股权提供交易场所，即将设立的创业板市场将为处于成长期的高新企业和其他企业股权提供交易场所，而大量存在的这两种情况以外的中小企业虽然已经完成了股份制改造，有了相对规范的股权结构，却没有一个可以交易、流通的场所。因此有必要根据我国现阶段经济结构特点对资本市场的组织结构进行创新，为那些经过改制但达不到主板和创业板上市要求的中小企业提供新的次级市场，以解决中小企业股权流动、结构调整问题。应积极建立并拓宽区域性债券市场，扩大直接融资渠道。最理想的渠道是启动已经关闭的柜台市场，其次是利用商业银行的系统，借鉴基金管理模式，以银行代理方式进行发行与交易。同时应借鉴国外的经验，成立具有公信力的有政府背景的担保机构和发行机构，这将有助于债券信用的升级，为区域性债券市场稳步推进打下基础。在区域债券品种的选择上，应以市政债券带动区域债券市场的发展，以项目债券带动企业债券的发展。这是因为市政债券是以政府信用为基础、以地方财政收入为偿还保障的债券，有良好的市场基础，市政债券的发行必然能吸引大量的投资者，既能满足基础建设投资的需要，又能活跃债券市场。而区域性大型项目一般有较好的投资前景和良好的投资回报，长期以来是商业银行竞争的目标，将其转化为项目债券，同样能吸引机构投资者参与，并适当地面向普通投资者，为企业债券市场的发展奠定基础。同时，以政府引导为基础，推出产业投资基金特别是能源投资基金，以此大力支持新型能源基地的建设和大型能源企业的发展。

四、建设区域开发性金融机构

在山西省市场经济建设中，可以通过区域开发性金融的桥梁和纽带作用实行政府对市场的引导。区域开发性金融是实现地方政府发展目标、弥补体制落后和市场失灵，促进地方经济发展的一种金融形式。实践证明，在市场不健全、市场失灵的情况下，开发性金融通过构造融资平台，将融资优势与政府组织协调优势相结合，可以帮助政府开发亟待开发的资源与市场，解决经济发展中的瓶颈。在实施过程中，开发性金融不直接进入已经高度成熟的商业化领域，而是立足于经济社会发展中的瓶颈制约，通过开发性金融机构，运用财政性资金，去开拓市场，推进市场建设，当市场逐步形成后，开发性金融就及时转让退出，促进区域经济社会协调发展。为此：一是继续完善和支持原有的国家政策性银行的工作，发挥它们的职能作用。二是成立省开发银行或中长期信贷银行。为确保开发性银行的稳定资金来源，除财政提供基本的资本金外，还可以考虑将邮政储蓄存款等作为开发性银行的资金来源。三是健全地方财政投融资机制。建立统一管理财政性投资资金的机制，改变目前地方资金高度分散在各个厅局的状况，使有限的财政资金充分发挥作用，并对资金投向、贷款项目评估、审批发放程序等加以严格规定。

五、发展多元地方金融机构

当前金融滞后，其突出表现之一是国有商业银行在整个金融体系中处于绝对垄断地位，而地方性金融机构则十分弱小。大量国有商业银行通过上下级行之间的资金调拨，造成地方资金被"虹吸"的现象。因此，山西省要搞活现有的融资体制，就必须以中部崛起为契机，并从实际出发，大力发展各类地方性金融机构。目前发展地方性金融机构的一个很大的思想障碍，就是认为金融资源有限，以致对目前发展地方性金融机构持怀疑态度。随着中部经济不断发展，其金融资源将会有一个很大的发展；同时，目前国有商业银行表现出由中西部向东部转移动迹象，国有商业银行的战略转移正是地方性金融机构发展的大好时机。地方性金融机构发展后，还可以通过上市为地方筹集大量资金并求得自身发展，或者面向全国和境外筹集本币、外币资金，壮大其资金来源。新成立的地方性金融机构需要完全按照现代商业银行的运行方式和机制进行操作，避免目前国有商业银行经营中的弊病。发展多元地方金融机构的核心就是要实现金融机构主体多元化和机构多样化，构建大中小型金融机构共同发展、跨区与区内金融机构有机分工的多层次金融体系。在扩大金融业对外开放的同时，要扩大对内开放，而且对内开放还要适度超前；要允许体制外的内资进入金融市场，尤其是要鼓励优良民间资本进入国有大型金融机构难以顾及的地区和客户领域，如成立以民间资本为主的投资基金、贷款公司等。规范和完善中小商业银行的产权结构和法人治理结构。加快发展中小型、地方型、民营型的股份制银行。发展壮大地区性金融机构和金融力量，尤其要以城乡股份制、合作制银行等中小金融机构为主。因为城乡股份制、合作制银行等中小金融机构可为地区中小企业发展提供金融支持和金融服务。对于城乡信用社存在问题，要作为一个重大问题进行深入研究，通过切实有效的整改措施，带动其走出经营困境，特别是要加快农村信用社的改革。与此同时，中部地区要放开胸怀，改善环境，创造条件，提供方便，积极吸引全国各类股份制商业银行、外资银行和其他金融机构在中西部建立分支机构和办事处。

六、实施企业资产重组战略

企业资产的重组不但可以提升公司的盈利能力，而且有助于加强企业的抗风险能力，增强山西微观经济体的活力。企业可以通过参股、收购、兼并等具体形式实现企业的资产重组；同时，政府对于这类进行资产重组的企业应给予税收上的优惠，推动企业进行资产重组改造，促进企业资产置换，增强企业竞争优势，支持国有大型企业借壳上市，把企业做大做强。

七、重构合作金融体系

以农村信用社为主的合作金融是支持"三农"问题的主要金融支持系统。但从金融支持"三农"的现状来看，还存在不少问题。构建以政策性金融为引导、合作金融为主体、市场化金融为方向的高效配置资金的农村金融体系的办法：一是重构县域经济中的中小金融机构体系。模式一：对经营较差的国有商业银行分支机构进行股权改造，成立省级行控股的独立法人机构；模式二：把具有较好经营管理业绩的国有商业银行分支机构与县域中小金融机构进行产权、人员、机构、资产负债的合并。显然，这两种改革模式都是对目前国有商业银行从县域经济中简单性撤离的一种扬弃。在农村金融机构设置上，应从实际出发，对经济发展确需保留的县域国有商业银行，应按照精简、高效的原则，该保留的保留。二是优化农村网点结构，以适应农村经济发展对金融支持的需求。按照"明晰产权关系，强化约束机制，增强服务功能，国家适当扶持，地方政府负责"的要求，深化农村信用社改革，改革的内容主要包括：以法人为单位，改革农村信用社产权制度，明晰产权关系，完善法人治理结构，区别各类情况，确定不同的产权形式；省人民政府抓紧农村信用社管理体制改革；转换农村信用社的经营机制，改善支农服务，积极筹建省农村信用社联合社；抓好产权制度改革，建立投资主体多元化的股权结构，完善不同产权制度下的法人治理结构。

八、强化保险业的深度和密度

一是发展和完善山西地方社会保险工作，动员财政、企业和个人等方面的力量，积聚比较充足的资金，完善失业保险、养老保险、社会救济等方面的制度与办法。二是为保险产品与服务提供创新的契机，营造创新的环境，使企业从创新中获得更多益处，使保险公司在创新中取得更大发展。在这项战略任务中，保险监管部门发挥着关键性作用，保险监管部门除了对国家监管政策进行细化便于具体执行外，还应综合考虑各种因素，制定一个关于鼓励和保护理性的保险创新的办法，使实践中确有实效的创新能够脱颖而出。三是转变保险公司非理性竞争意识，形成全省有序的保险市场。要健全保险市场，先须健全保险主体。各个保险公司应自觉地以利润最大化的经营目标约束自己，不能不惜血本去达成市场占有。监管部门要加大对市场的监督力度，把扰乱市场秩序的或明或暗的让利加以取缔和惩处，使那些规范的保险公司真正能够凭实力去赢取市场。

九、营造诚信金融环境

诚信的缺失，不仅增加了交易成本，制约了企业的发展，阻隔了市场化的进程，而且会导致一个地区乃至一国综合经济实力下降，并直接影响社会的稳定。进行金融机制的创新，需要营造诚信的金融环境：一是加强诚信社会意识形态的建设。守信的共识和理念的形成，需要全社会加强信用教育和宣传，从基础教育到大学教育，对信用观念、信用意识、信用道德的宣传和教育应贯穿始终。大张旗鼓地宣传诚实守信优良传统，大力倡导诚实守信的职业道德，抑浊扬清，净化社会环境，积极营造守信光荣、失信可耻的浓厚的信用氛围。二是加强诚信方面的立法和执法工作。信用法律法规体系应由以下基本内容构成：①明确信用管理部门，界定其性质、职能和权限。②规范征信数据的开放和征信数据的使用范围。③界定好政府行政公开和保护国家经济安全的界限，界定好商业秘密和公开信用信息的界限，界定好消费者个人隐私和公开信用信息的界限。④保护消费者权益，包括消费者对个人信用信息的知情权，对不实负面信息的申诉权，对消费者信贷的平等授信权以及消费者个人的隐私权。⑤强制披露经济主体的不守信用行为，使不守信用者寸步难行。三是建立对失信者的惩罚机制。尽快实行个人信用实码制，并逐步扩展个人基本账户制度，将证明、解释和查询的个人信用资料锁定在固定的编码上，居民在指定的商业银行开办个人基本账户，个人的工资、退休金、养老金、保险、医疗保障等全部纳入该基本账户，从而改变信息收集的被动局面，扩大信用体系的覆盖范围。加快社会信用体系的建设，以行业为主线，纵向建立，然后横向联网，以地方中介机构为补充，由点到面逐步推开，由政府统一监督管理，最终实现信用信息的联合征集、权威评估和信用公示。

《草根银行的成长之道》序

背景说明

本文是 2009 年 12 月应侯马市农村信用社联社主任董新旺同志要求，为其《草根银行的成长之道》一书所写的序言，中国金融出版社 2010 年 4 月出版。文章详细介绍了农村信用社联社改革发展的"侯马模式"。

董新旺同志的新作《草根银行的成长之道》，我能先睹为快，也算一种缘分。读后深感在合作金融改革的多年困惑之中，竟然也有走向成功的创新之路，使得草根成材。多少年来，对于信用合作社，不少人看重它的信用功能，可以融通资金，它的合作性质常常被忽视。合作金融与银行有共性的金融属性，也有与银行不同的非公司属性。研究探讨信用合作社改革发展，是不可以偏废任何一个方面的。

一、竞争产物

社会分工带来了商品货币；商品货币的发展导致了市场竞争；市场竞争产生了合作。合作社在市场经济下，一方面是拥有巨额财富的生产经营组织——大公司，另一方面又存在着小企业和小生产经营者，市场竞争强者对弱者的威胁，使得弱者不得不实行联合，这是合作社产生和存在的基础。这种合作，包括生产的合作、销售的合作和资金的合作多种形式，资金的合作就是信用合作社。大银行是市场金融的主要资金供应者，但是由于：①资金实力再大也不可能满足全社会的资金需要；②大企业盈利高，经营稳定，风险小；③投资于大企业，就等于在一定程度上控制了国民经济；④对大企业融资成本比较低。所以，大银行喜欢贷款给大企业，而小企业和个体经营者很难得到大银行的资金支持，小企业与个体经营者不得不依靠或者参与建立自己的资金合作组织——信用合作社，如此才能存在与发展。

二、探索前进

改革开放前的 30 年，农村信用合作社在农业合作化中得到了蓬勃发展，然而不久被并入了人民银行，很快又分出来独立经营，时间不长又成为农业银行的基层机构。改革开放初期，信用社在"恢复三性"中徘徊了很久，直到进入 21 世纪才进入了独立体制的探索。

应当肯定，信用合作社是独立的合作经济。首先，信用社不同于银行。信用合作社作为一个从事金融业务的经济实体，与作为金融业务实体的银行，同是金融性企业，但是信用社的宗旨是资金互助合作，不是盈利，通过信用社业务，进行社员互助，解决社员生活、生产和经营中的资金困难，与公司制的银行是不同的。信用合作社是一种与银行既有相同又有差别的合作经济。其次，信用社不同于股份企业。一是经营目标不同，股份企业以盈利为目标，信用合作社以服务社员为宗旨；二是管理权限不同，股份企业的管理按股权决定，信用合作社一人一票，不存在控股权；三是管理形式不同，股份公司是经理负责制，信用社则坚持民主性、群众性原则；四是入股退股方式不同，股份公司股东入股后永不退股，只能在证券市场上出售股票，信用社则入股自愿，退股自由；五是盈利分配不同，股份公司盈余分配以资本多少为转移，先积累后分红，信用社则兼顾社员个人利益和信用社利益，低利贷款，先分红后积累。最后，信用合作社不同于民间借贷。信用合作社是一种经济联合体，是弱者对抗强者的联合，是在生产力水平低下时合力制胜的集体。民间借贷是民间个别经营者或消费者之间的临时融资，不是集体联合。信用社的信用活动是有组织有领导的法人组织，民间借贷则是个人之间的金融交易，是无组织无领导的金钱活动。这些都决定了信用合作社改革发展的复杂性和艰巨性。

三、纪实之作

近几年，农村信用社改革一步步走向深化，全国农村信用社的管理水平和经济效益有了显著提高，涌现出了一批先进信用社，积累了不少宝贵的经验。及时梳理、总结这些经验，加以学习和研究，对农村金融体制改革和农村信用社经营管理水平的持续提高，都具有重要意义。董新旺同志的这本书，就是农村信用社改革探索的记录。

该书既不同于纯粹的理论著作，也不同于对农村信用社经营管理经验的一般性概括，而是以山西省侯马市农村信用合作联社为特定研究对象，是作者亲身经历和参与的农村金融改革与发展实践过程的真实记录与经验总结，具有鲜明的纪实性。该书以"解剖麻雀"的方式，对侯马联社的市场定位、战略管理、营销机制、信用市场创建、体制改革、风险防控、企业文化等发展改革的主要方面进行了全景式梳理和归纳。这对其他金融企业，特别是农村信用社来说，具有系统性、全方位的参考价值。

四、追农进城

农村信用社以服务"三农"为己任。但是，如果简单地将农村与城市、农民与市民、农业与非农业割裂开来、对立起来认识，就会束缚农村信用社的"手脚"，限制其金融高服务功能的发挥，从而遏制农业产业化、农村城镇化和城乡一体化的发展。侯马是山西南部的重要交通枢纽，商贾辐辏，市场繁荣；城市到农村的半径很小，大量农村劳动力涌入城市，城市经济与农村经济水乳交融。基于这样的环境，侯马信用合作联社在服务农业、扶持农户的基础上，逐步向城市渗透，追农进市，为商贸市场和中小企业提供高效优质服务，实现了自身利益和社会效益双丰收。该书介绍的侯马联社追农进市的经验，对正确理解农村信用社的金融功能，实现农村信用社合理定位，创新农村信用社金融服务的方式，具有重要意义。

该书立足于纪实，但未满足于纪实。在每一章中，作者都在介绍实践历程、总结实践经验的同时，对相关问题进行了更深层次的思考，提出了一些有价值的观点。如作者将侯马联社战略管理的经验概括为三个方面的进步：①战略意识，从被动到主动；②战略规划，从局部突破到环环相扣；③战略实施，从眉毛胡子一把抓到重点突出。这符合大多数企业战略管理进步的实际情况，是后进企业少走弯路、实施正确战略管理的前车之鉴。另外，作者在讨论信用社市场定位时提出的"定位就是定角色、亮优势"和"优势需要发现，而不是发明"、在讨论营销机制创新时提出的

"全员营销不等于全员销售"、在讨论扁平化管理问题时提出的"扁平化是为了高效，而不是简单精简"、在讨论风险防控时提出的"道德风险是最难控制的风险"和"流程再造是风险管理系统性的保障"、在讨论企业文化建设时提出的"文化需要以人为载体"等观点，都是新鲜而正确的。

凡是置身于农村金融领域，或者想了解农村金融的朋友们，特别是农村信用合作社的朋友们，读一读这本书，会有一种来自乡间的清新气息，让人头脑清醒，也有一种追农进城探索前进的创新之感。经验与理论来自实践。

希望侯马信用联合社在探索中继续前进。

晋商银行市场定位与发展战略的建议

背景说明

本文是 2010 年 7 月 16 日在哈尔滨参加 "中国银监会组织的城商行独董培训会" 上的发言稿。文章讨论新生的晋商银行的市场定位与发展方向，晋商银行挂牌运行一年半以来发展形势很好，但是作为国家能源重化工基地的山西，在市场经济条件下资金外流、经济下滑越来越突出，需要建设地方商业银行 "航母"，确保重型经济结构的正常运行，晋商银行应当建设成为根植三晋、服务山西、面向全国的城商行。

一、晋商银行挂牌一年半来的业务分析

晋商银行挂牌运行一年半来，紧紧围绕 "转观念、建机制、强管理、促发展" 的工作思路，各项业务取得了历史性突破。

（一）市场竞争力明显提高

2009 年末各项存款余额 286.01 亿元，较 2008 年末增加了 109.16 亿元，增长了 61.73%，增幅超过了全省同业平均水平 38.91 个百分点，是全省同业水平的 2.70 倍，增量市场占比在全省城商行中位列第一，占全省城商行总增量 178.24 亿元的 61.24%。其中，储蓄存款余额达到了 95.91 亿元，较 2008 年增加了 34.8 亿元，增长了 56.87%；对公存款余额达到 191.1 亿元，增长了 65.23%。

（二）支持地方经济力度大大增强

2009 年累计发放贷款 125.6 亿元，比 2008 年多 84.3 亿元，增长 204.12%。各项贷款余额达到 177.52 亿元，较 2008 年增加了 86.24 亿元，增长 94.47%，较全省平均水平 31.0% 高出了 63.47 个百分点，占全省城商行总增量 115.52 亿元的 74.65%。其中中小企业贷款余额达到 54.22 亿元，较 2008 年增加 28.60 亿元，增长 112.67%。

（三）抗风险能力明显增强

在国家大幅度降息、存贷利差明显缩小的情况下，2009 年实现利息收入 50 亿元，比 2008 年增加了 2.04 亿元，增幅达 58.89%；手续费及佣金净收入达 0.51 亿元，同比增加 0.26 亿元，增幅达 106.19%；2009 年共实现营业收入 7.84 亿元，比 2008 年增加 1.94 亿元，增长 32.94%。2009 年营业支出 6.17 亿元，比 2008 年增加 1.09 亿元，增幅为 21.52%。收入增幅超过支出增幅 11.42 个百分点。2009 年实现净利润 1.47 亿元，较 2008 年增长 53.08%，期末拨备覆盖率达到 163.05%，较 2008 年提高 13.65 个百分点。

（四）制度建设与内部控制初见成效

全年共制定完善了涵盖信贷、财会、操作等方面 20 个大类、300 多项规定、制度与办法。案件防控水平明显提高，未发生恶性案件与事故，保证了业务正常运行。

（五）法人治理结构初步完善

经过一年的建设，晋商银行"三会一层"做到了职责明确，运作良好，相互制约，有序高效。建立了有效的公司治理机制，为全行的安全、稳健运行提供了保证。本着以市场为导向、以客户为中心、精简高效的原则，搭建了总行架构，整合了分支机构，变四级管理为三级管理；理顺了薪酬体系，实行了严格的绩效挂钩的分配制度；初步建立了公开、公平、公正的选人用人机制等，调动起了全员工作的积极性、主动性和创造性，激发了全行的经营活力。

2010 年上半年，全行资产总额达 465.34 亿元，较年初增加 144.60 亿元，增幅 45.08%；其中，各项贷款余额 198.22 亿元，较年初增加 20.70 亿元，增幅 11.66%。全行负债总额 435.79 亿元，较年初增加 143.36 亿元，增幅 49.02%。全行不良贷款余额为 2.89 亿元，较年初减少 0.08 亿元；不良贷款率 1.46%，较年初下降 0.21 个百分点。全行营业收入 51534 万元，同比增加 23525 万元；营业支出 28952 万元，同比增加 8096 万元；实现净利润 12615 万元，同比增加 5896 万元。资本充足率 16.41%，核心资本充足率 14.63%，拨备覆盖率 181.76%，贷款损失准备充足率 133.96%，均达到或超过了审慎经营的监管要求，形势仍然很好。

二、资金外流是山西经济发展相对滞后的原因

（一）改革开放以来山西资金外流严重

新中国成立 61 年来，山西省存贷款比例变化为：1950～1952 年 3 年存大于贷；1953～1995 年 43 年贷大于存（贷差省）；1996～2010 年存大于贷（存差省）。贷差，是重工业经济区域的金融特点。

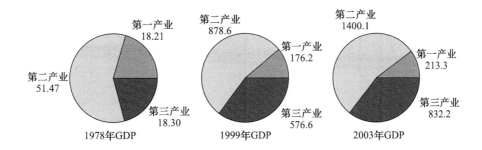

图1　山西 GDP 状况（亿元）

表1　山西省主要年份国家银行存贷款比

年份	存款（亿元）	贷款（亿元）	存差（亿元）	存贷比
1978	25.62	46.60		1.819
1985	104.90	151.24		1.44
1990	314.13	356.90		1.14
1995	943.00	970.66		1.03
1996	1163.00	1130.91		0.97
2001	2256.71	1796.30		0.76
2005	4720.12	2617.58	2859.0	0.55（全省）
2008	12827.60	6041.89	6785.7	0.517（全省）

注：（全省）表示不仅包括国有银行，而且包括股份制银行、城商行和农信社的数据。

改革开放以来，山西省各金融机构存贷比，由 1978 年的 181.9% 下降到了 2009 年的 49.78%，下降了 132.12 个百分点，平均每年下降 4.26

个百分点（包括农信社和城商行），若剔除掉地方金融机构，存贷比的下降幅度更大。

2009年底，四大国有控股银行和邮政储蓄银行，在山西各项存款9064.46亿元，各项贷款3038.02亿元，存贷比为33.52%，存贷绝对额相差6026.44亿元。如果按照2009年12月国家法定存款准备率16.0%，加上5%的现金备付，两项共计1265.55亿元。就是说2009年底，全省有4760.89亿元外流出省。仅邮政储蓄银行一家，外流资金就达1000亿元以上。按照约5000亿元的外流资金，占2009年全省生产总值的68.88%，几乎与当年全省全社会固定资产投资5033.5亿元相当，是全省当年财政总收入1537.5亿元的3.25倍。若是从货币的时间价值、资金周转率的角度来分析，山西每年外流的资金量，则当是5000亿元的数倍。

说明山西金融特点：一是商业银行负债高，风险大，脆弱性强；二是高储蓄率，低资源配置率，资金外流；三是存贷款业务占主导，其他金融业发展缓慢。企业融资主要靠银行信贷，且国有银行的存贷款是储蓄—投资转化的基本渠道。

（二）山西货币供应低于发达地区

按照"货币供应量＝货币乘数×基础货币"的计算公式：第一，由于山西通货活期存款率高，根据货币乘数＝（1＋通货活期存款率）÷（法定准备金比率＋超额准备金比率＋通货活期存款比率），山西货币乘数小；第二，由于山西央行再贷款、再贴现规模小，因其与基础货币成正比，基础货币增长低。所以，山西地区的货币创造功能不足。

（三）山西受宏观经济调控影响大

由于山西经济结构与发展慢半拍的特点，常常启动慢，制动快。在经济上升期，比全国多用半年达到高点（煤焦钢铁电产能积累），然后与全国同步经历8个月上升期。经济下降期，多用1.5年完成调控（一是市场开放度低，国内紧缩时不能向国外延伸减压；二是直接融资比重小，靠信贷与固定资产投资，正视调控对象；三是重型结构又使周期滞后1年，再加半年后才能与全国同步）。所以每一次宏观调控都会加大山西与全国的差距。

资金是社会经济的血液。山西经济发展长期处于失血和贫血状态。山西资金长期大量外流现象，表面看是资本的逐利性，其实还有更深层次的原因：一是地方金融企业作用小。在山西国有控股商业银行与十余家股份制商业银行的资金，是由其总行在全国调度的。而地方金融机构是蓄住本地资金的蓄水池。2009 年山西 6 家城商行的各项存、贷款余额，仅占全省各金融机构的 4.76% 和 5.27%（不含农信社），机构网点占比则更低，在外省区没有一个网点。二是地方调节经济的"看得见的手"的作用弱。30 余年来，地方党政重视抓实体经济，而对虚拟经济、金融企业没有找到抓手，未能够理解地方金融机构是省委、省政府领导全省经济不可或缺的重要资源和工具。政府金融办有名无实。

三、打造地方商业银行"航母"是山西经济发展的当务之急

近年，山西省领导已经意识到资金外流的问题严重性。在百年不遇的金融危机中，逆势而上，组建了晋商银行和中德证券，体现了省委、省政府的战略眼光和气魄。但目前所面临的形势依然十分严峻：一是地方商业银行规模过小、网点过少，使其自身的职能与作用难以发挥，从而也难以实现省委、省政府的期望与要求，无法满足山西经济社会发展的需求。到2009 年底，虽然各项存款较 2008 年末增加了 100 余亿元，增长了61.73%，但资产余额仅有 300 余亿元，市场份额仅占 1.81%；各项贷款虽较 2008 年增长 94.47%，但余额仍仅有 100 余亿元，市场份额仅占2.28%。而且只在太原市，还有 6 市空白；省外的新晋商企业很多，也不可能为其服务。二是与兄弟省市城市商业银行实力悬殊，有被边缘化的危险。近年来我国城商行在政策倾斜、股份制改造、兼并重组的综合作用下，取得了长足的发展。据不完全了解，到 2009 年底，共有城商行 145家，其中资产规模 3000 亿~5000 亿元的 3 家，1000 亿~3000 亿元的 12家，500 亿~1000 亿元的 6 家，300 亿~500 亿元的 8 家，晋商银行位列第 28 位。同省会、副省级城市比，晋商银行基本上列于末位。甚至与一些地市级的城商行比也有很大差距。如包商银行 2008 年底的资产规模是晋商银行的两倍多。三是有失去监管政策"阳光普照"时间窗口的风险。目前城商行都可以在外地设立分支机构，我们估计，随着各地城商行的发展与分化，将会区分全国性的、区域性的、社区性的和专业性的城商行，分别予以监管。也会出现被大银行兼并，或者相互兼并现象。山西 5 家实力都很小的城商行将有被一一吃掉的危险，这对山西将是重大损失。

面对这种严峻形势，山西急需打造一个地方商业银行"航空母舰"，最好选择是晋商银行。我建议：

（一）坚定不移地坚持晋商银行的市场定位

晋商银行组建前的 2007 年 12 月，山西银监局就向山西省政府提交了《山西省城商行联合重组晋商银行的实施方案》，省委省政府也确立了晋商银行"扶持中小企业、参与重大项目，支持优势企业、服务城乡居民"的市场定位，明确了"积极完成省内网点布局，逐步向省外拓展辐射，择机在境内外资本市场公开上市"的"三步走"战略，要把晋商银行打造成"根植三晋、服务山西、面向全国、走向世界的治理优良、资本充足、内控严密、服务和效益良好、具有较强竞争力和影响力的民族品牌"。这个目标是正确的、可行的。

（二）以晋商银行为龙头整合全省城商行

古今中外无数企业的事例证明，完全依靠自身资本的积聚发展十分缓慢，兼并重组是在较短的时间里把企业做强做大的规律。对目前山西 6 家城商行通过兼并重组，打造地方商业银行"航空母舰"，改变"山药蛋"式分散局面，提高其抗风险能力是当务之急。这样做，晋商银行资产将达到 1000 亿元以上，会进入全国城商行的前 16 名。以晋商银行为龙头进行金融资源重组的有利条件：一是因为晋商银行是省财政控股的省属银行，有利于省委、省政府经济建设方针政策的贯彻执行；更重要的是商业银行有货币创造功能，需要国家控股；同时也可以用政府信用强化银行信用，提高城商行的稳定性。二是总部设在太原，对全省辐射力强。三是资本最多，资产规模最大、盈利最多。四是晋商银行的品牌是历史上晋商的山西银行的传承与发展，具有品牌感召力。五是有一个具有现代金融经营意识、较高专业素质和开拓进取的领导班子。六是在晋商银行挂牌时，省委、省政府已经确定了以晋商银行为龙头，对地方金融机构实行重组的战略决定。省委、省政府会像抓全省煤炭资源整合那样，抓住机遇，坚定信心，抓好地方金融资源整合，打造地方商业银行"航母"。

（三）加快晋商银行省内外网点布局

营业网点是社会资金流动的管道与节点，也是金融企业组织运用资金、服务社会经济的物质基础，没有一定数量和规模的营业网点就没有生命力和竞争力。晋商银行挂牌时省委、省政府所确立的"三步走"发展战略，银监部门也有这一计划，帮助晋商银行通过整合与新设，迅速实现机构网点在全省的全覆盖。在完成省内网点布局的同时，走向省外，逐步把晋商银行打造成服务中西部地区的区域性银行，重振老晋商的雄风。

（四）规范晋商银行经营管理，加快上市步伐

金融企业的上市，是其企业治理机制、增强资本实力、提高企业品牌影响力的标志，也是省委、省政府已经确立的战略愿景。为了加快这一进程，目前正在制定五年发展规划，又招标聘请了财务顾问，董事会办公室设专门工作人员，负责上市筹划与准备工作。实行记分卡管理，细分细化上市工作，积极为这一目标的早日实现而努力。

百年前，外资银行进入中国后，政府曾邀请晋商与政府合作创办现代银行，晋商票号驻外经理也一致呼吁总号大掌柜、大东家，整合晋商金融资源，组建山西商业银行。但是总号大掌柜们认为他们"自谋发财，不予理睬，束之高阁"，贻误了机遇，造成票号后来被迫退市。今天晋商银行正面临发展机遇，必须立即整合全省金融资源，用增资扩股、合并的方法，整合山西城商行，否则将会被外来银行各个整合。晋商银行是山西唯一的总号设在山西省城的银行，是中国历史上最具悠久历史的民族品牌银行，是唯一的一家山西省政府可以指挥的银行，山西各城商行的股东、政府与银行监管部门一定吸取当年票号大掌柜们的教训，从山西经济社会发展的利益出发，借阳光普照非国有资本金融业的大好机遇，按照既定政策，整合全省金融资源，打造一个地方商业银行的"航空母舰"。

转型跨越发展与综改试验中的金融支持

背景说明

　　本文是 2011 年 2 月 25 日在山西省委领导主持的"山西经济社会发展座谈会"上的发言提纲。针对国家对山西资源型经济区转型综改试验的要求，省委提出的工业新型化、农业现代化、市域城镇化和城乡生态化的目标很好。但是目标宏伟，钱从哪来？主要依靠财政的时代已经过去，政府行政需要懂得金融施政之道。明清山西货通天下、汇通天下，商品经营业资本与货币经营业资本混合生长。民国时期的模范省靠的是政府主导下的金融先导。金融是货币资金跨时间、跨空间的交易，即在不同时间和空间的配置。1996 年以来山西由贷差省变成了存差省，资金外流越来越严重，文章建议实施政府主导下的金融先导战略，并且对如何实施这一战略提出了六项具体建议。

一、解读：转型跨越综改区的形势任务

　　2010 年 12 月 13 日，国务院新闻办召开新闻发布会，宣布国务院批准设立山西省国家资源型经济转型综合配套改革试验区（简称综改区），是全国经济发展转型的一个重要举措，对山西是个极大的喜讯。山西成为全国第九个综合配套改革试验区，使山西转型发展上升到国家战略层面，有了明确的方向和更有力的政策支撑。所以，袁纯清书记高兴地说，这是"一个大品牌、大载体、大平台，是山西转型跨越的重要抓手，是高含金

量招牌"。

国家为什么批准山西为国家资源型经济转型综改区？

新中国成立 60 多年来，山西产煤近 120 亿吨。大体每年 2 亿吨，每月 1700 万吨，每日 60 万吨。如果每吨不计物流成本以 100 元（实际价格远高于此）计，山西每日资本贡献量 6000 万元，每月 18 亿元，每年 220 亿元，60 年贡献资本总额 1.4 万亿元。

江苏有个无锡市，很早以前盛产锡矿，是以青铜冶炼和兵器制造业起家的城市，由于人们滥采狂挖，锡山很快被挖空了，汉代就改成了无锡县，不得不"转型"了。山西煤贡献了国家，也富了一批豪奢的"煤老板"，但是挖空了全省面积的 1/8，近 2 万平方公里，城镇人均可支配收入和农民人均纯收入都排全国 20 位以后，现在仍然是一个穷省。

目前，山西经济面临产业结构单一、经济发展方式粗放、安全压力大和经济效益低四大积弊，呈现一种"山西病"，最突出的：一是生态破坏。"我家的窑洞让塌下来的黄土埋住了，窑洞也有裂缝，村里安置我住在村支书家里。"山西省吕梁市离石区新舍科村村民刘心爱说。新舍科村有几十户村民由于煤矿开采造成房屋裂缝或下陷，他们有的住在亲戚朋友家，有的外出租房居住。尽管近三年来山西集中解决了煤矿采空区 23 万农民的住房安全和饮水困难问题，但近年来，山西因粗放采煤造成的资源浪费、生态破坏等损失每年达 300 多亿元。二是经济结构单一。山西有 94 个产煤县，产业结构单一，过度依赖煤炭产能扩张的增长方式，使大起大落成为山西难以摆脱的痼疾。煤、焦、冶、电等支柱工业增加值大幅下降，经济严重下滑。山西危机来得重、来得长，难刹车、难掉头，下降深于全国。三是安全事故多发。很多小煤矿不进行安全投入，使本应造福全民的资源让极少数人暴富。老百姓说，"矿难一次次发生，矿工一批批牺牲，干部一茬茬倒下"，"老板挣票子，百姓死儿子，政府当孝子，官员丢帽子"。一句话，目前的山西经济发展是不可持续的。

国家在山西设立综改区，目的在于通过试验，帮助山西解决经济发展中所遇到的经济结构过于单一，环境问题突出，资源利用率低，资源面临枯竭等经济不可持续发展问题。中央赋予山西"改革先行先试的试验权"，同时，同意其他改革试验区已有的好经验好政策可优先在山西移植和推广。国家发改委副主任彭森希望山西要特别处理好四个关系：转型和发展改革的关系；产业发展和生态环境保护的关系；资源型经济转型和整个区域经济一体化的关系；资源型经济转型和城乡一体化的关系。

根据国家对资源型经济转型试验的要求，根据中央科学发展观的要求，山西省委、省政府提出了转型发展、跨越发展的战略部署。转型，就是要充分理解加快转型是山西科学发展的必由之路，以转型综改试验区建设为统揽，加快推进山西省经济发展方式的转变。跨越，就是要充分利用资源优势和后发优势，实施赶超战略。总的要求是，资源型产业要新型化、接续替代产业要规模化，实现第一、第二、第三产业的协调发展。也可以用"四化"概括："工业新型化、农业现代化、市域城镇化、城乡生态化"，朝着"绿色山西、气化山西、净化山西、健康山西"的目标，实现山西转型跨越发展。"十二五"期间山西将重点延长煤炭产业链，发展煤制油、煤制烯烃等为主的新型煤化工产业，同时壮大非煤产业，如采掘洗选设备、安全设备、环保设备、物流等产业。同时，根据试验区"先行先试"的政策，在社会经济改革方面，积极推进以政府转型为重点的行政体制改革；以公共服务均等化为重点的社会体制改革；以完善市场经济为目标的经济体制改革；以消费需求为主导的经济增长方式改革；以收入分配、资源性产品等要素价格和财税体制为突破口的改革。围绕财税、金融、土地、资源、生态环境、科技人才、社会保障、区域发展、产业发展、投资、对外开放、城镇化等方面编制专项规划。

综改实验的重点工作：明确改革试验的指导思想和目标任务，研究制定综合配套改革总体方案，经国务院审批后实施。同时，还要组织编制好各专项方案；把"综改区"作为全省"十二五"规划的重要内容，确保试验区工作在"十二五"期间取得明显成效；抓紧成立山西省国家资源型经济转型综改区领导小组及办事机构，加快构建协调有力、充满活力、运行顺畅的工作机制。

袁纯清书记说，山西将依托四条路径实施转型：工业新型化、农业现代化、市域城镇化和城乡生态化，其中工业新型化被视为转型跨越之本。大力推进综改重点领域和关键环节。

推进工业新型化。坚持以煤为基、多元发展。深入推进煤炭资源整合煤矿兼并重组，优化煤炭行业内部结构，鼓励煤炭企业大力发展与煤炭紧密相关的煤炭采掘洗选设备、煤矿安全设备、煤矿环保设备、煤基化工、煤炭物流等产业。推进焦化、冶金、电力、建材等行业整合重组。促进产能大型化、生产集约化、利用清洁化、发展高端化。培育壮大新兴产业，发展先进装备制造业，加快发展现代煤化工，力争在煤制油、煤制气、煤制烯烃等方面取得新进展；积极发展新型材料工业，重点发展钕铁硼、铝镁合金、纳米材料等高性能结构材料和功能材料；做大做优汾酒、陈醋、乳品、小杂粮等特色食品工业；鼓励发展新能源、生物医药、新一代信息技术等产业。加快发展服务业，建设一批涵盖保税、仓储、加工、集运、商贸、金融服务在内的现代物流枢纽和大型物流园区。实施文化强省战略。大力发展旅游、商贸、餐饮、金融、信息等其他服务业。大力发展循环经济，改造提升传统产业。

推进农业现代化。完善强农惠农政策，2011年再投入13亿元，实施灌区建设补贴等十项惠农政策，启动高标准粮田创建等十大强农工程。加快山西引黄及抗旱水源工程建设，年内完成1800万亩农田灌溉、200万亩中低产田改造、15万亩高标准农田和10万亩盐碱地改造任务。加快推进运城、晋中、大同农业示范区和雁门关生态畜牧经济区建设，实施农产品加工龙头企业"513"工程，启动"一村一品、一县一业"工程。深化农村改革，促进土地流转。加快推进新农村建设。抓好2000个新农村重点和100个新农村集中连片建设工程，实现20万贫困人口脱贫。

推进市域城镇化。按照"一核一圈三群"，加快太原榆次同城化步伐。建设以大同、朔州为核心的晋北城镇群，以临汾、侯马、运城为核心的晋南城镇群，以长治、晋城为核心的晋东南城镇群。大力实施"大县城"战略和百镇建设工程。完善城镇化推进机制，改革户籍制度，改善公共服务。打造现代宜居城市和特色城镇。

推进城乡生态化。抓好工业领域节能，在电力、冶金等高耗能行业和企业实施千项重点节能示范项目。推进交通运输等领域节能工作。倡导绿色消费，推进全社会节能。多管齐下狠抓污染物减排，抓好主要污染物减排工作。加大重点用煤行业脱硫、火电脱硝工作。创新县城污水处理，新建一批城镇生活垃圾无害化处理厂，启动"蓝天碧水扩容提质工程"。加快太原等污染企业搬迁改造，扩大集中供热范围，强化环境评估。推进造林绿化、森林资源保护和林业产业开发工程，加强生态屏障建设，造林400万亩。

总之，转型跨越是大方针和总方略，发挥着引领作用；"十二五"规划是近期的路线图和施工图，发挥着部署作用；转型综改试验区是总抓手和统揽，发挥着承载作用。这三者有机统一于科学发展、强省富民大业，要做到有机结合、协调推进。

试验区启动之后，需要做的事情很多。如高标准、高质量地制定总体方案和专项方案；做好与"十二五"规划的密切衔接；与国家有关部委对接，出台一系列先行先试、移植嫁接的配套政策；借鉴国内外资源型地区转型经验，特别是及时移植嫁接其他 8 个"综改试验区"的成功做法；建立转型政策储备库和项目储备库；等等。德国鲁尔区转型花了 30 年时间，山西煤炭经济区转型最少也得两个五年计划。

实现综改试验目标，有人提出，一要有热度，举全省之力，集全民之智，尽快升温；二要有速度，慢了不行，尽快取得阶段性成果；三要有力度，非常之事要用非常之力，非常之时当用非常之人，要建立领导班子考核评价机制，确保各项工作落到实处；四要有亮度，选择基础条件好、具有一定优势的市县和企业，设立不同层次的"先行区"、"示范区"，以点带面；五要大度，要创造宽松环境，营造敢为人先、敢闯敢冒、允许试验、宽容失败的干事创业的社会氛围。

二、试谈：转型跨越综改区的金融支持

根据王君省长在省十一届人大五次会议上的报告，"十二五"期间，山西省主要经济指标实现翻番，地区生产总值年均增长 13%，全社会固定资产投资完成 5 万亿元，城镇化率达到 55% 左右，城镇居民人均可支配收入达到 3 万元，农民人均纯收入超过 9000 元（2010 年分别为 15640元、4730 元）。经济社会发展五大目标：

一是优化生产力布局，构建转型跨越发展的战略基础。编制和实施主体功能区规划，进一步优化产业布局和空间结构，提高国土资源利用效率，促进区域分工合理化、基本公共服务均等化和区际的良性互动。

二是加快工业新型化、农业现代化、市域城镇化和城乡生态化步伐，推进转型跨越发展。加快工业新型化，坚持以煤为基、多元发展，以循环经济为主要模式，以大项目、大企业、大园区为主要支撑，推进工业化和信息化深度融合。加快农业现代化，推进农业结构调整，完善农业社会化服务体系，加快新农村建设，增加农民收入，开创"三农"新局面。加快市域城镇化，按照"一核一圈三群"布局，加快构建现代城镇体系。加快城乡生态化，朝着"绿化山西、气化山西、净化山西和健康山西"发展，努力构建资源节约型、环境友好型社会。

三是加快发展社会事业和改善民生，保持社会和谐稳定。深入实施科教兴省和人才强省战略，大力发展科技、教育、文化、卫生、体育等各项社会事业，着力改善民生，扩大就业，合理调整收入分配关系，健全社会保障体系，加快保障性住房建设，逐步完善本公共服务体系，推进社会管理创新，强化安全生产。

四是加快建设综改区试验，走资源型经济全面转型的新路。推进产业结构转型，实现支柱产业由单一向多元、产品由低端向高端转变。推进区域创新体系建设，加快资源型城市、地区转型。坚持先行先试，推进综合配套改革。

五是深化改革、扩大开放，为推动转型跨越发展提供强大动力和活力。实施开放引进战略，招商引资，招才引智，吸引更多的人才、资金、技术落户山西、服务山西。强化与国内外大企业的合作，进一步提高对外开放水平，以开放促跨越。

前不久在全省领导干部会上，省委领导也提出，"要在未来几年内新上项目 1000 多个，其中亿元以上项目 270 个，总投资 2600 亿元以上"。"十二五"计划投资 5 万亿元。

（一）宏伟目标，钱从哪来？

依靠谁来弄钱？是靠财政还是靠金融？

历史上，政府是靠财政的。政府收捐税，库存白银愈多愈好。量入为出，不能量出为入。18 世纪以来，西方国家首先改变了看法，量出为入，以英国为代表，发展了国债市场，英国实现了工业化，成为了日不落帝国。

实际上，政府行政，需要懂得金融施政之道。主要依靠财政的时代已经成为过去。明清山西经济发展得很好，得益于晋商，晋商成功的原因是货通天下与汇通天下的统一，是商品经营业与货币经营业的统一。民国时期，阎锡山之所以成为模范省省长，在 20 世纪二三十年代的山西工业化中，以 110 万银元作为资本，经过 5 年经营，建成了铁路 850 公里，创建了采煤、冶金、电力、化工、机械制造、纺织、造纸等轻重工业，总资产达 2 亿银元，使山西领先于全国，就是依靠了政府主导下的金融先导战略推进山西工业化建设的。

什么是金融？顾名思义，金融是资金的融通。更进一步说，金融是货币资金跨时间、跨空间的交易，或者说是货币资金在不同时间和空间的配置，是跨时间、跨空间的价值交换。金融先导就是通过政府的制度政策创新，造成金融业的优先发展，为产业经济的发展创造良好的金融环境。

（二）山西金融的现状如何？

有一份研究报告说：2008 年山西全社会固定资产投资中，港澳台商投资比重是 2.0%，中部居第四位，全国居第 18 位，全国平均水平为 4.02%，广东高达 14.38%。外商投资比重是 1.03%，为中部最后一位，全国第 27 位，全国平均水平为 4.89%，最高的上海达到 11.79%。山西的国内投资中，私营经济占比仅为 11.11%，居中部最后一位，河南、湖南、江西、安徽这一比重均在 21%～30%，居全国第 24 位，全国平均水平为 22.6%。

据《华夏时报》报道，山西民间借贷规模达到 2000 亿元。近年淘汰落后产能约退出资金 2000 亿元，粗略估计，山西省民间闲置资金过万亿元。并且说近年来山西到其他省市的投资呈增加趋势，在内蒙古投资达 1000 亿元，在天津投资达 1200 亿元，在河南投资达 800 亿元，在陕西投资为 300 亿元，而上述省份来山西投资的项目少得多。

表 1　山西省银行存贷比

年份	存款（亿元）	贷款（亿元）	存贷比
1978	25.62	46.60	1.82 *
1985	104.90	151.24	1.44 *
1990	314.13	356.90	1.14 *
1995	943.00	970.66	1.03 *
1996	1163.00	1130.91	0.97 *
2001	2256.71	1796.30	0.76 *
2005	4720.12	2617.58	0.55（全省）
2007	10111.90	5514.20	0.54（全省）
2009	15759.80	7915.40	0.50（全省）
2010	18639.80	9728.70	0.49（全省）

注：* 表示仅包括国有银行数据，（全省）表示包括国有银行、股份制银行、城商行和农信社的数据。

近年山西省银行存差逐年扩大：2000 年末存差 175.24 亿元；2005 年末存差 2859 亿元；2007 年末存差 4497.7 亿元；2008 年末存差 6785.7 亿元；2009 年末存差 7844.4 亿元；2010 年末存差 8911.1 亿元。

资金外流，表面看是资本逐利性，其实还有深层次的原因：一是地方金融企业作用小。在山西国有控股商业银行与 10 余家股份制商业银行的资金，是由其总行在全国调度的。2009 年山西 6 家城商行的各项存贷款余额，仅占全省各金融机构的 4.76% 和 5.27%（不含农信社），机构网点占比很低，在外省没有一个网点。二是地方调节经济的"看得见的手"的作用弱。30 余年来地方重视抓实体经济，而对虚拟经济、金融企业没有找到抓手，未能理解地方金融机构是省委、省政府领导山西经济不可或缺的重要资源和工具。

说明山西金融：一是金融机构负债高，风险大，脆弱性强；二是高储蓄率，低资源配置率，资金外流；三是存贷款业务占主导，其他金融业发展缓慢。企业融资 90% 左右靠银行信贷，且国有银行的存贷款是储蓄—投资转化的基本渠道。

（三）金融怎样支持？

前不久，当记者问一位负责"十二五"规划的领导"再造一个新山西，我省五年要投资 5 万亿元，那钱从什么地方来"时，领导人回答："首先要充分发挥政府资金的引导作用。采用资本金入股、贷款贴息、特别流转金等多种方式，引导社会资本投向规划纲要鼓励的重点领域和民生工程。其次要激活民间投资，充分发挥我省民间资本充裕的优势，创造性地落实鼓励民间投资的政策，消除民间投资的壁垒，为民营企业发展做好各项服务。同时要积极招商引资，不断加大对外开放和招商引资、招才引智的力度等。"

我认为山西需要实施政府主导下的金融先导战略。金融先导战略，在于使金融领先于实体经济发展，通过创新金融工具、机构、业务、服务、制度，改变原有的资源配置，启动闲置资源，促进产业结构优化升级，推动一个地区、一个民族或国家的经济超常增长。通过政府的制度政策创新，使得目前山西的金融高地状态迅速改变为金融洼地，留住本地资金，引导流出去的资金回流，吸引外地、外国资金流入，推动本地经济资源的重新配置。这里有三个问题：一是为什么金融先导有如此作用？二是为什么必须由政府主导？三是怎样实施金融先导战略？

第一个问题：为什么金融先导有如此作用？理由：①能够引导社会创造出新的信用工具，加快社会商品化货币化。②能够引导社会将闲散货币转化为资本。③能够引导社会创造出新的货币拉动生产和流通。④能够引导以价值流拉动物流提速。⑤能够引导资源配置优化生产结构。

第二个问题：为什么要政府主导？现代西方经济学有违其老祖宗的训导。因为"国富论"必须与"道德情操论"结合，才能保证效率与公平的经济社会发展的双目标。后者必须由"看得见的手"来调节。资金（资本）的运动规律是趋利性，金融机构的运作常常嫌贫爱富。只有政府主导，才可能用政策营造金融洼地，吸引资金内流；只有政府主导，才可能使产业政策与金融政策结合，引导资金流向新型产业，促进经济转型发展。另外，在市场发育不充分下，必要时政府需要扮演企业家的角色。

第三个问题：怎样实施金融先导战略？对策：政府主导的金融先导，首先要建设山西金融洼地，而非招商引资。一是通过地方制度创新、政策创新，使山西资源优势、劳动力优势与合理的体制和国家政策扶持相结合，形成对外部资金的有效吸纳机制。二是提高山西投资的软环境和办事效率，提高资金回报率，制定对资金产生强大吸引力的融资政策、工具和方法。如目前山西银行业外来强、本地弱，需要大力发展地区性金融机构，培养龙头性的区域性商业银行"航空母舰"。目前山西6个城商行，一是规模小、网点少、职能作用小；二是有被边缘化的危险；三是有失去发展机会的危险。

三、政策建议

（一）尽快成立山西省政府金融办公室

省政府必须进一步引领和深化金融改革开放，着力推进现代金融体系和制度建设，着力提升金融改革创新能力和服务水平，为山西省转型跨越与综改试验提供强有力的支撑。金融办的职责就是统筹协调山西综改区的金融业，为山西综改试验提供支持。

（二）引导各驻地银行和非银行金融机构参与综改区项目规划、论证，并给予融资支持

加大对传统产业结构调整和产业升级的信贷投入，加强对第三产业发展的信贷支持。探索适应科技企业发展的融资渠道、融资方式和担保方式，推行知识产权质押融资、股权质押贷款、应收账款质押等新的信贷品种，加快开展对科技企业信用贷款的试点。

（三）加快推进太原区域金融中心建设

积极引进和培育各类金融机构。吸引国内外大型企业集团在山西投资

组建证券公司、基金管理公司、期货公司和保险公司等金融机构。推动本土金融机构加快发展。支持晋商银行、山西国信、山西证券、中德证券、大同证券做大做强。争取金融机构在省内设立全国性或区域性金融后台运行与服务机构。增加各类银行业金融机构在山西的网点，扩大和提升小额贷款公司的规模和业务水平。积极争取国际金融组织和外国政府贷款。

（四）独立发展综改区资本市场

一是积极探索和建立与资源型经济转型相适应的金融体系，在间接融资和直接融资两大领域，解放思想，先行先试。二是支持符合条件的企业实现主板、中小板、创业板或境外上市。如果5年内山西省上市企业翻一番，达到60家，资本市场直接融资可达到3000亿元。三是积极发展债券市场。四是建立山西产权交易市场，作为深圳和上海两交易所上市的预科。五是尽快把资源要素资本化、市场化。抓紧焦煤交易所与期货交易建设，探索"煤炭预期收益证券化"。

（五）切实缓解县域经济发展融资难问题

第一，市县政府主动引导提升县域金融服务，加大对县域投入、优化贷款结构，完善对县域金融的考评机制。降低企业融资成本，改善金融生态，加强环境建设。第二，银行业金融机构要发挥县域融资主力军作用，加强对农村的金融服务，解决"三农"融资难问题，为建设社会主义新农村提供有力的金融支持。加大对中小企业的信贷支持，大力发展供应链金融等，探索中小企业金融服务的有效途径。第三，充分发挥资本、保险市场的融资、保障功能。要大力拓宽直接融资渠道，积极推进资本市场建设。将企业上市工作作为重点工作之一，领导亲自协调，坚持不懈，建立绿色通道，为企业上市提供快捷的服务。加快保险业的发展步伐，扩大保险覆盖面，开办新险种，满足社会多层次、个性化的保险需要。扎实推进政策性"三农"保险工作，为农民增产增收提供抗风险保障。第四，努力推进金融创新。加快县域中小金融机构建设，激发金融体系的活力。探索扩大信用贷款路径，提高资金杠杆率。拓宽信贷与保险结合的思路。

（六）积极营造山西金融洼地

一是加强政府金融工作领导与协调。省政府金融办要与相关部门建立金融产业发展建设联席会议和日常沟通联络机制，定期研究部署金融产业发展建设工作，协调解决工作中遇到的困难和问题，为金融产业发展创造良好环境。二是组织省行省会合作，推进省行省会合作机制的建立，创造各种条件，签订省行合作协议，进一步发挥山西省银行协会、保险协会、证券协会的作用。三是各级政府要在职责权限内，根据本地实际，制订和落实支持金融业发展的政策措施。给予农村信用社、村镇银行、小额贷款公司、当铺、金融租赁公司、投资公司、担保公司等必要的优惠政策，促进地方法人金融企业加快发展。为金融机构抵债资产处置提供便利和优惠。对关系国计民生的保险产品，如企业年金保险、养老保险、农业保险和农民工保险等，给予必要的财政补贴和税收优惠政策。四是加强金融人才队伍建设。研究制订人才培养计划，省金融办与人民银行以及银行、证券、保险三监管局配合，与高校联合组建金融人才培训中心等，对政府机关、金融企业金融人员进行有计划的专业培训。制定有关培养、使用、引进金融人才的优惠政策。五是高度重视并稳妥做好处置非法集资的工作。非法集资活动是影响社会稳定的突出问题，建立健全监测预警体系，及时准确认定案件性质，打早打小，稳妥做好处置善后工作。

传承与创新晋商文化

——在"新晋商、新形象、新境界"民企座谈会上的发言

背景说明

本文是2012年5月31日在山西省统战部与工商联召开的"新晋商、新形象、新境界"民企座谈会上的发言提纲。

根据面临的形势，民企既需要传承，又需要创新晋商文化，在传承和创新中转型，才能实现民企发展的新跨越。

一、民企需要在传承中创新、在转型中跨越

传承晋商文化，需要在传承中创新，在创新中传承。晋商文化是企业管理的智慧库，内容极为丰富，但是最根本的是"有钱出钱，有力出力，出钱者为东家，出力者为伙计，东伙共而商之"。这可以称为劳资共创，是晋商的"资本论"，是晋商文化的本源价值。它把投资者的物化劳动与伙计们的活劳动整合在一个产权制度框架中，将资本所有者与劳动者的物质利益放在一个平台上，东伙共享新创造的价值。这是晋商区别于其他商帮的最根本差异。晚清时期，很多晋商企业的人身股总数大于银股。新学徒入店大掌柜有专门仪式"请进"，使基层劳动者获得一种终身归宿感，忠心耿耿为企业效力。晋商文化中的这种劳资共创、劳资共赢的制度，民企能否先于国企和其他股份企业试行呢？这意味着传承与创新。

（一）晋商的成功经验首先是"以义制利"

这是晋商的商业伦理，认为义利是相通相济的，只要有了义，利也就

在其中了。主张先义后利，见利思义，以义制利。其义就是社会责任，将合格的产品、合理的价格、周到的服务提供给社会，获取盈利。同时也是在义基础上，建立了和谐信任的内部关系，即商号用人"以懂得信义为宗旨"。所以，东家对掌柜、掌柜对伙计是"疑人不用，用人不疑"；掌柜对东家、伙计对掌柜是"受人之托，忠人之事"。以义制利需要新晋商继续传承。

（二）晋商成功的又一经验是"善待相与"

这是晋商的处世哲学，认为"和为贵"，"和气生财"。坚持"善待相与"，同舟共济，世世相传。现今文学作品过多宣扬商场就是战场，钩心斗角，互施阴谋，这不是晋商的真实历史。晋商在市场中既竞争又合作，是"蓝海战略"的典范。这也需要新晋商传承。

（三）晋商衰落中的教训之一是转型中的失误

明清晋商是以异地贩运贸易为主的商人，19 世纪后半期在西方工业化浪潮影响下，开始了向近代工商业转型，这是社会发展的必然。但在转型中却有成有败。如太谷的乔家、祁县的渠家、万荣的李家、襄汾的刘家等都获得了成功，但是大盛魁、合盛元、志成信等则因为没有把握好转型时机、投资方向而退出了市场。

近年山西民营企业发展得很好，但是不少家族企业也遇到管理上的困惑，自己直接管理，常常力不从心，交给别人又不放心，不做大不行，做大了也不行。这就是说家族企业发展到一定程度需要向社会化转型，化蛹为蝶。现今家族企业转变中，如何在家族内部分割股份？用不用吸收外人入股？资产股份如何折算？这些问题就需要学习与创新。

当代民企的社会化转型，不仅需要自己传承与创新晋商文化，还需要政府、工商联、社会各方面共同关爱与支持，特别是创造良好的金融环境。

二、山西转型跨越急需大力发展地方金融企业

晋商文化、晋商精神是山西人民的精神财富和社会资本。

晋商成功的经验还有金融与产业混合生长。晋商比其他商帮更重视金融业对商业的支持，相互参股投资。可以说晋商文化最突出的特点之一是金融文化领先。3 年前汾阳东龙观金代商人王全墓葬壁画的出土，把中国钱庄的产生时间提前了 1000 年。20 世纪 30 年代山西工业化发展全国第

一，得益于山西省公营的"省、铁、垦、盐四银行号"及其实物十足准备库和大批民营钱庄、银号、当铺等金融企业，还有农村信用合作社的支持。当时山西省政府实际上实行的是政府主导下的金融先导战略，即政府通过对金融制度与政策的创新，使山西金融业优先于普通产业迅速发展，进而推动了工商业的发展。政府主导下的金融先导战略，是经济转型跨越的最得力的杠杆，是落后国家或地区追赶发达国家或地区的一个规律。1953 年 1 月到 1995 年 12 月，山西存贷款比例一直在 1∶1 以上，最高 1∶1.95；1996 年国家放弃贷款计划调控以后，存贷款比例一路下滑到1∶0.5 左右，大量资金外流已成为山西经济发展严重的制约因素。通过政府对金融制度与政策创新，营造山西金融洼地，可以改变山西资金外流为内流。现在山西急需金融战略调整与金融政策创新。建议政府按照金融先导理论，实施金融强省战略。

第一，强化山西省政府金融办的功能。做好山西地方金融发展规划与战略调整，统领地方金融企业发展，以成为山西中小企业的资金后盾。

第二，整合山西金融资源。尽快打造晋商银行成为地方商业银行"航空母舰"，改变地方支离破碎小银行恶性竞争，提升山西转型跨越的金融推力。

第三，加强股权交易市场。将山西股权交易中心办成深沪证交所的上市预科，培育更多的山西企业上市。

企业文化的灵魂是核心价值观。新晋商一旦确立创新的理念、诚信的认知、中道的哲学，确立独富贵为君子耻、以大富大红大德为荣的观念，相济于业，以自身的转型促进山西经济转型跨越，企业一定会健康发展。

新的时期山西还要掉队吗？

背景说明

　　本文写于 2005 年 1 月 11 日，对山西经济发展战略提出了一些建议。文章主张重视能源基地的环境补偿，政府提出的"调整山西产业结构"、"传统产业新型化和新兴产业规模化"战略很好，但需要有强有力的杠杆。政府主导，金融先导，流通富民，山西不能再掉队了。

一、山西经济面临严峻的挑战

（一）能源基地的环境补偿

　　1981～2000 年的 20 年内，仅仅煤炭价格与价值的背离，使山西价值流失 1200 亿元。在此期间，因为挖煤、炼焦、发电造成的环境损耗，每年 49 亿多元，20 年是 980 亿元，合计 2180 亿元，山西每年因为能源基地损失 109 亿元。2180 亿元经济与环境损失，相当于 1949～2000 年山西预算内财政收入总和的 1.59 倍。所以，山西经济结构是一种衰竭性经济结构，因为山西再生产过程中损耗与补偿极不对称。损耗远远大于补偿，从根本上破坏着经济发展内部的均衡机制。

　　因此，山西出现两个突出问题：一是地陷、屋倒、路断、缺水日趋严重。二是山西人均收入在末尾徘徊。山西城市居民可支配收入水平 1999 年、2000 年全国倒数第一；2001 年、2002 年分别为倒数第 28 位和第 24 位，2003 年为倒数第 26 位。

（二）新的机遇

当前，中国正处于新一轮经济高潮。2001 年下半年开始（以往是 3 ~ 5 年一个周期，现在可能延长为 5 ~ 7 年），加上 2003 年下半年到 2004 年的宏观调控，经济周期可能延长，2005 ~ 2006 年会是高峰期。

改革开放 25 年来，第一轮发展高潮是沿海战略，山西没有赶上；第二轮西部大开发，山西没有赶上；2001 年以来，新一轮经济扩张和振兴老工业基地两股热流同时而来，山西能不能赶上？是麻木不仁还是破釜沉舟？

二、山西需要寻找超常发展的杠杆

1999 年省委、省政府提出的"调整山西产业结构"的战略是正确的。5 年来取得了很大成就。2005 年提出的"传统产业新型化和新兴产业规模化"的战略也是正确的，但是，山西经济社会发展的现状和国家经济社会发展的大趋势，需要山西寻找超常发展的杠杆，走超常发展的道路。这不仅是大形势决定的，也是山西人民的迫切愿望。

国际上，发达市场经济国家的发展，有两种模式：常规发展有英美模式；超常发展有德日模式。日本模式后来成了东南亚国家学习的榜样。国内看，有温州模式、苏南模式、深圳模式。省内说，中国的工业化始于 19 世纪 50 年代，山西的工业化始于 20 世纪 20 年代，30 年代的山西发展最快。1933 ~ 1937 年日本军侵入山西前的 5 年内，以 110 万银元作为资本，建成了铁路 850 公里，创建了采煤、冶金、电力、化工、机械制造、纺织、造纸等轻重工业几十个企业，省营企业总资产达 2 亿银元。

可供参考的杠杆有：

（一）政府主导

我们要建立的是市场经济，后进地区的超常发展需要政府主导。政府主导市场经济的关键是政府行为的边界问题。其边界是：①政府干预经济的范围是公共领域与信息问题引起的市场失灵；②政府替代非政府组织进行经济协调时应采取阶段性和渐退式的政策，即政府协调对市场协调的替代式促进；③政府主要是制度供给和创新行为。通过颁布政策，提供租金协调，如金融约束政策，也可以是制度协调，还可以有一定的组织协调。这就是政府主导的机制、内容与范围，即政府应与市场合作发展经济基础设施，包括规则和体制在内的基本框架，居民和企业在此框架内进行规划、谈判和实施经济交易。

总之，政府创造环境，企业创造财富。政府发展公共领域，在没有大量资本积累、没有成熟企业家队伍、没有适合的信息与技术条件下，政府可以扮演企业家的角色，培育市场，在市场逐渐成熟中，政府渐退，转向别的领域，进行新的开发。

（二）金融先导

经济结构调整需要有货币资金作为杠杆。历史证明金融先导是可能的。罗斯福新政、日本经济起飞、山西20世纪二三十年代工业建设，都提供了极好的例证。如30年代的山西，筹资办法有发行纸币、借外债、发行地方债券、省钞发酵、强制借款、"1元掰成几份用"等。

当代山西金融创新潜力很大，亟待制度供给：除了国有商业银行、股份制金融机构在山西外，山西可以管的有2个城市商业银行和100多个信用合作社联社，都有创造存款货币的功能；发行地方债券；吸引煤炭货币回流和阻止煤炭货币外流；充分运用商业汇票背书转让实现商品交易；等等。

（三）流通富民

交换和消费能够拉动生产发展。因为吃，人类发现了火，由野蛮进入了文明；因为吃，欧洲人海上探险，发现新大陆，促进了世界市场的形成；没有16世纪开始的那场商业革命就没有农业社会向工业社会的过渡。"商可富民、商可强国"，荷兰、英国是这样，山西商人也是这样。

山西一定要重视市场的开拓，浙江有300万家企业，其中160万个体工商户，390万人在省外（不含港澳台）、港澳40万人、国外70万人，26个人中就有一个老板。浙商正在向全世界进军。晋民与浙人在性格上有一些差异，山西人老成稳重，动荡中不敢前进，稳定的环境很有后劲。中国的市场经济发育正在成熟，山西人的出击是有希望的。

（四）试行人身股

人身股是晋商的创举，是晋商称雄商界数百年的秘密武器，实际是人力资本制度，比美国早400多年。美国大型企业90%、小型企业70%有此制度。我国已经出现少数企业试行。这一制度的核心是物化劳动与活劳动共同享有企业利润。说明了股份制是社会所有制，是共同富裕的路子。美国的具体操作比较复杂，我国理论界讲得也很复杂。晋商的经验，包括人力资本的会计核算，方便简单，易于操作。

借鉴晋商成熟的经验，在山西企业改革中引入人身股制度，会改变企业治理结构，提高企业的内力和活力，有利于培育明星企业和长寿企业。

（五）政体改革先行

中国目前是五级政府，地区专员公署和人民公社演变成了两级政府，迟早要回归三级政府。山西最好率先淡化市、乡两级政府，强化县级政府，并且争取试点，实现政体改革，精简机构，减少寻租场地，提高行政效率。

太原高新区近两年的发展是一个典型。2001～2003年，全区各项主要经济指标增幅每年都在40%以上，其中，2003年全区科工贸总收入增速达59.2%，工业总产值增速达68.3%，上缴税金总额增速达108.6%，财政收入增速达40.5%，经济总量在全国53个国家级高新区中的排序由下游水平前移至中上水平，主要经济指标占到全省13个省以上开发区总量的50%以上。

三、重塑当代晋商形象

500多年来，山西商人享誉海内外，人们都知道"凡是麻雀能飞到的地方都有山西商人"，"泽潞富豪甲天下"。但是进入20世纪衰落了，特别是近10年，山西几乎成了贫穷落后的象征。如果当代山西人有志气，就应当弘扬晋商精神，再塑当代晋商新形象，发展现代山西，安慰祖先，荫庇后代。晋商精神是什么？当代晋商需要什么样的形象？

晋商在长期的商业活动中，离乡背井、风餐露宿、穷年累月、劳身焦思、前赴后继，用数百年的坎坷与辛劳，形成了相对稳定的思想方法、行为范式和价值观念，积累了宝贵的精神财富和经营宝训，这就是晋商精神。晋商以其勤劳和智慧传承富裕与文明，名震欧亚，成为一股生生不息的力量源泉。晋商的重商立业的人生观、诚信义利的价值观、艰苦奋斗的创业精神和同舟共济的协调思想值得永远传承。

经济社会发展史证明，商可以富民，商可以强国，流通也是生产力。没有流通，商品价值就无法实现，也就没有再生产，因而也就没有社会的繁荣和发展。贱商、抑商是没有理论依据的。农业的现代化，就是商品化、市场化、城市化、工业化。当今社会，无商不富，无商不城，事实上当代社会已是商业社会。欧洲商业革命中出现了重商主义者，后来在工业革命的初期受到了古典经济学家亚当·斯密的批判，20世纪30年代以后又有了凯恩斯的否定之否定，以及新重商主义等。现在看来，发达国家向外扩张，需要自由贸易和自由放任；不发达国家加快自己的区域经济发展，需要必要的干预和管理。重商主义对不发达国家来说是需要的，在一个国家的不发达省区同样也是需要的。

当代山西绝大多数人勤劳节俭、精打细算、善于积蓄，是对晋商善于理财思想的传承；当代山西绝大多数人忠厚老实、办事沉稳，令人信赖，也是对晋商精神的传承。有一位走南闯北的山东儒商一年前曾对我说过："我接触过很多企业，雇员中被炒鱿鱼者山西籍人最少，虽然山西人走出去的不多，一旦被录用，一般都会长期使用，提拔也不慢，不像其他地方的人坑蒙拐骗，山西商人还是要出头的。"改革开放以来的 20 多年，山西成长起来的一大批当代晋商，都是晋商精神的传承人和弘扬者。晋商精神尚在，晋商精神需要进一步弘扬。

弘扬晋商精神，要敢于进市场、下商场、闯洋场，与省内外、国内外商人交朋友、谈生意、做买卖。风险客观存在，利益越大风险就越大，利益越小风险越小。认识风险、判断风险、驾驭风险，分散、规避和转移风险的实战经验只能在实践中学习、摸索和提高。当代晋商要牢记自己是尧王关圣之后，不为设租和寻租者眼红，努力重新塑造当代晋商的新形象，当代晋商是有出头机会的。当代晋商新形象，既要传承老晋商的精神，又要适应现代化的新形势有所创新，当代晋商需要三种形象：一是诚信晋商，诚信是商人的基本素质，更是当代商人的必备条件。没有诚信，就没有朋友，没有业务，没有利润，没有存在的空间。二是 IT 晋商，商业技术与手段是商业经营活动的基本要求，当代 IT 技术的运用与普及，是当代商人的业务技术和手段在竞争中克敌制胜的重要条件。充分运用现代网络技术，把握全球信息，才能抓住商机，才能降低成本，才能稳立潮头，成就事业。三是外向晋商，老晋商的活动舞台是以中国北方为重心、以万里茶路为轴心的广大的亚欧陆地，在现代科技、交通的新条件下，当代商人必须有全球眼光，借 WTO 之船，驶向世界商海。德义晋商，商人的视野只在孔方兄之中是不可能成功的。在大富大红的路子上，必须大德大义，急公好义，积德行善，具有成就一番伟业的远大目标，立功、立德、立言。

今天，我们正在深化国内改革，走进 21 世纪；又在对外开放，迎接新一轮经济高潮的挑战。历史上晋商精神造就了山西几个世纪的辉煌，在市场经济大发展的今天，当代晋商也一定能够在弘扬晋商精神中创造出山西新的辉煌。

区域金融中心

建设山西能源重化工基地
需要建立太原金融中心

背景说明

本文与山西财经学院张光亚老先生合作完成，原载《财金贸易》1985 年第 2 期。1984～1985 年山西省开展了一场经济社会发展战略大讨论，中心围绕着能源重化工基地展开。建设山西能源重化工基地需要巨额投资，巨额投资必须有多种投资渠道和形式。筹资人和投资人的增加、筹资和投资形式的多样化，必然要求以太原为中心的资金汇划和调剂，并有资金聚集和辐射的能力。

一、建设山西能源重化工基地需要巨额投资

能源是社会的基础结构，是从事各种经济活动的动力。实现 2000 年远景战略目标所需要的能源，主要依靠煤炭、石油、水力资源，同时也需要开发核能、太阳能等其他能源。中央决定的煤炭为主的长期能源政策，是符合我国国情的，中央关于建设山西为我国能源重化工基地的决策，也是完全正确的。

我国煤炭远景储量为 15000 吨，其中山西为 8000 亿吨，占一半以上；已经探明的储量为 6000 亿吨，其中山西为 2000 亿吨，占 1/3。从我国能源消耗看，1980 年以前的 30 年，能源消耗的增长速度超过了国民经济的增长速度。欧美国家在产业革命后也有能耗增长高于国民生产总值增长的

时期。现在，虽然我们已经采取了节约能源的种种措施，但在今后一个时期内能耗并不一定能降下来。如果能耗增长系数为1，则2000年工农业总产值翻两番，能源也应翻两番，20世纪80年代初，我国能源生产总量折合标准燃料近6.4亿吨，其中煤炭占到70%。我国煤炭资源丰富，开采经验也比较丰富，煤炭仍然是我国"四化"建设的常规能源。

能源是生产和生活的动力，而煤炭等碳氢燃料，还是化肥工业和其他合成工业，如合成纤维、合成塑料、合成橡胶的重要原料。合成工业所提供的产品，又是加工制作各种产品的原料。所以发展山西能源工业，必将带来化学工业的极大发展。同时，山西的铜矿、铝矿、铁矿以及非金属矿石灰石、石膏、石棉、珍珠岩等资源也很丰富，利用山西能源加工建筑材料和生产各种钢材及有色金属和机械制造工业，潜力是很大的。建设我国能源重化工基地，山西是最为理想的地方。

按照建设山西能源重化工基地的总体规划，到2000年煤炭产量应达到年产4亿～6亿吨，发电装机容量达1500万～2000万瓦。与之相应的水资源开发、交通运输的发展、环境保护、人才培训，以及商业服务等配套都需要巨额投资。据估计，今后15～20年，约需综合投资400亿～500亿元。近期内，每年用于矿井建设25亿元左右，交通运输50亿元左右，环境保护0.8亿～1亿元，其他配套的轻重工业及商业服务、文化教育投资1亿～3亿元。目前全省工业贷款和商业贷款余额已分别达到30亿元和40亿元。今后每年若平均增加投资25亿元左右，山西省长期资金和短期资金流量的巨大变化是可以想见的。

二、巨额投资需要多种渠道、多种形式

建设山西能源重化工基地需要巨额投资，巨额投资必须有多种投资渠道和形式。

达到2000年远景规划工农业总产值翻两番，若按20世纪70年代末的经济建设水平计算，全国固定资产投资要增加2万亿元左右，流动资金要增加1万亿元左右。按工业总产值计算，30多年来每元投资所能带来的产值，翻两番需要在今后20年内每年增加投资1000亿元。按目前财政收入水平，能够用于基础建设的不过500多亿元，国家不可能拿出更多的钱来进行投资，因而投入山西能源重化工基地建设的资金也是有限度的，这就需要山西地方积极想办法。我们设想建设山西能源重化工基地，投资

渠道可以有：

（一）国家财政拨款

国家财政拨款主要用于山西能源重化工基地重点建设项目，如铁路复线建设、电气化建设和向京津送电工程等。

（二）地方财政拨款

地方财政拨款主要用于煤炭的综合利用和晋煤外运。

（三）银行贷款

随着近年来银行机构网点的增加和经济体制改革，银行所吸收的储蓄存款和信托资金不断增长，这是银行可以提供长期信贷资金给山西能源重化工基地建设的资金来源。

（四）地方和企业自筹资金

这个渠道的潜力是很大的。地方政府可以筹资，企业也可以筹资，用各种筹集形式，动员和集中社会各方面的闲散资金，用于建设能源重化工基地。有人担心，地方和企业向社会筹资之后，会使银行减少信贷资金来源，这个担心是不必要的。从理论上讲，资金的流向和流量有着它自身的规律，其中由利润率低的地方向利润高的地方流动是不可避免的。地方和企业集资，可以加强企业间的竞争，有利于资金的合理流向，提高资金效益，增加生产，扩大自身的来源和流量。从实践看，山西在1984年，已经出现了一部分地区和企业发行股票和债券，但并未减少银行存款。

自筹资金的形式可以有：

1. 地方政府筹资

省、地、县都可以考虑用发行地方经济开发债券的形式动员资金，还本付息以经济开发项目投产以后形成的收入来支付。发行人为地方政府，期限以中短期为宜，利息可略高于银行定期存款利息。利息支付可以到期一次支付，也可以每年支付一次。为了保证到期归还，可以相应建立偿还基金。

2. 企业筹资

（1）债券。企业为了扩大生产规模或进行更新改造，可以采取发行企业债券的办法。一般应为中短期的债券形式，采用固定利率或可变利率，可以到期归还，也可以提前归还。其利息水平应略高于银行定期存款利率。

（2）股票。对于新建企业，或新建国营、集体、个人合资的企业，也可以采用股份公司形式，发行股票。马克思曾经说过，股份公司的成立，使"生产规模惊人地扩大了，个别资本不可能建立的企业出现了"[①]。股份公司是集资生产的一般形式，不是资本主义特有的经济组织。在社会主义公有制条件下，几种经济成分合资生产，完全可以采用股份公司的形式。但股票的发行，必须是依法成立的企业正式申请并编报股票招募书（说明企业发行股票的目的、金额、股息、红利、生产经营情况等），经有关部门批准后才能发行，不得自行招募股金。

（3）带资招工。地、县企业或集体所有制企业，还可以考虑用招收新职工必须携带若干资金的办法筹集资金。现在农村土地承包以后，出现了大量的闲散劳动力，他们通过各种生产门路，手中都攒有一笔资金，引导这部分闲散劳动力进入当地工矿企业或商业、服务部门，离土不离乡，是今后解决农村就业，发展小城镇经济的必然趋势。这部分人在进入小城镇就业时有条件也有必要携带一部分资金，交给企业使用。企业按银行存款支付利息，视企业经济力量，定期或不定期归还本息。例如太谷县玛钢厂用此办法解决了修建铸工车间资金和劳动力不足的问题，迅速改变了生产状况，1983年产值增长1.35倍，利润增加了1.25倍，产品打入了国际市场。1984年1~4月产值又增加88.3%，利润增长1.12倍。

（五）利用外资

这里所说的利用外资，一是指利用国外资金，二是指利用省外资金。目前国际上通行的利用外资的形式主要有：合资经营、合作生产、补偿贸易、来料加工、卖方信贷和买方信贷、租赁信贷、银行信贷、发行债券和大额定期存单、政府信贷等。建设山西能源重化工基地，应积极发挥中国银行太原分行的作用，与海外中国银行各分行密切联系，寻觅国外客户，调查其资信，利用外国先进设备和技术，尽量减少现汇交易，利用信用交易，把向国外融资、融物结合起来。利用国外资金的这些方式，原则上也适用于国内省际之间。山西经济发展水平比较低，应积极与沿海城市和经济发达的兄弟省市建立信用关系，充分利用兄弟省市的先进设备、技术、人才和资金，来开发山西资源，用山西优势产品来补偿兄弟省市的经济援助。省、地、县及各级各类经济部门和企业，都可以与兄弟省、地、县及各部门和企业，通过合作生产、合资经营、来料加工、补偿贸易、买方和

---

① 《马克思恩格斯全集》，人民出版社1972年版。

卖方信贷、租赁信贷，以及在省外各大金融中心如上海、北京、武汉、广州发行债券和大额定期存单，甚至用银行信贷、地方政府信贷等信用形式，向省外筹集资金。

（六）发展第三产业，为能源重化工基地建设筹集资金

第三产业包括服务、修理、金融、保险、旅游、运输、邮电、公用事业以及科技教育、文化娱乐等。第三产业一般投资小、见效快，而建设能源重化工基地，投资大、见效慢。因而发展第三产业可望为能源重化工基地建设提供资金。山西省 1980 年比 1957 年城镇人口增长 1 倍，社会商品购买力增长 3 倍，而商业服务网点却由 2.7 万个减少到 1.5 万个。山西投放的钞票很大部分流向京津沪杭，减少了山西省商业利润和财政收入。因此，迅速发展商业，对于筹集山西能源基地建设资金，无疑是个很好的办法。山西自尧舜禹、周，到北魏、北汉多次建都，北魏以后特别是唐宋以来又留下了许多名胜古迹，著名的云冈石窟、太原晋祠、天龙山、运城关帝庙、芮城永乐宫，以及四大佛地之一的五台山，北岳恒山、介休绵山等，有着丰富的旅游资源，目前我国正在出现一个旅游热，上述各地只要稍加开发修整，增加交通和配套的旅馆、饭店就可以吸引更多的游人，特别是山西夏季气候凉爽，与人口密集的首都北京距离又很近，许多名胜地区都是理想的避暑胜地。对这些名胜适当作些投资，就可收到立竿见影之效。如果能在太原晋祠到天龙山石窟修一条"唐街"，盖唐房、售唐货、卖唐衣、供唐餐，将会引来更多的外国游人，这又是一笔可观的外汇收入。

三、多种渠道和形式的筹资和投资需要相应的金融中心

既然建设山西能源重化工基地不可能完全依靠国家投资，而要依靠多种渠道的投资和多种形式的筹资方法，那么就不可避免地将出现金融工具的多样化。在现有的钞票、支票、银行汇票和国库券之外，还会出现期票、商业汇票、地方政府债券、企业债券、股票、大额定期存单等金融工具。筹资人和投资人的增加，筹资和投资形式的多样化，必然要求金融市场的扩大，并建立太原金融中心，即以太原为中心点的资金汇划和调剂，并有向周围辐射的能力。

为什么建设山西能源重化工基地必须建立太原金融中心？

太原是山西省省会，是山西的政治经济中心，也是工业生产和商品流

通中心，全省铁路、公路、民用航空中心，更是山西科技、文化教育和信息中心。从地理位置讲，太原又是山西各大煤田的中心，可以说太原是山西工业、商业、交通、科技、文化、信息和金融的多功能的中心城市。如果说煤炭是目前我国城市生产和生活的重要能源，那么资金便是工业、商业、交通、科技、文化等多功能城市发展的"能源"，建设太原金融中心，是山西能源重化工基地建设必不可少的重要环节。

追溯历史，太原和晋中地区，在清代直到民国初年，曾经是山西金融中心，也是全国的金融中心。称雄一时的山西票号，就是以平遥、祁县、太谷以及后来的太原为中心的。它位于广州、汉口、周口、开封、怀庆到归化、库伦、西伯利亚商品流通线和古老的丝绸之路东端延长线的交会处，曾为全国性商品流通的资金汇划和借贷提供方便，有"山西票号汇通天下"之美称。在清政府镇压太平天国农民运动和捻军起义中，它又充当了清政府的财政支柱。只是随着近代交通的发展、商品流通路线的变迁而冷落了。但在山西境内，它仍是山西商品的集散地和资金运转的中心。

建立太原金融中心，有利于省外资金为山西省所运用，有利于省内资金从盈余地区向资金不足地区流动。随着经济体制改革，人民银行对专业银行的控制将放宽，专业银行的上级行对下级行也将"松绑"，各种信贷资金将相互调剂使用，各行之间将跨行业经营。此外，近年来企业预算外资金的增长很快，它们在完成国家规定的上交任务之后，有权自己支配这些资金的运用。山西以它丰富的资源和充分的劳动力吸引着兄弟省市的企业和资金。建设太原金融中心，建成一个太原投资和筹资的交易场所，将源源不断地为山西能源重化工基地输送新的血液，包括先进设备、技术和资金。

因为，山西作为能源重化工基地，有着兄弟省市急需的煤炭和电力；有着兄弟省市急需的合成纤维、合成塑料、合成橡胶作为轻工业的原料；有着兄弟省市急需的建筑材料以及其他金属原料和化工原料。这一切像磁铁一样吸引着沿海工业发达而原材料缺乏的兄弟省市，只要我们有了科学的管理，利用我们得天独厚的资源，就会形成丰厚的盈利。在资金从利润率低的地方向利润率高的地方流动的规律支配下，在能源和原材料不足的压力下，沿海工业发达城市愿与山西合资经营、合作生产、补偿贸易，或提供卖方信贷和买方信贷，购买山西省债券、股票等投资形势必将出现。

特别是中英关于香港问题协议的达成和中共十二届三中全会规定的一系列政策，使国外华侨和港澳商人吃了"定心丸"，积极向国内投资，目前似在沿海城市投资已满，正在向内地省市涌来。只要我们积极创造有利的投资环境，何愁没有资金？但是，这些省外资金和国外资金，很难自动送上门来，要有搭桥铺路的队伍，这就是银行。它们可以通过灵敏的信息网络，通过扩大金融市场，建立起以太原为基地的金融中心，造成盈利的深潭，就会使外地资金源源不断地流入山西。

心，它们处于中原农业地区和北方游牧民族物资交换的商路上，又是南北物资集散的中心，通过票号、账局、钱庄等金融机构为山西商人和全国各地商人以及政府、官吏融通资金。后来随着帝国主义的入侵、海上贸易的发展和铁路的通行，商路变化，票号垮台，山西商人的势力衰落而消沉了。

太原是山西省的政治中心，工业中心，贸易中心，交通运输中心，农产品集散中心，科技中心，信息中心，金融科研教育中心，智力开发中心和法律事务中心。据1984年末统计，太原市工业产值占全省的31.7%，社会商品零售额占17.1%，财政收入占全省的22.5%，工资性货币投放约占28.3%。

总而言之，建设山西能源重化工基地，发展山西地方经济，一项重要的战略措施是建立山西的金融中心，这个中心应选址太原。

建立太原金融中心的可能性：从地理位置看，太原是能源重化工基地的中心，交通方便，通讯设施较好，又是山西内外贸易的集散地。

太原的金融机构多，既有中央银行一级分行，还有二级分行与专业银行及山西投资公司、保险公司等金融机构。资金集中，业务量大。

人才荟萃。太原是山西全省金融科技教育中心，科技、经济、金融理论及管理人才荟萃，并且有一批金融界的老前辈。他们理论造诣较为精深，业务娴熟。

中共中央十二届三中全会《关于经济体制改革的决定》中指出：要充分发挥城市的中心作用，逐步形成以城市特别是以大中城市为依托的、不同规模的、开放式网络型的经济区，以城市为中心的物资的横向运动正在逐步形成。

横向资金运动已经出现。随着各种形式的经济联合体的出现，专业银行可以跨地区、跨专业向经济联合组织发放贷款，贷款可以上贷下拨，统贷统还，或分别贷款，横向划拨，谁贷谁还。允许签发商业票据，由银行办理承兑贴现。作为证券市场中的一级市场，即新的股票和债券的发行已在不少单位出现。二级市场，即旧证券的转手和买卖还未形成，但国库券已可以贴现，预期贴现市场会开放。尤其是当前银行贷款大量沉淀，冻结在企业的产成品上或商业物资部门的仓库里，贷款启沉是解决企业资金供求矛盾的好方法，即通过开办商业票据承兑贴现业务，增加少量的贷款便可以搞活沉淀资金。

从 1986 年开始，专业银行信贷计划和资金分别管理，专业银行发放贷款要自己组织资金来源，资金不足可以进行同业拆借。企业资金增加、财政收入增加、预算外资金增加及城乡居民个人收入的增加，为资金的拆借融通创造了有利条件。

四、建立太原金融中心的步骤

建立太原金融中心的步骤必须实事求是，根据山西省的具体情况，按照先易后难，先短后长，先一级后二级的步子前进。

先易后难，即先搞力所能及的，后搞技术难度大等不宜马上办的。

先短后长，即先抓短期资金市场，包括拆借市场、贴现市场、票据交换、增加金融工具、加速结算过程等。再抓长期资金市场，如企业股票、债券的发行和金融债券的发行。

先一级后二级，即先搞新证券的发行，适当时候再搞二级证券市场，设立证券交易机构。目前证券交易条件还不成熟，如价格体系改革还未完成，企业利润平均化不能实现，投入等量资金不能获得等量利润，企业经营好坏不能与股票分红相联系，再加上银行利息是公定的等，证券交易市场还不可能马上出现。人为地开放证券市场，也不会实行下去。

五、目前可以做的工作

为建立太原金融中心，目前可以从以下几方面开始工作：

办好太原票据交换，把已经搞起来的太原城区当日票据，发展为城区当场交换，把城区交换扩大到榆次、太谷、平遥、祁县、介休、孝义、汾阳、交城、阳泉和忻州的大交换网。把票据交换逐渐扩大为调度各行资金头寸，提供拆借信息，使各行尽量压缩超额准备，尽可能多地向企业提供信贷资金。

开办商业票据的录兑贴现。

开办本票结算。

介入证券市场，人民银行明定社会集资条例，如规定股票一不保本，二不定期，三不退股，四不交息。专业银行发行金融债券，参与社会集资竞争，干预证券市场。

建立人民银行太原分行理事会。因为二级分行是一级管理行，要在"各自的辖区内履行中央银行的职责，具体领导和管理本辖区的金融事业"。理事会仿照总行理事会的办法，由人民银行和各专业银行及金融机构的行长、财政、计委、经委与少数金融专家共同组成。人民银行行长担任理事长，规定理事会职责，指导好太原金融中心，使它成为对全省金融经济有辐射力有吸引力的资金汇划中心、调剂中心、融通中心。

太原市能否有一架大型"造钱机"?

背景说明

本文初稿写于 1990 年 11 月,文中所提建议引起了太原市政府的高度重视,时任太原市市长的万良适做了重要批示,责成太原市体改委牵头,会同人民银行、工商银行、财政局等部门进行专题研究,提出具体意见。根据万良适市长的重要批示,1991年 1 月 4 日召开了"太原市建立证券市场首次研讨会"。本文曾刊于中共太原市委信息中心《内参信息》第 40 期(1990 年 12月 4 日出刊),并加注编者按:"目前,因市场销售不畅,企业产成品资金大量占压,企业三角债问题得不到有效解决,使得很多企业为资金的严重短缺而发愁,地方的经济与社会发展亦被资金不足所困扰。而且,资金问题将作为经济和社会发展中的关键问题长期存在。在此情况下,如何建立并利用高效的资金融通体系解决经济资金短缺问题。为此,关心太原市经济与社会发展的山西财经学院经济研究所所长孔祥毅,特意提出了他中肯的想法与建议,现刊载于下,供市领导参阅。"本文后在《城市研究》1991 年第 1 期发表。

一架秘而不宣的"造钱机",在现代商品经济中被广为运用。在现代商品经济中能否拥有这样的"造钱机"?在太原市这样的环境里能否得到这样的"造钱机"?这是本文想讨论的中心内容。

305

一、市场中有一架秘而不宣的"造钱机"

在纽约、伦敦、苏黎世、巴黎、中国香港、新加坡，金融是一个重要的产业部门，是它们的一架秘而不宣的"造钱机"，是这些城市来自外部的税收服务站。一旦拥有一个强大的高效的金融体系，就等于同时取得了间接征收税金的权力，成为收取本城市外财富的机器。

何以见得？

就说证券市场，它来到人们生活中已经有 380 年的历史了。而现代科技的发展，不仅没有使这一古老的事物失去原有的光彩，反而使它更加焕发出夺目的光辉，显示出它的无穷的生命力，在世界进入金融经济时代的今天，表现得更加巧妙无穷。金融市场作为一架神秘的"造钱机"，奥妙就在于：

首先，金融市场以多种金融商品供应客户。在日本金融市场上大约有百余种金融商品，这些金融商品作为一种货币替代物，可以保存价值，可以增值，可以转换为支付手段，具有安全、流动和增值等多种特点。由于各种金融商品的具体形式不同，其安全、流动和增值的程度各不相同，正好适应了人们经济能力不同、心理状态不同、生计安排和追求目标不同的多种要求，从而能够动员大量的社会资金，这就是"金融百货公司"的意义。

其次，金融市场的运行经常是受操纵的，人们的谣言、虚假的报价、电子计算机的故障、统计数字的差误，当传到投资者尤其是外地投资者耳朵里时，可能生米已成熟饭，这自然是那些漫不经心的投资者的损失。而控制金融市场的金融大亨和政府却可以发财。就在这财富集中之时，社会投资可以增加，社会就业的解决也在其中了。

最后，中央银行和证券交易的司法机构对于金融的了解不是不可知的，税收机构也可以根据金融交易和投资人利润，课以税款，自然可以为政府增加财政收入。

当然，在私有制国家中，金融市场这种"造钱"的好处很大部分是被金融资本家拿去了。那么，试问，如果这架大机器不是操纵在资本家手中，而是掌握在公有制的国家手中，这部分收入不就是社会主义全民财富吗？

更重要的是，在我国有计划商品经济中，利用金融市场这架"造钱机"的好处会更多：

第一，可以增加市政收入。如 1990 年 10 月 24 日《金融时报》载，作为地方银行的深圳发展银行，在近年，使几家公有股东从股票溢价增值中获利 8000 万元，为国家和公有法人股东创利 1.2 亿元。由于实行了对证券和个人股东收益征税的制度，税收收入也有增加，仅 1990 年 7 月一个月就新增印花税收近百万元。

第二，可以增加企业收入。众所周知，企业发行股票的成本，远低于银行贷款，也低于企业债券，据对深圳市 5 家上市公司的统计，共发行股票 2.7 亿元，减少资金成本 3000 万元。

第三，可以开辟利用外资新渠道。我们现在利用外资的形式，主要是直接投资和贷款，很少使用对国外发行股票的办法。其实，对国外发行股票具有更多的优越性：一是不用还本付息，而且法律手续也比较简单；二是无须更多考虑投资环境，如水、电、资源、劳动力情况等问题，对国外投资者更有吸引力。

第四，可以增加金融市场在城市的周转资金。虽然这部分资金是流动的，但此来彼去，总会留住很大一笔资金，这笔资金是可以为当地经济服务的。

第五，可以打破国家拿钱、群众就业的压力，减轻国家负担。长期以来，我国基本建设投资主要依靠国家财政和地方财政，给财政的压力很大。发展金融市场，利用股票债券，可以实现企业与个人、内资与外资、中央与地方一起投资办企业，而且产权明晰，比拼盘投资积极性更高。

第六，可以增加社会对企业的监督，增强企业活力，提高企业经营效益，逐步建立企业的自我经营、自我约束、自我积累、自我发展的机制。据对深圳市 5 家上市公司的调查，股份制建立后的一年，比上年实现利润增加 21%，净资产平均增长 87%，固定资产增长 155%。

第七，可以打破条条块块的限制，不受地区间、部门间的封锁，实现资金横向联系。哪里出现洼地，资金就流向哪里。只要造成有利的投资环境，资金就会自动从外地区流到本地来。

由上可知，金融市场是一架精巧的"造钱机"，资本主义国家运用它为资本家和资产阶级政府服务；同样，社会主义国家也可以运用它为无产阶级政权服务。金融市场本身没有阶级性，它是经济运行中的一种形式或工具。

二、可以得到它吗？

作为一架秘而不宣的"造钱机"，太原人可以得到它吗？

就目前的情况看，自然有很多困难：一是股份企业基本没有发展，证券数量太少，没有多少可以上市的证券。二是投资软环境差，如财务环境方面，国家实行沿海倾斜政策，外资企业所得税在经济特区和沿海开发区为15%，产品外销企业和采用新技术企业可优惠为10%，而内地省份所得税为30%；又如行政机构办事效率差，官僚主义严重，行政干预过多，思想保守。三是金融市场的业务人员素质尚待提高。但是，太原市建立证券市场的有利条件却是主要的：

第一，在改革开放中太原市证券市场、拆借市场、票据交换业务都走在全国前列，已经取得了一定的经验。太原市各专业银行已作了大量技术准备。

第二，国家的投资倾斜正在由地区倾斜转向产业倾斜，作为能源、原材料生产重点省区的省会城市太原，可能因赶上第二轮倾斜政策而受益。

第三，山西尤其是太原的投资环境中硬条件好。如能源充裕，铁路公路运输能力强，辅助工业的协作配套条件好，劳动力价格低，专业技术力量强，在众多的军工企业中因军品生产任务小，技术力量富余等。这些都是吸引省外国外资金的有利条件。

第四，山西省民风俭朴，储蓄率高。1978年全省银行系统吸收存款7.2亿元，到1989年为112.8亿元，1990年6月末仅工商银行和农业银行系统就吸收存款184.78亿元。全省人均储蓄存款增速高于全国平均水平。

但是，作为一架"造钱机"，目前的太原金融市场还是不行的。要真正成为一架"造钱机"，需要充分发挥现有的有利条件，克服影响证券市场发展的因素，积极培育证券市场，尽快建立一套现代化的高效率的有形市场——证券交易所，并完善相应的管理体系。那么，它就可以为太原市政府、企业源源不断地增加收入，成为太原经济社会发展的"启动器"和"车轮"。

三、怎样去建造这架机器

建造一架"造钱机"，比栽种一棵"摇钱树"更难。一架机器，要有能源、传动系统、调节系统、润滑系统，要不断投入，才能不断产出，怎样去建造这样一架机器，我建议市政当局抓住以下几项工作：

第一，摒弃证券交易所是资本主义投机家的乐园的观念，不要把证券交易当作资本主义的专利，而要将证券交易看作商品经济的产物，是现代化大生产必不可少的筹资途径。社会主义生产是社会化的商品生产，需要巨额资金，由财政部门一家承担是不可能的，需要银行进行间接融资，也需要通过证券市场进行直接融资。

第二，中央银行地方分支行应当为开放证券市场开绿灯。一方面是对企业发行股票、债券，只要符合条件，就可以批准发行，因为企业所发股票债券在市场上信誉如何、价格高低，是证券发行人（企业）和投资人（购买者）的事，即发行企业能否卖出去、购买者买入什么、用什么价格去买，是资金交易双方自己的事；另一方面积极通过健全证券发行和交易的法制来管理金融市场，即以法律管理市场，不要以行政干预管理市场。

第三，由市政府体改部门和地方中央银行牵头，组织各金融机构、财政部门、国有资产管理部门、计委、经委、工商行政管理部门以及社会名流、经济金融专家组织成立证券交易委员会，作为制订规章制度、业务活动监督和社会协调的权力机构，下设证券交易所，可借用太原金融大厦营业。证券交易所组织成员大会，规定有一定资产的、经人民银行批准的、从事有价证券转让业务的信托投资公司和证券公司作为交易所成员。由成员大会选举产生董事会，作为证券交易所的常设机构。交易所是非营利性自负盈亏的事业法人，其业务是：①帮助和引导企业进入市场；②评审上市证券；③办理证券交易的清算和交割；④中央银行公开市场业务的场所；⑤承购、推销和转让国库券和地方政府债券；⑥传播证券信息，办理证券咨询服务；⑦培训交易人群。

第四，为了使太原证券市场尽快建立健全，应尽快组成证券交易的筹备机构，吸收各方人员参加，先行研究法规制度，组织宣传和人员培训，制订"建立太原证券交易所的可行性报告"，内容包括交易所的功能、组织、初期运行设想、管理规章制度、配套的服务性公司等，这些可由市政府做出决策后实施。

借差发行的山西金融

背景说明

　　本文是与侯广庆（原财经学院经济研究所助研，现任山西省保监局办公室主任）合作为《三晋经济论衡》一书写的第十章"借差发行的山西金融"，中国商业出版社1993年9月出版。文章对山西省金融发展的历史，包括古近代以至新中国成立后40多年的金融特点进行了分析，认为山西金融在计划经济下40余年始终是借差省，放贷大于存款。改革开放以来，商品经济与金融市场的发展，需要改变重外资轻内资、重筹资轻管理的倾向，并为如何发展金融市场、建立区域金融中心等提出了建设性意见。

　　金融，即资金的融通。它是在商品经济条件下，社会经济生活中生产、分配、交通、消费的价值形式运动的反映，是以货币为对象，以信用为形式，通过不同信用机构的不同业务方式来实现的资金收支、融通的总称。金融是国民经济的车轮，是经济发展的启动器和调节器。我们在摒弃产品经济，进行社会主义市场经济建设的今天，必须增强金融意识，增加资金融通的知识和技能，大力发展金融事业。山西金融有着光辉的历史，曾为中国及世界人民所瞩目，而今又是一个信贷收入小于信贷支出的投放省，要深入研究山西金融，开拓山西金融市场，为管理人员和企业单位提供在山西融资的必要的情况和知识。

一、汇通天下的山西票号

在中国金融史上，无论是古代金融还是近代金融，山西金融都占有显著的位置，并且为外国人所关注，迄今为止前来调查访问研究山西金融的外国专家络绎不绝。

中国出土古钱币的地区中，以山西出土的最多。战国时期，山西的晋阳、平遥、祁县、太谷、汾阳、文水、离石、榆次、武乡、沁源、襄垣、长子、高平、晋城等县都曾铸造货币。布币、环钱都曾在山西流通使用，就是外国金币也在山西多次发现，如太原金胜村等几处出土的罗马萨珊王朝的金币，可以说明山西人与西亚和欧洲人已经有了商业交往。到明、清时代，山西出现了当铺、钱庄、账庄和票号，并且在全国以至国外建立分支机构，从事国内金融和国际金融活动，被西方国家称为"山西银行"。

钱庄，主要从事钱币兑换，即铜钱与银两、铜钱与钞票之间的兑换业务，后来又从事存款、放款业务。账庄，也称账局，主要从事放账业务，即放款取息，服务于商人从事商业活动的资金融通，后来也从事存款和钱币兑换买卖。当铺是种抵押信用，为小生产者因生活消费困难而提供信用服务。票号，也称票庄、汇兑庄，主要业务是从事异地之间的款项汇兑，也做存款、放款和钱币兑换的生意。山西人开设的这些金融机构，不仅设在山西本地，更主要的是活动于全国，不仅垄断了中国长江以北地区，而且在长江以南势力也很大。据苏州全晋会馆碑刻，清乾隆三十年（1765年）山西人在苏州一地设立的钱庄就有 81 家，今江苏省戏剧博物馆所在地——苏州市全晋会馆就是当年山西钱庄人聚集议会之所，是山西人出资兴建，几经修葺而成为现在的模样。在北方的包头和归化城（今呼和浩特市）清代曾有"裕丰社"和"宝丰社"，均为山西钱庄业的联合办事机构，并且是管理当地金融市场的权威机关，类似今日的中央银行。山西钱庄业创造的裕丰社和宝丰社是中国中央银行制度的先驱。山西钱庄除了国内活动以外，还把触角伸向了欧洲市场，与俄国商人建立了国际信用关系。

山西票号，如果说远在咸丰年以前是服务于商人贩运货物和资金调拨的话，那么在咸丰元年（1851 年）随着太平天国革命斗争兴起，声势浩大，切断了长江流域及其以南地方与北方的联系，清政府失去了南方大片土地，不仅减少了财政收入，而且还要派兵镇压，财政收支入不敷出，实行了"卖官"制度，上自郎中下到县官，分级定价，虚衔实官都可以卖，各有其价，并且发起了"捐官报效"皇上、捐饷助炮的动员。山西商人借机"捐官报效"，取得爵位，一些穷儒寒士为了做官，便向山西票号借款捐报。因此，山西票号与政府及其官吏结下了不解之缘，成为清政府卖官制度的办事机构，逐渐将其业务重心从商业汇兑移向了政府金融。在清政府对帝国主义战争赔款不能一时凑足时，就借款项给政府，并经办各地公款汇兑京城或上海转付英商汇丰银行，送解赔款给外国侵略者，从而成为清政府财政的支柱。山西票号的鼎盛时期，是在光绪年间，尤其是甲午战争以后。那时中国对国外侵略者赔款增加，多数由山西票号垫汇，而且清政府派兵镇压各地人民起义，也由山西票号借垫汇兑军饷。由于事先票号从事政府金融，从而将自己与清政府紧紧地捆绑在一起。辛亥革命一声炮响，清室皇冠掷地，山西票号不仅失去了昔日的光彩，而且因存款逼提，给政府的放款不能收回，最后因入不敷出一败涂地。虽然票号由于将为商业服务转向为政府服务的错误经济战略，像荷兰的阿姆斯特丹银行一样垮台了，但它的业务技术和银行经营办法和号规，却是留给中国金融界的宝贵财富。也正因为这样，山西票号闻名天下。清末，山西祁县合盛元票号设分号于日本东京、横滨、大阪和朝鲜仁川，永泰裕、宝丰隆票号设分号于印度加尔各答。在国外不称票号而称银行。山西票号业务最盛时期，总号分别在平遥、祁县、太谷，遍设全国 21 个行省数百个城镇。上海、汉口、天津商人办的钱庄均以山西票号为后台，山西票号被称为执中国金融之牛耳者。

清室退位，民国成立，山西军政大权归阎锡山之手。就在山西辛亥革命的那一天，即 1911 年 10 月 26 日，乱兵抢劫，原山西省藩库和省办的晋泰官钱局被抢劫一空。任山西军政府都督的阎锡山，立即成立大汉银行，取代大清银行山西分行，发行军用票，派兵向祁县富商借款 30 万两白银，借以周转。因清兵反扑，太原失守，阎氏北逃，大汉银行搁浅。1912 年袁世凯夺取民国政府大总统宝座，阎再返山西太原，立即成立山西官钱局，过了两年又成立了私人银行——晋胜银行。1917 年成立山西铜元局，铸造铜元，收兑制钱。1919 年将山西官钱局改组成山西省银行，改造发行纸币。1932 年以后又分别成立了晋绥地方铁路银号、绥西垦业银号、晋北盐业银号，史称"省、铁、垦、盐四银行号"，成为发展山西地方工业的金融支柱。

抗战爆发，阎锡山避退晋西，其四银行号改组合并为"四银行号联合办事处"，一部分转移西安、成都、重庆，在大后方从事商业和金融投机活动，一部分组成随营银行迁往晋西，从事军事饷款发放。从此，阎锡山的官僚资本金融业直到1949年太原解放，始终未从事正常金融活动，而一直搞金融投机。就在阎锡山官僚资本的金融业一天天衰败下去的同时，一支代表新生力量的新民主主义金融力量在各敌后抗日根据地迅速发展起来。这就是由中共统一领导的太行根据地的冀南银行、晋察冀根据地的晋察冀边区银行和晋绥根据地的西北农民银行。这三个银行，在中国共产党领导下，随着各抗日根据地的发展壮大而成长。解放战争时期，随着华北的全部解放，1948年10月冀南银行与晋察冀边区银行合并成立华北银行。同年12月1日，华北银行又与西北农民银行、北海银行合并，在石家庄正式成立中国人民银行，发行了人民币，这就是我国现在作为中央银行的中国人民银行的前身。三个根据地银行不仅为中国革命战争的胜利做出了贡献，而且为新中国社会主义革命和建设事业的发展，培养了一大批金融业务干部。

可以自豪地说，山西人在中国古代金融史和近代金融史上都有着光辉的历史，为中国商品经济的发展，作出过巨大的贡献。

二、山西金融结构

明清山西金融业的发展曾带来了山西的繁荣；革命根据地金融业的发展，促进了革命的胜利和成功。当今在建设中国特色的社会主义时期，山西金融业能否再展雄风，是讨论山西经济发展不可回避的问题。为此需要分析目前山西金融结构，包括山西金融的组织结构、管理结构和融资结构。

（一）组织结构

新中国成立后的40多年山西金融结构可以分作两段，前30年为"大一统"的金融结构，而1978年改革开放以来是"多元化"的金融结构。"大一统"的基本特征是：人民银行"一统天下"，多种所有制和多种业务方式的金融机构基本不复存在，金融领域中银行业"一花独放"，不存在非银行的金融组织，信用集于国家银行，银行信用是唯一的合法信用形式，商业信用、国家信用、消费信用、国际信用和民间借贷被取消或基本取消；单位间一切资金往来实行了转账支票结算，不存在商业汇票和其他信用工具；银行不能为企业提供短期周转资金，不发放固定资产贷款，银行内部统存统贷，统一核算，自上而下实行指令性计划指标管理，统吃大锅饭。自 1978 年中共十一届三中全会实行改革开放政策后，金融体制也实行了改革，人民银行"一花独放、包打天下"的历史结束了，取而代之的是以人民银行（中央银行）为领导的以各国家专业银行为主导的多种金融机构并存的组织结构。

表1　山西省金融组织结构

	中央银行	专业银行	非银行金融机构
省级	中国人民银行省分行	中国工商银行山西省分行 中国农业银行山西省分行 中国银行山西省分行 中国人民建设银行山西省分行 中国投资银行山西省分行	山西省经济技术投资公司 山西省农村资金管理委员会 中国人民保险公司山西省分行 中农信山西分公司
地（市）	中国人民银行地市二级分行	中国工商银行地市中心支行 中国农业银行地市中心支行 中国银行地市中心支行 中国人民建设银行地市中心支行	地（市）投资公司 中国人民保险公司中心支公司 证券公司 融资公司
县（市）	中国人民银行县支行	工商银行县支行 农业银行县支行 中国银行县支行 建设银行县支行（办事处） 信用社县联社	中国人民保险公司县支公司 典当
乡镇		分理处 乡信用社 办事处 营业所	农村合作保险基金会
村		信用社分社 信用站	农村合作基金会

1. 中央银行

中国人民银行山西省分行、地（市）二级分行、县支行，是国家中央银行的地方分支机构。它们负责贯彻国家宏观经济政策、驻地金融市场管理及服务当地经济社会发展需要。

2. 专业银行和综合性银行

国家专业银行目前基本上是按行政区划设置。中国工商银行设省分行、地（市）中心支行、县支行，以下设办事处或分理处，负责城市工商企业信贷业务。中国农业银行是从事农村金融业务的专业银行，省分行以下，地（市）设中心支行，县设支行，支行以下大部分镇有营业所。目前在全省各县都普遍建立了信用合作社县联社。中国人民建设银行是负责基本建设贷款和拨款监督的专业银行，目前在省分行以下，各地（市）均设立了中心支行，在大部分县设立了支行或办事处。在一些重要工程项目的基建单位设有专业支行或办事处。中国银行是外汇专业银行，目前在省分行以下，设立有太原、平朔、大同、长治、运城、临汾、晋城、榆次、忻州、阳泉、离石等 10 余个二级分行，并与日本、马来西亚、泰国、新加坡、巴基斯坦、巴林、法国、联邦德国、英国、瑞士、瑞典、比利时、荷兰、奥地利、意大利、卢森堡、美国、加拿大、澳大利亚和中国香港、中国澳门等 20 余个国家和地区的 67 家海外银行的 291 个分支机构建立了代理行关系，初步形成了全球性的金融网络。

除上述国家专业银行在山西的金融机构之外，还有两个综合性银行：一是交通银行，它是以国家股份为主的股份制银行，总行设在上海。在山西设有太原分行，上受交行北京分行管辖，下设若干分理处及储蓄所。山西地方一些大企业和地方政府已参加若干股份。二是中国投资银行山西分行，它是利用世界银行资金为国内经济建设服务的专业银行，属中国人民建设银行领导，从事引进国外资金的业务。在我国的沿海城市和省区，近几年出现了许多外资、侨资、中外合资的银行及其代理机构，多达数十家，而目前山西还没有这类"三资"银行。

3. 非银行金融机构

非银行金融机构指不从事支票存款转账和结算业务的金融机构，如保险公司，信托投资公司，证券公司，财务公司等。

保险公司，是通过保险费建立保险基金，对单位及个人投保人在发生意外事故后进行经济补偿或给付年金的金融机构。我国最大的保险公司是中国人民保险公司，在沿海开放城市还有一些保险机构如太平洋保险公司、中国平安保险公司。山西目前主要有中国人民保险公司山西省分公司，在地（市）一级设立中心支公司，在县设立支公司。另外，太平洋保险公司在太原也开设了办事处。除国营保险公司之外，有些地（市）

还成立了集体性质的保险公司，从事一些中小型项目的保险。此外近年社会保险机构发展很快，有养老金（或退休金）基金会、待业基金会等，以解决集体企业职工和个体经济户劳动力在年老退休后的生活保障问题。

山西省经济开发投资公司，是山西省的地方投资公司，它是山西省政府利用国家对山西煤炭补助资金建立起来的服务于山西能源重化工基地建设的金融机构，除进行一般投资业务外，也从事外汇业务，吸进外资，服务山西经济建设。这个公司注册资金 6 亿元，外汇额为 1000 万美元，属财政厅主管，并受托管理地方财政预算外收入的一部分资金。

在省公司之外，太原、晋城、吕梁、晋中、长治、雁北、临汾 7 个地（市）也在 20 世纪 80 年代中期以前设立了自己的投资公司，为地方性金融机构，目前两级公司在业务上已建立了松散的行业性合作。

除山西省和 7 地（市）的投资公司之外，4 个专业银行的分行也建立有独立的投资公司，有的地（市）专业银行，也设有信托投资公司，从事长期信用业务和其他咨询、代理及委托业务。

为了支持农业发展，尤其是扶助贫困地区尽快脱贫致富，山西省政府从煤炭补助资金中抽出一部分资金成立了山西省农村资金管理委员会，专门负责对贫困地区提供长期扶贫资金的融通。

近几年，在县城以上的各级城市，由专业银行牵头或地方政府支持逐渐建立一批城市信用社，服务于集体工商业户和个体工商业者，有的城市已经建立了城市信用社联合社。这也是一支不可忽视的金融力量。

（二）管理结构

商品经济的发展，在经过货币经济后，现在已步入信用经济阶段。信用关系已渗透国民经济的每一个角落，并起着越来越重要的作用。这种作用表现为整个经济运行状况更多地随信贷规模、银根松紧的张弛而涨落，而银行业派生存款的能力，信贷规模的大小，受制于国家宏观经济调控。随着货币概念的扩展，即由单一现金转化为现金加活期存款，货币供应量成为内生变量，它的波动将影响货币的购买力，进而影响到经济生活中的每一个人。在这种情况下，金融业的管理就显得更必要了。

1. 中国人民银行山西省分行管理

中国人民银行是我国的中央银行，是领导和管理全国金融活动的国家机关。而人民银行山西省分行作为人民银行驻山西的办事机构则是山西境内金融业的主管机关。其任务主要是搞好山西区域金融的决策，通过制定地方性金融政策、法制，编制全省社会信用计划，运用各种经济、行政及法律手段，对全省经济和金融活动进行控制和调节。管理内容主要有：一是对全社会（辖内）信贷资金运行状况进行控制和调节，服务于山西经济的发展；二是作为各专业银行和非银行金融机构的业务领导，负有领导管理、协调、监督和稽核各专业银行和金融机构的职责。即金融机构的审批、合并及撤销的管理，对金融市场等日常业务的协调、监督和稽核。

2. 信贷资金管理

新中国成立后的 30 年，与高度集中统一的产品经济相匹配，实行了"大一统"的金融体制。资金运动的特点是以财政计划分配为主，银行只是作为国民经济的"出纳员"，只有超定额流动资金由银行贷款支持，而定额流动资金由财政拨款解决。这种体制下的信贷资金管理特征是下级行吸收的存款上划上级行，所需贷款则向上级行申请，上级行审批后下拨，被称为"统收统支"，存款与贷款是高度分离的。虽然其间 1958 年曾实行"存贷下放，计划包干，差额管理，统一调度"的管理办法，实行流动资金全额信贷，但由于经济制度仍是产品经济，这种信贷管理制度执行的结果是导致了信贷资金的巨大浪费，1960 年同 1953 年比较，全省工业总产值仅增加 1.95 倍，而工业贷款增加了 17.1 倍，商品库存增加了33.8％，而商业贷款则增加 1.1 倍。其作为一段插曲 1963 年终被取消，信贷资金管理又回复到原来的体制。

1980 年起，随着经济体制的改革，"统收统支"制被代之以"统一计划、分级管理，存贷挂钩、差额控制"。这种管理办法的内容是上级行每年核定下级行的存差或借差，存差要上缴上级行，借差由上级行借给。1981 年，又将"差额控制"改为"差额包干"。规定了存差行对核定的年末存差和年中最低存差必须完成，借差行对核定的年末借差和年中最高借差不得突破，并对存差、借差实行计息，月息均为 2 厘 7。这种办法在一定程度上打破了银行共吃资金"大锅饭"的局面，存贷在一定程度上挂钩，完成存差和借差计划，多存则可以多贷，且各项贷款之间可以调剂使用。当时总行核定山西为借差行，并核定 1980 年末借差为 1.06 亿元，年中最高借差为 1.26 亿元，年末执行结果比核定的差额少放 1 亿元，1981 年总行核定的年末借差为 8.888 亿元，执行结果略超计划。

为了加强中央银行的金融宏观调控能力，1985 年，信贷资金管理体制改为"统一计划，划分资金，实贷实存，相互融通"。它的内容是：由人民银行总行确定对专业银行的贷款计划，人民银行省级分行在总行下达的贷款计划额度内，按借款基数对各省级专业银行分行贷款，再由专业银行分配给所属分支机构，转入在人民银行开立的存款账户中使用。同时要求专业银行吸收的财政性存款，必须全部上缴人民银行。人民银行还可一次性借给专业银行业务周转金。这种办法的特点是将贷款计划同资金分开，把中央银行同专业银行的资金分配关系改为借贷关系。

同时，为控制专业银行派生存款的能力，又实行了存款准备金制度，按不同性质的存款确定不同的法定存款准备金率，每旬调整，直接存人民银行账户。几经调整法定存款准备金率逐渐统一，1988 年后半年以来，执行的存款准备金率是 13%。为解决银行同业间结算资金的拖欠，又实行了备付金制，备付金一般为存款的 5%~7%。

值得指出的是，人民银行在加强对银行信贷资金管理的同时，也加强对非银行金融机构的信贷资金管理。一是对其信贷资金范围进行限制。规定农村信用社的信贷资金投向以承包户、专业户为主，以农业生产为主和以流动资金为主的"三为主"原则；城市信用社以为城市集体、个体工商户服务为主。二是实行计划管理，金融机构的资金来源和资金运用金额纳入综合信贷计划。三是要求资金自求平衡的同时实行比例管理，规定农村信用社各项贷款余额（剔除银行支持款）占各项存款余额加自有资金之和的比例，一般控制在 75% 以内。乡镇企业设备贷款增加额占乡镇企业贷款增加额的比例，一般控制在 30% 以内；城市信用社的资本金必须占各项资产总和的 5%，贷款余额占存款余额加自有资本金的 80%；信托投资公司发放的固定资产和租赁业务的资金，不得超过当年增加的信托存款、发行债券和实收资本金的 60%；等等。

3. 专业银行管理

目前的专业银行在接受人民银行业务领导的同时，自身又实行着垂直领导。各专业银行省级分行接受各自总行的领导，同时负责本辖区内本行的信贷计划、经营方针、劳动人事、职工教育等方面的工作，一般不直接经办存贷业务。地区中心支行的作用也一样。唯有县级支行才真正经办各项存贷款业务，这就是通常所讲的"三级管理、一级经营"。各专业银行的县级支行及其下属的办事机构，在接受上级行、同级人民银行业务领导的同时，又根据信贷资金运行规律，坚持盈利性、安全性、流动性、公共性、分散性的原则，考虑国家的宏观经济和金融政策，对企业进行放款业务，最终执行货币政策的传导功能。

（三）融资结构

40多年的演进，山西金融业得到巨大发展。全省银行信贷收入和支出规模分别由1949年的369万元和141万元发展到1989年末的248亿元和281亿元。现金收入支出规模也分别由8470万元和9064万元扩大到293亿元和331亿元。城市居民储蓄存款由1951年的658万元增加到1989年的172亿元。同时金融业的发展也带来了融资结构的变化。

1. 企业资金配置已由财政拨款为主转为银行信贷为主

在高度集中计划经济情况下，资金分配主要靠财政无偿拨款来解决，不仅基本建设和固定资产投资由财政拨款解决，而且国营企业的定额流动资金也全部由财政拨款解决。银行信贷仅限于解决国营企业在生产经营过程中的季节性和临时性超定额物质储备的资金需求。随着商品经济的发展和经济格局变化，投资主体也开始转换，国家预算内投资所占比重逐渐降低，其他投资所占比重却不断上升（见表2）。1983年人民银行山西省分行又统管了企业的流动资金，从而更加促进了资金分配格局的变化。

表2　山西省分时期投资额构成

时期	投资总额（万元）	国家预算内（万元）	构成（％）	其他投资（万元）	构成（％）
"一五"	213879	164446	76.89	49433	23.11
"二五"	499499	382243	76.53	117206	23.47
1963～1965年	129443	114123	88.16	15320	11.84
"三五"	286588	263474	91.93	23114	8.07
"四五"	573336	496104	86.53	77232	13.47
"五五"	739575	566105	76.54	173470	23.46
"六五"	1401777	596887	42.58	804890	57.42
1986～1989年	2060831	804185	39.02	1256646	60.98

资料来源：根据《山西统计年鉴》（1980）数据整理。

2. 存款结构发生了巨大的变化

随着经济的不断发展，收入分配格局也发生了变化，受其影响，银行存款在不断增长的同时，结构也发生了很大变化。企业存款增势平稳。所占比重一般在30％左右，而财政性存款除了个别年份的反弹外，所占比重呈下降的趋势。1978～1984年，比重一般维持在17％，而1985年之后，大部分年份仅为4%左右。而城乡居民储蓄存款却增势迅猛，全省人均储蓄由1951年的0.49元，增加到1978年的29.72元，1989年达624.60元，城镇居民的人均储蓄1989年已高达1923.00元。1989年占整个存款余额的比重达69%，已成为存款构成中最重要的资金来源渠道。

3. 贷款结构的变化

这种变化来自三个方面：一是贷款的范围和种类不断扩展。逐渐由流动资金贷款拓展到固定资产和中长期设备贷款；由面向国营企业、大集体企业贷款进而涉足于知青企业、小集体企业和个体工商户贷款；由服务于工业、商业领域进而形成包括新产品试制、科技开发贷款及专项基金贷款的科研—生产—销售的一体化服务。二是贷款结构的变化。虽然贷款结构仍未摆脱商业贷款为主、工业贷款次之、社队农业贷款再次之的格局，但从变化趋势上分析，受新增的固定资产贷款增长较猛的影响，工业贷款所占比重缓慢上升，由1954年的7.1%上升到1965年的14%、1978年的35.2%和1989年的36.7%，商业贷款的比重逐渐下跌，由1954年的83.8%降至1965年的51.4%、1989年的36.7%。三是从工业贷款结构看，贷款结构趋于合理，逐渐形成了以冶金、机械、轻工业、煤炭、化学、纺织为主的贷款格局。

表3 山西省工商银行1987年工业贷款结构

工业部门	贷款额（万元）	占工业贷款（%）
机械工业	66332	14.0
冶金工业	76085	16.1
煤炭工业	51357	10.9
化学工业	48520	10.3
建材工业	10988	2.3
纺织工业	50236	10.6
轻工业	54476	11.5

资料来源：《山西财贸经济》。

4. 在金融机构间接融资扩大的同时，直接融资活动也走到经济中来

走向市场独立经营的企业越来越多地要求更多的融资方式以适应它们各种不同的需要。以资带劳，劳资结合，企业内部集资等都已出现。同时

靠股票、债券的形式来筹集企业资金也涌现出来。1992 年全省发行有价证券 28.8 亿元，其中国库券 7.5 亿元，地方企业债券 9 亿元，其他有价证券 10.12 亿元。证券交易额累计达 3.9 亿元。

5. 利用外资不断增长

随着改革开放，山西也通过各种途径，扩大同世界各国的交往，并通过合资、合作、补偿贸易、国际租赁、贷款等形式，充分利用外资，实际利用外资总额见表 4。

表 4　山西实际利用外资总额　　　　　　　　　单位：万美元

年份	利用外资总额	外商直接投资	借用国外资金	外商其他投资
1985	176.0	43	55.0	78
1986	630.0	15	615.0	—
1987	511.0	15	233.0	263
1988	144.9	652	406.0	391
1989	162.9	882	148.0	599
1990	376.3	340	300.6	417
1991	982.5	421	924.7	157

资料来源：《山西统计年鉴》（1992）。

三、信贷借差省

（一）山西信贷资金运动特征

1949～1989 年的统计资料表明，山西省信贷资金运行的最显著特征就是贷款余额大于存款余额的借差特征，除去 1949～1953 年是存款余额大于贷款余额外，随着 1954 年社会主义经济建设帷幕的拉开，信贷资金便陷入了紧运行的借差漩涡之中，虽然时有波动，但始终未摆脱借差状态。进一步分析，这一特征有以下几方面的表现：

1. 贷款余额大于存款余额的借差额呈现出周期性波动

1954～1989 年共经历了四个周期。周期变动不规则，长的经历 15 年，短的仅 5 年，1954～1960 年是借差连续扩大最长的阶段，达 7 年，1978～1983 年是借差连续缩小最长的阶段，也达 6 年。1984～1987 年是借差扩大幅度最剧烈的阶段，4 年差额扩大 46.3 亿元，1988 年是差额缩小最大的一年，达 35.6 亿元。

2. 借差波动受宏观经济政策的影响十分明显

国民经济高速发展时，要求信贷资金支持，导致贷款规模扩大，而同时存款上升较缓，借差不断扩大。经济结构调整时，贷款增长速度减慢，贷款结构趋于合理，贷款质量提高，借差便逐渐缩小。1958年的"大跃进"和1977年的扩大进口，都形成了本周期借差扩大额的顶点。1960年冬提出的"调整、巩固、充实、提高"，1980年的"治理、整顿、巩固、提高"和1988年提出的"治理经济环境，整顿经济秩序"都成为借差逐渐缩小的转折点。

3. 伴随着信贷资金借差特征，现金收支也表现出净投放省的特点

1949～1989年，除1964年货币回笼大于货币投放，净回笼现金1329万元之外，其余年份都是现金投放大于现金回笼，且现金净投放逐年增加。1989年现金净投放已达37.2亿元。

表5　山西省主要年份现金收支及流通量

年份	净投放（万元）	年末货币流通量（万元）	较上年货币流通增量（万元）	流出占投放（%）
1952	4091	9100	2700	34.00
1957	3095	19700	800	74.17
1962	6468	38576	-1000	115.46
1965	7598	32877	3277	56.87
1970	5493	43232	-481	108.76
1975	16730	57100	3564	78.69
1978	18454	60300	2200	88.09
1984	134818	18000	59000	56.24
1989	371818	525000	105000	71.76

资料来源：根据《山西统计年鉴》（1990）有关资料计算所得。

货币净投放不断增长的同时，投入山西的现金又不在山西境内流通，大部分流到了其他省份。据测算，在净投放发行到山西省的货币中，流到外省市的占76.9%，流通在山西市场上的仅占23.1%，表明山西省是一个现金"注入口"，而且有一条暗道，将现金输入其他省市。由于在现代经济条件下，现金货币的投放一般通过信用渠道而进行，所以现金的不断流出，就成为山西信贷资金流失的重要表现形式。

（二）信贷资金借差成因

新的信贷资金管理体制实贷实存制的实行，及物随钱走的信贷资金运

行格局下，信贷资金借差的存在，结果是使：①银行处于"超负债"的紧运行状态，信贷结构、经济结构调整的余地很小。②经济依赖性增强。信贷资金运动的紧张状态，使国家的宏观经济调节政策毫无缓冲余地，其相应迅速、直接地作用于企业运行，导致经济的大涨大落。为使经济持续稳定增长，我们必须剖析信贷资金借差的成因，以期寻找相应的对策。

信贷资金的借差，表现为贷款与存款的不一致。从贷款方面讲，急于求成的经济建设思想，反映在贷款上，就是要求用贷款高速增长来支持经济的发展，"大跃进"就是这方面的典型，因而形成借差扩大的顶点。伴随着贷款的高速增长，是贷款质量的低下，1958 年搞的全省信贷权限下放，对企业流动资金实行全额信贷，对商业企业实行"存贷合一"（存贷款账户合并为一个往来账户），使信贷资金严重浪费。从存款方面看，1958～1976 年，银行对组织各项存款一直未给予足够的重视，所以存款的增长率一般低于贷款增长率。信贷资金的借差随贷款的规模而上下波动。1978 年以后，银行对组织存款普遍重视，特别是增强了吸收居民储蓄存款的工作，除去原有的工行、农行经办储蓄业务外，1986 年建设银行开始试办储蓄存款业务。1985 年原中国银行太原分行也开办了人民币储蓄存款业务，导致 1978～1983 年，全省存款增长幅度远高于贷款增长速度，使借差缺口曾一度缩小。

从存款、贷款综合分析，存款、贷款增长率的变动，有着大致相同的波动趋势。究其原因，是受贷款、存款的内在联系所影响。根据银行货币理论，对于单个银行来讲，存款占主导地位，存款决定贷款。但从宏观上来讲，由于现代部分准备金制的发展、银行派生存款的作用，贷款又对存款起决定作用。这是构成银行信贷资金借差缺口不断波动的原因。以1984～1987 年的借差的新高峰为例，它的形成原因，一方面为信贷规模失控，贷款增长过激；另一方面，市场波动，物价上涨，抢购风盛行，储蓄存款大量被提。

上面从存款和贷款对借差的影响进行了分析，但它仅仅是山西借差形成的浅层次和表面的原因。而金融是经济的反映，经济决定金融，因而发掘山西信贷资金借差的深层原因，还必须从山西的经济基础去寻找。

从"一五"时期起，山西就被作为新中国的重工业基地而建设，投资不断向重工业斜倾。1949～1989 年，山西重工业投资占整个基本建设投资的比重达 61.6%，而同期的工农业投资占整个基本建设投资比重仅为 21.6%，即农业、轻工业的投资仅占 8.4%，其中农业为 4.5%，轻工业为 3.9%。特别是其间山西被确定为国家能源重化工基地，更加大了这种投资倾斜度。这种重型工业结构，一般对信贷资金的要求是需求量大，投资规模大，建设周期长。在信贷资金大量投入的同时，造成存款来源枯竭，必然形成信贷资金借差状态。

同时，山西的地方财政收支构成也影响山西信贷资金的平衡。由于各级政府所拥有的特殊职能——经济管理职能，致使财政和信贷形成"连裆裤"的关系，政府制定的经济目标一经确定，必须要求资金配套，财政预算内资金不足，必然靠信贷资金来补缺，而存款来源受经济发展水平制约，这样存款、贷款的缺口，只得靠各种借入资金来解决。整体讲，山西的财政 1949～1989 年是在"紧运行"状态中度过的，其中收大于支的年份有 21 年，累计金额达 24.3 亿元，而支大于收的年份有 19 年，累计金额为 64.8 亿元。从相关的几个年份来讲，1960 年，地方财政支大于收 1.5 亿元，同年信贷借差创 23.8 亿元的纪录，1976 年，地方财政支大于收 6.0 亿元，1977 年，信贷借差达 21.7 亿元，1986 年，地方财政支大于收 12.5 亿元，1987 年，信贷借差达 52.0 亿元，由于财政支大于收的情况，形成信贷借差的两个高峰。

企业利润分配的影响。由于资源不能自由组合，导致了企业和行业的利润非平均化。以 1986 年为例，全国企业的平均留利水平为 49.6%，而山西的主导产业基本都不超过全国的平均水平。形不成企业留利，当然也不会形成存款来源，而各种生产成本的上涨，要求资金需求也相应增加，最终导致了信贷资金的借差。

此外，价值双向流失也是形成山西信贷借差特征的重要原因。

（三）山西信贷收支平衡

山西信贷资金的借差，已经影响到山西金融业及企业的经营活动，近年差距的扩大和剧烈波动，极有可能给国民经济的后继发展带来困扰。因此，有必要制订合理的措施，实现山西信贷收支的平衡。通过上述的分析，可以看出解决山西信贷资金借差问题的着眼点，必须放在山西产业结构的调整上，只有实现山西产业结构合理化，能够形成信贷资金运行的良性循环，避免信贷资金的流失，才能最终解决山西信贷资金借差的问题。但产业结构的调整是一项巨大的系统工程，涉及面广，应当作为解决山西信贷资金借差状态的长期措施。而围绕银行存款、贷款做文章则是解决山西信贷资金借差状态的现实选择。对于存款，各银行必须树立"存款第一"的思想，认识到存款对现代银行信贷业务的影响，搞好存款工作。在搞好企业存款的基础上，特别要重视抓储蓄存款的工作，同时，搞好市场的供需调节，防止市场状况恶化造成的对储蓄存款的冲击，防止信贷资金借差的进一步拉大。

对于贷款，我们必须严格各项贷款制度，提高贷款的质量，杜绝不正常贷款的发生。同时，银行和企业要携手合作，挖掘资金潜力，加速资金周转，通过资金流通速度的加快，减少信贷资金的借差缺口，促进山西经济的稳定发展。

四、破土而出的金融市场

新中国成立以后，我国按照苏联模式，在金融体制上，用单一银行信用取代以商业信用为基础的多种信用形式，取消了各地存在的证券交易，金融市场这一概念也就随之退出了现实经济领域。近年来，经济体制改革的实践，越来越向人们表明，进行社会主义经济建设，必须建立包括金融市场在内的社会主义市场体系。金融市场是商品经济的范畴，是商品经济的产物，金融市场的存在，将促进资源的合理配置，资金的有效利用与横向流通，从而成为中央银行调控宏观经济的预警系统和重要的调控手段。在商品经济的不断召唤下，金融市场终于"犹抱琵琶半遮面"，步履蹒跚地走回到现实经济生活中来。山西也同全国一样，金融市场重又破土而出，慢慢地成长起来。

1985 年，为便于中央银行宏观控制，信贷资金管理体制改为"统一计划，划分资金，实贷实存，相互融通"。允许资金的相互融通，事实上也就奠定了金融市场存在的基础，继沈阳、武汉、上海、重庆、西安等城市出现资金拆借市场之后，1986 年 1 月，山西省首家有形资金市场——中国工商银行太原市支行太原金融市场宣告成立，随后阳泉农村资金拆借市场、大同资金市场相继成立，同时票据承兑贴现市场、短期企业债券市场、证券市场、外汇调剂市场、保险市场都得到了很快发展，金融业打破了单一银行经营的局面，出现了包括金融信托、金融租赁等在内的金融市场。

(一) 同业拆借市场

商品经济的发展，迫切要求资金冲破条块垄断的桎梏，进行资金的横向融通。同时，专业银行企业化经营，也要求银行在自主经营、自负盈亏的基础上，充分利用资金的时间差、空间差、行业差，减少银行的超额储备，搞活用活银行资金。加之允许同业拆借市场的开放，将有利于加速社会资金的周转速度，提高资金的使用效益，为经济发展提供更多的有效资金。正是在多种合力因素的作用下，资金同业拆借市场形成并得以迅速发展。呈现出一些显著的特征。

参与拆借市场的主体不断扩大。早期成立的资金市场主要是各专业银行系统内进行的资金融通或指标调剂。1987年春，太原市工商银行成立了资金市场，随后又有太原市资金中心专场建立，各专业银行和省级各金融机构都可参加资金融通，逐渐形成了各银行和非银行金融机构共同参加的市场。同时，又成立了山西省融资公司，成为各资金拆借市场同中央银行之间的传导器，代替中央银行对各资金拆借市场进行资金的支持。

拆借市场的范围不断拓展，逐渐由各地区之间的独立市场发展成跨地区、多方位、多层次的全省及外省相联系的资金融通网络。1987年末，太原金融市场依靠业务量大，辐射面广，信息灵通，处于全省政治、文化、经济中心的省会城市特点，作为"龙头"，同全省的11个地市联络，并在此基础上同全国26个省会城市及计划单列城市行建立了资金信息及融资网络，融资辐射面延伸至华北、华中、西南、西北等地区。同年11月，大同市成立了包括山西省大同市、雁北地区、忻州地区、河北省张家口市和内蒙古自治区呼和浩特市、包头市、巴彦淖尔盟、伊克昭盟、乌兰察布盟和锡林郭勒盟在内的"晋、冀、内蒙古地、盟、市大同融资公司"，成为全国第一家跨地区、跨系统的股份制短期资金融通公司。

资金拆借形式由单一的有形市场向有形、无形相结合的市场推进。目前，运用电传、传真、直拨电话、录音电话簿通讯手段进行资金拆借的无形市场所占份额越来越大。以太原中心资金市场为例，现在它已同全国54个城市和地区建立了直拨的资金往来关系，每月通过无形市场拆出、拆入资金达4亿多元。

在完善票据清算的基础上，发展资金同业拆借市场，发挥中心城市的辐射功能作用。票据的交换、清算构成资金拆借，特别是日拆性资金融通的基础。为随时掌握各行头寸的变动，山西省一些地市将票据的当日清算改为当场清算，同时尽可能地扩大参加票据交换的单位，特别是利用大中城市的经济中心作用，将毗邻的地区吸纳过来，如太原市接受毗邻的榆次、太谷、忻州、原平等市区参加同城票据交换，扩大了支票使用范围，变异地结算为同城结算，节约社会在途资金4000多万元，同时为拆借市场的发展提供了坚实的基础。

拆借市场在发展中也出现了一些问题：①将拆借市场只作为计划分配资金的一个补充，而没有将金融市场纳入社会主义统一市场。从大市场来看，没有认识到它是商品经济、银行企业化经营的必然要求，造成银根松时，拆借市场一片繁荣，银根紧时，就显得冷冷清清。同时，也使得一部分金融机构将拆借市场作为其信贷资金缺口的补充，"拆了东墙补西墙"，违背了建立拆借市场之初衷。②由于我国的专业银行为画地为牢式的分工经营制，同时信贷资金管理体制又为规模控制和实贷实存的双绳索机制，使得一部分金融机构资金长期过剩，另一部分金融机构的资金又长期不足，导致我国拆借市场中包含有资金拆借的性质，而非仅为日拆性市场。③资金市场的分割状态仍未彻底解决，表现在资金拆借市场上，仍是系统内拆借所占的份额很大，而且在一个城市中出现分属不同系统的几个资金拆借市场。④资金拆借的期限过长，西方国家的同业拆借期一般为3~5天或一周左右，而山西省的拆借市场的期限一般为1个月，有的甚至多达3个月、半年之久。⑤由于建立资金同业拆借市场的急于求成思想，在早期建立资金同业拆借市场时，未认识到市场是商品经济精巧机制的产物，所以靠行政手段来拼凑公司、中心，造成拆借市场一哄而上，导致了其后对金融市场的整顿。这些问题已引起有关方面的注意，正在逐步得到纠正。

（二）票据贴现市场

商业票据承兑贴现是建立在商业信用基础之上的，是由商业信用票据化而逐渐发展起来的最有效的短期资金融通市场之一。但由于认识上的偏差，我们曾经在新中国成立后的30年中禁止商业信用的存在，但效果甚微，商业信用年年禁，却天天有。这说明商业信用仍有其存在的客观基础。改革开放以来，国家允许商业信用存在，自然就出现商业票据的承兑贴现问题。上海首先对此进行了试点。1985年，人民银行总行在总结经验的基础上，下达了《商业汇票承兑贴现试行办法》。在此之后，山西也开始了对商业票据的贴现工作。至1987年，全省境内票据贴现已达到1.05亿元，与此同时中央银行办理票据再贴现业务，到1969年春季，国家对商业票据承兑贴现做出了全面规定，并在全国范围内广泛推广，票据贴现市场有了较快发展，但是阻力还是不小。企业一般习惯于从银行取得贷款，而不习惯于运用商业信用，继续安于拖欠挂账的状态。特别是生产短线紧俏产品的企业，没有采取商业票据的必要，而那些产品滞销积压的企业，也不要求购货方开出承兑汇票，因而票据化的商业信用的运用受到了一定的限制。同时，银行由于实行企业化经营，因而也不愿承担环节多、手续繁、业务量大的承兑贴现业务，而且对承兑贴现业务的不熟悉，加之没有《票据法》，票据流通市场的缺乏等也限制了银行对这一业务的开展。

（三）短期证券市场

企业短期融资债券市场，是企业为了解决生产或流通过程中出现的临时性、季节性流动资金短缺，而依靠银行又不能得以解决而发展起来的。企业短期融资债券的特征：①期限较短，一般在一年以内；②发行对象为社会各企事业单位和居民，但主要是企业单位；③一般采用融通票据形式，规模化发行；④发行这种票据的企业必须是信用好、经营好的大企业，不是任何小企业都可以发行的。它灵活、方便，资金供需双方直接见面，受到企业界的欢迎。这种短期企业融资债券实质上是一种商业本票。正是由于这些原因，这种融资形式在上海、广州、汕头等城市得到了飞速发展。但从山西情况看，却不尽然，短期企业融资债券市场发展十分缓慢，究其原因，主要是企业对进入短期融资市场的积极性不高。一是企业吃资金"供给制"大锅饭的思想严重，独立经营意识不强；二是银行统管企业流动资金的办法实际是"统包"企业资金、低利供应资金的"保证"；三是企业经营者对各种金融市场的陌生，也妨碍了他们进入短期融资市场的可能。再加这种短期债券限期较短，转让交易很少，二级市场不发达，导致了山西企业短期融资债券市场发展缓慢和萧条。

可转让的大额定期存款单市场（西方称作 CD 市场）近年在我国各大中城市相继出现。但目前山西省仅有太原市交通银行开办了大额定期存款单业务。由于社会对此种金融工具比较陌生，发展不快，而且更少有人转让买卖，而视同普通储蓄存单。不过它毕竟是山西省的一种新的筹资工具，是很有前途的。

（四）证券市场

证券市场主要包括长期债券市场和股票市场。山西省股份企业发展极为缓慢，规范化的股票发行市场正在逐步形成。到 1992 年底，山西省已组建各类型股份制试点企业 205 家，累计发行各种有价证券 71 亿元。同时先后成立了一批证券经营机构和经营组织，并且山西省证券公司、山西经济开发投资公司、大同证券公司等几家从事证券业务的机构在上海证券交易所和深圳证券交易所有了席位，证券发行市场和交易市场有一定发展。但相当多企业所发证券尚不规范，目前山西还没有一家上市公司。

除上述几类市场外，外汇调剂市场在山西也开始建立，1992 年累计调剂外汇 3.98 亿美元，较 1990 年增加 1.1 亿美元，有力地支持了生产。

（五）金融市场存在问题

山西金融市场从无到有，已经迈出了可喜的一步，取得了可喜的成效。但由于传统体制的约束，山西金融业仍落后于沿海省区。从整体看，山西金融市场仅仅是破土而出的幼芽，很多方面仍存在问题：首先是金融市场的主体缺位。金融市场的主体包括银行、企业、社会团体及非银行金融机构。但事实上的企业负盈不负亏情况较为普遍。从银行看，目前虽打破了全国银行同吃一口大锅饭的局面，却变为吃两口大锅饭的局面，使其进入金融市场的愿望并不强烈，即使介入市场也往往是为了寻找弥补信贷资金缺口的地方，而并非从银行盈利、提高经营效益的角度，积极地去参与市场；从居民投资者来讲，商品经济不发达，居民可支配收入较低，金融意识不强也限制了居民参与市场的积极性；从机构投资者来看，保险公司的资金运用被严格地限制，信托投资公司发展基础薄弱，各类基金会较少等都不同程度地限制了金融市场的发展。其次是金融市场客体缺乏。金融市场的客体即各种形式的金融资产，亦即具有较高流动性的面向社会发行的各种信用工具。但由于受市场主体缺乏的限制，金融市场的客体也十分缺乏，票据化的商业信用不多，股票稀少，除国库券和不规范的企业集资外，规范化的债券很少。客体的缺乏，也从另一个方面限制了金融市场的发展。最后是金融市场的组织管理水平低弱。金融市场管理的法规不健全，如没有健全的银行法、票据法、公司法、证券交易法等，使金融市场的管理无法可依。规定人民银行负有管理金融市场的职责，但对于如何管理、管理什么等都没有明确的目标，使金融市场的管理呈现出一种盲目状态。

（六）金融市场的完善

健全山西的金融市场，将要求我们在不断发展商品经济的条件下，继续推进经济体制改革和金融体制改革，为金融市场的完善创造有利条件。

经济体制改革为金融市场的完善创造的条件包括：①企业成为真正独立的商品生产者，只有如此，企业才能真正进入金融市场，并自主决策，承担风险，只有这样，金融市场也才能真正做到引导投资，优化资源配置。②理顺价格体系，改变价格扭曲状态，恢复价格的信导功能作用，促进利率作为资金"价格"功能的发挥。③金融商品不断增加，尤其是股票、债券和商业票据等的发行数量，为金融市场提供充足的"交易对象"。

金融体制改革为完善金融市场创造的条件有：①实现金融机构多元化和企业化；②资金可以自由转移；③市场利率形成；④增强银行信贷弹性；⑤金融法制法规健全；⑥银行职工业务水平和技术力量的提高。

完善金融市场，首先应在完善银行信贷功能的同时，治理金融市场秩序，规范市场行为，并继续发展和完善中短期资金市场。对同业拆借市场主要是进行规范化行为管理，理顺其组织关系，打破阻碍资金流动的各种障碍，特别是在同一城市中应进行统一的管理，并在此基础上规定同业拆借资金的来源及运用范围。拆出资金只限于交足法定存款准备金和必要的备付金之后的多余资金，而不能占用人民银行财政性存款、联行资金和人民银行的短期贷款；拆入资金只能用于弥补票据清算、联行汇差头寸不足和解决季节性、临时性周转的短期资金不足，不得用拆借资金发放固定资产贷款，规范拆借资金的数量及期限；规定基准拆借利率，并允许其随资金供求状态而上下浮动一定的幅度；证券市场则在规范国债、金融债券和企业债券市场的同时，促进企业债券市场和股票市场的发展。一般要扩大债券的发行主体，促使社会集资证券化，同时在一级市场发展的同时，积极培育二级流通市场，特别是培育其中的机构投资者的形成，如保险公司、信托投资公司等机构；票据市场的发展则要求中央银行的再贴现市场、票据转让市场的发展相配套，同时要求通过法律来保证商业信用票据化的合法权益不受侵蚀。外汇调剂市场要求在发展山西的对外贸易的同时，逐渐扩大外汇调剂的范围和对象，促进外汇调剂市场的发育和发展。

发展金融市场，必须看到山西信贷资金借差的特征。①要发挥中心城市太原、大同、长治、晋城、阳泉等的资金辐射功能，吸引外省资金流入本省。②创设如山西能源发展基金等投资基金，运用投资基金，筹集发展资金。③改变重外资、轻内资，重筹集、轻管理的倾向，大力推进企业制度和银行体制改革，提高资金使用效益，从资金的使用效益上解决山西发展资金。

五、重新腾飞的保险业

（一）发展中的保险业

旧中国的山西保险业，由于受经济和战乱的影响，极不发达，断断续续地开办过一些人寿保险、火灾保险、货物运输保险等，但至新中国成立前夕，经济恶化，通货膨胀，保险业也陷入无人问津、基本停办的状态。新中国成立后，随着1950年2月中国人民保险公司山西分公司的成立，揭开了山西人民保险事业发展的新篇章。根据当时的经济情况，保险的主要任务是：逐步开展各项保险业务，为保护国家财产，保障生产安全，促进物资交流，增进人民福利服务。

1950～1958年，是山西保险业迅速发展的阶段。这一时期开办有25个险种，承保的各种财产的价值达134亿元，保费收入总计达2731.9万元，仅1958年就达626.6万元，共支付各项赔款金额达543.5万元，支付防灾费46万元，上缴财政的保险积累达1225万元。

这一阶段，山西保险业发展也出现了一些问题。一是忽视保险业发展的客观经济基础，用主观行政手段来推进保险业发展。忽视农民的习惯和经济承受能力，甚至采取强迫命令的手段来推行保险，引起农民的不满。二是办理保险业务的手段过于简单，多数是强制保险，少数采取自愿保险，影响了人们对保险业的认识，埋下了日后停办保险业的隐患。三是对保险经营不按保险业自身的规律来进行管理，而是将其作为财政筹集资金的一个渠道，9年间的平均赔付率仅为19.8%，城市赔付率更低，为13.4%，积累保险基金上缴财政1225万元，占总保险收入2731.9万元的45%。使一部分生产的收入通过保险渠道进入财政。这种从财政角度理解保险的观点，正是停办保险业的主要原因之一。

1958年11月，根据全国财贸会议确定的方针，山西全省各级保险机构停办了全部保险业务。到1977年，随着国际往来的增多，国外保险业务延伸到山西，同时也成立了中国人民保险公司太原市支公司，办理对外保险业务，接办了由中国银行太原支行代办的保险业务。

随着经济体制改革的深入，为适应企业走向市场、风险自负及多种经济成分并存的要求，1980年7月，中国人民保险公司山西省分公司恢复，隶属于中国人民银行山西省分行。经过几年恢复，1984年1月，中国人民保险公司山西省分公司正式从人民银行中分出，独立设置。地、市、县普设保险公司，对上直接接受中国人民保险总公司的垂直领导，同时接受人民银行山西省分行的业务领导。至此，山西保险业迎来了自身发展的黄金时代。

重新恢复的山西保险业，呈现出一些崭新的特色。经营目的由为财政筹集资金逐渐转向组织经济补偿，发挥经济发展稳定器的作用，真正起到经营风险、集中风险、分散风险的作用。

目前，山西省保险公司已开办的险种达150种之多，既有财产保险，又有人身保险，既有责任保险，也有保证保险，既有国内保险，又有涉外保险。服务对象有国内的、国外的、企业的、个人的，有城市的，也有农村的。使山西保险业渗透到整个经济生活的每一个角落，形成多层次、多方位的体系。1989年，山西保险业承包的国内金额达447.5亿元，国外金额达5.69亿美元，保费收入国内达40135亿元，国外达526万美元，获利润达7551万元。它对经济的作用越来越大。

（二）保险业的作用

保险业的不断发展，对经济的作用十分明显，主要表现在：第一，企业财产保险，可使企业在遭受灾害损失后，仍能继续进行生产和经营。1988年，山西多数县遭受暴雨、洪灾的袭击，当年保险公司支付的洪灾赔款达2.1亿多元，促使997个企业恢复了生产。第二，保证了财政预算不受企业的意外损失影响而波动，减轻了财政压力。第三，配套经济体制改革，财产保险可以促进企业承包制的推行，并有利于提高企业的经营管理水平。同时，又支持了多种经济成分、多种经营方式的发展，特别是对个体企业、小集体企业。由于它们资金力量有限，抵御自然灾害的能力相对较差，参加保险后，则增强了其抵御风险的能力。

随着经济的不断发展，人民的收入水平也相应提高，家庭、个人所拥有的财产也相继增多，与此同时，所面临的风险程度也增大了。以城乡居民为对象，承保家庭和个人生活资料的家庭财产保险应运而生。如房屋、家具、生活用品保险，通过保险机制解决一般性的意外损失补偿，正是在这个意义上，在大力发展家财保险的同时，还选择临猗等县进行了包括房屋财产、种养业在内的农村互相救灾合作保险。

农村商品经济不断发展，专业户、重点户不断涌现，而且农民的种植业、养殖业也开始步入大规模作业的天地。但整个农业抵御自然灾害的能力仍然十分有限，特别是山西作为农业省份，农业的波动明显影响其他产业的发展，同时，农业波动又直接影响到农业的投入，投入少，又影响到农业的产出，形成恶性循环局面。为改善农业生产的波动状况，山西保险公司积极开展探索农业保险发展的新路径，1986 年在太谷县试点了把小麦、玉米、高粱、棉花、西瓜等农作物捆在一起的综合保险，引起国务院及有关部门的重视。1987 年，又在太原市北郊区试办了全国第一家农业互助保险合作社，采取乡（镇）、村和农民入股，政府支持，保险公司扶持的办法，承保全区四大类农作物的保险，并实行分保制，探索了一条发展农业保险的新路径。

人身保险特别是养老保险和医疗保险的发展，完善了社会保障体系，同时也为企业的进一步改革创造了有利的条件。目前，企业进入市场，开展竞争时，由于老企业退休职工经济负担不同，使它们很难在同一水平线上竞争。而且，越来越多的合同制职工的养老保险，通过职工个人、企业、国家三者共同努力，使职工主要以自己目前的收入来承担以后的开支，就可以将上述一系列矛盾予以解决。

相应地，医疗费用也是社会问题的一大症结。公费医疗是社会主义优越性的一个主要表现，但近年来的"扩权让利"改革的同时，公费医疗费用支出也不断增大，严重影响了企业、财政的资金平衡。解决这一问题，也只有通过推行医疗保险制度才能实现。

涉外保险业务的开展，适应了山西对外经济技术交往和贸易活动不断扩大的需要。成为山西改革开放、吸引外资的强有力的配套措施之一。针对山西地处内地，涉外企业、三资企业不太多的情况，保险业主要将重点放在配合外资公司搞好外贸物资的运输保险上，构成涉外保险业的主要部分。在此基础上，积极参加山西省国际经济技术洽谈会，对成交的金额进行保险，并配合外商对山西的投资项目，进行承保，如对平朔安大堡露天煤矿的开发和生产进行承保，承保金额达 4.7 亿美元。

山西省保险分公司在积极促进各项保险业发展、发挥经济补偿作用的同时，又参加了社会安全综合治理的活动。结合货物运输保险，积极开展各种安全宣传活动，并配合有关部门进行车辆安全检查；为预防火灾及提高扑救工作水平，免费赠送消防车，拨专款建立防灾费补偿；特别是针对农村各种自然灾害频繁，而防御能力低的问题，决定每年从保费中提取 10% ~20% 的经费，作为防灾费，购置防雹炮、农药、防灾器械等，直接服务于农业，减少雹灾、虫灾等造成的危害损失，从而也提高了整个社会的防灾能力。

总之，由于保险业发展基本顺应了商品经济对它的要求，因而，保险业在其自身业务不断发展的同时，又在稳定社会、发挥经济补偿作用、提高社会整体抗灾能力、筹集经济发展资金、配合改革等诸方面发挥出巨大的作用。

（三）保险业展望

随着商品经济发展和经济体制改革和保险体制改革的深入，山西保险业必将得到进一步的发展，并从以下几方面推进山西保险业的发展。

多家公司办保险的格局将逐渐形成。保险市场引入竞争机制，从而打破人民保险公司独占保险市场的"只此一家，别无分店"的局面是大势所趋。①重新恢复的交通银行，作为综合性银行，国务院核准其业务经营范围已包括了经营保险业，目前已经成立了中国太平洋保险公司太原办事处，负责该公司在山西省的业务经营；②中国人寿股份有限公司恢复经营国内业务，并已在某些省市设立分公司；③区域性、地方性保险公司异军突起；④国务院规定集体企业等的养老金统筹由人民保险公司负责办理，而全民所有制企业的养老金统筹却由劳动人事部门办理，同时也批准进行了民政系统积极进行的救灾互助合作保险；⑤外国保险公司跃跃欲试，极想进入中国的保险市场。凡此种种，都形成了全国保险业发展的大气候。虽然目前山西仅有劳动人事部门的全民所有制企业的养老金统筹和民政部门在临猗等县搞的救灾互助合作社试点，以及中国太平洋保险公司的介入，但整个保险业形成以人民保险公司为主体，多种保险机构并存的竞争体制的到来将为期不远。

社会保障体系渐趋完善。社会保障体系的完善将从三个方面展开。第一，对那些不能用商业保险办法经营，但其保险又关系到国计民生的大事的保险，例如一些农业保险，将建立政策性保险业务给予解决；第二，改革目前的养老、医疗保健等吃大锅饭状况为保险经营原则；第三，人寿保险将不断发展，并由于其不同于一般的财产性保险，具有偿还性质，将逐渐独立分设单独经营，而人寿险保单将成为居民资产选择极有力的导向，引导人们的消费需求趋向合理。

保险资金运用数量、方式将不断扩大，保险公司将以资金市场上的"机构投资者"的面貌出现。发挥保险资金的运用效率，用保险资金的增值，来逐步降低保险费率，是保险业发展的一大趋势。

保险体制改革将进一步推进。这种趋势将表现在三个方面：一是人民银行的保险管理机关的作用将不断加强。随着多家办保险的局面的出现，将改变目前保险业由"人保"经营，"人保"管理的状况。二是"人保"公司内部，将进一步理顺其管理体制。目前实行的总公司、省级分公司两级核算，打破了保险业全国吃"大锅饭"的状况，但在省内，仍维持着"大锅饭"的局面，改革将进一步打破这种体制。三是由于保险业必须在大范围内以大数法则来分散风险。所以，在"大锅饭"打破的同时，分保、再保险市场将得到极大的发展。

涉外保险将不断拓展。山西虽不像沿海省份那样，涉外保险迅速发展，但随着开放的进一步推进，山西涉外保险业也会迎来新的高潮。

区域资金流量分析的若干问题

背景说明

本文与刘永祥同志合作完成，原载《学术论丛》1993 年第 3 期。重视区域资金流量的分析，能够让区域政府经济决策者一目了然地看到本地区资金的来龙去脉，业务资金是经济发展的第一推动力和持续推动力，有利于重大经济决策。

资金流量分析是运用矩阵形式，对国民经济各部门、社会再生产各环节的资金流量和流向进行动态分析的一种方法。1944 年，美国著名统计学家 W. 米切尔在《支付的流量、概念和资料的初步考察》备忘录中首先提出了资金流量的基本概念，它标志着资金流量分析研究的开端。1952 年，美国康奈尔大学教授 M. 科普兰在《美国货币流量之研究》一书中较全面地阐述了资金流量分析的理论与方法，使资金流量分析的研究取得了突破性进展。1953 年，美国联邦储备委员会发表了第一份官方的资金流量报告《美国的资金流量：1939～1953 年》。英国英格兰银行也于 1963 年 9 月公布了英国第一份较完整的资金流量表，反映了 1960～1962 年的资金流量资料。目前美国联邦储备系统、英国的英格兰银行和中央统计局已做到按年、季编制并公布资金流量资料。日本、加拿大、荷兰等国家也都已公布过有关资金流量的统计资料。资金流量分析的理论与方法已得到国际上的公认和关注，在各国的经济分析和预测、决策中发挥着日益重要的作用。

我国自 20 世纪 80 年代以来也开始了对资金流量分析的系统研究，并取得了可喜的成就。但至目前我国尚未公布有关资金流量的统计资料，具有中国特色的资金流量分析，特别是区域资金流量分析的理论和方法体系尚待完善，因此本文拟在现有研究成果的基础上，对区域资金流量分析的若干问题做些初步的探讨。

一、区域资金流量分析的必要性

区域资金流量分析的最终目的是为了地区经济分析和预测，为地方政府宏观经济调控和决策提供依据。随着经济体制改革，国民经济管理也由直接行政管理向间接宏观调控转变，逐步建立和健全以国家和省（市）为主体的分层次宏观经济调控体系，因而区域资金流量分析的意义更加重要。具体来说包括以下方面：

（一）全面反映区域内的资金运动状况，揭示部门之间的内在联系

通过区域资金流量分析能够反映各部门扩大再生产资金的余缺情况，说明区域内哪些部门资金有余，哪些部门资金不足，多余资金通过什么渠道向哪些部门融通，不足资金采用何种方式向哪些部门筹集，进而从资金运动的角度，揭示部门之间的相互依存关系，分析区域内外资金供求的平衡状况。

（二）有助于完善宏观经济预警系统，解决地方宏观经济调控中的"时滞"问题

长期以来，地方宏观经济调控中存在的"时滞"（即地方宏观调控机制的反应及调控效应相对地方宏观经济偏差的出现有一个时间上的滞后）问题，对地方宏观经济的有序运行，以至调控本身产生了极为不利的影响：一方面使地方宏观经济运行失衡，增加了调控的风险性；另一方面使宏观调控的操作愈加复杂，调控力度与效力弱化。通过区域资金流量分析，建立完善的资金流量信息系统，可以使地区经济运行的各项指标通过资金流量显示出来，并与地方经济政策监测指标、调控计划监测指标等共同构成区域宏观经济预警系统。如果区域经济运行中有失控现象，预警系统中的各监测指标应很快输出到调控系统，及时予以调控，从而消减宏观调控的"时滞"问题。

（三）分析各部门投资资金的保证程度

区域资金流量分析把投资分为实物投资和金融投资两大部分。实物投资包括区域内固定资产投资总额和区域内部门库存的增加额等。其资金保

证是区域内各部门的总储蓄和区域外取得的资本转移净额。金融投资是年度内区域各部门金融资产的增加额，其资金来源是区域内各部门的金融盈余总额和负债的发生额加上区域外的借贷净额。无论是实物投资还是金融投资，当资金来源小于预定的投资规模时，必然要受经济规则的制约而缩减投资，否则就会造成投资膨胀。反之就应扩大投资规模，进而达到有效利用资金之目的。

（四）分析和追踪经济金融政策效应，为制定和调整经济政策提供依据

通过资金流量时间数列的分析，可以进行政策模拟，检查和指导政策的落实和实施效益，较直接地观察各项经济政策的变化是如何改变部门之间资金流量和流向的，分析财政收支、信贷收支、信用膨胀或紧缩、货币投放或回笼等变化对国民经济各部门的影响程度和后果，为正确制定和调整经济政策提供依据。

（五）促进地区产业结构的调整，优化资源配置

对现有产业进行流量分析，用调节新增投资流向的办法可以达到增量调整产业结构的目的；根据资金流量分析的结果对现有资源有目的地调动，又可以从存量上调整区域产业结构。总之，利用资金运用上的时间差、空间差等特点，引导资金适度流动、流向合理，在很大程度上就为优化资源配置提供了保证。

（六）研究储蓄和消费比例的合理情况

分析投资需求与储蓄供给的平衡关系，以及实物投资和金融投资结构的优化问题，从而揭示积累资金运动的全过程，为制订国民经济计划服务。

（七）研究非金融交易的活动对金融市场的影响、金融市场的波动对国民经济各部门产生的影响，预测金融市场发展趋势

根据区域资金流量历史资料的分析，可以看出金融政策和经济发展对金融交易规模、构成、方式和货币流量的影响。因此在对经济发展进行预测的基础上，可对未来的金融市场发展趋势做出预测，借以确定适当的存款准备金率，适时调整利率，平衡收支。同时金融机构可根据资金流量分析提供的信息确定主要的筹资方式，从而引导资金的流向，使资金得到合理利用。

（八）研究资金流量时间序列信息曲线

测算实物投资滞后于金融投资的变动值，进行敏感分析，用于中短期经济预测。

二、区域资金流量分析基本概念的界定

资金流量分析中的"资金"是包括实物资金、货币资金和信用资金在内的广义金融资金,即社会生产中全部资金。这种界定的理论依据是马克思的商品价值理论。商品是使用价值和价值的统一体,随着社会生产的发展和交换范围的扩大,价值形式不断变化,逐渐形成了与使用价值相对立的一般等价物——货币。货币的出现使商品使用价值与价值的内在矛盾转化为商品和货币的外部对立,使商品的买与卖在时间和空间上有可能成为两个过程。随着商品流通和货币关系的进一步发展,货币这种独立的价值形态又不断变化,进而形成了价值分解物——信用。信用的产生使货币转移(买和卖过程)在时间和空间上真正分离,信用货币开始执行支付手段和流通手段职能而统治着整个商品世界。因此在现代经济生活中并存着三种价值形态:一是与实物相结合的价值;二是与实物相分离的货币;三是从货币中分离出来的信用。资金流量分析是对整个价值运动过程的分析,资金的内涵理所当然应界定为社会生产中的全部资金,具体包括实物、货币和信用三种形态。

从资金流量分析的需要看,资金的概念也不能局限在生产和流通(交换)两个环节的经营活动范围内。因为通过再分配渠道分配给非生产经营单位和居民的货币收入,同样会形成对最终产品有支付能力的需求。而这种需求正是消费性商品(也包括非生产性投资品)得以实现的重要条件,也是保证生产经营资金不断循环和周转的必要前提。如果把资金仅仅局限于生产和流通两个环节的话,那么非生产经营单位和居民的收支流量得不到反映,就不可能全面揭示资金在国民经济各部、各环节之间的流动规模和流向。因此资金概念的界定必须包括社会再生产的生产、流量(交换)、分配和消费四个环节,只有这样才能说明资金初始流量的来源及分配、消费环节的活动对社会资金流动规模和流向的重大调节作用,进而全面反映资金流动的全貌。

资金流量是资金流入量与流出量的总称。从广义上讲,资金流量既包括金融流量,也包括实物流量。但在资金流量分析中,资金流量专指与金融交易有关的金融流量,侧重点在于资金的来源与运用。

三、区域资金流量分析的基本原理

区域资金流量分析是建立在结构性数量分析基础上的,它通过区域资

金流量表来进行。区域资金流量表是用来反映一定地域国民经济各主要部门资金流动状况、方向及与地区外经济联系的表式报告。相对国家资金流量表而言，具有结构复杂、资料取得难度大的特点。根据分析目的及范围大小不同，区域资金流量表可分为总表、部门表及部门附表等层次。

（一）总表

区域资金流量总表在纵向上是金融交易的具体项目，横向上是部门机构，具体由居民、金融机构、非金融机构（企业）、行政事业、地方财政和区域外六大部门所组成。纵横交错，形成了部门×交易项目的标准式矩阵结构。其形式见表1：

表1　区域资金流量（总表）

交易项目　　部门	行次	居民		金融机构		非金融机构		行政事业		地方财政		区域外		合计	
		U	S	U	S	U	S	U	S	U	S	U	S	U	S
一、总储蓄	1														
二、实物投资	2														
1. 固定资产投资	3														
2. 流动资产投资（增加）	4														
（1）原材料	5														
（2）在制品	6														
（3）产成品	7														
3. 未完工程变动	8														
三、储蓄投资差	9														
四、金融净投资	10														
1. 流通中现金	11														
2. 银行存款	12														
3. 银行贷款	13														
其中：固定资产贷款	14														
4. 同业拆借	15														
5. 债券	16														
其中：国家债券	17														
金融债券	18														
企业债券	19														
6. 股票	20														

交易项目 \ 部门	行次	居民		金融机构		非金融机构		行政事业		地方财政		区域外		合计	
		U	S	U	S	U	S	U	S	U	S	U	S	U	S
其中：国家股票	21														
企业股票	22														
7. 内部集资	23														
8. 金融租赁	24														
9. 商业信用	25														
10. 应收应付	26														
11. 社会保险金	27														
12. 区域外借款	28														
13. 其他	29														
五、误差	30														

表中部门分类的定义为：

（1）居民。指城乡居民户，不包括个体工商业户。

（2）金融机构。指中央银行、专业银行和非银行金融机构（信用社、农村合作基金会、保险公司及投资公司等）。

（3）非金融机构（企业）。指具有法人资格的国营、集体、私营企业和个体工商业户。既包括物质生产部门，也包括非物质生产部门的企业。

（4）行政事业部门。指所有通过财政预算取得收入或经费的机关、团体、部队和事业单位，但不包括金融机构。

（5）地方财政。指地方各级财政（不包括财政机关本身）预算内和预算外资金收支。其中预算外资金仅指地方财政部门掌握的预算外资金，不包括企事业单位的预算外资金。

（6）区域外部门。指与本地区发生经济联系的所有单位和个人。具体包括中央财政收支，总行资金的调拨和国内外资金往来，地方财政与中央财政的上缴下拨往来等。

表中交易项目的定义为：

（1）总储蓄。指各部门可支配收入中本期没有消费的部分。其资金来源是各部门经常性收支盈亏和由提取折旧基金和大修理基金所形成的折旧收入。

（2）实物投资。指一定时间内能够形成固定资产的投资和流动资产价值增加额及未完工程变动（尚未正式交付使用的工程变化量）之和。其中固定资产投资不包括商品房开发公司的投资，而将其作为流动资产增加额予以反映。

（3）储蓄投资差。指各部门总储蓄与总投资之差额。

（4）金融净投资。指金融资产与金融负债流量之差。它是资金流量分析的焦点。

（5）误差。指各部门内资金来源（总储蓄）与资金运用（总投资）之间的统计误差。这个误差以资金来源为基准，作为资金运用项目列示。

（二）部门表

部门表主要反映某一部门的资金来源与运用状况，其格式仍为标准矩阵形式。由于各部门经济活动特点不同，在纵横向上的项目分类也有所不同。一般地说，居民部门可细分为城镇居民和农村居民；金融部门可按各专业银行和非银行金融机构等设专栏进行具体分析；企业部门表的层次应按目前统计口径分为工业、建筑业、运输邮电和商业四大主要部门，在每一部门中根据分析需要而细分化；区域外分为国内区外和国外两大类。

部门表的纵列交易项目需根据详细分析需要而设置。限于篇幅，在此不再述及。

（三）部门附表

部门附表是对部门表的进一步具体化，可按不同标志设置若干平行或延伸的资金流量分析表。由于各部门经济活动对国民经济的影响程度不同，使区域资金流量分析具有不同的侧重点，由此决定了部门附表的层次与分析内容也有所不同。如企业部门的附表可按隶属关系分为中央企业和地方企业进行分析；在地方企业中再按所有制性质分为国营、集体、私营和其他企业进行分析；在上述分类基础上，按行业进行具体分析，如煤炭、冶金、机械、化工等；最后由行业分析延伸至每一个骨干企业或所有企业。

标准式结构的区域资金流量表有两个基本平衡规则：

总储蓄 = 总投资

资金来源总计 = 资金运用总计

四、区域资金流量分析的理论基础

资金流量分析方法产生于西方。因此，国内外不少学者认为凯恩斯及其后继者的宏观经济理论是资金流量分析的理论基础。主要论据是：

（1）凯恩斯的宏观经济理论是将国民收入与就业结合分析。从全社会看，产品可以分为供消费用的消费品和供投资用的资本品两大类，社会总收入的使用，一部分用于消费品的购买，其余则形成储蓄。由于投资是当前产品中未被消费的部分，储蓄是收入中未被消费的部分，所以在理论上，投资应等于储蓄，即 I = S。

（2）凯恩斯投资—储蓄的分析建立在商品市场均衡基础之上，没有考虑货币市场均衡的问题。投资从流动性价值偏好看是预期收益的递增函数，若预期收益为既定，则投资就表现为利息率的递减函数。据此关系，J. R. 希克斯和 A. H. 汉森在凯恩斯模型基础上，提出了投资·储蓄—流动性偏好·货币数量分析（即 IS – LM）的模型，从而发展了凯恩斯的宏观经济理论。这种分析的意义在于说明只有在 IS 与 LM 相交时，才能实现商品市场与货币市场的均衡，而要实现这一点，必须借助于政府力量，通过宏观经济调控来完成，从而为资金流量分析奠定了理论基础。

我们认为，区域资金流量分析作为经济金融统计分析的一种方法，是建立在马克思经济理论基础之上的。

（1）社会再生产过程理论。社会再生产是生产、交换、分配和消费的有机统一。由于研究目的与历史条件的限制，马克思在研究再生产过程时是把生产限定于物质生产领域，借以确定中间产品与最终使用、生产资料与消费资料之界限的。由于资金流量分析是以社会资金流量核算、编制区域资金流量表为前提的，而资金流量核算是国民经济核算体系的重要组成部分，其对象存在于社会再生产的全过程，因此在进行区域资金流量分析时，应该在马克思再生产理论基础上，把生产的范围扩大到非物质生产领域、延伸到交换环节，这样社会再生产过程就直接体现为生产、分配和消费的统一，由此改变了中间产品与最终使用、生产与分配和消费之间的界限，许多非物质部门的产品也被列入生产资料和中间产品之内。区域资金流量分析正是利用这种扩大的生产范围，结合生产与消费来反映分配总过程，并利用资金流量这一动态指标揭示生产资料和中间产品、消费资料和最终使用在区域内各部门、各环节之间流动情况的。因此，再生产过程理论是资金流量分析的重要理论基础，离开这一基础，区域资金流量分析就失去了意义。

（2）综合平衡理论。国民经济综合平衡主要指财政、信贷、物资和国际收支（外汇）平衡。从层次上看，综合平衡的最高层次是经济社会中物资需求与物资供应的平衡，次高层次是各投资主体的物资平衡。而实物流动的综合平衡本质上就是如何使居民部门未消费的实物（储蓄）转换为企业部门和行政事业部门可以支配的实物（投资），这正是资金流量分析的归宿所在。因此综合平衡理论也是资金流量分析的重要理论基础。

（3）马克思经济理论中关于商品价值与使用价值的理论是界定资金概念的理论基础。

五、区域资金流量分析的要求与组织

区域资金流量分析一般经过四个步骤：①制定分析计划，明确分析目的与要求；②深入实际，收集、整理、加工信息资料；③制定区域资金流量表，计算对比，为进一步分析提供依据；④综合归纳，从分析基本数量关系入手，形成区域资金流量分析报告。在上述整个分析过程中，数据资料必须翔实可靠，具有及时性、完整性、正确性和通用性等特征。只有这样，才能使区域资金流量分析具有统一的标准，及时而准确地为地方宏观经济调控服务，进而为建立宏观经济计量模型创造条件。

（一）区域资金流量分析的基本要求

1. 坚持经济与金融相结合的原则

做到生产、分配、使用与金融收支有机结合。生产、分配、使用与金融收支相结合也就是实物资金流量与金融资金流量相结合。分析时不应局限于金融领域，而要通过金融流量反映实物资产的变化量，据以揭示经济运行的态势及规模、方向和速度。

2. 坚持实事求是的原则

在区域资金流量分析中，必须加强调查研究，掌握可靠的数据资料，用辩证唯物主义的方法分析各种金融现象的内在联系，进而得出科学、正确的分析结论。

3. 采用科学的分析方法，提高分析结论的可信度

区域资金流量分析侧重于资金的流动方面，而且以总储蓄与总投资的平衡关系为基础。因此分析方法主要有动态分析法和平衡分析法两种。由于存量与流量的相互作用，使流量往往伴随存量变化而变化，因而流量也必须通过相关的存量来平衡。这就要求我们在具体分析时应把动态分析与平衡分析结合运用，相互补充，这样才能共同完成区域资金流量分析的

任务。

（二）区域资金流量分析的组织

领导重视，进一步提高对区域资金流量分析重要意义的认识。各级地方政府要从组织、思想、工作环境等方面予以支持，并亲自动手抓这项工作。

建立健全区域资金流量分析工作制度。包括：第一，为分析工作提供资料制度。区域资金流量分析所需资料来源广泛、涉及面广，因此各有关部门应大力协助，积极配合，为分析工作的顺利进行提供方便、创造条件。第二，建立分析工作岗位责任制度。横向上，部门分析要有必要的职责分工；纵向上，不同层次的分析应实行分工负责制，明确责任，提高分析效果与质量。第三，建立区域资金流量分析报告制度。这是分析的最终归宿。

做好区域资金流量分析的各项基础工作，加强网库制度。特别是要建立经济金融统计信息资料库，为分析工作提供主要资料。

积极创造条件，实现区域资金流量分析手段的现代化。要采用先进的电子计算机设备，健全目录、索引、分类、题录等检索系统，实现搜集、整理、存储、传递、预测、计算等整个分析过程的现代化处理。

建设太原市金融中心的政策性建议

背景说明

本文与余秀荣博士（上海财贸学院副教授）合作完成，是2008年8月提交"太原晋商文化论坛"的论文，会后被收录于范世康主编的《晋商兴盛与太原发展》一书，山西人民出版社2009年1月出版。文章从功能的角度对金融中心进行了界定，指出了金融中心的核心功能是金融聚集和辐射功能，并据此对太原市金融中心的建设提出三方面的政策性建议。

现代经济是金融经济。金融对经济的第一推动力和持续的推动力作用表现得越来越显著。太原市要打造晋商之都，离不开金融的支持。而金融中心的建立，可以集聚大量的金融资本和各种金融要素，并通过金融的集聚效应极大地带动该城市并辐射周边地区经济和金融迅猛发展，在国内外，凡市场经济有相当发展的国家或地区，无不为把某一中心城市培育成国际或区域金融中心而不遗余力。那么，太原市如何来建立金融中心？又要建设成什么样的金融中心呢？本文拟从金融中心的功能观角度，对太原市金融中心建设提出一些政策性的建议。

一、金融中心的界定

（一）学者们对于金融中心的界定

目前，对金融中心的界定尚不统一。国内学者从不同的角度定义金融中心，概括起来大体分为三类：

1. 从资金枢纽角度来定义金融中心

如曾康霖教授和唐旭研究员。曾康霖教授认为[①]，当代所谓的金融中心就是融资枢纽，是指那些在市场经济进一步发展的基础上建立起来的金融机构集中、金融市场发达、金融信息灵敏、金融设施先进、金融服务高效、金融影响面较大的融资枢纽，它通常以某一个经济发达的中心城市为依托。唐旭研究员认为[②]，金融中心是资金流动的枢纽。

2. 从金融市场的角度来定义金融中心

如洪葭管研究员、杨咸月博士、项俊波博士等。洪葭管研究员认为[③]，金融中心以巨量金融业务为其基础，较强辐射作用为其基本特点，它的标志可以用三句话概括，即：资金的相对集中，筹融资功能强；各类金融市场兴旺发达，金融市场的交易量大；与国内外金融联系和服务紧密而又广泛。杨咸月博士认为[④]，金融中心是一种特殊的、开放的金融市场，其最大功效表现在金融集聚辐射功能。项俊波博士认为[⑤]，金融中心是在一个特定城市和地区各类金融机构积聚的市场，它在本质上承担的是金融中介功能。它主要为金融机构提供集中交易和清算场所，是"中介的中介"。

3. 从金融活动或者金融机构等的集散地来定义金融中心

如饶余庆教授、谢太峰教授、王力博士等。香港学者饶余庆认为[⑥]，金融中心是金融机构和金融市场群集，并进行各种金融活动与交易的都市。谢太峰教授认为[⑦]，金融中心是资金融通活动密集的地方，一般是城市，它是金融交易成本最低、交易效率最高、交易量大的一个资金交易集聚地。王力博士认为[⑧]，金融中心是凭借优势的经济、政治、地理和文化条件，以及发达的交通、通信等基础设施，能够为众多金融机构提供品种繁多的金融交易和中介服务，并成为全球性、国家性或区域性资本集中地和金融交易清算地的一些城市（地区），是金融机构集中地、资金集散、资金清算、金融服务、金融产品创新、金融人才集聚的中心。

---

① 曾康霖、刘锡良、陈斌：《世界各金融中心建设的基本特征及条件》，《金融研究》1990年第11期。
② 唐旭：《论区域金融中心的形成》，《城市金融论坛》1996年第7期。
③ 洪葭管：《20世纪的上海金融》，上海人民出版社2004年版。
④ 杨咸月：《城市群与国际金融中心的战略组合》，《上海经济研究》2005年第1期。
⑤ 项俊波：《国家战略视角下的国际金融中心建设问题研究》，经济科学出版社2007年版。
⑥ 饶余庆：《走向未来的香港金融》，三联书店（香港）有限公司1993年版。
⑦ 谢太峰等：《国际金融中心论》，经济科学出版社2006年版。
⑧ 王力、董育华：《国际金融中心研究》，中国财政经济出版社2004年版。

（二）金融中心的功能观：金融中心的重新界定

虽然说上述描述金融中心的角度是不同的，但三类金融中心的界定中或明或暗地表达了一个关于金融中心共同的特征，即金融中心是金融资源的聚集和辐射的地域，金融中心形成的最重要的标志就是金融集聚和辐射功能的发挥。

因此，本文认为，所谓的金融中心是金融资源聚集和辐射功能发挥作用的地域，一般来说，这一地域表现为一座中心城市。

这表明，金融中心是一个地域性的概念，是某地。这里是从金融中心功能发挥的角度而非金融机构和金融市场聚集的角度来界定这个地域的。二者根本的区别在于，金融机构和金融市场的聚集是表象，而金融中心功能的发挥是本质，二者有着量与质的区别。金融中心的形成是一个金融资源聚集的过程。当这个聚集过程达到一定量的积累的时候，发生了质的变化，该地发挥出了金融聚集和辐射的功能的时候，该地区形成了金融中心。只有金融资源的聚集，而没有发挥金融聚集和辐射功能的地方是不可能最终形成金融中心的。金融中心辐射区域大小取决于金融中心的半径的大小，取决于金融中心辐射能力的大小。金融中心的半径越大，金融中心辐射区域就越广阔，金融中心的层次越高。因此，金融中心有层次、等级之分。

无论哪个城市提出建立金融中心，都要首先界定自己的半径，也就是金融中心的定位问题。从这个意义上讲，不同的城市提出建立金融中心的设想可以是小区域、较小区域的、大区域、较大区域的。只要各地的区域界定适当，定位合理，金融中心的功能得到发挥，这样各地金融中心的构建也必将带来各地金融业的巨大发展，其最终的合理必将带动整个国家金融业整体水平的提升。

二、金融中心功能

我国金融实务界对于金融中心功能系统研究还没有成文，但我国学者对于金融中心的功能一词提出可以见于诸多报刊、专著作品等多项研究成果，其中对金融中心功能也进行了一定的研究，如曾康霖[①]概括了金融中心的六大功能即融资功能、筹资功能、投资功能、交易功能、创新功能、

---

① 曾康霖：《对建设上海国际金融中心的思考》，《中国货币市场》2003 年第 6 期。

综合服务功能。胡坚认为[①]，金融中心的最终功能是融资和贷款中心。陆红军认为[②]，金融中心执行两个基本的功能：金融中介功能和年期转移功能。谢太峰认为[③]，金融中心具有货币结算功能、筹资功能、投资功能、资产重组功能以及信息传递功能等。潘英丽认为[④]，金融中心的基本职能就是平衡地区资金和金融服务的供求。这些理论概括指出了金融中心的具体功能，是不可否认、不可排斥的。但是我们认为，在金融业有一定发展的非金融中心金融中介和金融市场也可以发挥这些金融功能，这些金融功能是金融中心与金融业有一定发展的非中心共有的功能。如果金融中心的功能仅限于此，那么金融中心与非金融中心的区别就模糊了。那么金融中心的功能和非金融中心的功能的根本区别在哪里？

本文认为，金融中心功能与非金融中心功能根本区别在于，金融中心的核心功能是金融聚集和辐射功能。金融聚集是金融辐射的前提。只有聚集一定规模的金融要素，金融中心才有辐射力，才能发挥辐射功能。聚集的金融要素越多，金融的辐射力才能越大。无论是什么样层次的金融中心，首先必须具备的就是聚集和辐射功能。如果没有聚集和辐射功能，那么金融中心的半径就为零，这时该城市发挥的只是金融中介、金融市场的一般金融功能，是非中心的金融功能。因此，一个地域或都市只有发挥金融的聚集和辐射的功能，才能说它是一个金融中心。

金融聚集和辐射功能是金融中心的核心功能，但并不是说金融中心的功能仅限于此，也并非排斥金融中介和金融市场等所具有的功能，而且恰恰相反，金融中心形成过程中以及以后，随着金融要素的聚集所带来的规模效应、聚集效应，原有的金融功能发挥得更为充分，作用的领域会更广阔，发挥的水平会更高。

三、太原市建立金融中心的政策建议

根据金融中心的界定及其功能的上述理论，建立太原市金融中心，就需要聚集金融要素，形成辐射力，发挥金融中心的聚集和辐射功能。因此，本文建议：

---

① 胡坚：《建立国际金融中心评估指标体系的基本设想》，《经济科学》1995 年第 2 期。
② 陆红军：《首届国际金融中心研讨会论文集》，百家出版社 1996 年版。
③ 谢太峰等：《国际金融中心论》，经济科学出版社 2006 年版。
④ 潘英丽：《崛起中的国际金融中心》，《西部论丛》2006 年第 11 期。

（一）政府大力推进，构建"金融洼地"，聚集金融要素

现代金融中心的形成是在市场的拉力作用下，政府的推力起着关键的作用。建立太原市金融中心，同样需要政府大力推进。建设是人的行为，是人为的推动，是先设定目标，然后根据目标采取措施进行建的过程。

设定目标。也是规划，是寻找太原金融中心的半径，即定位问题。政府首先要高瞻远瞩，根据对金融运行规律的分析，确定太原金融中心的合理半径和辐射区域。本文认为，目前这个半径不宜太大，辐射的区域不宜太广，可以从大太原经济圈入手。随着辐射力的增强，以后的辐射区域可以逐步扩大，成为周边地区的金融中心和中部地区金融中心。

建的过程。也就是采取哪些措施，筑巢引凤，使太原市成为金融资源聚集地和发挥辐射功能的过程。

1. 树立形象

政府就是旗帜。政府需要树立诚信、高效、能干的良好形象，明确服务意识，提高职能部门办事效率，杜绝钱权交易、暗箱操作等腐败行为。

2. 制定制度

制度决定人的行为，也决定市场的行为。因此，地方政府通过制度供给，鼓励聚集金融要素，对金融中心的形成起着决定性的作用。如税收优惠、人才引进、金融机构设置、交易市场、市场监管、产权交易、对违规者的惩罚等。

3. 培育市场

只有高度发展的商品生产和发达的商品贸易，才有金融服务、融通资金的客观需要，才能为金融的活跃奠定雄厚的基础，并通过"发展极"的扩散效应来聚集金融生产要素。因此，政府应加大市场的培育，促进市场繁荣，让市场机制充分发挥作用。目前，山西可能是全国亿万富翁最多的地方之一，可以说资金供给也是很丰沛的，可是大量资金通过各种渠道流向了外地，其中一个重要原因就是当地投资环境差，市场经济不够发达，这需要当地政府深入思考并合理引导。

4. 完善基础设施

这里包括硬件和软件两个方面。硬件方面，如通讯网络、交通设施的完善，中央商务区的现代化水平以及其成本合理程度等；软件方面，最重要的是诚信状况、社会环境、人们的精神状态和意识等。

5. 引进和培养金融人才

这里的人才包括金融方面的操作人员、管理人员、系统维护人员以及研发人员等，还包括为金融企业提供支持的其他中介人员，如会计、财务、法律等方面的人才。我们统计了在上海和深圳证券交易所上市公司的数量，山西省的上市公司只有 25 家，在全国省市中排第 23 位。有学者指出，由于上市公司要求较高，所以山西的上市公司少。我们认为这只是其中的一个方面，最重要的是，山西很多企业，尤其是中小企业不太懂得如何利用资本市场，企业财务管理不规范，又缺乏必要的投资银行的指导所致。俗话说，事在人为，谋事在人，成事在天。山西正是缺乏谋事之人，缺乏财务、金融人才。解决这个问题，一是需要政府组织一个平台，把现有山西的金融人才动员起来，并充分发挥他们的聪明才智；二是靠政策引进人才；三是要大力加强在职人员的培训；四是要加强交流，考察学习先进地区的金融工作经验。

6. 鼓励金融创新

历史上，山西票号曾以创新闻名于世，有良好的创新的底蕴。政府应采取宽松的政策，鼓励市场主体的创新行为，弘扬创新的文化氛围。

（二）发挥煤炭资源和民间资金富裕的优势，聚集金融要素

山西的煤炭、焦炭资源丰富，而这两种资源恰恰是国家经济发展战略性资源，因此，建立煤炭期货市场，山西具有得天独厚的优势。在完善现货市场交易的同时，太原市建立中国煤炭期货交易所，将大大增强山西乃至全国对这两种产品的定价能力和调控能力。并通过煤炭、焦炭的现货和期货交易，聚集结算资金，带动金融机构、金融市场、金融中介、金融工具的创新和发展。[①]

另外，山西是民间资本充裕且活跃的地区之一，可是，大量的资金流向了外地，还有一部分资金通过各种地下形式贷放出去，如果在太原市建立中国民间资本交易中心，不仅能使大量的地下资金规范化，降低金融风险，而且还能聚集货币资金，并通过货币资金，聚集其他金融要素，这对于山西经济的发展无疑将起到很好的促进作用。

（三）正确处理政府和市场的关系，充分发挥市场的能动性

在金融中心建设中，政府起着非常重要的作用，但政府作用范围是有

---

① 孔祥毅、张中平：《中部崛起战略下的山西金融机制创新研究》，山西经济出版社 2006 年版。

边界的。原则是市场自己能解决的问题，政府不要插手，政府主要是"筑巢引凤"，提供政策支持、解决市场失灵以及公共服务、制度供给等。市场能解决的问题，政府不能越俎代庖，只有这样才能充分调动市场的主动性、积极性和热情，引导资金回流，聚集金融要素。[①]

---

① 孔祥毅、张中平：《中部崛起战略下的山西金融机制创新研究》，山西经济出版社 2006 年版。

晋商之都

晋商之都的历史背景与
当今建设的金融支持

背景说明

本文是 2008 年 8 月 21 日由太原市委、太原贸促会组织的
"晋商之都学术研讨会"上的发言提纲，部分内容被《山西商
报》以《如何建设晋商之都》为题在该刊公开发表，后被收入
范世康主编的《建设兴盛与太原发展》一书，山西人民出版社
2009 年 1 月出版。太原商业三四千年的发展历史需要我们很好
地总结。一是边贸，商品生产与贸易地理决定了晋商在中国和北
亚市场的地位；二是商业发展引发金融业诞生，金融业发展促进
经济发展，二者互相支撑；三是新的产业随着科技进步、交通变
迁变化，商路可能延长或者萎缩；四是太原商人的崛起得益于不
断的商业技术创新与金融创新，其背后是核心价值观和晋商精
神。建设太原晋商之都需要历史的传承，更需要制度和政策创
新，以政府主导下的金融先导战略，建设营造太原金融洼地，吸
引流出去的资金回流和外部资金流入，积聚金融资源是关键。

一、太原贸易金融发展的历史背景

（一）唐晋遗风

中国古代圣贤尧、舜、禹起于陶唐，尧都平阳，舜都蒲坂，禹都安
邑，最早的商业活动发生于黄河中游，舜帝曾"就时于负夏"，做过贩运

贸易，是华夏商祖。周初，成王封其弟叔虞为唐国（今山西中南部）侯，当时周成王要求叔虞在唐地"启以夏政，疆以戎索"，叔虞按照周成王的要求制定的施政方针，既适当保留了夏代以来的一些制度，维护夏人的传统习俗，暂不实行以周礼为中心的宗法制度；同时依照游牧民族生产和生活习惯分配土地，便利农牧生产，暂不实行中央的井田制度，而实行了不完全等同于周朝的政治经济政策。由此晋国孕育出政治上博大宽厚、兼容并蓄，经济上求同存异、自强不息管理理念。

战国时，曾经帮助越王勾践复国的范蠡，后来弃政经商，成为巨富，三次分散财富于人，三次致富，据传，范蠡经商曾向计然讨教，有人说计然是晋国公子，计然的"贾人旱则资舟，水则资车"、"平籴齐物，关市不乏"的经营理念影响了范蠡，范蠡则发展为"贵上极则反贱，贱下极则反贵"。大商人白圭，《史记》说他是周人，但是太原徐沟白氏族谱记载，白圭是他们的祖先，距徐沟不远就有白圭镇，白圭提出了"人弃我取，人取我予"等商业经营艺术。不管计然、白圭是不是太原人，唐晋遗风绵延流长，始终是历代晋商取之不尽用之不竭的智慧源泉。

公元907～979年的70多年间，晋阳古城经历了后唐、后晋、后汉、北汉等几个王朝，轮番占领，经济凋敝。公元960年赵匡胤建立宋王朝，969年派兵攻打北汉，979年赵光义率兵攻取晋阳，放火焚烧晋阳城，第二年又引汾水灌了晋阳城废墟，先后几次将晋阳地区商民强迫迁往河南等地，很多人离开家园，失去土地，被迫走上了商途。从古代到隋唐的太原商业与货币，我在《古晋阳的商业与货币》（太原三晋文化研究会《晋阳文化研究》第二辑）一文中做过比较详细的讨论。到宋元明清，太原商业与金融业的发展，更是值得今人很好地研究与传承。

（二）茶马互市

康基田的《晋乘搜略》记载："仁宗天圣中，诏府州岢岚军省马，五岁已上十二岁已下，骨骼良善行者，悉纲送估马司及并州拣马司。庆历时出藏绢三万市马于府州。并州守以越界趋利辄请罢之。张若谷知并州，以为互市所以利戎落而通蕃情，且中国得战马亟罢之则猜阻不安，奏复市如故，并州路置场和市。并州西边合河、保德皆临河，夏人西来，辽兵南下，聚于麟、府二州界上，对渡之合河、保德当冲受敌，征调无时，辽夏皆利于和市，时以此为控御之道。互市以缯帛罗绮易驼马牛羊、玉、毡、毯、甘草，以香药、瓷漆器、姜桂等物易蜜蜡、麝脐、毛褐原、羚角、�]

沙、柴胡、苁蓉、红花、翎毛，非官市者听其与民交易，惟私市硫磺、焰硝入外界禁例綦严。后西人侵耕屈野河地，合河对岸。即屈野河入黄之口，知并州庞籍谓：非绝其互市，则内侵不已；若互市不通，其国必归罪讹，庞年岁间然后可与计议，遂禁边民无得私相贸易，而私贩不能止。申诏禁绝。既而麟州复奏夏人之请，乃令鬻铜锡以市马，而马入岁增，蕃情亦顺，并州之供输得少息矣。"[1] "宋地理志，河东路……地有盐铁之饶……朔方娄烦马之所出，岁增贸市，以充盐牧之用。"[2]

可见宋代在唐代对外贸易繁盛的基础上又有了进一步的发展，虽然在北宋初期，曾规定与邻国贸易一律由政府进行，禁止民间擅自买卖，但"颇闻禁令不行"，20 年后不得不取消禁令，反过来还鼓励中外商人越界贩卖。虽然边境时有战事，但边贸并未因此而停顿，相反还有了一定的发展；与阿拉伯国家的贸易也比以前更加活跃，阿拉伯国家曾先后 40 多次派来使节，以促进通好和贸易。

随着手工业生产的继续发展，宋朝逐渐形成出口商品的王牌产品，主要是丝绸、瓷器和漆器，特别将丝绸和瓷器确定为对外贸易的法定品种，积极鼓励其生产。此时，山西丝织业又有了很大发展，潞、泽一带出现了家庭手工业专业户。而且其时机织生产与农业户已分开，织户多在城镇，农户则逐渐转向养蚕缫丝。其丝织品无论从产量、质量和花色品种上，都大大超过了前代。在对外支付方面，宋王朝规定，除使用金、银、铅、锡外，还可用杂色帛和粗瓷器作为支付手段，易回西域诸国的商品，这无疑是对丝织生产的一种鼓励。

元统一全国后，建立了横跨欧、亚的大帝国。世祖忽必烈继位以后，实行了一些奖励生产、安抚流亡的措施，农业生产逐步得以恢复，又采取了一系列奖励对外贸易的政策。由于驿站完备，交通通畅，商业活动更加频繁旺盛，经"丝绸之路"来中国的外国商人络绎不绝。山西与阿拉伯国家之间的贸易活动仍通过古老商道进行。意大利人马可·波罗就是这时从西方经陆路来中国的。他到过山西的大同、太原、平阳（今临汾）。在其《马可·波罗游记》中除介绍山西的繁荣商业和"养蚕业极为发达"外，还记述有晋商"自此发足前往印度等地经商谋利"的事，经其宣传介绍，有更多的外国商人慕名逐利来到山西，使山西和外国之间通过

---

①② 康基田：《晋乘搜略》卷二十。

"丝绸之路"的贸易更加频繁。由于商务昌盛，山西所产丝绸已不敷输出之用。商人们还要从外地进货。这时输出的主要商品除丝绸外，还有布、纸张、瓷器、金银器和铜制品等。输入的商品仍大多是供上层社会人士享用的奢侈品。

（三）晋商称雄

明清两代，太原商人势力得到进一步发展，特别是到清中期以后，太原商人势力逐渐超越平阳和泽州地区，尤其是货币经营资本迅猛发展，不仅当铺、钱庄、资本雄厚，而且创造了账局、票号等信贷金融机构，商品经营资本与货币经营资本相互支持，实现了晋商货通天下、汇通天下奇迹。

明代，在山西"北隅向有边墙一道"，即长城。边墙设有堡门四十多处。是连接口外与山西省驿路的通道。明晚期到清代以至民初，走西口者络绎不绝，在内蒙古的土默特地区，有很多用山西地名命名的村庄和街巷，如阳曲窑、盂县窑、代州营子、寿阳营子、忻州营子、交城坡、宁武巷、太谷巷、定襄巷等。晋人走西口，大体从康熙到民国有两个半世纪。

他们开拓中国北方市场及至全国市场，同时又把触角伸向国外市场，伊尔库茨克、西伯利亚、莫斯科、彼得堡，日本的大阪、神户、长崎，以及朝鲜的仁川，都留下了太原府商人的足迹，其中的徐沟、祁县、太谷、榆次、交城、阳曲商人都是佼佼者。

"先有复字号，后有包头城"的谚语，说的是祁县乔家开发内蒙古包头市场的历史，从种菜、养猪、磨豆腐发展到经营货业、茶叶、粮行、钱庄、当铺、票号，在东北、西北、京津、四川、两湖的商号达200多处，流动资金700万~1000万两，固定资产有人估计有1000万两左右。

"先有曹家店，后有朝阳县"，说的是太谷曹家在朝阳三座塔的发展，到清末，曹家商业有13行、640号、37000名职工。商号分布于山西、津京、东北、华东、西南、内外蒙古、俄罗斯数十个城市。而管理则通过"励金德"账庄管理太原、潞安及江南各地商号，"用通玉"账庄管理东北各商号，通过"三晋川"账庄管理山东各商号。在各商号独立核算基础上，由上一级商号领导各号信息交换、联合采购、融通资金、调剂人才等，发挥了综合优势。创造了中国历史上最早的金融控股集团公司，金融业与工商业的联姻或混合生长是晋商重要经验之一。

榆次《常氏家乘》记载："吾常氏起家于商，凡高、曾之所经划、子孙之所衣食皆在张城，他如辽、沈、京、津暨吴之苏、淞，荆之汉、沔，列肆而平均者又数十所。"这些网点有的经营商品交易，有的负责督运商品，沟通商情信息，办理转汇资金，为经营决策服务。它们在福建武夷山包山收购茶叶，设厂加工，运销蒙古、俄罗斯，实现了采购、加工、销售一体化。全盛时期设庄于张家口、多伦诺尔、恰克图、北京、天津、上海、苏州、沈阳，以及省内太谷、大同、繁峙、丰镇等。

祁县长裕川茶庄，从祁县到湖南，建立湖南安化茶叶生产加工基地，通过洋行直接与外商贸易，通过张家口（东口）、归化城（西口）旅蒙商，把茶叶销给草原牧民以及俄罗斯商人，建立国内外的营销网络，实施产供销一条龙，创造了茶叶的产业化经营模式。在徐沟，有多年专门经营俄罗斯商品的"羌货庄"。在新疆伊宁南关，有一个祁县人聚居的村，至今还说祁县话。

忻县商人程化鹏（1824～1892年），自幼随亲友到归化学商，咸丰初年曾贩运内地杂货取道外蒙古到达俄罗斯西伯利亚贸易，获利数倍，并调查了俄国市场。但当时清政府对外实行闭关政策，对内实行盐茶统治贸易，商人运茶北销必须在绥远将军署请领茶引，否则视为私茶按律问罪，而所领茶引只能销于内外蒙古和新疆，严禁出口。山西茶商只能以合法名义将茶运至外蒙古，再辗转私售俄国人，沿边官吏、卡伦一经查出，或是扣货，或是苛罚，或是索贿，以缉私为名大发横财，成为中国对俄贸易的一大障碍。程化鹏为保全商人利益，亲赴京师，上书理藩院，陈明禁茶出口，只能"病商业，捐国课"，"大非国家保商裕饷之本"，建议明定税则，准许运茶直与外国人贸易，增国货输出以益税收，免吏役勒索，公私交便。清廷批示"准行"，允许运茶出口，在恰克图和塔尔巴哈台等处与俄国人交易，为山西茶帮商人开辟了一大利源。输俄茶叶逐年增加，1845年到1847年以前每年输俄茶叶大约4万箱，1852年以后每年达到17.5万箱以上，俄国商人又将茶叶转贩欧洲市场，获取厚利，沙俄商人也大批地进入中国市场。马克思对此评论说：俄罗斯"独享内地陆路贸易，成了他们没有可能参加海上贸易的一种补偿"，"由于这种贸易的增长……恰克图就由一种普通的要塞和集镇发展成一个相当大的城市了"[1]。在俄国的莫斯科、多木斯克、耶尔古特斯克、克拉斯诺亚尔斯克、新西伯利亚、

---

① 《马克思思格斯全集》，人民出版社1972年版。

巴尔纳乌、巴尔古今、比西克、上乌金斯克、彼得堡等都有山西人，其中主要是汾河谷地的汾阳、徐沟、榆次人。

在晋商开拓茶叶之路的同时，一批北疆城市诸如海拉尔、朝阳、张家口、多伦诺尔、包头、定远营、西宁、科布多、恰克图等城市，均因太原晋中等商人而迅速崛起。商贸的发展，自然导致金融业的成长，当铺、钱庄、银号、印局、账局、票号应运而生，据1909年日本出版的中国驻屯军司令部编写的《天津志》记载："汇票庄俗称票庄，总称是山西银行。据说在一百多年以前业已成立。主要从事中国国内的汇兑交易，执行地方银行的事务。"美国著名学者费正清说，中国"在外国人来到以前，在最上层信贷的转让，是由钱庄经手，这些钱庄集中于山西中部汾河流域的一些小镇。山西银行常常靠亲属关系在全国设立分号，把款子从一个地方转给其他地方的分号，为此收取一些汇水"。"在上层和低层之间还有几类大大小小的外国人称为地方银行的钱庄。小钱庄可以服务于它们所在地的社区，大的钱庄则常和分布在通都大邑的地方银号有往来。"[1] 他们把金融业开到蒙古地区以至国外。《绥远通志稿》卷二十七记载："绥（远）包（头）两市外省籍者最多，山西人占十之六，以粮业、钱业为主，冀、平、津人占十之二，以绸缎、洋货业为主，至于本省土著则占十之二，分布于各业，而以茶、饭业为多。"[2] 该书卷三十二记载："银钱业商人，以山西祁太帮为最，忻帮次之，代帮及同帮又次之。故其一切组织，亦仿内地习惯办理，由个钱商组合行社，名曰宝丰社。"[3] "宝丰社在有清一代，始终为商业金融之总汇"，操奇计赢，为百业之枢纽。可见太原货币商人在内蒙古的地位。他们同时也将贸易金融势力伸向外蒙古地区，到库伦、科布多、恰克图等以至莫斯科。商品交易中，他们也对俄罗斯商人进行融资贸易，米德尔洋夫、俄哨克等五家俄商对榆次常家大泉玉、独慎玉等十家商号欠款62万两白银不能偿还，官司打到了中俄两国中央政府。

综上所述，太原商业历史发展三四千年，有几条轨迹需要我们认识，一是边贸，或者说民族贸易，不论是和平时期还是战争时期，始终没有停顿。这是因为太原地处中原汉民族农业手工业地区与北方游牧民族畜牧业地区之间，商品生产与贸易地理决定了晋商在中国和北亚市场的地位。二

---

① 费正清：《伟大的中国革命》，世界知识出版社2000年版。
② 《绥远通志稿》卷二十七。
③ 《绥远通志稿》卷三十二。

是商业贸易的发展引发了金融业的诞生，金融业的发展促进了贸易与生产的发展，金融贸易互相支撑，出现了中国最早的一批金融控股集团公司，它们的企业做得最大、最强、最长，商业革命必然伴随着金融革命。三是新的产业、新的贸易随着科技进步、交通变迁会发生变化，商路可能延长或者萎缩，清中后期晋商贸易直达新疆、外蒙古、俄罗斯，仅仅200年不到俄罗斯与外蒙古市场丧失了。四是太原商人的崛起与开拓，并称雄商界，其中得益于不断的商业技术创新与金融创新，其成功创新的背后是核心价值观的忠义诚信，是晋商精神的力量。

二、晋商之都的建设

建设晋商之都，是一个很好的发展目标和战略。回忆总结太原商人演进的轨迹，研究其兴衰的经验教训，会得到很多对今天建设晋商之都有益的启示。本文不能展开，简要提出以下几点建议。

（一）"大太原晋商之都"

历史上太原府比现在的太原市所辖地域要大得多，在晋商最活跃的清代，太原府包括了太原市，还有榆次、太谷、祁县、文水、交城几县以及岢岚州、岚县、兴县。之前，曾经包括现在的忻州、朔州。"晋商之都"不应当是太原市的概念，而是太原经济区。

现在太原是山西省首府，政治、经济、交融、文化、交通中心，是中国22个特大城市之一，地处中国东中西三大经济带的结合部，在全国对外开放和经济发展布局中，具有全国东西、南北双向支撑作用。近60年来，太原已经成为全国重要的工业和能源基地，形成了以冶金、能源、机械、化工等产业为支柱，电子信息、生物制药、新材料等产业全面发展，技术基础雄厚、门类比较齐全的新型工业体系。山西省"十一五"规划也提出推进"大太原经济圈"的构建。经济圈以太原为核心，周围环抱10余个城市。区域人口总数达到800万，地区生产总值达975亿元。太原与这些城市之间的车程，将在1小时内走完。

所以再造晋商之都，必须统一"大太原"的认识，强调太原对周围县市的聚集功能和辐射功能。随着银川—太原铁路建成，太原以其地理区位优势、地矿资源优势、能源与新型工业基地、历史文化遗产，形成中国中北部地区的能源、原材料、物流、金融与文化中心。大太原经济圈，是太原晋商之都的内涵。建设新晋商之都，将是山西人民的福音。

（二）金融支持

建设晋商之都，需要金融支持，需要建设太原金融中心。近年山西金融运行出现了拐点，由连续33年贷差省到1996年变成了存差省，金融资产严重外流。建议以政府强势弥补市场弱势，通过政府驱动和金融制度、政策创新，营造山西金融洼地，吸引流出去的内部资金回流和外部资金流入，积聚金融资源。鼓励金融机构创新金融服务品种，增加吸引资金内流的金融品种；完善金融市场的建设，拓展市场的宽度和深度；实行税收优惠，吸引大的金融机构在山西扎根落户，以带动其客户资金和结算资金的流入。

建议扩张太原金融市场容量。一是抓住货币市场主体的票据融资市场建设，借以满足企业短期资金需求，扩大银行信贷资金投放渠道，加速资金循环。丰富票据融资品种，推进商业汇票的广泛使用，试发本票、开发无担保票据、公司票据；成立专门承兑公司、贴现公司、本票发行交易市场，为票据的发行融资创造条件；简化票据交易手续，强化商业票据的无因性，依托中国票据网络，建立票据业务查询、交易和监督管理系统。二是开拓证券市场，因为证券市场层次少，大量中小企业被排除在证券市场门外，企业"融资难"的压力很大。在加速晋商银行筹建，建立地方商业银行航母的同时，积极搭建区域债券交易平台及启动银行代理方式的柜台交易市场；以市政债券和项目债券带动区域债券市场的发展；成立具有公信力的有政府背景的担保机构和发行机构推动债券信用增级；推出产业投资基金特别是能源投资基金。积极发起或参与企业重组基金、风险投资基金、创业投资基金和"中外合作产业投资基金"，发挥基金"资本放大器"的作用，促进以太原高新技术产业区为中心的高新技术产业跨越式发展和地区内产业结构的战略性调整。

抓住金融业控股集团公司。金融业与非金融产业的相互渗透和融合，是金融业发展与产业发展的共同需要，混业经营是世界金融业发展的大势所趋，也是我国金融业发展的趋势。推进混业经营可实施"三步走"战略：维持分业格局，推进混业实践，培育混业条件；以金融控股公司实践为先导，分梯次、多元路径推进混业经营；在混业实践的基础上彻底改革金融法律制度，全面实行混业经营。

拓展山西金融宽度。通过金融工具创新、金融业务创新、金融机构创新拓展山西金融宽变，可以考虑的办法，如成立贷款公司，将民间抵押、担保、贷款的地下金融活动转移到"地面",使民间金融经过规范,进入直接融资市场;成立汽车金融公司、财务公司、基金公司等金融机构,将现有的金融领域拓展到新兴的产业金融服务领域;成立社区银行,将金融触角深入到社区,既满足了居民的金融服务需求,又将具有广泛客户基础的社区纳入金融服务范围。创新金融业务,大力发展多种形式的中间金融业务,除传统的结算、担保、咨询、代发债券、股票、代收煤水电费等,更重要的是开发新型的代客理财、投资咨询等面向高端客户的业务,以拓宽金融服务的种类和客户群。创新金融工具,发行融资票据、推广本票的使用,代理发行区域性的债券、股票、基金等金融工具,以金融工具的广泛流通和发行拓宽金融市场的深度和广度。

（三）视线北向

几千年来晋人的投资取向主要在北不在南。太原的也是中国近代史最大的长寿企业大盛魁,起家于内外蒙古,发展于中北部,存在280多年,但在民国年间破产了。其原因很多,其中一个重要原因就是它在战略转型时,投资重点选择了南下上海,在不恰当的时间选择了一个不恰当的地点,损失了资本,贻误了时机。南北的文化差异、人力资本差异、资源差异、生活差异提示我们太原商人,需要研究我们的优势,发挥我们的优势。中北部地区和外蒙古、俄罗斯仍然是新晋商可以开拓的市场。

（四）软环境建设

太原晋商之都的硬环境是比较好的,需要的是加强软环境建设。

首先,建设廉明政府,提高办事效率,改善投资的软环境。其次,企业需要认识到,当代企业的竞争,已经不是资本实力和市场规模的硬指标竞争,而是行业文化建设的软实力竞争。它关系一个行业的生命力、创造力和凝聚力。以晋商的核心价值观为指导,传承晋商优良理念,以诚信义利的商业伦理,以中和之道的处世哲学,以加强企业管理者的心智素养,来发展自己。软实力是现代企业竞争的核心竞争力。

从外延发展到内涵发展,依靠增强自主创新、提升从业人员素质、改善经营管理;从破坏性开发到可持续开发,无论是挖煤的破坏性开发,或者是不重诚信、追求眼前利益的破坏性开发,都需要转向可持续发展的思维和投资。

以商业与金融创新，推进
晋商之都的经济转型

背景说明

　　本文是 2010 年 3 月 31 日至 4 月 2 日由中国商业文化研究会与太原市政府在太原晋祠召开的"中国商业文化创新论坛"的发言提纲，原载《新晋商联盟》太原贸促会"中国商业文化创新论坛专属刊"2010 年第 2 期。推进晋商之都经济转型，需要以晋商的商业与金融创新精神，调整我们的经济结构与经济增长方式。

　　文化，是人类改造客观世界和主观世界的活动及其成果的概括，包括物质文化和精神文化。晋商以商业文化与金融文化的创新赢得了天下。今天，推进晋商之都经济转型，仍然需要晋商的商业与金融创新精神，改变煤炭经济以及由此形成的经济滞后贫富悬殊的形象，调整经济结构与经济增长方式。

一、晋商以商业金融文化创新赢得天下

　　晋商称雄商界 500 年，是以商业金融文化创新赢得天下的。

　　晋商的商业文化创新，体现为企业治理、企业制度、业务经营诸方面。企业治理机制创新，如商业活动的企业化经营、企业资本的股份合作、所有权与经营权两权分离、资本金管理的正本副本制度；企业管理制度创新，如人力资源管理的保荐制度、聘用制度、学徒制度、训育制度、人力资本

制度、薪酬社保激励制度、宗法与担保约束制度，经营管理的控股集团公司、商业网络制、连锁制等；业务经营创新，如产运销产业链综合经营、万里茶路、冷冻食品、品牌商品、开拓游牧民族地区市场和国际市场等。

晋商的金融文化创新，体现在金融机构、工具、业务、制度诸方面。金融机构创新，有当铺、钱庄、银号、印局、账局、票号；金融工具创新，有凭帖、兑帖、上帖、上票、壶瓶帖、期帖、会券、兑条等；金融业务创新，如记账货币、票据转让、转账结算、银行清算、顺汇逆汇、代办代理、信约公履制度，以及业务经营机构随盈利与风险大小而伸缩、业务与资金随经济社会需要而松紧。以至介入国际金融市场，采办货币金属，对俄商贸易融资，将银行设往国外等；金融制度创新，如总分支机构制、联号制、行会制、护本制、银行密押制、金融稽核制、内部控制等。

晋商在商品经营资本发展中，分离出来货币经营资本，即中国早期的金融业，金融业与商业相互支撑，相互促进，坚守仁义礼智信信中取利，温良恭俭让让中求财，赢得了天下。

二、商业与金融是手心手背

历史证明，无商不富，无商不城，无商不活，商可强国，商可富民。金融业在商业发展中分离出来以后，创造信用工具与形式，使得商业票据成为货币，有信用就有了货币，信用成为市场的通行证。金融与商业是手心手背，相辅相成。没有金融业的支持，工商业的发展、经济的增长是不可能的。

当前，山西金融支持工商业发展的症结，在于贷差省变成了存差省，而且存差越来越大。如某市1989年存差1.61亿元，到2008年底，增加到581.22亿元，存差翻了8.5番，年均增长36.72%。高过同时期存款年均增速25.43%的11.29个百分点。2009年6月末存差达到614.07亿元。山西资金在外流，山西早已成为全国的金融高地。山西经济转型发展，急需改变金融高地为金融洼地，让外流资金回流，让外部资金流入；急需通过政策制度创新，改善投资环境，才能解决工商业发展的资金供给；金融急需金融机构创新、金融业务创新、金融环境创新。

三、晋商之都的经济转型

多年的出口导向型经济增长和投资型经济增长方式，已经在近年遇到了困难，需要国内需求拉动，传承历史上流通强省的传统，以商业、金融、文化创新，创造新的产业链，推进晋商的经济转型，改变煤炭经济与超重型经济结构。

当前，中小企业融资难困惑着大量工商企业。银行不敢贷给中小工商户的主要原因之一是信用不对称，没有建立起充分的信用关系。某市农村经济发展所需资金，2005 年金融机构贷款 6.42 亿元，占 49.88%；民间借贷 6.45 亿元，占 50.12%。2009 年 6 月金融机构贷款下降为 4.91 亿元，占 18.87%，民间金融借贷 21.1 亿元，上升为 81.3%。其中民间借贷给养殖业，2005 年 1.3 亿元，2009 年 6 月 4.1 亿元；种植业 2005 年 0.9 亿元，2009 年 6 月 1.3 亿元；运输业 2005 年 2.1 亿元，2009 年 6 月 5.2 亿元；建材业 2005 年 0.9 亿元，2009 年 6 月 5.5 亿元；农产品加工 2005 年 1.3 亿元，2009 年 6 月 4.3 亿元。

金融机构借鉴票号金融创新，可以解决中小企业融资难的问题：

第一，19 世纪 60 年代票号把业务重心从汉口东移上海后，实行北存南放，但对本地工商户不摸底细，遂放款给当地钱庄，转放当地工商户，将票号的资本信用与钱庄的人际信用、票号的全国性品牌与钱庄的地域品牌结合起来，形成票号—钱庄—上海商人的信用链条，实现资本信用的扩张与盈利目标。共同完成对工商业者的金融服务。

第二，由于银行对各工商业户的道德、人格信用不了解，中小工商户没有可供抵押的有形资产，但工商业户相互之间是了解的，银行可将若干工商业户建立联合贷款关系，捆绑在一起，集体授信，一家商户出了问题，其他几家承担责任。

第三，当年票号、账局、钱庄贷款，历来"父债子还，夫债妻还"。现在按照法律，人死债亡，企业还可以破产逃债，银行是否可以充分运用信用资源，延长信用链条，解决废债逃债等问题呢？2005 年 12 月，山西省在平遥组建了日升隆两家小额贷款公司，2009 年上半年，累计放款44003.73 万元，其中投向"三农"26780.7 万元，超过 60.8%，支持"三农"891 户，实现贷款利息回收率99.5%，总收入598.02 万元，营业利润375.56 万元。截至 2009 年 9 月末，山西省小额贷款公司试点扩大到11 个市，共审批 124 家，开业 77 家，注册资本金达 65.9 亿元，贷款余额30 亿元，实现利润5836 万元。运营 3 年多，探索出一条民间资本回流农村的"平遥模式"。

我们应该也能够从历史晋商的商业金融文化创新中读懂更多的智慧。

专访

谁让"金孔雀"东南飞

——访金融专家孔祥毅教授

背景说明

　　本文是 1993 年 6 月末《山西经济发展导报》记者陈树章专程到作者住所采访，要求谈一谈山西经济及发展中的资金问题，回去后写了《谁让"金孔雀"东南飞》的报道，7 月 2 日在《山西经济发展导报》刊出以后，第二天又登门讨论如何才能让流出去的人才资金流回来。分别刊于《山西经济发展导报》1993 年 7 月 2 日和 9 日。两篇文章的核心实际讨论的是市场经济与计划管理之间的关系问题，为省区经济调控者提供政策性建议。

　　资金东南流表面看是市场运行的正常规律，其实是政府干预下的市场行为

　　沿海倾斜政策是资金东南流的直接原因

　　资金东南流把新中国成立后几十年致力改造的生产力布局、产业结构又打乱了

　　资金东南流长期发展下去，很可能造成中西部地区新的经济动荡

　　孔祥毅，山西财经学院副院长，财院经济研究所所长，金融学教授，著述甚丰，其《中央银行概论》一书在金融界广有影响，被称为"我国第一本系统地专门论述社会主义中央银行的著作"。

资金东南流是资金三个不合理流动的一种

记者：近年来，随着改革开放的深入发展，在经济生活中出现了令人忧虑的"孔雀东南飞"现象，中西部地区不仅人才往东南跑，资金也往东南跑，使中西部地区出现了大量的"条子"：农业"白条子"、邮政"绿条子"、集资"红条子"，使得本来就不富裕的中西部地区资金更加紧张。请您就中西部地区资金往东南跑的问题谈些看法。

孔：中西部地区出现的各种"条子"问题实际上是资金东南流的问题。这个问题在 3 年以前就严重出现了。我也曾于 1988 年、1989 年两次在不同场合呼吁政府要尽快解决资金东南流的问题，但未引起有关方面重视，特别是未引起中西部地区高层决策人的重视。

当时资金的流向主要表现在 3 个方面：农村资金向城市流；农业资金向非农业流；中西部地区资金向沿海流。这 3 个方面的流向也是全国金融界对资金流向的共识。

资金流向回报率高的地方是正常的

记者：造成资金三个流向的直接原因是什么？

孔：造成资金上述流向的直接原因，用一句话来说就是：所流向之处的利润率高。这也符合资金本身的运行规律：资金是由利润率低的地方向利润率高的地方流。所谓资金利润率就是资金回报率，也就是说，资金要向回报率高的地方流动。

中西部地区高层决策人资金战略上的"三轻三重"，加快了资金东南流

记者：您能否具体分析一下资金东南流的原因？

孔：具体来讲，造成资金东南流的原因有两个方面：

一是国家宏观政策的原因。近几年国家人为地制造了一个河流和大海，即沿海倾斜政策，如同样的商品出口，在广东省外汇 70% 自留，30% 卖给国家。内陆则不是，如山西外汇自留和卖给国家正与广东相反。因此，形成了这样的恶性循环：沿海倾斜政策→地区和利润率差别的扩大→资金东南流→银行内部腐败的加剧→资金东南流的流量扩大。

二是中西部地区的政策决策人在资金战略上有片面性、错误性的倾向。这种战略上的偏向集中表现为"三轻三重"，即轻内资重外资、轻短

资重长资、轻游资重国资。

（1）轻内资重外资。现在领导人有一种错误倾向，只重视如何去吸引外商投资，而忽略充分利用本地资金。其实，我们利用外资的成本要比内资高好多，因为对外资必须让利，必须有优惠政策人家才可能来投资；同时就贷外资来说其利息也比内资要高。就拿山西来说，不管吸引了多少外资，但总体看，按保守的粗略估算，去年一年多时间山西就向东南方流出资金 20 多亿元。

（2）轻短资重长资。一般来说，长资主要指固定资产投资，短资主要是流动资金。现在有些领导只重视上了多少项目，不重视解决流动资金困难，这样，原来很好的项目因流动资金短缺而发挥不出高效益，新上的最大项目由于资金不足也难以尽快完工。如山西省今年准备和已经上马的 12 项重点工程所需资金 2000 亿元，这个长期投资数额巨大，短期内是不容易解决的。

（3）轻游资重国资。所谓游资就是指流动在社会上的闲散资金，国资就是国家银行统管的资金。现在有些领导和企业负责人，只知道没钱找银行，重视从银行能给贷多少款，却不重视发挥社会上流动资金的优势。

造成上述的"三轻三重"偏差有其深层的原因：有些决策领导人根本不懂市场经济，更不懂得资金市场，使得领导人自己能掌握的地方上的资金越来越少。

资金东南流不仅造成富的越富，穷的越穷，而且会导致很多严重的恶果

记者：从您谈到的资金东南流的原因看，既有中央宏观决策上的原因，也有中西部地区高层决策人战略上的偏差。那么，能否这样认为，这样长期下去，会造成沿海城市越来越富，中西部地区越来越穷呢？

孔：我认为资金东南流造成的后果，不仅是中西部资金短缺的问题，而且还有很多连带的严重的不良后果：

第一，信贷规模、货币发行规模在沿海地区不突破，而中西部地区却大大突破。简单地说就是中西部地区发了票子由沿海地区去花。去年全国净增钞票 1058 亿元（相当于 1978 年全国流动数量的 3 倍），其中山西就净投钞票 90 多亿元，占全国净投货币的 1/9，可沿海城市并未投山西这么多货币。

第二，造成新的三大差别扩大。即个人收入差别扩大、城乡收入差别扩大、地区收入差别扩大。

第三，造成全国的经济结构严重劣化。因为沿海的产业主要是加工工业，中西部内陆地区是农业和工业、能源、原材料，按照产业政策依次是农业、能源、原材料，可沿海倾斜政策加速发展了沿海城市的加工工业，压抑中西部地区的农业、能源和原材料的发展。用一句话来说：国家沿海倾斜政策打了国家产业政策的耳光。

第四，进一步造成人才东南流。

第五，造成权力商品化。特别是银行部门相当严重，权力商品化发展比商品的生产都快。

第六，造成新的社会不安定因素，人们心态失衡。

第七，造成生产力布局失衡。新中国成立初期是沿海生产力发达，中西部地区贫困落后，后来，国家用了几十年一直在解决这个问题，效果还不错。但自实行沿海倾斜政策后，几十年的努力又倒回去了，生产力布局又乱了。

资金东南流是市场上的非市场行为，仍未摆脱计划经济和政府的行政干预

记者：您作为搞经济的学者，特别是作为金融方面的专家，如何评价资金东南流问题？

孔：从市场角度看资金东南流是正常现象。因为沿海地区的市场发育比较快，而我们中西部地区市场发育慢，所以资金向市场发育快的地方流动是正常的。这也从一方面反映了资金脱离计划，按市场机制规律运行的情况，资金正按市场规律寻找自己的用武之地。从国家宏观上看使资金和资源得到了较合理的配置和运用，是好现象。但这个市场的发育和形成又不是按市场规律自发形成的，而是人为造成的，是不正常的。这种不正常表现为：沿海倾斜政策和产业结构相矛盾，使本来就不太合理的产业结构和经济结构继续恶化；沿海地区靠内地资金和资源发展愈来愈发达，内地却得不到资金，使其发展速度越来越慢，从某种意义上说沿海城市靠掠夺中西部地区资金发展壮大了。更深刻地说，这种不正常行为是市场上的非市场行为，仍是在计划经济指导下、政府干预下的市场发育。长期这样发展下去，迟早会造成中西部地区的发展动力不足，能源、原材料等基础产业严重枯竭，甚至影响整个国民经济的发展。

"金孔雀"能不能飞回来

——访金融专家孔祥毅教授

背景说明

上期《谁让"金孔雀"东南飞》一文引起读者关注，本报记者再次采访孔祥毅教授。

解决资金东南流，既要转变观念，也要采取对策

记者：上次您谈的《谁让"金孔雀"东南飞》，引起了不少读者关注。今天，请您就如何让"金孔雀"返回中西部谈谈看法。

孔：现在，东南部地区的投资优势已经形成，要改变这种资金东南流的现状是不容易的。我认为在宏观上必须从以下几方面着手改变：

第一，要迅速改变沿海倾斜政策为产业倾斜政策，甚至有必要按产业政策顺序实行政策倾斜。对农业、能源工业、原材料工业投资顺序倾斜后，资金自然会由东南部地区向中西部地区流动。

第二，中西部地区应迅速培育市场的发育，使资金能在本地区得到较高的回报率。同时，要改变用计划经济的办法来催育市场的做法。

第三，减少用非市场行为干预市场，关键在于政府转变职能，实行政企分开。

第四，"上有政策、下有对策"的口号在一定意义上讲是有道理的。我认为国家的政策要完善，特别是改革开放中出台的新政策更需要不断修改、不断完善，下面钻了政策的空子，上面最好发现政策的不足和问题，

从而做出相应的调整，同时也利于调整执行政策的创造性。据了解，"上有政策、下有对策"的做法在西方国家较流行，我国沿海开放城市，改革开放以来发展迅速，其中也有"上有政策、下有对策"的因素。

目前中央正在变地区倾斜政策为产业倾斜政策，中西部地区要抓住这一机遇，充分利用发展农业、能源工业和原材料工业的资源优势，发展自己。

解决资金东南流的关键是从 7 个方面深化金融体制改革

记者：您谈了从思想上改变观念和宏观上采取对策的设想。那么，对于处在中西部的地区来说，有没有可操作的具体办法来解决资金东南流的问题呢？

孔：要从根本上解决资金东南流的问题，关键在于深化金融体制改革，目前我国通胀压力很大，企业资金严重短缺，其主要原因之一是商品市场发育较快，资金市场发育严重滞后，商品的市场化与资金的计划化的矛盾，导致了银行贷款的腐败，本应做先导的金融体制改革严重滞后。所以当务之急，也是根本办法就是加快金融体制改革。

但就中西部地区来说，也可以采取一些必要的措施来解决目前的困难：

第一，要尽快实现把农村信用社与农业银行分开，使信用社自成体系。这样可以切断农业银行通过转存款、准备金、备付金的办法，向农村信用社吸收储蓄、吸收资金，彻底解决"农村资金向城市流、农业资金向非农业流"的问题。这个意见我在 1990 年就已提过。山西省曾做过许多努力，实现这一目标我看时间不会很长。

从管理体制看，农村信用社隶属农业银行也存在问题。农业银行是国有金融企业，农村信用社原来是合作经济，现已成为集体经济了，国有企业怎么能管集体企业呢？农业银行和信用合作社不存在行政隶属关系，应是两个体系才对。如果把这两个不同性质的企业分开，那么农村信用社这一块可供地方用的资金量是很大的。假如一个县封闭起来看，信用社的资金力量不一定比农业银行差。也就是说隔断农村信用社与农业银行的关系，等于县里有了一个银行（农村信用合作联社），它的资金不受国家统一调配，可以有地方协调使用，当然对地方解决资金紧张是有好处的。

第二，尽快发展农村合作基金会，把"游"在农民手中的钱集中起来，以便地方政府办一些地方的事情。农村合作基金会近来在山西一些县市发展很快，可被有些人看作是异端，说它扰乱了金融，我认为当前真正乱的是国家银行体系，民间小额资金融通不仅不会扰乱全国资金，而且对乡镇企业和农民有好处。

第三，规范当铺金融行为。有人认为当铺的发展会影响信用社的发展，甚至有些地方当铺几乎把信用社给挤垮了；也有人认为当铺贷款是高利贷，或者产生了新的高利贷，是在剥削农民，是资本主义的东西，应当取缔。我不这样认为，因为随着市场经济的发展，现代当铺的性质已经发生了变化：

（1）当铺过去是为个人生活消费服务的，现在则是为市场流通服务的，多数当铺是为个体户、小集体企业等生产经营者提供资金。

（2）当铺利率虽高但不一定是高利贷，因为贷者所得利息仅是经营利润的一部分，不是小生产者的全部剩余劳动甚至部分必要劳动。也就是当铺和借款人两者共同分润经营成果罢了，不存在谁剥削谁的问题。

（3）如果说当铺挤垮了信用社，说明信用社搞得不好，信用社需要改进经营管理。

（4）至于当铺行为不规范，则需要金融管理部门制定统一的管理法规，明确规定当铺允许干什么，不允许干什么，用法规去制约当铺该不该做的事。因此说，有关部门制定当铺的管理法规是当务之急的事，不能因噎废食。

第四，大力发展共同投资基金会。

第五，不要轻易反对资金体外循环。我主张大量搞资金体外循环（不通过银行），因为体外循环资金使用效率高。那种主张资金必须体内循环的观点，仍然没有摆脱计划经济观念的束缚，实际上体外循环反映的才是资金市场运行。

第六，重视资本市场的同时，更要重视货币市场。所谓资本市场指的是长期资金市场，货币市场就是短期资金市场。目前短期资金的潜力是很大的，如企业可以采取下面两种办法来解决资金紧张问题：

（1）搞商业汇票，这个办法 1979 年上海试点，1981 年太原试点，1988 年 8 月 22 日国务院办公厅转发了中国人民银行关于改革银行结算的报告，明确了商业票据在全国推广，有关法规都基本齐全，这个办法也是减少企业三角债的办法之一。托收承付极易产生三角债，那是计划经济的产物，现在计划经济不存在了，托收承付办法怎么还在运行呢？

（2）搞商业本票，或叫企业短期融资。

第七，中西部地区应加快票据交换所的建设。票据交换所本是山西人早在清代就发明了的，可为什么山西自己却不很好地使用呢？目前太原市票据交换搞得很好，而且榆次、太谷、清徐、古交、娄烦、忻州等地也参加了太原票据交换，使原来需要十几天到一个多月的在途资金，现在当天就可以入账，这样就等于增加了一笔可用的资金。这种以中心城市为依托的票据交换所，可以肯定地说有利于减缓企业资金紧张的问题，提高资金的使用效果。

用改革办法解决"金融腐败"

——访金融专家孔祥毅教授

背景说明

本文原载《物价时报》1993 年 9 月 9 日，记者王雷才采写。

新学年开始的第一天，带着当前金融改革的一些问题，记者走访了金融专家、山西财经学院副院长孔祥毅教授。

快人快语的孔教授侃侃而谈，语出惊人当前金融界的腐败现象是计划经济体制向市场经济转换的必然产物，当大部分商品价格放开后，银行资金这种特殊商品的价格，仍然由国家控制，这就给投机者留下缺口，导致腐败现象的发生。

孔教授说，当 1988 年出现第一次大的通货膨胀时，腐败现象主要发生在流通领域。那时，我们国家仍然处于落后的计划经济体制阶段，大部分商品价格没有完全放开，"计划内"和"计划外"的商品价格双轨制，给有权有势的人造成了可乘之机，他们大肆进行转手倒卖活动，大发"计划财"，出现了腐败现象。在当时的情况下，腐败现象主要发生在物资、商业等商品流通领域，这是不难理解的。这种腐败行为引发了通货膨胀和价格上涨，反过来又加剧了腐败，形成了恶性循环。而现在，我们摒弃了落后的计划体制模式，开始向市场体制过渡，大部分商品的价格已经放开，价格的双轨制已不复存在，倒买倒卖的行为已无空可钻，这是价格改革的一大功劳。但是，在我们已经选择了社会主义市场经济这一进步的体制后，资金这种特殊商品仍然是有计划的。资金的价格是利率，利率由国家行政控制，这不符合市场经济的价值规律。所以，严重腐败的现象发生在金融系统，这毫不奇怪，这是资金价格的双轨制导致的。

在具体谈到当前金融系统出现的腐败现象时，孔教授认为，金融系统尤其是银行信贷方面的腐败，实际上前些年就出现了，以贷谋私的情况很严重。资金，作为一种特殊的商品包括它特有的运动规律，总是从利润率低的地方流向利润率高的地方，即资金具有趋利性。在这种情况下，难免就会出现违章拆借，而银行却不会受损失，因为它的价格即利率是固定的。一些"货币倒爷"利用金融大权炒资金、炒房地产，炒股票、炒期货。换句话说，当前的资金大都集中在投机性很强的领域内，而国家非常需要资金的正常投资领域资金却非常短缺。

在谈到如何解决当前金融系统的困难、克服资金使用方面的弊端时，孔教授认为，加强金融纪律，整顿金融秩序是必要的，且已收到了一些成效，从长远的观点看，解决这些问题的关键是必须加快金融改革，用改革的办法解决改革中出现的问题，充分发挥金融改革在经济体制改革中的先导作用。构成市场经济大厦的三大支柱是商品市场、资金市场和劳务市场。因为只有劳动力和生产资料的结合才会形成生产力，而要实现劳动力与生产资料的结合，没有资金是不可能的。资金是黏合剂，是生产发展的第一推动力和持续推动力（马克思语）。目前金融的无序，金融改革的滞后，已经严重影响了经济体制改革的发展，生产资料、消费资料、精神文化产品80%已经商品化，唯独资金商品实行计划管理，资金价格是计划价格，这种局面必须迅速改变。

在谈到金融改革的具体操作时，孔教授发表了很有见地的独到见解：中央银行与专业银行彻底分开，逐步实现专业银行向商业银行的过渡，加强银行间的竞争，放开利率，截断"资金倒爷"的通道，使银行在市场经济体制的条件下运行，发挥真正的、正常的职能作用。

山西不能再等待

——访著名经济学家、博士生导师孔祥毅教授

背景说明

　　本文是《山西经济报》记者马文革专程到山西财经大学就山西经济问题访问后写的报道，刊于《山西经济报》1999 年 7 月 6 日。

　　改革开放 20 年来山西省经济取得长足发展，但结构失调、失业加剧、后劲不足、环境污染等一系列问题对山西省经济形成了挑战。带着这些问题，记者（以下简称马）专门采访了山西财经大学党委书记、博士生导师孔祥毅教授（以下简称孔）。

　　马：孔教授，1988 年您曾经参与过政府《1988～2000 年山西经济发展战略》起草工作，90 年代初您又主持出版了《三晋经济论衡》，对山西经济发展作了深入的研究。近年来山西经济有了很大的发展，但与全国各兄弟省相比较还是落后了。这次专门来采访您，也听听您对山西省今后的发展有什么建议。

　　孔：作为山西经济学界的一名研究人员，我无时无刻不在关注着山西的经济发展。我认为，经济学是经邦济世之学，不能空谈，应当崇实。因此，我很感兴趣您这样开始提问。

　　近年来，人人都在谈论山西经济落后了，这是一个实际。但为什么山西落后了？我认为很需要做一番反思。

一是重政治轻经济。发展社会主义市场经济是我们这个时代的大主题，政府要不要干预市场经济活动，已不再是争议的问题，焦点是手段、方式、工具和干预的范围及程度问题，不恰当地运用行政手段干预经济，往往会扭曲微观经济主体的行为，制约经济发展。由于多年的计划经济体制下形成的习惯思维定式，我们各级政府的领导干部大多缺乏市场意识，而特别偏爱用行政手段干预，形成山西经济发展过程中受政治因素影响的现象比较严重的状况。为了紧跟形势，经常是不遵循市场经济规律一哄而上，一味追求政治效益而忽视经济效益乃至不计经济效益，用搞政治的方法搞经济；权力市场化现象严重，官本位意识很浓厚，严重影响了市场经济的运行。特别应当注意的是有的领导由于不熟悉市场经济运行规律，操好心办坏事，这种现象也十分普遍。

二是重经验轻知识。现在我们经常提知识经济这个词，也就是说经济发展最重要的因素不再是资金、设备和原材料的多少，也不是自然资源的优劣，而是人的知识。在迎接知识经济挑战的今天，人的智力、知识创新才是根本。众所周知，山西是人才短缺大省，但山西又是人才最难以发挥作用的地方。这一点从山西省人才大量流失的情况中就可以看出。由于对知识的不重视，所以经常从经验出发考虑问题。而求经验往往是计划经济时期的老办法，学知识，主要是市场经济知识、现代科学技术等。

三是重生产轻市场。长期的计划经济惯性使各级政府、经济部门以及企业管理人员在观念上认为，抓经济，就是抓生产，把生产等同于经济。对于整个流通领域在经济发展中的重要地位认识不足。由于不重视流通，就难以充分把握市场。不重视流通，不重视市场，不重视产品信誉，不重视利用品牌优势来实现经济结构转型。应该说山西是有不少好的产品，产品的内在质量也是很不错的，但对进入市场后的包装、策划、品牌设计等后续工作跟不上，价值的再提升实现不了，因此经济工作往往是费大劲赚小钱。

四是重规模轻效益。主要表现在投资方面：首先重外资轻内资，在利用优惠政策吸引外资的同时，不经意中却又让内资从身边悄悄地溜走了。其次重长资轻短资，一些领导对固定资产投资非常重视，对上项目十分感兴趣，千方百计甚至不惜代价寻找各种投资门路，有时竟然转移、挪用流动资金搞基本建设而对短期流动资金的运用、管理却很少研究。这样，原来很好的项目因流动资金短缺而发挥不出应有的效益，新上的重大项目由于资金的不足也难以尽快完工。最后重国资轻游资，国资指国家银行资金，游资指流动在社会上的闲散资金。还有重贷款的增量投放，轻存量资产的活化，争上项目十分突出，但可行性研究不够，致使死滞资产增加，投资效益下降，又恶化了地区的投资环境，影响到新投资资金的流入。资金战略上的失误和偏差，延缓了山西经济发展速度，影响了山西经济发展后劲。

马：您讲述的这些问题确实在山西省存在，也可以说，在这世纪之交和新旧体制之交的关键时刻，对山西经济发展的一种深刻的反思。

孔：是的，一个不思考的民族是可悲的。一个经济学家曾认为"影响国家经济建设的因素不仅仅是当前的各种政策，而更在于各种深入人心的观念"，因此我想用一句话来讲，即错误观念的存在与传播对经济发展的影响要远远高过一项错误的经济政策的影响。

马：新世纪的钟声即将敲响，国际政治经济和我国经济正发生着前所未有的深刻变革，在这种新形势下，山西应如何应对呢？

孔：山西省当前的经济问题，有景气周期因素，也有体制因素，领导们都想干点短、平、快的好事，但主要是结构调整问题。山西现在的经济结构，仍然维持着过去几十年的经济结构。目前山西工业仍然偏重于能源重化工业，初级产品在产出中比例过大，高科技含量较低，在国内外市场上缺乏竞争力，第三产业发展速度慢，投资环境不好，经济发展缺乏后劲。在这种情况下，即使国家经济形势转好，山西经济也不会随之改变。因此，山西不能再等待。

马：是的，结构问题是关系到山西下一世纪经济能否持续发展的关键，您认为山西应如何做好这一工作呢？

孔：关于山西经济发展战略，我一直有我的看好，这在《三晋经济论衡》中已经谈到。我认为，在世纪之交，特别是目前在制定"十五"计划时，应该考虑转换思路，对山西经济发展战略进行重新定位。应以"科教兴省、流通立省"为基本出发点。重点抓好以下几方面工作：

一是从流通领域寻找突破口。首先，应从观念上改变过去的重生产轻流通的倾向，真正树立流通思维范式。流通不只是产品的流通，还有资金的流通、信息的流通、技术的流通和人才的流通等。从流通领域着手，根据市场状况，重新整合山西经济结构，活化企业。其次，要冷静分析当前的经济形势，在整体供过于求的过剩经济中，寻找供不应求的市场空隙。

还要努力改变过去"傻大粗黑"的地区形象，塑造新型的勇于进取具有晋商精神的新地区形象。最后，要注意培养高素质的营销队伍，这是发展流通业的关键。

二是依靠科技进步调整产业结构。随着经济体制的变化和市场机制的完善，为了加快山西省经济增长步伐，结构调整的重点应从科技发展的趋势和方向上解决长期结构问题，使之适应国内外市场需求结构的变化，以增加产业科技含量来提高山西省产业竞争力，从而优化山西省产业结构，促使产业结构升级。

三是加快制度建设步伐，规范经济秩序。这是保证经济发展的重要内容。因此，可以说，山西市场战略形成之时，定是当代晋商振兴之时，山西市场突破之时，将是山西经济振兴之时。